U0540913

治安管理处罚法一本通

（实用版）

A COMPREHENSIVE GUIDE to
the Law on Public Security Administration Penalties

(Practical Edition)

范子星　李梓举　编

法律出版社
LAW PRESS·CHINA

—— 北京 ——

图书在版编目（CIP）数据

治安管理处罚法一本通：实用版 / 范子星，李样举编. -- 北京：法律出版社，2025. -- ISBN 978-7-5244-0192-6

Ⅰ.D922.144

中国国家版本馆 CIP 数据核字第 2025YB6055 号

治安管理处罚法一本通(实用版)
ZHIAN GUANLI CHUFA FA YIBENTONG
(SHIYONG BAN)

范子星　李样举　编

责任编辑　李争春
装帧设计　李　瞻

出版发行	法律出版社	开本	A5
编辑统筹	法规出版分社	印张 21.5	字数 512 千
责任校对	张红蕊	版本	2025 年 7 月第 1 版
责任印制	耿润瑜	印次	2025 年 7 月第 1 次印刷
经　　销	新华书店	印刷	北京中科印刷有限公司

地址：北京市丰台区莲花池西里 7 号(100073)
网址：www.lawpress.com.cn　　　　　销售电话：010-83938349
投稿邮箱：info@lawpress.com.cn　　　客服电话：010-83938350
举报盗版邮箱：jbwq@lawpress.com.cn　咨询电话：010-63939796
版权所有·侵权必究

书号：ISBN 978-7-5244-0192-6　　　　定价：78.00 元
凡购买本社图书，如有印装错误，我社负责退换。电话：010-83938349

编写说明

2025年6月27日,第十四届全国人民代表大会常务委员会第十六次会议审议通过了修订后的《中华人民共和国治安管理处罚法》,经国家主席习近平签署第49号主席令予以公布,将于2026年1月1日正式施行。

此次修订是在全面总结该法施行19年实践经验的基础上,紧密结合新时代社会治安管理工作面临的新形势、新任务,对法律条文进行的系统性、整体性重构。作为国家治理体系和治理能力现代化的重要制度成果,本次修订将条文数量从原有的119条扩充至144条,其中修改98条,新增28条,删除3条,充分回应了经济社会发展带来的新挑战和治安管理实践中的迫切需求。

《中华人民共和国治安管理处罚法》作为我国治安管理领域的基础性、综合性法律,在维护公共秩序、保障公共安全、保护公民人身权利和财产权利等方面发挥着重要作用。经系统梳理,本法与《中华人民共和国宪法》《中华人民共和国刑法》《中华人民共和国刑事诉讼法》等10余部基本法律,《铁路安全管理条例》《中华人民共和国民用航空安全保卫条例》等9部行政法规紧密关联。同时,《中华人民共和国治安管理处罚法》作为兼具实体法与程序法特征的法律规范,与《中华人民共和国行政处罚法》《中华人民共和国行政复议法》《中华人民共和国行政诉讼法》等程序性法律规范相互衔接、协调统一,共同构建起完善的社会治理法律体系。本书从整体性视角出发,系统整合了与《中华人民共和国治安管理处罚法》密切相关的85部法律、4部有关法律问题和重大问题的决定、86部行政法规、1部监察法规、17部规章、2部行业标准及2部规范性文件,为读者提供全方位的法律参照体系。

本书具有以下鲜明特色:

(1)体系化梳理关联法规,清晰界定本法与相关行业法律法规的适用边界,帮助读者构建系统化的法律认知框架;

(2)精选典型案例,通过"以案释法"的方式,生动阐释法律适用标准,提升执法实践指导价值;

(3)注重实务操作指引,助力执法机关准确把握法律要义,提升执法精准度和公信力。

古人云:"天下之事,不难于立法,而难于法之必行。"面对治安管理工作点多面广、环节复杂的现实特点,以及本次全面修订法律提出的新要求,基于本法中的重点法条,以此为线索,加以系统梳理,实现纲举目张,这对系统全面掌握与该法相关的法律法规,增进对该法的理解和适用尤为重要。希望本书能为各级执法部门、法律工作者和社会公众深入理解、准确适用新法提供有益参考,为推动法治中国建设贡献绵薄之力。

在本书付梓之际,谨向法律出版社编辑的专业指导致以诚挚谢意。限于编者水平和时间仓促,书中难免存在疏漏之处,恳请广大读者批评指正。

范子星　李样举

2025 年 6 月 30 日

目　录

第一章　总则　　　　　　　　　　　　　　　　　001
　第一条　立法目的　　　　　　　　　　　　　　001
　第二条　党的领导与综合治理　　　　　　　　　004
　第三条　违反治安管理行为与犯罪行为的界分　　004
　第四条　程序适用规则　　　　　　　　　　　　006
　第五条　适用范围　　　　　　　　　　　　　　008
　第六条　基本原则　　　　　　　　　　　　　　009
　第七条　主管与管辖　　　　　　　　　　　　　010
　第八条　民事责任与刑事责任的适用　　　　　　011
　第九条　调解处理原则　　　　　　　　　　　　013
第二章　处罚的种类和适用　　　　　　　　　　　015
　第十条　处罚种类　　　　　　　　　　　　　　015
　第十一条　涉案物品及违法所得财物的处理　　　017
　第十二条　未成年人违反治安管理的处罚规则　　021
　第十三条　精神病人、智力残疾人违反治安管理的
　　　　　　责任认定　　　　　　　　　　　　　024
　第十四条　盲人或又聋又哑的人违反治安管理的

　　　　　　　　处罚规则　　　　　　　　　　　027

　　第十五条　醉酒状态下的治安责任与处置措施　028

　　第十六条　数种治安违法行为的并罚规则　　029

　　第十七条　共同违反治安管理的责任划分与特殊
　　　　　　　行为处罚　　　　　　　　　　　029

　　第十八条　单位违反治安管理行为的处罚　　029

　　第十九条　正当防卫的认定与过当责任　　　030

　　第二十条　从轻、减轻或者不予处罚情形　　031

　　第二十一条　自愿认罚从宽制度　　　　　　032

　　第二十二条　从重处罚情形　　　　　　　　032

　　第二十三条　行政拘留的免除执行及例外规定　033

　　第二十四条　矫治教育措施　　　　　　　　034

　　第二十五条　追责时效及计算标准　　　　　035

第三章　违反治安管理的行为和处罚　　　　　　037

　第一节　扰乱公共秩序的行为和处罚　　　　　037

　　第二十六条　对扰乱单位、公共场所、公共交通和
　　　　　　　　选举秩序行为的处罚　　　　　037

　　第二十七条　对扰乱国家考试秩序行为的处罚　047

　　第二十八条　对扰乱体育、文化等大型群众性活动
　　　　　　　　秩序行为的处罚　　　　　　　048

　　第二十九条　对故意散布谣言等扰乱公共秩序行为
　　　　　　　　的处罚　　　　　　　　　　　051

　　第三十条　对寻衅滋事行为的处罚　　　　　060

　　第三十一条　利用邪教、会道门、封建迷信进行非法

活动的处罚 063
第三十二条 对扰乱无线电管理秩序行为的处罚 071
第三十三条 对侵害计算机信息系统安全行为的处罚 084
第三十四条 对传销行为的处罚 091
第三十五条 对扰乱重要活动秩序、有辱英烈及历史尊严行为的处罚 092

第二节 妨害公共安全的行为和处罚 099
第三十六条 对违反危险物质管理规定行为的处罚 099
第三十七条 对危险物质被盗、被抢、丢失不报行为的处罚 161
第三十八条 对非法携带枪支、弹药、管制器具行为的处罚 179
第三十九条 对盗窃、损毁公共设施行为的处罚 200
第四十条 对妨碍航空器飞行安全、妨碍公共交通安全的处罚 218
第四十一条 对破坏铁路、城市轨道交通设施行为的处罚 223
第四十二条 对违规侵入轨道交通危险区域的处罚 230
第四十三条 对违法安装、使用电网等危害公共安全行为的处罚 232
第四十四条 对违规举办大型群众性活动行为的处罚 238
第四十五条 对违反公众活动场所安全规定行为的处罚 245
第四十六条 对违规操控升空物体行为的处罚 258

第三节 侵犯人身权利、财产权利的行为和处罚　　270

第四十七条　对强迫性侵害人身自由行为的处罚　　270

第四十八条　对组织、胁迫未成年人有偿陪侍的处罚　　278

第四十九条　对违法乞讨行为的处罚　　280

第五十条　对侵犯人身权利六项行为的处罚　　284

第五十一条　对殴打或故意伤害他人身体行为的处罚　　301

第五十二条　对猥亵及在公共场所公然裸露身体隐私部位行为的处罚　　306

第五十三条　对虐待家庭成员、监护对象及遗弃被扶养人行为的处罚　　315

第五十四条　对强迫交易行为的处罚　　330

第五十五条　对煽动民族仇恨、民族歧视行为的处罚　　333

第五十六条　对侵犯公民个人信息行为的处罚　　338

第五十七条　对侵犯公民通信自由行为的处罚　　357

第五十八条　对盗窃、诈骗、哄抢、抢夺、敲诈勒索行为的处罚　　361

第五十九条　对故意损毁公私财物行为的处罚　　365

第六十条　学生欺凌行为的处罚及学校责任　　369

第四节 妨害社会管理的行为和处罚　　378

第六十一条　对拒不执行紧急状态决定、命令及阻碍执行公务行为的处罚　　378

第六十二条　对招摇撞骗行为的处罚　　399

第六十三条　对伪造、变造、出租、出借、买卖公文、证件、票证行为的处罚　　399

第六十四条	对船舶擅进禁止、限入水域或岛屿行为的处罚	413
第六十五条	对非法社会组织活动及未获许可擅自经营行为的处罚	415
第六十六条	对煽动、策划非法集会、游行、示威行为的处罚	431
第六十七条	对旅馆业违反住宿登记管理及安全监管义务行为的处罚	438
第六十八条	对违法出租房屋行为的处罚	442
第六十九条	对特定行业经营者不依法登记信息行为的处罚	444
第七十条	对非法安装、使用、提供窃听、窃照专用器材行为的处罚	449
第七十一条	对违法典当、收购行为的处罚	451
第七十二条	对妨害行政执法及司法秩序行为的处罚	455
第七十三条	对违反禁止令等行为的处罚	463
第七十四条	对被关押违法行为人脱逃的处罚	467
第七十五条	对妨害文物管理行为的处罚	468
第七十六条	对非法驾驶交通工具行为的处罚	474
第七十七条	对破坏他人坟墓、毁坏尸骨和非法停放尸体行为的处罚	479
第七十八条	对卖淫、嫖娼行为的处罚	482
第七十九条	对引诱、容留、介绍他人卖淫行为的处罚	486
第八十条	对传播淫秽信息行为的处罚	488

第八十一条	对组织、参与淫秽活动行为的处罚	498
第八十二条	对参与赌博行为的处罚	504
第八十三条	对涉及毒品原植物行为的处罚	509
第八十四条	对涉毒违法行为的处罚	514
第八十五条	对引诱、教唆、欺骗或强迫他人吸食、注射毒品行为的处罚	522
第八十六条	对非法生产、经营、购买、运输制毒原配料行为的处罚	523
第八十七条	对服务行业人员通风报信行为的处罚	532
第八十八条	对生活噪声持续干扰他人行为的处罚	538
第八十九条	对饲养动物违法行为的处罚	543

第四章 处罚程序　　548

第一节 调查　　548

第九十条	立案调查及处理程序	548
第九十一条	严禁非法取证	551
第九十二条	公安机关调查取证权及相关主体证据提供义务	557
第九十三条	移送案件的证据使用	559
第九十四条	保密义务	561
第九十五条	回避	570
第九十六条	传唤程序及强制传唤	573
第九十七条	传唤后的询问查证要求	574
第九十八条	询问笔录制作及询问未成年人的特别规定	577

第九十九条　询问被侵害人及其他证人的程序规则	579
第一百条　委托询问与远程视频询问	580
第一百零一条　询问的语言帮助	582
第一百零二条　人身检查及生物样本采集规则	584
第一百零三条　治安检查的权限与程序规则	587
第一百零四条　检查笔录的制作及签名	590
第一百零五条　扣押的范围、程序及对扣押物品的处置	591
第一百零六条　鉴定	596
第一百零七条　治安案件辨认程序规则	600
第一百零八条　公安机关调查取证工作规范	601

第二节　决定 604

第一百零九条　治安管理处罚的决定机关	604
第一百一十条　行政拘留的折抵	605
第一百一十一条　本人陈述的证据地位	607
第一百一十二条　治安处罚告知与当事人的陈述、申辩权	608
第一百一十三条　治安案件处理规则	610
第一百一十四条　法制审核情形及审核人员资格	616
第一百一十五条　治安处罚决定书的内容	617
第一百一十六条　治安处罚决定书的宣告、通知与送达	618
第一百一十七条　听证的适用情形及程序要求	620
第一百一十八条　办案期限	623

第一百一十九条　当场处罚的条件	624
第一百二十条　当场处罚的程序要求	624
第一百二十一条　不服治安处罚的救济途径	626

第三节　执行　　628

第一百二十二条　行政拘留处罚的执行及解除	628
第一百二十三条　罚款处罚的执行与当场收缴规则	629
第一百二十四条　当场收缴罚款的交纳期限	630
第一百二十五条　当场收缴罚款的票据管理规则	631
第一百二十六条　行政拘留暂缓执行的条件与程序	632
第一百二十七条　暂缓执行行政拘留的担保人条件	634
第一百二十八条　暂缓执行行政拘留的担保人的义务	635
第一百二十九条　没收保证金	636
第一百三十条　退还保证金	636

第五章　执法监督　　639

第一百三十一条　规范执法	639
第一百三十二条　禁止行为	641
第一百三十三条　执法监督与检举控告权	643
第一百三十四条　治安处罚与政务处分衔接	647
第一百三十五条　罚款决定与收缴分离	649
第一百三十六条　治安违法记录封存与查询规定	650
第一百三十七条　同步录音录像设备运行保障义务	652
第一百三十八条　个人信息保护与使用限制规则	653
第一百三十九条　人民警察办理治安案件的违法情形与责任追究	654

第一百四十条　执法侵权赔偿　　662
第六章　附则　　665
　　第一百四十一条　其他法律授权处罚的执行衔接　　665
　　第一百四十二条　海警机构的职权　　667
　　第一百四十三条　"以上、以下、以内"的含义　　669
　　第一百四十四条　施行日期　　669

附录　《中华人民共和国治安管理处罚法》新旧条文对照表　　671

第一章 总 则

第一条 【立法目的】①为了维护社会治安秩序,保障公共安全,保护公民、法人和其他组织的合法权益,规范和保障公安机关及其人民警察依法履行治安管理职责,根据宪法,制定本法。

【相关规定索引】

类别	名 称	关联条款
法律	《中华人民共和国宪法》	第5条
	《中华人民共和国人民警察法》	第2-9条

【关联规定】

1.1 《中华人民共和国宪法》(2018年3月11日修正)

第五条 中华人民共和国实行依法治国,建设社会主义法治国家。

国家维护社会主义法制的统一和尊严。

一切法律、行政法规和地方性法规都不得同宪法相抵触。

---

① 条文主旨为编者所加,仅供参考,下同。

一切国家机关和武装力量、各政党和各社会团体、各企业事业组织都必须遵守宪法和法律。一切违反宪法和法律的行为,必须予以追究。

任何组织或者个人都不得有超越宪法和法律的特权。

1.2 《中华人民共和国人民警察法》(2012年10月26日修正)

第二条 人民警察的任务是维护国家安全,维护社会治安秩序,保护公民的人身安全、人身自由和合法财产,保护公共财产,预防、制止和惩治违法犯罪活动。

人民警察包括公安机关、国家安全机关、监狱、劳动教养管理机关的人民警察和人民法院、人民检察院的司法警察。

第三条 人民警察必须依靠人民的支持,保持同人民的密切联系,倾听人民的意见和建议,接受人民的监督,维护人民的利益,全心全意为人民服务。

第四条 人民警察必须以宪法和法律为活动准则,忠于职守,清正廉洁,纪律严明,服从命令,严格执法。

第五条 人民警察依法执行职务,受法律保护。

第六条 公安机关的人民警察按照职责分工,依法履行下列职责:

(一)预防、制止和侦查违法犯罪活动;

(二)维护社会治安秩序,制止危害社会治安秩序的行为;

(三)维护交通安全和交通秩序,处理交通事故;

(四)组织、实施消防工作,实行消防监督;

(五)管理枪支弹药、管制刀具和易燃易爆、剧毒、放射性等危险物品;

(六)对法律、法规规定的特种行业进行管理;

(七)警卫国家规定的特定人员,守卫重要的场所和设施;

（八）管理集会、游行、示威活动；

（九）管理户政、国籍、入境出境事务和外国人在中国境内居留、旅行的有关事务；

（十）维护国（边）境地区的治安秩序；

（十一）对被判处拘役、剥夺政治权利的罪犯执行刑罚；

（十二）监督管理计算机信息系统的安全保护工作；

（十三）指导和监督国家机关、社会团体、企业事业组织和重点建设工程的治安保卫工作，指导治安保卫委员会等群众性组织的治安防范工作；

（十四）法律、法规规定的其他职责。

第七条 公安机关的人民警察对违反治安管理或者其他公安行政管理法律、法规的个人或者组织，依法可以实施行政强制措施、行政处罚。

第八条 公安机关的人民警察对严重危害社会治安秩序或者威胁公共安全的人员，可以强行带离现场、依法予以拘留或者采取法律规定的其他措施。

第九条 为维护社会治安秩序，公安机关的人民警察对有违法犯罪嫌疑的人员，经出示相应证件，可以当场盘问、检查；经盘问、检查，有下列情形之一的，可以将其带至公安机关，经该公安机关批准，对其继续盘问：

（一）被指控有犯罪行为的；

（二）有现场作案嫌疑的；

（三）有作案嫌疑身份不明的；

（四）携带的物品有可能是赃物的。

对被盘问人的留置时间自带至公安机关之时起不超过二十四小时，在特殊情况下，经县级以上公安机关批准，可以延长至四十八小时,并应当留有盘问记录。对于批准继续盘问的,应当立即通知其家属或者其所在单位。对于不批准继续盘问的,应当立即释放被盘问人。

经继续盘问,公安机关认为对被盘问人需要依法采取拘留或者其他强制措施的,应当在前款规定的期间作出决定;在前款规定的期间不能作出上述决定的,应当立即释放被盘问人。

第二条 【党的领导与综合治理】治安管理工作坚持中国共产党的领导,坚持综合治理。

各级人民政府应当加强社会治安综合治理,采取有效措施,预防和化解社会矛盾纠纷,增进社会和谐,维护社会稳定。

第三条 【违反治安管理行为与犯罪行为的界分】扰乱公共秩序,妨害公共安全,侵犯人身权利、财产权利,妨害社会管理,具有社会危害性,依照《中华人民共和国刑法》的规定构成犯罪的,依法追究刑事责任;尚不够刑事处罚的,由公安机关依照本法给予治安管理处罚。

【相关规定索引】

类别	名称	关联条款
法律	《中华人民共和国刑法》	第13条
	《中华人民共和国刑事诉讼法》	第177条
	《中华人民共和国行政处罚法》	第27条
	《中华人民共和国人民警察法》	第7条

【关联规定】

3.1 《中华人民共和国刑法》(2023年12月29日修正)

第十三条 一切危害国家主权、领土完整和安全,分裂国家、颠覆人民民主专政的政权和推翻社会主义制度,破坏社会秩序和经济秩序,侵犯国有财产或者劳动群众集体所有的财产,侵犯公民私人所有的财产,侵犯公民的人身权利、民主权利和其他权利,以及其他危害社会的行为,依照法律应当受刑罚处罚的,都是犯罪,但是情节显著轻微危害不大的,不认为是犯罪。

3.2 《中华人民共和国刑事诉讼法》(2018年10月26日修正)

第一百七十七条 犯罪嫌疑人没有犯罪事实,或者有本法第十六条规定的情形之一的,人民检察院应当作出不起诉决定。

对于犯罪情节轻微,依照刑法规定不需要判处刑罚或者免除刑罚的,人民检察院可以作出不起诉决定。

人民检察院决定不起诉的案件,应当同时对侦查中查封、扣押、冻结的财物解除查封、扣押、冻结。对被不起诉人需要给予行政处罚、处分或者需要没收其违法所得的,人民检察院应当提出检察意见,移送有关主管机关处理。有关主管机关应当将处理结果及时通知人民检察院。

3.3 《中华人民共和国行政处罚法》(2021年1月22日修订)

第二十七条 违法行为涉嫌犯罪的,行政机关应当及时将案件移送司法机关,依法追究刑事责任。对依法不需要追究刑事责任或者免予刑事处罚,但应当给予行政处罚的,司法机关应当及时将案件移送有关行政机关。

行政处罚实施机关与司法机关之间应当加强协调配合,建立健全案件移送制度,加强证据材料移交、接收衔接,完善案件处理信息通报机制。

3.4 《中华人民共和国人民警察法》(2012年10月26日修正)

第七条 公安机关的人民警察对违反治安管理或者其他公安行政管理法律、法规的个人或者组织,依法可以实施行政强制措施、行政处罚。

> **第四条 【程序适用规则】**治安管理处罚的程序,适用本法的规定;本法没有规定的,适用《中华人民共和国行政处罚法》、《中华人民共和国行政强制法》的有关规定。

【相关规定索引】

类别	名称	关联条款
法律	《中华人民共和国立法法》	第103条
	《中华人民共和国行政处罚法》	第1、3、4条
	《中华人民共和国行政强制法》	第2、8、9、12、16、17条

【关联规定】

4.1 《中华人民共和国立法法》(2023年3月13日修正)

第一百零三条 同一机关制定的法律、行政法规、地方性法规、自治条例和单行条例、规章,特别规定与一般规定不一致的,适用特别规定;新的规定与旧的规定不一致的,适用新的规定。

4.2 《中华人民共和国行政处罚法》(2021年1月22日修订)

第一条 为了规范行政处罚的设定和实施,保障和监督行政机关有效实施行政管理,维护公共利益和社会秩序,保护公民、法人或者其他组织的合法权益,根据宪法,制定本法。

第三条 行政处罚的设定和实施,适用本法。

第四条 公民、法人或者其他组织违反行政管理秩序的行为,应当给予行政处罚的,依照本法由法律、法规、规章规定,并由行政机关依照本法规定的程序实施。

4.3 《中华人民共和国行政强制法》(2011年6月30日公布)

第二条 本法所称行政强制,包括行政强制措施和行政强制执行。

行政强制措施,是指行政机关在行政管理过程中,为制止违法行为、防止证据损毁、避免危害发生、控制危险扩大等情形,依法对公民的人身自由实施暂时性限制,或者对公民、法人或者其他组织的财物实施暂时性控制的行为。

行政强制执行,是指行政机关或者行政机关申请人民法院,对不履行行政决定的公民、法人或者其他组织,依法强制履行义务的行为。

第八条 公民、法人或者其他组织对行政机关实施行政强制,享有陈述权、申辩权;有权依法申请行政复议或者提起行政诉讼;因行政机关违法实施行政强制受到损害的,有权依法要求赔偿。

公民、法人或者其他组织因人民法院在强制执行中有违法行为或者扩大强制执行范围受到损害的,有权依法要求赔偿。

第九条 行政强制措施的种类:

(一)限制公民人身自由;

(二)查封场所、设施或者财物;

(三)扣押财物;

(四)冻结存款、汇款;

(五)其他行政强制措施。

第十二条 行政强制执行的方式:

(一)加处罚款或者滞纳金;

（二）划拨存款、汇款；

（三）拍卖或者依法处理查封、扣押的场所、设施或者财物；

（四）排除妨碍、恢复原状；

（五）代履行；

（六）其他强制执行方式。

第十六条 行政机关履行行政管理职责，依照法律、法规的规定，实施行政强制措施。

违法行为情节显著轻微或者没有明显社会危害的，可以不采取行政强制措施。

第十七条 行政强制措施由法律、法规规定的行政机关在法定职权范围内实施。行政强制措施权不得委托。

依据《中华人民共和国行政处罚法》的规定行使相对集中行政处罚权的行政机关，可以实施法律、法规规定的与行政处罚权有关的行政强制措施。

行政强制措施应当由行政机关具备资格的行政执法人员实施，其他人员不得实施。

第五条 【适用范围】 在中华人民共和国领域内发生的违反治安管理行为，除法律有特别规定的外，适用本法。

在中华人民共和国船舶和航空器内发生的违反治安管理行为，除法律有特别规定的外，适用本法。

在外国船舶和航空器内发生的违反治安管理行为，依照中华人民共和国缔结或者参加的国际条约，中华人民共和国行使管辖权的，适用本法。

第六条 【基本原则】治安管理处罚必须以事实为依据,与违反治安管理的事实、性质、情节以及社会危害程度相当。

实施治安管理处罚,应当公开、公正,尊重和保障人权,保护公民的人格尊严。

办理治安案件应当坚持教育与处罚相结合的原则,充分释法说理,教育公民、法人或者其他组织自觉守法。

【相关规定索引】

类别	名 称	关联条款
法律	《中华人民共和国宪法》	第33、38条
	《中华人民共和国行政处罚法》	第5、6条
	《中华人民共和国未成年人保护法》	第113条

【关联规定】

6.1 《中华人民共和国宪法》(2018年3月11日修正)

第三十三条 凡具有中华人民共和国国籍的人都是中华人民共和国公民。

中华人民共和国公民在法律面前一律平等。

国家尊重和保障人权。

任何公民享有宪法和法律规定的权利,同时必须履行宪法和法律规定的义务。

第三十八条 中华人民共和国公民的人格尊严不受侵犯。禁止用任何方法对公民进行侮辱、诽谤和诬告陷害。

6.2 《中华人民共和国行政处罚法》(2021年1月22日修订)

第五条 行政处罚遵循公正、公开的原则。

设定和实施行政处罚必须以事实为依据,与违法行为的事实、性质、情节以及社会危害程度相当。

对违法行为给予行政处罚的规定必须公布;未经公布的,不得作为行政处罚的依据。

第六条 实施行政处罚,纠正违法行为,应当坚持处罚与教育相结合,教育公民、法人或者其他组织自觉守法。

6.3 《中华人民共和国未成年人保护法》(2024年4月26日修正)

第一百一十三条 对违法犯罪的未成年人,实行教育、感化、挽救的方针,坚持教育为主、惩罚为辅的原则。

对违法犯罪的未成年人依法处罚后,在升学、就业等方面不得歧视。

第七条 【主管与管辖】国务院公安部门负责全国的治安管理工作。县级以上地方各级人民政府公安机关负责本行政区域内的治安管理工作。

治安案件的管辖由国务院公安部门规定。

【相关规定索引】

类别	名　称	关联条款
法律	《中华人民共和国行政处罚法》	第17、22、23条
	《中华人民共和国人民警察法》	第6条

【关联规定】

7.1 《中华人民共和国行政处罚法》(2021年1月22日修订)

第十七条 行政处罚由具有行政处罚权的行政机关在法定职权范围内实施。

第二十二条 行政处罚由违法行为发生地的行政机关管辖。法律、行政法规、部门规章另有规定的,从其规定。

第二十三条 行政处罚由县级以上地方人民政府具有行政处罚权的行政机关管辖。法律、行政法规另有规定的,从其规定。

7.2 《中华人民共和国人民警察法》(2012年10月26日修正)

第六条第二项 公安机关的人民警察按照职责分工,依法履行下列职责:

(二)维护社会治安秩序,制止危害社会治安秩序的行为;

> **第八条 【民事责任与刑事责任的适用】** 违反治安管理行为对他人造成损害的,除依照本法给予治安管理处罚外,行为人或者其监护人还应当依法承担民事责任。
>
> 违反治安管理行为构成犯罪,应当依法追究刑事责任的,不得以治安管理处罚代替刑事处罚。

【相关规定索引】

类别	名称	关联条款
法律	《中华人民共和国民法典》	第179条
	《中华人民共和国刑法》	第32-35条
	《中华人民共和国行政处罚法》	第8条

【关联规定】

8.1 《中华人民共和国民法典》(2020 年 5 月 28 日公布)

第一百七十九条　承担民事责任的方式主要有：

(一)停止侵害；

(二)排除妨碍；

(三)消除危险；

(四)返还财产；

(五)恢复原状；

(六)修理、重作、更换；

(七)继续履行；

(八)赔偿损失；

(九)支付违约金；

(十)消除影响、恢复名誉；

(十一)赔礼道歉。

法律规定惩罚性赔偿的,依照其规定。

本条规定的承担民事责任的方式,可以单独适用,也可以合并适用。

8.2 《中华人民共和国刑法》(2023 年 12 月 29 日修正)

第三十二条　刑罚分为主刑和附加刑。

第三十三条　主刑的种类如下：

(一)管制；

(二)拘役；

(三)有期徒刑；

(四)无期徒刑；

(五)死刑。

第三十四条　附加刑的种类如下：

（一）罚金；

（二）剥夺政治权利；

（三）没收财产。

附加刑也可以独立适用。

第三十五条 对于犯罪的外国人，可以独立适用或者附加适用驱逐出境。

8.3 《中华人民共和国行政处罚法》(2021年1月22日修订)

第八条 公民、法人或者其他组织因违法行为受到行政处罚，其违法行为对他人造成损害的，应当依法承担民事责任。

违法行为构成犯罪，应当依法追究刑事责任的，不得以行政处罚代替刑事处罚。

第九条 【调解处理原则】对于因民间纠纷引起的打架斗殴或者损毁他人财物等违反治安管理行为，情节较轻的，公安机关可以调解处理。

调解处理治安案件，应当查明事实，并遵循合法、公正、自愿、及时的原则，注重教育和疏导，促进化解矛盾纠纷。

经公安机关调解，当事人达成协议的，不予处罚。经调解未达成协议或者达成协议后不履行的，公安机关应当依照本法的规定对违反治安管理行为作出处理，并告知当事人可以就民事争议依法向人民法院提起民事诉讼。

对属于第一款规定的调解范围的治安案件，公安机关作出处理决定前，当事人自行和解或者经人民调解委员会调解达成协议并履行，书面申请经公安机关认可的，不予处罚。

【相关规定索引】

类别	名　称	关联条款
法律	《中华人民共和国人民调解法》	第2、7、18、25、26条

【关联规定】

9.1 《中华人民共和国人民调解法》(2010年8月28日公布)

第二条　本法所称人民调解,是指人民调解委员会通过说服、疏导等方法,促使当事人在平等协商基础上自愿达成调解协议,解决民间纠纷的活动。

第七条　人民调解委员会是依法设立的调解民间纠纷的群众性组织。

第十八条　基层人民法院、公安机关对适宜通过人民调解方式解决的纠纷,可以在受理前告知当事人向人民调解委员会申请调解。

第二十五条　人民调解员在调解纠纷过程中,发现纠纷有可能激化的,应当采取有针对性的预防措施;对有可能引起治安案件、刑事案件的纠纷,应当及时向当地公安机关或者其他有关部门报告。

第二十六条　人民调解员调解纠纷,调解不成的,应当终止调解,并依据有关法律、法规的规定,告知当事人可以依法通过仲裁、行政、司法等途径维护自己的权利。

第二章 处罚的种类和适用

> 第十条 【处罚种类】治安管理处罚的种类分为:
> (一)警告;
> (二)罚款;
> (三)行政拘留;
> (四)吊销公安机关发放的许可证件。
> 对违反治安管理的外国人,可以附加适用限期出境或者驱逐出境。

【相关规定索引】

类别	名 称	关联条款
法律	《中华人民共和国行政处罚法》	第9、10条
	《中华人民共和国行政许可法》	第2、70条
	《中华人民共和国出境入境管理法》	第81条
	《中华人民共和国立法法》	第11条

【关联规定】

10.1 《中华人民共和国行政处罚法》(2021年1月22日修订)

第九条 行政处罚的种类:

（一）警告、通报批评；

（二）罚款、没收违法所得、没收非法财物；

（三）暂扣许可证件、降低资质等级、吊销许可证件；

（四）限制开展生产经营活动、责令停产停业、责令关闭、限制从业；

（五）行政拘留；

（六）法律、行政法规规定的其他行政处罚。

第十条 法律可以设定各种行政处罚。

限制人身自由的行政处罚，只能由法律设定。

10.2 《中华人民共和国行政许可法》（2019年4月23日修正）

第二条 本法所称行政许可，是指行政机关根据公民、法人或者其他组织的申请，经依法审查，准予其从事特定活动的行为。

第七十条第四项 有下列情形之一的，行政机关应当依法办理有关行政许可的注销手续：

（四）行政许可依法被撤销、撤回，或者行政许可证件依法被吊销的；

10.3 《中华人民共和国出境入境管理法》（2012年6月30日公布）

第八十一条 外国人从事与停留居留事由不相符的活动，或者有其他违反中国法律、法规规定，不适宜在中国境内继续停留居留情形的，可以处限期出境。

外国人违反本法规定，情节严重，尚不构成犯罪的，公安部可以处驱逐出境。公安部的处罚决定为最终决定。

被驱逐出境的外国人，自被驱逐出境之日起十年内不准入境。

10.4 《中华人民共和国立法法》(2023年3月13日修正)

第十一条第五项 下列事项只能制定法律：

(五)对公民政治权利的剥夺、限制人身自由的强制措施和处罚；

> **第十一条 【涉案物品及违法所得财物的处理】**办理治安案件所查获的毒品、淫秽物品等违禁品,赌具、赌资,吸食、注射毒品的用具以及直接用于实施违反治安管理行为的本人所有的工具,应当收缴,按照规定处理。
>
> 违反治安管理所得的财物,追缴退还被侵害人；没有被侵害人的,登记造册,公开拍卖或者按照国家有关规定处理,所得款项上缴国库。

【相关规定索引】

类别	名称	关联条款
法律	《中华人民共和国行政处罚法》	第74条
规范性文件	《罚没财物管理办法》	第3、4、12、14、16-18、20-24、35条

【关联规定】

11.1 《中华人民共和国行政处罚法》(2021年1月22日修订)

第七十四条 除依法应当予以销毁的物品外,依法没收的非法财物必须按照国家规定公开拍卖或者按照国家有关规定处理。

罚款、没收的违法所得或者没收非法财物拍卖的款项,必须全部上缴国库,任何行政机关或者个人不得以任何形式截留、私分或者变相私分。

罚款、没收的违法所得或者没收非法财物拍卖的款项,不得同作出行政处罚决定的行政机关及其工作人员的考核、考评直接或者变相挂钩。除依法应当退还、退赔的外,财政部门不得以任何形式向作出行政处罚决定的行政机关返还罚款、没收的违法所得或者没收非法财物拍卖的款项。

11.2 《罚没财物管理办法》(2020年12月17日公布)

第三条 本办法所称罚没财物,是指执法机关依法对自然人、法人和非法人组织作出行政处罚决定、没收、追缴决定或者法院生效裁定、判决取得的罚款、罚金、违法所得、非法财物,没收的保证金、个人财产等,包括现金、有价票证、有价证券、动产、不动产和其他财产权利等。

本办法所称执法机关,是指各级行政机关、监察机关、审判机关、检察机关,法律法规授权的具有管理公共事务职能的事业单位和组织。

本办法所称罚没收入是指罚款、罚金等现金收入,罚没财物处置收入及其孳息。

第四条 罚没财物管理工作应遵循罚款决定与罚款收缴相分离,执法与保管、处置岗位相分离,罚没收入与经费保障相分离的原则。

第十二条 罚没财物的处置应当遵循公开、公平、公正原则,依法分类、定期处置,提高处置效率,降低仓储成本和处置成本,实现处置价值最大化。

第十四条 除法律法规另有规定外,容易损毁、灭失、变质、保管困难或者保管费用过高、季节性商品等不宜长期保存的物品,长期不使用容易导致机械性能下降、价值贬损的车辆、船艇、电子产品等物品,以及有效期即将届满的汇票、本票、支票等,在确定为罚没财物前,经权利人同意或者申请,并经执法机关负责人批准,可以依法先行处置;权利人不明确的,可以依法公告,公告期满后仍没有权利人同意或者申请的,可以依法先行处置。先行处置所得款项按照涉案现金管理。

第十六条　执法机关依法取得的罚没物品,除法律、行政法规禁止买卖的物品或者财产权利、按国家规定另行处置外,应当按照国家规定进行公开拍卖。公开拍卖应当符合下列要求:

(一)拍卖活动可以采取现场拍卖方式,鼓励有条件的部门和地区通过互联网和公共资源交易平台进行公开拍卖。

(二)公开拍卖应当委托具有相应拍卖资格的拍卖人进行,拍卖人可以通过摇珠等方式从具备资格条件的范围中选定,必要时可以选择多个拍卖人进行联合拍卖。

(三)罚没物品属于国家有强制安全标准或者涉及人民生命财产安全的,应当委托符合有关规定资格条件的检验检疫机构进行检验检测,不符合安全、卫生、质量或者动植物检疫标准的,不得进行公开拍卖。

(四)根据需要,可以采取"一物一拍"等方式对罚没物品进行拍卖。采用公开拍卖方式处置的,一般应当确定拍卖标的保留价。保留价一般参照价格认定机构或者符合资格条件的资产评估机构作出的评估价确定,也可以参照市场价或者通过互联网询价确定。

(五)公开拍卖发生流拍情形的,再次拍卖的保留价不得低于前次拍卖保留价的80%。发生3次(含)以上流拍情形的,经执法机关商同级财政部门确定后,可以通过互联网平台采取无底价拍卖或者转为其他处置方式。

第十七条　属于国家规定的专卖商品等限制流通的罚没物

品,应当交由归口管理单位统一变卖,或者变卖给按规定可以接受该物品的单位。

第十八条 下列罚没物品,应当移交相关主管部门处置:

(一)依法没收的文物,应当移交国家或者省级文物行政管理部门,由其指定的国有博物馆、图书馆等文物收藏单位收藏或者按国家有关规定处置。经国家或者省级文物行政管理部门授权,市、县的文物行政管理部门或者有关国有博物馆、图书馆等文物收藏单位可以具体承办文物接收事宜。

(二)武器、弹药、管制刀具、毒品、毒具、赌具、禁止流通的易燃易爆危险品等,应当移交同级公安部门或者其他有关部门处置,或者经公安部门、其他有关部门同意,由有关执法机关依法处置。

(三)依法没收的野生动植物及其制品,应当交由野生动植物保护主管部门、海洋执法部门或者有关保护区域管理机构按规定处置,或者经有关主管部门同意,交由相关科研机构用于科学研究。

(四)其他应当移交相关主管部门处置的罚没物品。

第二十条 淫秽、反动物品,非法出版物,有毒有害的食品药品及其原材料,危害国家安全以及其他有社会危害性的物品,以及法律法规规定应当销毁的,应当由执法机关予以销毁。

对难以变卖且无经济价值或者其他价值的,可以由执法机关、政府公物仓予以销毁。

属于应销毁的物品经无害化或者合法化处理,丧失原有功能后尚有经济价值的,可以由执法机关、政府公物仓作为废旧物品变卖。

第二十一条 已纳入罚没仓库保管的物品,依法应当退还的,由执法机关、政府公物仓办理退还手续。

第二十二条　依法应当进行权属登记的房产、土地使用权等罚没财产和财产权利,变卖前可以依据行政处罚决定、没收、追缴决定,法院生效裁定、判决进行权属变更,变更后应当按本办法相关规定处置。

权属变更后的承接权属主体可以是执法机关、政府公物仓、同级财政部门或者其他指定机构,但不改变罚没财物的性质,承接单位不得占用、出租、出借。

第二十三条　罚没物品无法直接适用本办法规定处置的,执法机关与同级财政商有关部门后,提出处置方案,报上级财政部门备案。

第二十四条　罚没收入属于政府非税收入,应当按照国库集中收缴管理有关规定,全额上缴国库,纳入一般公共预算管理。

第三十五条　执法机关扣押的涉案财物,有关单位、个人向执法机关声明放弃的或者无人认领的财物;党的纪律检查机关依据党内法规收缴的违纪所得以及按规定登记上交的礼品、礼金等财物;党政机关收到的采购、人事等合同违约金;党政机关根据国家赔偿法履行赔偿义务之后向故意或者有重大过失的工作人员、受委托的组织或者个人追偿的赔偿款等,参照罚没财物管理。国家另有规定的除外。

第十二条　【未成年人违反治安管理的处罚规则】已满十四周岁不满十八周岁的人违反治安管理的,从轻或者减轻处罚;不满十四周岁的人违反治安管理的,不予处罚,但是应当责令其监护人严加管教。

【相关规定索引】

类别	名　　称	关联条款
法律	《中华人民共和国行政处罚法》	第30条
	《中华人民共和国未成年人保护法》	第2、4、7、110、113条
	《中华人民共和国预防未成年人犯罪法》	第29、30、61条

【关联规定】

12.1《中华人民共和国行政处罚法》(2021年1月22日修订)

第三十条　不满十四周岁的未成年人有违法行为的,不予行政处罚,责令监护人加以管教;已满十四周岁不满十八周岁的未成年人有违法行为的,应当从轻或者减轻行政处罚。

12.2《中华人民共和国未成年人保护法》(2024年4月26日修正)

第二条　本法所称未成年人是指未满十八周岁的公民。

第四条　保护未成年人,应当坚持最有利于未成年人的原则。处理涉及未成年人事项,应当符合下列要求:

(一)给予未成年人特殊、优先保护;

(二)尊重未成年人人格尊严;

(三)保护未成年人隐私权和个人信息;

(四)适应未成年人身心健康发展的规律和特点;

(五)听取未成年人的意见;

(六)保护与教育相结合。

第七条　未成年人的父母或者其他监护人依法对未成年人承担监护职责。

国家采取措施指导、支持、帮助和监督未成年人的父母或者其他监护人履行监护职责。

第一百一十条 公安机关、人民检察院、人民法院讯问未成年犯罪嫌疑人、被告人,询问未成年被害人、证人,应当依法通知其法定代理人或者其成年亲属、所在学校的代表等合适成年人到场,并采取适当方式,在适当场所进行,保障未成年人的名誉权、隐私权和其他合法权益。

人民法院开庭审理涉及未成年人案件,未成年被害人、证人一般不出庭作证;必须出庭的,应当采取保护其隐私的技术手段和心理干预等保护措施。

第一百一十三条 对违法犯罪的未成年人,实行教育、感化、挽救的方针,坚持教育为主、惩罚为辅的原则。

对违法犯罪的未成年人依法处罚后,在升学、就业等方面不得歧视。

12.3 《中华人民共和国预防未成年人犯罪法》(2020年12月26日修订)

第二十九条 未成年人的父母或者其他监护人发现未成年人有不良行为的,应当及时制止并加强管教。

第三十条 公安机关、居民委员会、村民委员会发现本辖区内未成年人有不良行为的,应当及时制止,并督促其父母或者其他监护人依法履行监护职责。

第六十一条 公安机关、人民检察院、人民法院在办理案件过程中发现实施严重不良行为的未成年人的父母或者其他监护人不依法履行监护职责的,应当予以训诫,并可以责令其接受家庭教育指导。

第十三条 【精神病人、智力残疾人违反治安管理的责任认定】精神病人、智力残疾人在不能辨认或者不能控制自己行为的时候违反治安管理的,不予处罚,但是应当责令其监护人加强看护管理和治疗。间歇性的精神病人在精神正常的时候违反治安管理的,应当给予处罚。尚未完全丧失辨认或者控制自己行为能力的精神病人、智力残疾人违反治安管理的,应当给予处罚,但是可以从轻或者减轻处罚。

【相关规定索引】

类别	名称	关联条款
法律	《中华人民共和国行政处罚法》	第31条
	《中华人民共和国精神卫生法》	第5、83条
	《中华人民共和国残疾人保障法》	第2条
	《中华人民共和国民法典》	第21-24、28、35条

【关联规定】

13.1 《中华人民共和国行政处罚法》(2021年1月22日修订)

第三十一条 精神病人、智力残疾人在不能辨认或者不能控制自己行为时有违法行为的,不予行政处罚,但应当责令其监护人严加看管和治疗。间歇性精神病人在精神正常时有违法行为的,应当给予行政处罚。尚未完全丧失辨认或者控制自己行为能力的精神病人、智力残疾人有违法行为的,可以从轻或者减轻行政处罚。

13.2 《中华人民共和国精神卫生法》(2018年4月27日修正)

第五条 全社会应当尊重、理解、关爱精神障碍患者。

任何组织或者个人不得歧视、侮辱、虐待精神障碍患者,不得非法限制精神障碍患者的人身自由。

新闻报道和文学艺术作品等不得含有歧视、侮辱精神障碍患者的内容。

第八十三条 本法所称精神障碍,是指由各种原因引起的感知、情感和思维等精神活动的紊乱或者异常,导致患者明显的心理痛苦或者社会适应等功能损害。

本法所称严重精神障碍,是指疾病症状严重,导致患者社会适应等功能严重损害、对自身健康状况或者客观现实不能完整认识,或者不能处理自身事务的精神障碍。

本法所称精神障碍患者的监护人,是指依照民法通则的有关规定可以担任监护人的人。

13.3 《中华人民共和国残疾人保障法》(2018 年 10 月 26 日修正)

第二条 残疾人是指在心理、生理、人体结构上,某种组织、功能丧失或者不正常,全部或者部分丧失以正常方式从事某种活动能力的人。

残疾人包括视力残疾、听力残疾、言语残疾、肢体残疾、智力残疾、精神残疾、多重残疾和其他残疾的人。

残疾标准由国务院规定。

13.4 《中华人民共和国民法典》(2020 年 5 月 28 日公布)

第二十一条 不能辨认自己行为的成年人为无民事行为能力人,由其法定代理人代理实施民事法律行为。

八周岁以上的未成年人不能辨认自己行为的,适用前款规定。

第二十二条 不能完全辨认自己行为的成年人为限制民事行为能力人,实施民事法律行为由其法定代理人代理或者经其法定代理人同意、追认；但是，可以独立实施纯获利益的民事法律行为或者与其智力、精神健康状况相适应的民事法律行为。

第二十三条 无民事行为能力人、限制民事行为能力人的监护人是其法定代理人。

第二十四条 不能辨认或者不能完全辨认自己行为的成年人，其利害关系人或者有关组织，可以向人民法院申请认定该成年人为无民事行为能力人或者限制民事行为能力人。

被人民法院认定为无民事行为能力人或者限制民事行为能力人的，经本人、利害关系人或者有关组织申请，人民法院可以根据其智力、精神健康恢复的状况，认定该成年人恢复为限制民事行为能力人或者完全民事行为能力人。

本条规定的有关组织包括：居民委员会、村民委员会、学校、医疗机构、妇女联合会、残疾人联合会、依法设立的老年人组织、民政部门等。

第二十八条 无民事行为能力或者限制民事行为能力的成年人，由下列有监护能力的人按顺序担任监护人：

（一）配偶；

（二）父母、子女；

（三）其他近亲属；

（四）其他愿意担任监护人的个人或者组织，但是须经被监护人住所地的居民委员会、村民委员会或者民政部门同意。

第三十五条 监护人应当按照最有利于被监护人的原则履行监护职责。监护人除为维护被监护人利益外，不得处分被监护人的财产。

未成年人的监护人履行监护职责，在作出与被监护人利益有关的决定时，应当根据被监护人的年龄和智力状况，尊重被监护人的真实意愿。

成年人的监护人履行监护职责,应当最大程度地尊重被监护人的真实意愿,保障并协助被监护人实施与其智力、精神健康状况相适应的民事法律行为。对被监护人有能力独立处理的事务,监护人不得干涉。

> **第十四条 【盲人或又聋又哑的人违反治安管理的处罚规则】**盲人或者又聋又哑的人违反治安管理的,可以从轻、减轻或者不予处罚。

【相关规定索引】

类别	名 称	关联条款
法律	《中华人民共和国残疾人保障法》	第2、7条

【关联规定】

14.1 《中华人民共和国残疾人保障法》(2018年10月26日修正)

第二条 残疾人是指在心理、生理、人体结构上,某种组织、功能丧失或者不正常,全部或者部分丧失以正常方式从事某种活动能力的人。

残疾人包括视力残疾、听力残疾、言语残疾、肢体残疾、智力残疾、精神残疾、多重残疾和其他残疾的人。

残疾标准由国务院规定。

第七条 全社会应当发扬人道主义精神,理解、尊重、关心、帮助残疾人,支持残疾人事业。

国家鼓励社会组织和个人为残疾人提供捐助和服务。

国家机关、社会团体、企业事业单位和城乡基层群众性自治组织,应当做好所属范围内的残疾人工作。

从事残疾人工作的国家工作人员和其他人员,应当依法履行职责,努力为残疾人服务。

> **第十五条 【醉酒状态下的治安责任与处置措施】**醉酒的人违反治安管理的,应当给予处罚。
>
> 醉酒的人在醉酒状态中,对本人有危险或者对他人的人身、财产或者公共安全有威胁的,应当对其采取保护性措施约束至酒醒。

【相关规定索引】

类别	名称	关联条款
法律	《中华人民共和国民法典》	第1005、1190条
	《中华人民共和国人民警察法》	第21条

【关联规定】

15.1 《中华人民共和国民法典》(2020年5月28日公布)

第一千零五条 自然人的生命权、身体权、健康权受到侵害或者处于其他危难情形的,负有法定救助义务的组织或者个人应当及时施救。

第一千一百九十条 完全民事行为能力人对自己的行为暂时没有意识或者失去控制造成他人损害有过错的,应当承担侵权责任;没有过错的,根据行为人的经济状况对受害人适当补偿。

完全民事行为能力人因醉酒、滥用麻醉药品或者精神药品对自己的行为暂时没有意识或者失去控制造成他人损害的,应当承担侵权责任。

15.2 《中华人民共和国人民警察法》(2012年10月26日修正)

第二十一条 人民警察遇到公民人身、财产安全受到侵犯或者处于其他危难情形,应当立即救助;对公民提出解决纠纷的要求,应当给予帮助;对公民的报警案件,应当及时查处。

人民警察应当积极参加抢险救灾和社会公益工作。

> 第十六条 【数种治安违法行为的并罚规则】有两种以上违反治安管理行为的,分别决定,合并执行处罚。行政拘留处罚合并执行的,最长不超过二十日。

> 第十七条 【共同违反治安管理的责任划分与特殊行为处罚】共同违反治安管理的,根据行为人在违反治安管理行为中所起的作用,分别处罚。
>
> 教唆、胁迫、诱骗他人违反治安管理的,按照其教唆、胁迫、诱骗的行为处罚。

> 第十八条 【单位违反治安管理行为的处罚】单位违反治安管理的,对其直接负责的主管人员和其他直接责任人员依照本法的规定处罚。其他法律、行政法规对同一行为规定给予单位处罚的,依照其规定处罚。

【相关规定索引】

类别	名 称	关联条款
法律	《中华人民共和国刑法》	第30、31条

【关联规定】

18.1《中华人民共和国刑法》(2023年12月29日修正)

第三十条 公司、企业、事业单位、机关、团体实施的危害社会的行为,法律规定为单位犯罪的,应当负刑事责任。

第三十一条 单位犯罪的,对单位判处罚金,并对其直接负责的主管人员和其他直接责任人员判处刑罚。本法分则和其他法律另有规定的,依照规定。

第十九条 【正当防卫的认定与过当责任】为了免受正在进行的不法侵害而采取的制止行为,造成损害的,不属于违反治安管理行为,不受处罚;制止行为明显超过必要限度,造成较大损害的,依法给予处罚,但是应当减轻处罚;情节较轻的,不予处罚。

【相关规定索引】

类别	名称	关联条款
法律	《中华人民共和国刑法》	第20条
	《中华人民共和国民法典》	第181条

【关联规定】

19.1《中华人民共和国刑法》(2023年12月29日修正)

第二十条 为了使国家、公共利益、本人或者他人的人身、财产和其他权利免受正在进行的不法侵害,而采取的制止不法侵害的行为,对不法侵害人造成损害的,属于正当防卫,不负刑事责任。

正当防卫明显超过必要限度造成重大损害的,应当负刑事责任,但是应当减轻或者免除处罚。

对正在进行行凶、杀人、抢劫、强奸、绑架以及其他严重危及人身安全的暴力犯罪,采取防卫行为,造成不法侵害人伤亡的,不属于防卫过当,不负刑事责任。

19.2 《中华人民共和国民法典》(2020年5月28日公布)

第一百八十一条 因正当防卫造成损害的,不承担民事责任。

正当防卫超过必要的限度,造成不应有的损害的,正当防卫人应当承担适当的民事责任。

第二十条 【从轻、减轻或者不予处罚情形】违反治安管理有下列情形之一的,从轻、减轻或者不予处罚:

(一)情节轻微的;

(二)主动消除或者减轻违法后果的;

(三)取得被侵害人谅解的;

(四)出于他人胁迫或者诱骗的;

(五)主动投案,向公安机关如实陈述自己的违法行为的;

(六)有立功表现的。

【相关规定索引】

类别	名 称	关联条款
法律	《中华人民共和国行政处罚法》	第32、33条

【关联规定】

20.1 《中华人民共和国行政处罚法》(2021年1月22日修订)

第三十二条 当事人有下列情形之一,应当从轻或者减轻行政处罚：

（一）主动消除或者减轻违法行为危害后果的；

（二）受他人胁迫或者诱骗实施违法行为的；

（三）主动供述行政机关尚未掌握的违法行为的；

（四）配合行政机关查处违法行为有立功表现的；

（五）法律、法规、规章规定其他应当从轻或者减轻行政处罚的。

第三十三条 违法行为轻微并及时改正，没有造成危害后果的，不予行政处罚。初次违法且危害后果轻微并及时改正的，可以不予行政处罚。

当事人有证据足以证明没有主观过错的，不予行政处罚。法律、行政法规另有规定的，从其规定。

对当事人的违法行为依法不予行政处罚的，行政机关应当对当事人进行教育。

第二十一条 【自愿认罚从宽制度】违反治安管理行为人自愿向公安机关如实陈述自己的违法行为，承认违法事实，愿意接受处罚的，可以依法从宽处理。

第二十二条 【从重处罚情形】违反治安管理有下列情形之一的，从重处罚：

（一）有较严重后果的；

（二）教唆、胁迫、诱骗他人违反治安管理的；

（三）对报案人、控告人、举报人、证人打击报复的；

（四）一年以内曾受过治安管理处罚的。

第二十三条　【行政拘留的免除执行及例外规定】违反治安管理行为人有下列情形之一,依照本法应当给予行政拘留处罚的,不执行行政拘留处罚:

(一)已满十四周岁不满十六周岁的;

(二)已满十六周岁不满十八周岁,初次违反治安管理的;

(三)七十周岁以上的;

(四)怀孕或者哺乳自己不满一周岁婴儿的。

前款第一项、第二项、第三项规定的行为人违反治安管理情节严重、影响恶劣的,或者第一项、第三项规定的行为人在一年以内二次以上违反治安管理的,不受前款规定的限制。

【相关规定索引】

类别	名　　称	关联条款
法律	《中华人民共和国未成年人保护法》	第113条
	《中华人民共和国老年人权益保障法》	第2、5条
	《中华人民共和国妇女权益保障法》	第30条

【关联规定】

23.1　《中华人民共和国未成年人保护法》(2024年4月26日修正)

第一百一十三条　对违法犯罪的未成年人,实行教育、感化、挽救的方针,坚持教育为主、惩罚为辅的原则。

对违法犯罪的未成年人依法处罚后,在升学、就业等方面不得歧视。

23.2 《中华人民共和国老年人权益保障法》(2018年12月29日修正)

第二条 本法所称老年人是指六十周岁以上的公民。

第五条 国家建立多层次的社会保障体系,逐步提高对老年人的保障水平。

国家建立和完善以居家为基础、社区为依托、机构为支撑的社会养老服务体系。

倡导全社会优待老年人。

23.3 《中华人民共和国妇女权益保障法》(2022年10月30日修订)

第三十条 国家建立健全妇女健康服务体系,保障妇女享有基本医疗卫生服务,开展妇女常见病、多发病的预防、筛查和诊疗,提高妇女健康水平。

国家采取必要措施,开展经期、孕期、产期、哺乳期和更年期的健康知识普及、卫生保健和疾病防治,保障妇女特殊生理时期的健康需求,为有需要的妇女提供心理健康服务支持。

第二十四条 【矫治教育措施】对依照本法第十二条规定不予处罚或者依照本法第二十三条规定不执行行政拘留处罚的未成年人,公安机关依照《中华人民共和国预防未成年人犯罪法》的规定采取相应矫治教育等措施。

【相关规定索引】

类别	名称	关联条款
法律	《中华人民共和国预防未成年人犯罪法》	第41、42条

【关联规定】

24.1 《中华人民共和国预防未成年人犯罪法》(2020 年 12 月 26 日修订)

第四十一条 对有严重不良行为的未成年人,公安机关可以根据具体情况,采取以下矫治教育措施:

(一)予以训诫;

(二)责令赔礼道歉、赔偿损失;

(三)责令具结悔过;

(四)责令定期报告活动情况;

(五)责令遵守特定的行为规范,不得实施特定行为、接触特定人员或者进入特定场所;

(六)责令接受心理辅导、行为矫治;

(七)责令参加社会服务活动;

(八)责令接受社会观护,由社会组织、有关机构在适当场所对未成年人进行教育、监督和管束;

(九)其他适当的矫治教育措施。

第四十二条 公安机关在对未成年人进行矫治教育时,可以根据需要邀请学校、居民委员会、村民委员会以及社会工作服务机构等社会组织参与。

未成年人的父母或者其他监护人应当积极配合矫治教育措施的实施,不得妨碍阻挠或者放任不管。

第二十五条 【追责时效及计算标准】违反治安管理行为在六个月以内没有被公安机关发现的,不再处罚。

前款规定的期限,从违反治安管理行为发生之日起计算;违反治安管理行为有连续或者继续状态的,从行为终了之日起计算。

【相关规定索引】

类别	名　称	关联条款
法律	《中华人民共和国行政处罚法》	第36条

【关联规定】

25.1 《中华人民共和国行政处罚法》(2021年1月22日修订)

第三十六条　违法行为在二年内未被发现的,不再给予行政处罚;涉及公民生命健康安全、金融安全且有危害后果的,上述期限延长至五年。法律另有规定的除外。

前款规定的期限,从违法行为发生之日起计算;违法行为有连续或者继续状态的,从行为终了之日起计算。

第三章 违反治安管理的行为和处罚

第一节 扰乱公共秩序的行为和处罚

第二十六条 【对扰乱单位、公共场所、公共交通和选举秩序行为的处罚】有下列行为之一的,处警告或者五百元以下罚款;情节较重的,处五日以上十日以下拘留,可以并处一千元以下罚款:

(一)扰乱机关、团体、企业、事业单位秩序,致使工作、生产、营业、医疗、教学、科研不能正常进行,尚未造成严重损失的;

(二)扰乱车站、港口、码头、机场、商场、公园、展览馆或者其他公共场所秩序的;

(三)扰乱公共汽车、电车、城市轨道交通车辆、火车、船舶、航空器或者其他公共交通工具上的秩序的;

(四)非法拦截或者强登、扒乘机动车、船舶、航空器以及其他交通工具,影响交通工具正常行驶的;

(五)破坏依法进行的选举秩序的。

聚众实施前款行为的,对首要分子处十日以上十五日以下拘留,可以并处二千元以下罚款。

【相关规定索引】

类别	名　　称	关联条款
法律	《中华人民共和国铁路法》	第43、50、53、55、63、65条
	《中华人民共和国民用航空法》	第65、198条
	《中华人民共和国港口法》	第3条
	《中华人民共和国邮政法》	第38、80条
	《中华人民共和国全国人民代表大会和地方各级人民代表大会代表法》	第55条
	《中华人民共和国村民委员会组织法》	第17条
	《中华人民共和国城市居民委员会组织法》	第8条
	《中华人民共和国教育法》	第72条
行政法规	《无人驾驶航空器飞行管理暂行条例》	第34条
	《中华人民共和国民用航空安全保卫条例》	第16、25、34条
	《公共文化体育设施条例》	第2、25条
	《铁路安全管理条例》	第63、77条
	《城市公共交通条例》	第2、35、36条

【关联规定】

26.1 《中华人民共和国铁路法》(2015年4月24日修正)

第四十三条　铁路公安机关和地方公安机关分工负责共同维护铁路治安秩序。车站和列车内的治安秩序,由铁路公安机关负责维护;铁路沿线的治安秩序,由地方公安机关和铁路公安机关共同负责维护,以地方公安机关为主。

第五十条　禁止偷乘货车、攀附行进中的列车或者击打列车。对偷乘货车、攀附行进中的列车或者击打列车的,铁路职工有权制止。

第五十三条　对聚众拦截列车或者聚众冲击铁路行车调度机构的,铁路职工有权制止;不听制止的,公安人员现场负责人有权命令解散;拒不解散的,公安人员现场负责人有权依照国家有关规定决定采取必要手段强行驱散,并对拒不服从的人员强行带离现场或者予以拘留。

第五十五条　在列车内,寻衅滋事,扰乱公共秩序,危害旅客人身、财产安全的,铁路职工有权制止,铁路公安人员可以予以拘留。

第六十三条　聚众拦截列车、冲击铁路行车调度机构不听制止的,对首要分子和骨干分子依照刑法有关规定追究刑事责任。

第六十五条　在列车内,抢劫旅客财物,伤害旅客的,依照刑法有关规定从重处罚。

在列车内,寻衅滋事,侮辱妇女,情节恶劣的,依照刑法有关规定追究刑事责任;敲诈勒索旅客财物的,依照刑法有关规定追究刑事责任。

26.2　《中华人民共和国民用航空法》(2021年4月29日修正)

第六十五条　民用机场应当按照国务院民用航空主管部门的规定,采取措施,保证机场内人员和财产的安全。

第一百九十八条　聚众扰乱民用机场秩序的,依照刑法有关规定追究刑事责任。

26.3 《中华人民共和国港口法》(2018年12月29日修正)

第三条 本法所称港口,是指具有船舶进出、停泊、靠泊,旅客上下、货物装卸、驳运、储存等功能,具有相应的码头设施,由一定范围的水域和陆域组成的区域。

港口可以由一个或者多个港区组成。

26.4 《中华人民共和国邮政法》(2015年4月24日修正)

第三十八条第一、三项 任何单位和个人不得有下列行为:

(一)扰乱邮政营业场所正常秩序;

(三)非法拦截、强登、扒乘带有邮政专用标志的车辆;

第八十条第三、四项 有下列行为之一,尚不构成犯罪的,依法给予治安管理处罚:

(三)扰乱邮政营业场所、快递企业营业场所正常秩序的;

(四)非法拦截、强登、扒乘运送邮件、快件的车辆的。

26.5 《中华人民共和国全国人民代表大会和地方各级人民代表大会代表法》(2025年3月1日修正)

第五十五条 一切组织和个人都必须尊重代表的权利,支持代表执行代表职务。

有义务协助代表执行代表职务而拒绝履行义务的,有关单位应当予以批评教育,直至给予处分。

阻碍代表依法执行代表职务的,根据情节,由所在单位或者有关机关给予处分,或者适用《中华人民共和国治安管理处罚法》的有关规定给予处罚;以暴力、威胁方法阻碍代表依法执行代表职务的,依照刑法有关规定追究刑事责任。

对代表依法执行代表职务进行打击报复的,由所在单位或者有关机关责令改正或者给予处分;国家工作人员进行打击报复构成犯罪的,依照刑法有关规定追究刑事责任。

26.6 《中华人民共和国村民委员会组织法》(2018年12月29日修正)

第十七条 以暴力、威胁、欺骗、贿赂、伪造选票、虚报选举票数等不正当手段当选村民委员会成员的,当选无效。

对以暴力、威胁、欺骗、贿赂、伪造选票、虚报选举票数等不正当手段,妨害村民行使选举权、被选举权,破坏村民委员会选举的行为,村民有权向乡、民族乡、镇的人民代表大会和人民政府或者县级人民代表大会常务委员会和人民政府及其有关主管部门举报,由乡级或者县级人民政府负责调查并依法处理。

26.7 《中华人民共和国城市居民委员会组织法》(2018年12月29日修正)

第八条 居民委员会主任、副主任和委员,由本居住地区全体有选举权的居民或者由每户派代表选举产生;根据居民意见,也可以由每个居民小组选举代表二至三人选举产生。居民委员会每届任期五年,其成员可以连选连任。

年满十八周岁的本居住地区居民,不分民族、种族、性别、职业、家庭出身、宗教信仰、教育程度、财产状况、居住期限,都有选举权和被选举权;但是,依照法律被剥夺政治权利的人除外。

26.8 《中华人民共和国教育法》(2021年4月29日修正)

第七十二条 结伙斗殴、寻衅滋事,扰乱学校及其他教育机构教育教学秩序或者破坏校舍、场地及其他财产的,由公安机关给予治安管理处罚;构成犯罪的,依法追究刑事责任。

侵占学校及其他教育机构的校舍、场地及其他财产的,依法承担民事责任。

26.9 《无人驾驶航空器飞行管理暂行条例》(2023年5月31日公布)

第三十四条第二项 禁止利用无人驾驶航空器实施下列行为：

（二）扰乱机关、团体、企业、事业单位工作秩序或者公共场所秩序；

26.10 《中华人民共和国民用航空安全保卫条例》(2011年1月8日修订)

第十六条 机场内禁止下列行为：

（一）攀(钻)越、损毁机场防护围栏及其他安全防护设施；

（二）在机场控制区内狩猎、放牧、晾晒谷物、教练驾驶车辆；

（三）无机场控制区通行证进入机场控制区；

（四）随意穿越航空器跑道、滑行道；

（五）强行登、占航空器；

（六）谎报险情、制造混乱；

（七）扰乱机场秩序的其他行为。

第二十五条 航空器内禁止下列行为：

（一）在禁烟区吸烟；

（二）抢占座位、行李舱(架)；

（三）打架、酗酒、寻衅滋事；

（四）盗窃、故意损坏或者擅自移动救生物品和设备；

（五）危及飞行安全和扰乱航空器内秩序的其他行为。

第三十四条 违反本条例第十四条的规定或者有本条例第十六条、第二十四条第一项、第二十五条所列行为的，构成违反治安管理行为的，由民航公安机关依照《中华人民共和国治安管理处罚法》有关规定予以处罚；有本条例第二十四条第二项所列行为的,由民航公安机关依照《中华人民共和国居民身份证法》有关规定予以处罚。

26.11 《公共文化体育设施条例》(2003年6月26日公布)

第二条 本条例所称公共文化体育设施,是指由各级人民政府举办或者社会力量举办的,向公众开放用于开展文化体育活动的公益性的图书馆、博物馆、纪念馆、美术馆、文化馆(站)、体育场(馆)、青少年宫、工人文化宫等的建筑物、场地和设备。

本条例所称公共文化体育设施管理单位,是指负责公共文化体育设施的维护,为公众开展文化体育活动提供服务的社会公共文化体育机构。

第二十五条 公共文化体育设施管理单位应当建立、健全安全管理制度,依法配备安全保护设施、人员,保证公共文化体育设施的完好,确保公众安全。

公共体育设施内设置的专业性强、技术要求高的体育项目,应当符合国家规定的安全服务技术要求。

26.12 《铁路安全管理条例》(2013年8月17日公布)

第六十三条 公安机关应当按照职责分工,维护车站、列车等铁路场所和铁路沿线的治安秩序。

第七十七条 禁止实施下列危害铁路安全的行为:

(一)非法拦截列车、阻断铁路运输;

(二)扰乱铁路运输指挥调度机构以及车站、列车的正常秩序;

(三)在铁路线路上放置、遗弃障碍物;

(四)击打列车;

(五)擅自移动铁路线路上的机车车辆,或者擅自开启列车车门、违规操纵列车紧急制动设备;

(六)拆盗、损毁或者擅自移动铁路设施设备、机车车辆配件、标桩、防护设施和安全标志；

（七）在铁路线路上行走、坐卧或者在未设道口、人行过道的铁路线路上通过；

（八）擅自进入铁路线路封闭区域或者在未设置行人通道的铁路桥梁、隧道通行；

（九）擅自开启、关闭列车的货车阀、盖或者破坏施封状态；

（十）擅自开启列车中的集装箱箱门，破坏箱体、阀、盖或者施封状态；

（十一）擅自松动、拆解、移动列车中的货物装载加固材料、装置和设备；

（十二）钻车、扒车、跳车；

（十三）从列车上抛扔杂物；

（十四）在动车组列车上吸烟或者在其他列车的禁烟区域吸烟；

（十五）强行登乘或者以拒绝下车等方式强占列车；

（十六）冲击、堵塞、占用进出站通道或者候车区、站台。

26.13 **《城市公共交通条例》**(2024年10月17日公布)

第二条 本条例所称城市公共交通，是指在城市人民政府确定的区域内，利用公共汽电车、城市轨道交通车辆等公共交通工具和有关系统、设施，按照核定的线路、站点、时间、票价等运营，为公众提供基本出行服务。

第三十五条 乘客应当遵守乘车规范，维护乘车秩序。

乘客不得携带易燃、易爆、毒害性、放射性、腐蚀性以及其他可能危及人身和财产安全的危险物品进站乘车；乘客坚持携带的，城市公共交通企业应当拒绝其进站乘车。

城市轨道交通运营单位应当按照国家有关规定，对进入城市轨道交通车站的人员及其携带物品进行安全检查；对拒不接受安全检查的，应当拒绝其进站乘车。安全检查应当遵守有关操作规范，提高质量和效率。

第三十六条　任何单位和个人不得实施下列危害城市公共交通运营安全的行为：

（一）非法拦截或者强行上下城市公共交通车辆；

（二）非法占用城市公共交通场站或者出入口；

（三）擅自进入城市轨道交通线路、车辆基地、控制中心、列车驾驶室或者其他禁止非工作人员进入的区域；

（四）向城市公共交通车辆投掷物品或者在城市轨道交通线路上放置障碍物；

（五）故意损坏或者擅自移动、遮挡城市公共交通站牌、安全警示标志、监控设备、安全防护设备；

（六）在非紧急状态下擅自操作有安全警示标志的安全设备；

（七）干扰、阻碍城市公共交通车辆驾驶员安全驾驶；

（八）其他危害城市公共交通运营安全的行为。

城市公共交通企业发现前款规定行为的，应当及时予以制止，并采取措施消除安全隐患，必要时报请有关部门依法处理。

【典型案例】

乔甲扰乱秩序案[①]

1. 基本事实

2020 年 4 月 30 日 16 时许，在公安河东分局二号桥派出所值

[①] 参见天津市中级人民法院行政判决书，(2020)津 0102 行初 114 号；天津市第二中级人民法院，(2021)津 02 行终 123 号。

班室处,乔甲以大声喧哗等方式扰乱办公秩序,以上事实有乔甲的陈述和申辩、证人证言、视听资料、物证照片、书证等证据证实。根据2012年《中华人民共和国治安管理处罚法》第23条第1款第1项之规定,现决定对违法嫌疑人乔甲,扰乱单位秩序的行为予以行政拘留五日。……原告不服,提出行政复议申请,东公(富)行罚决字〔2020〕136号行政处罚决定被维持。现原告对行政处罚决定及行政复议决定均不服,诉至法院。

2. 法院裁判

关于原告认为自己并无在派出所内大声喧哗、扰乱办公秩序一节,法院认为,扰乱是指造成秩序的混乱,具体表现为使单位秩序的有序性变为无序性。从现场视频结合庭审询问可以确认,原告在派出所内有用头撞墙、拿手机拍摄等行为,虽然现场视频没有声音,但是结合证人证言及询问笔录可以认定原告亦有大声喧哗的行为,进而扰乱了派出所的正常办公秩序。由此,公安机关将该案定义为"以大声喧哗等方式扰乱办公秩序"并无不当。

被告公安河东分局主张因二号桥派出所当时处于装修阶段,设备尚未调试完毕,导致监控设备没有声音。结合在案证据,综观本案,民警在原告情绪激动的情况下对其采取抑制措施时,原告反而以用头撞墙的方式进行反抗,且事发地点系单位办公场所,此节已构成2012年《中华人民共和国治安管理处罚法》第23条第1款第1项中所规定的扰乱单位秩序的行为,再结合证人证言等证据,进一步印证了原告确实有"大声喧哗"的情形,而监控视频是否同步录制了声音并非作为认定案件事实的唯一证据。由此,就原告此节提出的异议,法院不予支持。

被告市公安局在收到原告提出的复议申请后,依法履行了法定职责且符合法律规定。判决驳回原告乔甲的诉讼请求。

第二十七条 【对扰乱国家考试秩序行为的处罚】在法律、行政法规规定的国家考试中，有下列行为之一，扰乱考试秩序的，处违法所得一倍以上五倍以下罚款，没有违法所得或者违法所得不足一千元的，处一千元以上三千元以下罚款；情节较重的，处五日以上十五日以下拘留：

（一）组织作弊的；

（二）为他人组织作弊提供作弊器材或者其他帮助的；

（三）为实施考试作弊行为，向他人非法出售、提供考试试题、答案的；

（四）代替他人或者让他人代替自己参加考试的。

【相关规定索引】

类别	名　　称	关联条款
法律	《中华人民共和国教育法》	第21、79、80条

【关联规定】

27.1 《中华人民共和国教育法》(2021年4月29日修正)

第二十一条 国家实行国家教育考试制度。

国家教育考试由国务院教育行政部门确定种类，并由国家批准的实施教育考试的机构承办。

第七十九条 考生在国家教育考试中有下列行为之一的，由组织考试的教育考试机构工作人员在考试现场采取必要措施予以制止并终止其继续参加考试；组织考试的教育考试机构可以取消其相关考试资格或者考试成绩；情节严重的，由教育行政部门责令停止参加相关国家教育考试一年以上三年以下；构成违反治

安管理行为的,由公安机关依法给予治安管理处罚;构成犯罪的,依法追究刑事责任:

(一)非法获取考试试题或者答案的;

(二)携带或者使用考试作弊器材、资料的;

(三)抄袭他人答案的;

(四)让他人代替自己参加考试的;

(五)其他以不正当手段获得考试成绩的作弊行为。

第八十条　任何组织或者个人在国家教育考试中有下列行为之一,有违法所得的,由公安机关没收违法所得,并处违法所得一倍以上五倍以下罚款;情节严重的,处五日以上十五日以下拘留;构成犯罪的,依法追究刑事责任;属于国家机关工作人员的,还应当依法给予处分:

(一)组织作弊的;

(二)通过提供考试作弊器材等方式为作弊提供帮助或者便利的;

(三)代替他人参加考试的;

(四)在考试结束前泄露、传播考试试题或者答案的;

(五)其他扰乱考试秩序的行为。

第二十八条　【对扰乱体育、文化等大型群众性活动秩序行为的处罚】有下列行为之一,扰乱体育、文化等大型群众性活动秩序的,处警告或者五百元以下罚款;情节严重的,处五日以上十日以下拘留,可以并处一千元以下罚款:

(一)强行进入场内的;

(二)违反规定,在场内燃放烟花爆竹或者其他物品的;

(三)展示侮辱性标语、条幅等物品的;

(四)围攻裁判员、运动员或者其他工作人员的;

(五)向场内投掷杂物,不听制止的;

(六)扰乱大型群众性活动秩序的其他行为。

因扰乱体育比赛、文艺演出活动秩序被处以拘留处罚的,可以同时责令其六个月至一年以内不得进入体育场馆、演出场馆观看同类比赛、演出;违反规定进入体育场馆、演出场馆的,强行带离现场,可以处五日以下拘留或者一千元以下罚款。

【相关规定索引】

类别	名称	关联条款
行政法规	《大型群众性活动安全管理条例》	第2、3、7、9、18、23条

【关联规定】

28.1 《大型群众性活动安全管理条例》(2007年9月14日)

第二条 本条例所称大型群众性活动,是指法人或者其他组织面向社会公众举办的每场次预计参加人数达到1000人以上的下列活动:

(一)体育比赛活动;

(二)演唱会、音乐会等文艺演出活动;

(三)展览、展销等活动;

(四)游园、灯会、庙会、花会、焰火晚会等活动;

(五)人才招聘会、现场开奖的彩票销售等活动。

影剧院、音乐厅、公园、娱乐场所等在其日常业务范围内举办的活动,不适用本条例的规定。

第三条 大型群众性活动的安全管理应当遵循安全第一、预防为主的方针,坚持承办者负责、政府监管的原则。

第七条 承办者具体负责下列安全事项:

(一)落实大型群众性活动安全工作方案和安全责任制度,明确安全措施、安全工作人员岗位职责,开展大型群众性活动安全宣传教育;

(二)保障临时搭建的设施、建筑物的安全,消除安全隐患;

(三)按照负责许可的公安机关的要求,配备必要的安全检查设备,对参加大型群众性活动的人员进行安全检查,对拒不接受安全检查的,承办者有权拒绝其进入;

(四)按照核准的活动场所容纳人员数量、划定的区域发放或者出售门票;

(五)落实医疗救护、灭火、应急疏散等应急救援措施并组织演练;

(六)对妨碍大型群众性活动安全的行为及时予以制止,发现违法犯罪行为及时向公安机关报告;

(七)配备与大型群众性活动安全工作需要相适应的专业保安人员以及其他安全工作人员;

(八)为大型群众性活动的安全工作提供必要的保障。

第九条 参加大型群众性活动的人员应当遵守下列规定:

(一)遵守法律、法规和社会公德,不得妨碍社会治安、影响社会秩序;

(二)遵守大型群众性活动场所治安、消防等管理制度,接受安全检查,不得携带爆炸性、易燃性、放射性、毒害性、腐蚀性等危险物质或者非法携带枪支、弹药、管制器具;

(三)服从安全管理,不得展示侮辱性标语、条幅等物品,不得围攻裁判员、运动员或者其他工作人员,不得投掷杂物。

第十八条 承办者发现进入活动场所的人员达到核准数量时,应当立即停止验票;发现持有划定区域以外的门票或者持假票的人员,应当拒绝其入场并向活动现场的公安机关工作人员报告。

第二十三条 参加大型群众性活动的人员有违反本条例第九条规定行为的,由公安机关给予批评教育;有危害社会治安秩序、威胁公共安全行为的,公安机关可以将其强行带离现场,依法给予治安管理处罚;构成犯罪的,依法追究刑事责任。

第二十九条 【对故意散布谣言等扰乱公共秩序行为的处罚】 有下列行为之一的,处五日以上十日以下拘留,可以并处一千元以下罚款;情节较轻的,处五日以下拘留或者一千元以下罚款:

(一)故意散布谣言,谎报险情、疫情、灾情、警情或者以其他方法故意扰乱公共秩序的;

(二)投放虚假的爆炸性、毒害性、放射性、腐蚀性物质或者传染病病原体等危险物质扰乱公共秩序的;

(三)扬言实施放火、爆炸、投放危险物质等危害公共安全犯罪行为扰乱公共秩序的。

【相关规定索引】

类别	名　　称	关联条款
法律	《中华人民共和国突发事件应对法》	第 7、61、95、97 条
	《中华人民共和国反恐怖主义法》	第 63、90 条
	《中华人民共和国药品管理法》	第 107、143 条

续表

类别	名称	关联条款
行政法规	《中华人民共和国消防法》	第44、62条
	《中华人民共和国网络安全法》	第12、74条
	《突发公共卫生事件应急条例》	第21、51、52条
	《中华人民共和国电信条例》	第56、66条
	《地震预报管理条例》	第17、19条
	《破坏性地震应急条例》	第15、37条
	《放射性同位素与射线装置安全和防护条例》	第42条
	《核电厂核事故应急管理条例》	第38条
	《互联网上网服务营业场所管理条例》	第14条
	《互联网信息服务管理办法》	第15、16条
规章	《互联网直播服务管理规定》	第9、10条
	《网络信息内容生态治理规定》	第6条

【关联规定】

29.1 《中华人民共和国突发事件应对法》(2024年6月28日修订)

第七条 国家建立健全突发事件信息发布制度。有关人民政府和部门应当及时向社会公布突发事件相关信息和有关突发事件应对的决定、命令、措施等信息。

任何单位和个人不得编造、故意传播有关突发事件的虚假信息。有关人民政府和部门发现影响或者可能影响社会稳定、扰乱社会和经济管理秩序的虚假或者不完整信息的,应当及时发布准确的信息予以澄清。

第六十一条　地方各级人民政府应当按照国家有关规定向上级人民政府报送突发事件信息。县级以上人民政府有关主管部门应当向本级人民政府相关部门通报突发事件信息,并报告上级人民政府主管部门。专业机构、监测网点和信息报告员应当及时向所在地人民政府及其有关主管部门报告突发事件信息。

有关单位和人员报送、报告突发事件信息,应当做到及时、客观、真实,不得迟报、谎报、瞒报、漏报,不得授意他人迟报、谎报、瞒报,不得阻碍他人报告。

第九十五条第二项　地方各级人民政府和县级以上人民政府有关部门违反本法规定,不履行或者不正确履行法定职责的,由其上级行政机关责令改正;有下列情形之一,由有关机关综合考虑突发事件发生的原因、后果、应对处置情况、行为人过错等因素,对负有责任的领导人员和直接责任人员依法给予处分:

(二)迟报、谎报、瞒报、漏报或者授意他人迟报、谎报、瞒报以及阻碍他人报告有关突发事件的信息,或者通报、报送、公布虚假信息,造成后果的;

第九十七条　违反本法规定,编造并传播有关突发事件的虚假信息,或者明知是有关突发事件的虚假信息而进行传播的,责令改正,给予警告;造成严重后果的,依法暂停其业务活动或者吊销其许可证件;负有直接责任的人员是公职人员的,还应当依法给予处分。

29.2　《中华人民共和国反恐怖主义法》(2018 年 4 月 27 日修正)

第六十三条　恐怖事件发生、发展和应对处置信息,由恐怖事件发生地的省级反恐怖主义工作领导机构统一发布;跨省、自治区、直辖市发生的恐怖事件,由指定的省级反恐怖主义工作领导机构统一发布。

任何单位和个人不得编造、传播虚假恐怖事件信息;不得报道、传播可能引起模仿的恐怖活动的实施细节;不得发布恐怖事件中残忍、不人道的场景;在恐怖事件的应对处置过程中,除新闻媒体经负责发布信息的反恐怖主义工作领导机构批准外,不得报道、传播现场应对处置的工作人员、人质身份信息和应对处置行动情况。

第九十条 新闻媒体等单位编造、传播虚假恐怖事件信息,报道、传播可能引起模仿的恐怖活动的实施细节,发布恐怖事件中残忍、不人道的场景,或者未经批准,报道、传播现场应对处置的工作人员、人质身份信息和应对处置行动情况的,由公安机关处二十万元以下罚款,并对其直接负责的主管人员和其他直接责任人员,处五日以上十五日以下拘留,可以并处五万元以下罚款。

个人有前款规定行为的,由公安机关处五日以上十五日以下拘留,可以并处一万元以下罚款。

29.3 《中华人民共和国药品管理法》(2019 年 8 月 26 日修订)

第一百零七条 国家实行药品安全信息统一公布制度。国家药品安全总体情况、药品安全风险警示信息、重大药品安全事件及其调查处理信息和国务院确定需要统一公布的其他信息由国务院药品监督管理部门统一公布。药品安全风险警示信息和重大药品安全事件及其调查处理信息的影响限于特定区域的,也可以由有关省、自治区、直辖市人民政府药品监督管理部门公布。未经授权不得发布上述信息。

公布药品安全信息,应当及时、准确、全面,并进行必要的说明,避免误导。

任何单位和个人不得编造、散布虚假药品安全信息。

第一百四十三条 违反本法规定,编造、散布虚假药品安全信息,构成违反治安管理行为的,由公安机关依法给予治安管理处罚。

29.4 《中华人民共和国消防法》(2021年4月29日修正)

第四十四条 任何人发现火灾都应当立即报警。任何单位、个人都应当无偿为报警提供便利,不得阻拦报警。严禁谎报火警。

人员密集场所发生火灾,该场所的现场工作人员应当立即组织、引导在场人员疏散。

任何单位发生火灾,必须立即组织力量扑救。邻近单位应当给予支援。

消防队接到火警,必须立即赶赴火灾现场,救助遇险人员,排除险情,扑灭火灾。

第六十二条第三项 有下列行为之一的,依照《中华人民共和国治安管理处罚法》的规定处罚:

(三)谎报火警的;

29.5 《中华人民共和国网络安全法》(2016年11月7日公布)

第十二条 国家保护公民、法人和其他组织依法使用网络的权利,促进网络接入普及,提升网络服务水平,为社会提供安全、便利的网络服务,保障网络信息依法有序自由流动。

任何个人和组织使用网络应当遵守宪法法律,遵守公共秩序,尊重社会公德,不得危害网络安全,不得利用网络从事危害国家安全、荣誉和利益,煽动颠覆国家政权、推翻社会主义制度,煽动分裂国家、破坏国家统一,宣扬恐怖主义、极端主义,宣扬民族仇恨、民族歧视,传播暴力、淫秽色情信息,编造、传播虚假信息扰乱经济秩序和社会秩序,以及侵害他人名誉、隐私、知识产权和其他合法权益等活动。

第七十四条　违反本法规定,给他人造成损害的,依法承担民事责任。

违反本法规定,构成违反治安管理行为的,依法给予治安管理处罚;构成犯罪的,依法追究刑事责任。

29.6　《突发公共卫生事件应急条例》(2011年1月8日修订)

第二十一条　任何单位和个人对突发事件,不得隐瞒、缓报、谎报或者授意他人隐瞒、缓报、谎报。

第五十一条　在突发事件应急处理工作中,有关单位和个人未依照本条例的规定履行报告职责,隐瞒、缓报或者谎报,阻碍突发事件应急处理工作人员执行职务,拒绝国务院卫生行政主管部门或者其他有关部门指定的专业技术机构进入突发事件现场,或者不配合调查、采样、技术分析和检验的,对有关责任人员依法给予行政处分或者纪律处分;触犯《中华人民共和国治安管理处罚法》,构成违反治安管理行为的,由公安机关依法予以处罚;构成犯罪的,依法追究刑事责任。

第五十二条　在突发事件发生期间,散布谣言、哄抬物价、欺骗消费者,扰乱社会秩序、市场秩序的,由公安机关或者工商行政管理部门依法给予行政处罚;构成犯罪的,依法追究刑事责任。

29.7　《中华人民共和国电信条例》(2016年2月6日修订)

第五十六条第六项　任何组织或者个人不得利用电信网络制作、复制、发布、传播含有下列内容的信息:

(六)散布谣言,扰乱社会秩序,破坏社会稳定的;

第六十六条　违反本条例第五十六条、第五十七条的规定,构成犯罪的,依法追究刑事责任;尚不构成犯罪的,由公安机关、国家安全机关依照有关法律、行政法规的规定予以处罚。

29.8 **《地震预报管理条例》**(1998年12月17日公布)

第十七条　发生地震谣言,扰乱社会正常秩序时,国务院地震工作主管部门和县级以上地方人民政府负责管理地震工作的机构应当采取措施,迅速予以澄清,其他有关部门应当给予配合、协助。

第十九条　违反本条例规定,制造地震谣言,扰乱社会正常秩序的,依法给予治安管理处罚。

29.9 **《破坏性地震应急条例》**(2011年1月8日修订)

第十五条　地震临震预报,由省、自治区、直辖市人民政府依照国务院有关发布地震预报的规定统一发布,其他任何组织或者个人不得发布地震预报。

任何组织或者个人不得传播有关地震的谣言。发生地震谣传时,防震减灾工作主管部门应当协助人民政府迅速予以平息和澄清。

第三十七条第九、十项　有下列行为之一的,对负有直接责任的主管人员和其他直接责任人员依法给予行政处分;属于违反治安管理行为的,依照治安管理处罚法的规定给予处罚;构成犯罪的,依法追究刑事责任:

(九)不按照规定和实际情况报告灾情的;

(十)散布谣言,扰乱社会秩序,影响破坏性地震应急工作的;

29.10 **《放射性同位素与射线装置安全和防护条例》**(2019年3月2日修订)

第四十二条　发生辐射事故时,生产、销售、使用放射性同位素和射线装置的单位应当立即启动本单位的应急方案,采取应急措施,并立即向当地生态环境主管部门、公安部门、卫生主管部门报告。

生态环境主管部门、公安部门、卫生主管部门接到辐射事故报告后,应当立即派人赶赴现场,进行现场调查,采取有效措施,控制并消除事故影响,同时将辐射事故信息报告本级人民政府和上级人民政府生态环境主管部门、公安部门、卫生主管部门。

县级以上地方人民政府及其有关部门接到辐射事故报告后,应当按照事故分级报告的规定及时将辐射事故信息报告上级人民政府及其有关部门。发生特别重大辐射事故和重大辐射事故后,事故发生地省、自治区、直辖市人民政府和国务院有关部门应当在4小时内报告国务院;特殊情况下,事故发生地人民政府及其有关部门可以直接向国务院报告,并同时报告上级人民政府及其有关部门。

禁止缓报、瞒报、谎报或者漏报辐射事故。

29.11 《核电厂核事故应急管理条例》(2011年1月8日修订)

第三十八条第三、七项 有下列行为之一的,对有关责任人员视情节和危害后果,由其所在单位或者上级机关给予行政处分;属于违反治安管理行为的,由公安机关依照治安管理处罚法的规定予以处罚;构成犯罪的,由司法机关依法追究刑事责任:

(三)不按照规定报告、通报核事故真实情况的;

(七)散布谣言、扰乱社会秩序的;

29.12 《互联网上网服务营业场所管理条例》(2024年12月6日修订)

第十四条第六项 互联网上网服务营业场所经营单位和上

网消费者不得利用互联网上网服务营业场所制作、下载、复制、查阅、发布、传播或者以其他方式使用含有下列内容的信息：

（六）散布谣言，扰乱社会秩序，破坏社会稳定的；

29.13 《互联网信息服务管理办法》(2024 年 12 月 6 日修订)

第十五条第六、九项　互联网信息服务提供者不得制作、复制、发布、传播含有下列内容的信息：

（六）散布谣言，扰乱社会秩序，破坏社会稳定的；

（九）含有法律、行政法规禁止的其他内容的。

第十六条　互联网信息服务提供者发现其网站传输的信息明显属于本办法第十五条所列内容之一的，应当立即停止传输，保存有关记录，并向国家有关机关报告。

29.14 《互联网直播服务管理规定》(2016 年 11 月 4 日公布)

第九条　互联网直播服务提供者以及互联网直播服务使用者不得利用互联网直播服务从事危害国家安全、破坏社会稳定、扰乱社会秩序、侵犯他人合法权益、传播淫秽色情等法律法规禁止的活动，不得利用互联网直播服务制作、复制、发布、传播法律法规禁止的信息内容。

第十条　互联网直播发布者发布新闻信息，应当真实准确、客观公正。转载新闻信息应当完整准确，不得歪曲新闻信息内容，并在显著位置注明来源，保证新闻信息来源可追溯。

29.15 《网络信息内容生态治理规定》(2019 年 12 月 15 日公布)

第六条第八项　网络信息内容生产者不得制作、复制、发布含有下列内容的违法信息：

(八)散布谣言,扰乱经济秩序和社会秩序的;

第三十条 【对寻衅滋事行为的处罚】有下列行为之一的,处五日以上十日以下拘留或者一千元以下罚款;情节较重的,处十日以上十五日以下拘留,可以并处二千元以下罚款:

(一)结伙斗殴或者随意殴打他人的;

(二)追逐、拦截他人的;

(三)强拿硬要或者任意损毁、占用公私财物的;

(四)其他无故侵扰他人、扰乱社会秩序的寻衅滋事行为。

【相关规定索引】

类别	名 称	关联条款
法律	《中华人民共和国预防未成年人犯罪法》	第38－41条
	《中华人民共和国国防教育法》	第39条

【关联规定】

30.1 《中华人民共和国预防未成年人犯罪法》(2020年12月26日修订)

第三十八条第一、三、四、九项 本法所称严重不良行为,是指未成年人实施的有刑法规定、因不满法定刑事责任年龄不予刑事处罚的行为,以及严重危害社会的下列行为:

(一)结伙斗殴,追逐、拦截他人,强拿硬要或者任意损毁、占用公私财物等寻衅滋事行为;

(三)殴打、辱骂、恐吓,或者故意伤害他人身体;

（四）盗窃、哄抢、抢夺或者故意损毁公私财物；

（九）其他严重危害社会的行为。

第三十九条 未成年人的父母或者其他监护人、学校、居民委员会、村民委员会发现有人教唆、胁迫、引诱未成年人实施严重不良行为的,应当立即向公安机关报告。公安机关接到报告或者发现有上述情形的,应当及时依法查处；对人身安全受到威胁的未成年人,应当立即采取有效保护措施。

第四十条 公安机关接到举报或者发现未成年人有严重不良行为的,应当及时制止,依法调查处理,并可以责令其父母或者其他监护人消除或者减轻违法后果,采取措施严加管教。

第四十一条 对有严重不良行为的未成年人,公安机关可以根据具体情况,采取以下矫治教育措施：

（一）予以训诫；

（二）责令赔礼道歉、赔偿损失；

（三）责令具结悔过；

（四）责令定期报告活动情况；

（五）责令遵守特定的行为规范,不得实施特定行为、接触特定人员或者进入特定场所；

（六）责令接受心理辅导、行为矫治；

（七）责令参加社会服务活动；

（八）责令接受社会观护,由社会组织、有关机构在适当场所对未成年人进行教育、监督和管束；

（九）其他适当的矫治教育措施。

30.2 《中华人民共和国国防教育法》(2024年9月13日修订)

第三十九条 寻衅滋事,扰乱国防教育工作和活动秩序的,或者盗用国防教育名义骗取钱财的,由有关主管部门给予批评教育,并予以制止;造成人身、财产或者其他损害的,应当依法承担相应的民事责任;构成违反治安管理行为的,依法给予治安管理处罚。

【典型案例】

曹某1涉嫌寻衅滋事案[1]

1. 基本事实

原告曹某1系株洲市荷塘区某村民,第三人曹某2系租户。曹某1家门前的马路在2013年前后由村里出资进行了硬化,该条马路主要有七户共进出,其中包含两户外来户,第三人曹某2系两户外来户之一。原告曹某1认为第三人曹某2应当支付过路费,故多次阻拦第三人曹某2车辆通行,并在其租住的房屋门上张贴通知,要求第三人曹某2支付6万元过路费,双方因此多次发生纠纷并报警。2024年1月30日、2月2日、2月19日、3月10日,双方又因原告曹某1收费拦车一事多次发生纠纷,并多次拨打"110"报警处理。2024年3月24日,原告曹某1再次在案涉道路阻拦第三人曹某2车辆通行。被告荷塘公安分局金山派出所认为原告曹某1涉嫌寻衅滋事,后作出株荷公(金)决字[2024]第02××号《公安行政处罚决定书》,原告曹某1不服,向被告荷塘区政府提起行政复议。后处罚决定被维持,原告曹某1仍不服,提起诉讼。

2. 法院裁判

2012年《中华人民共和国治安管理处罚法》第26条、第83

---

[1] 参见湖南省株洲市中级人民法院行政判决书,(2025)湘02行终45号。

条、第 94 条第 1 款、第 2 款、第 97 条第 1 款,《公安机关办理行政案件程序规定》第 163 条、第 176 条第 1 款、第 3 款规定,本案中,被告荷塘公安分局在 2024 年 3 月 24 日收到报案后,依法传唤原告曹某 1,就案件事实开展调查。经调查发现,原告曹某 1 在案涉道路上多次阻拦第三人曹某 2 的车辆并索要 6 万元过路费,影响了第三人曹某 2 的正常出行,经劝阻仍不改正,依法属于违反 2012 年《中华人民共和国治安管理处罚法》第 26 条规定的违法行为。被告荷塘公安分局作出案涉行政处罚决定,事实清楚,证据确凿、充分,适用法律正确。被告荷塘公安分局在作出处罚前,向原告曹某 1 告知了拟作出行政处罚的事实、理由和依据,给予了其陈述、申辩的权利,作出处罚决定后履行了送达程序,程序合法。关于原告曹某 1 提出的违法使用警械手铐问题。本案中,被告荷塘公安分局在调查中发现原告曹某 1 表现出可能存在危险行为,对原告曹某 1 使用手铐进行约束,且未造成人身伤害,并无不当。被告荷塘区政府在受理本案行政复议申请后,依法进行审查,并在法定期限内作出案涉《行政复议决定书》,事实清楚,适用法律、法规正确,程序合法。判决驳回原告曹某 1 的全部诉讼请求。

第三十一条 【利用邪教、会道门、封建迷信进行非法活动的处罚】有下列行为之一的,处十日以上十五日以下拘留,可以并处二千元以下罚款;情节较轻的,处五日以上十日以下拘留,可以并处一千元以下罚款:

(一)组织、教唆、胁迫、诱骗、煽动他人从事邪教活动、会道门活动、非法的宗教活动或者利用邪教组织、会道门、迷信活动,扰乱社会秩序、损害他人身体健康的;

（二）冒用宗教、气功名义进行扰乱社会秩序、损害他人身体健康活动的；

（三）制作、传播宣扬邪教、会道门内容的物品、信息、资料的。

【相关规定索引】

类别	名　称	关联条款
法律	《中华人民共和国宪法》	第36条
有关法律问题和重大问题的决定	《全国人民代表大会常务委员会关于取缔邪教组织、防范和惩治邪教活动的决定》	第1-4条
行政法规	《宗教事务条例》	第3、4、45、63、71、73、74条
	《中华人民共和国电信条例》	第56、66条
	《广播电视管理条例》	第32、49条
	《互联网上网服务营业场所管理条例》	第14、19、30条
	《互联网信息服务管理办法》	第15、16条
	《音像制品管理条例》	第3条
	《出版管理条例》	第25条
规章	《网络信息内容生态治理规定》	第6条

【关联规定】

31.1 《中华人民共和国宪法》(2018年3月11日修正)

第三十六条　中华人民共和国公民有宗教信仰自由。

任何国家机关、社会团体和个人不得强制公民信仰宗教或者不信仰宗教,不得歧视信仰宗教的公民和不信仰宗教的公民。

国家保护正常的宗教活动。任何人不得利用宗教进行破坏社会秩序、损害公民身体健康、妨碍国家教育制度的活动。

宗教团体和宗教事务不受外国势力的支配。

31.2 《全国人民代表大会常务委员会关于取缔邪教组织、防范和惩治邪教活动的决定》(1999年10月30日通过)

为了维护社会稳定,保护人民利益,保障改革开放和社会主义现代化建设的顺利进行,必须取缔邪教组织、防范和惩治邪教活动。根据宪法和有关法律,特作如下决定:

一、坚决依法取缔邪教组织,严厉惩治邪教组织的各种犯罪活动。邪教组织冒用宗教、气功或者其他名义,采用各种手段扰乱社会秩序,危害人民群众生命财产安全和经济发展,必须依法取缔,坚决惩治。人民法院、人民检察院和公安、国家安全、司法行政机关要各司其职,共同做好这项工作。对组织和利用邪教组织破坏国家法律、行政法规实施,聚众闹事,扰乱社会秩序,以迷信邪说蒙骗他人,致人死亡,或者奸淫妇女、诈骗财物等犯罪活动,依法予以严惩。

二、坚持教育与惩罚相结合,团结、教育绝大多数被蒙骗的群众,依法严惩极少数犯罪分子。在依法处理邪教组织的工作中,要把不明真相参与邪教活动的人同组织和利用邪教组织进行非法活动、蓄意破坏社会稳定的犯罪分子区别开来。对受蒙骗的群众不予追究。对构成犯罪的组织者、策划者、指挥者和骨干分子,坚决依法追究刑事责任;对于自首或者有立功表现的,可以依法从轻、减轻或者免除处罚。

三、在全体公民中深入持久地开展宪法和法律的宣传教育,普及科学文化知识。依法取缔邪教组织,惩治邪教活动,有利于保护正常的宗教活动和公民的宗教信仰自由。要使广大人民群众充分认识邪教组织严重危害人类、危害社会的实质,自觉反对和抵制邪教组织的影响,进一步增强法制观念,遵守国家法律。

四、防范和惩治邪教活动,要动员和组织全社会的力量,进行综合治理。各级人民政府和司法机关应当认真落实责任制,把严防邪教组织的滋生和蔓延,防范和惩治邪教活动作为一项重要任务长期坚持下去,维护社会稳定。

31.3《宗教事务条例》(2017 年 8 月 26 日修订)

第三条 宗教事务管理坚持保护合法、制止非法、遏制极端、抵御渗透、打击犯罪的原则。

第四条 国家依法保护正常的宗教活动,积极引导宗教与社会主义社会相适应,维护宗教团体、宗教院校、宗教活动场所和信教公民的合法权益。

宗教团体、宗教院校、宗教活动场所和信教公民应当遵守宪法、法律、法规和规章,践行社会主义核心价值观,维护国家统一、民族团结、宗教和睦与社会稳定。

任何组织或者个人不得利用宗教进行危害国家安全、破坏社会秩序、损害公民身体健康、妨碍国家教育制度,以及其他损害国家利益、社会公共利益和公民合法权益等违法活动。

任何组织或者个人不得在不同宗教之间、同一宗教内部以及信教公民与不信教公民之间制造矛盾与冲突,不得宣扬、支持、资助宗教极端主义,不得利用宗教破坏民族团结、分裂国家和进行恐怖活动。

第四十五条 宗教团体、宗教院校和寺观教堂按照国家有关规定可以编印、发送宗教内部资料性出版物。出版公开发行的宗教出版物,按照国家出版管理的规定办理。

涉及宗教内容的出版物,应当符合国家出版管理的规定,并不得含有下列内容:

(一)破坏信教公民与不信教公民和睦相处的;
(二)破坏不同宗教之间和睦以及宗教内部和睦的;
(三)歧视、侮辱信教公民或者不信教公民的;
(四)宣扬宗教极端主义的;
(五)违背宗教的独立自主自办原则的。

第六十三条 宣扬、支持、资助宗教极端主义,或者利用宗教进行危害国家安全、公共安全、破坏民族团结、分裂国家和恐怖活动,侵犯公民人身权利、民主权利,妨害社会管理秩序,侵犯公私财产等违法活动,构成犯罪的,依法追究刑事责任;尚不构成犯罪的,由有关部门依法给予行政处罚;对公民、法人或者其他组织造成损失的,依法承担民事责任。

宗教团体、宗教院校或者宗教活动场所有前款行为,情节严重的,有关部门应当采取必要的措施对其进行整顿,拒不接受整顿的,由登记管理机关或者批准设立机关依法吊销其登记证书或者设立许可。

第七十一条 为违法宗教活动提供条件的,由宗教事务部门给予警告,有违法所得、非法财物的,没收违法所得和非法财物,情节严重的,并处2万元以上20万元以下的罚款;有违法房屋、构筑物的,由规划、建设等部门依法处理;有违反治安管理行为的,依法给予治安管理处罚。

第七十三条第一、五项 宗教教职人员有下列行为之一的,由宗教事务部门给予警告,没收违法所得和非法财物;情节严重的,由宗教事务部门建议有关宗教团体、宗教院校或者宗教活动场所暂停其主持教务活动或者取消其宗教教职人员身份,并追究有关宗教团体、宗教院校或者宗教活动场所负责人的责任;有违反治安管理行为的,依法给予治安管理处罚;构成犯罪的,依法追究刑事责任:

(一)宣扬、支持、资助宗教极端主义,破坏民族团结、分裂国家和进行恐怖活动或者参与相关活动的;

(五)其他违反法律、法规、规章的行为。

第七十四条 假冒宗教教职人员进行宗教活动或者骗取钱财等违法活动的,由宗教事务部门责令停止活动;有违法所得、非法财物的,没收违法所得和非法财物,并处1万元以下的罚款;有违反治安管理行为的,依法给予治安管理处罚;构成犯罪的,依法追究刑事责任。

31.4 《中华人民共和国电信条例》(2016年2月6日修订)

第五十六条第五项 任何组织或者个人不得利用电信网络制作、复制、发布、传播含有下列内容的信息:

(五)破坏国家宗教政策,宣扬邪教和封建迷信的;

第六十六条 违反本条例第五十六条、第五十七条的规定,构成犯罪的,依法追究刑事责任;尚不构成犯罪的,由公安机关、国家安全机关依照有关法律、行政法规的规定予以处罚。

31.5 《广播电视管理条例》(2024年12月6日修订)

第三十二条第六项 广播电台、电视台应当提高广播电视节目质量,增加国产优秀节目数量,禁止制作、播放载有下列内容的节目:

(六)宣扬淫秽、迷信或者渲染暴力的;

第四十九条 违反本条例规定,制作、播放、向境外提供含有本条例第三十二条规定禁止内容的节目的,由县级以上人民政府广播电视行政部门责令停止制作、播放、向境外提供,收缴其节目载体,并处1万元以上5万元以下的罚款;情节严重的,由原批准机关吊销许可证;违反治安管理规定的,由公安机关依法给予治安管理处罚;构成犯罪的,依法追究刑事责任。

31.6 《互联网上网服务营业场所管理条例》(2024年12月6日修订)

第十四条第五项 互联网上网服务营业场所经营单位和上网消费者不得利用互联网上网服务营业场所制作、下载、复制、查阅、发布、传播或者以其他方式使用含有下列内容的信息:

(五)破坏国家宗教政策,宣扬邪教、迷信的;

第十九条 互联网上网服务营业场所经营单位应当实施经营管理技术措施,建立场内巡查制度,发现上网消费者有本条例第十四条、第十五条、第十八条所列行为或者有其他违法行为的,应当立即予以制止并向文化行政部门、公安机关举报。

第三十条 互联网上网服务营业场所经营单位违反本条例的规定,利用营业场所制作、下载、复制、查阅、发布、传播或者以其他方式使用含有本条例第十四条规定禁止含有的内容的信息,触犯刑律的,依法追究刑事责任;尚不够刑事处罚的,由公安机关给予警告,没收违法所得;违法经营额1万元以上的,并处违法经营额2倍以上5倍以下的罚款;违法经营额不足1万元的,并处1万元以上2万元以下的罚款;情节严重的,责令停业整顿,直至由文化行政部门吊销《网络文化经营许可证》。

上网消费者有前款违法行为,触犯刑律的,依法追究刑事责任;尚不够刑事处罚的,由公安机关依照治安管理处罚法的规定给予处罚。

31.7　《互联网信息服务管理办法》(2024年12月6日修订)

第十五条第五、九项　互联网信息服务提供者不得制作、复制、发布、传播含有下列内容的信息:

(五)破坏国家宗教政策,宣扬邪教和封建迷信的;

(九)含有法律、行政法规禁止的其他内容的。

第十六条　互联网信息服务提供者发现其网站传输的信息明显属于本办法第十五条所列内容之一的,应当立即停止传输,保存有关记录,并向国家有关机关报告。

31.8　《音像制品管理条例》(2024年12月6日修订)

第三条第一款、第二款第五、十项　出版、制作、复制、进口、批发、零售、出租音像制品,应当遵守宪法和有关法律、法规,坚持为人民服务和为社会主义服务的方向,传播有益于经济发展和社会进步的思想、道德、科学技术和文化知识。

音像制品禁止载有下列内容:

(五)宣扬邪教、迷信的;

(十)有法律、行政法规和国家规定禁止的其他内容的。

31.9　《出版管理条例》(2024年12月6日修订)

第二十五条第五、十项　任何出版物不得含有下列内容:

(五)宣扬邪教、迷信的;

(十)有法律、行政法规和国家规定禁止的其他内容的。

31.10　《网络信息内容生态治理规定》(2019年12月15日公布)

第六条第七项　网络信息内容生产者不得制作、复制、发布含有下列内容的违法信息:

(七)破坏国家宗教政策,宣扬邪教和封建迷信的;

第三十二条 【对扰乱无线电管理秩序行为的处罚】违反国家规定,有下列行为之一的,处五日以上十日以下拘留;情节严重的,处十日以上十五日以下拘留:

(一)故意干扰无线电业务正常进行的;

(二)对正常运行的无线电台(站)产生有害干扰,经有关主管部门指出后,拒不采取有效措施消除的;

(三)未经批准设置无线电广播电台、通信基站等无线电台(站)的,或者非法使用、占用无线电频率,从事违法活动的。

【相关规定索引】

类别	名 称	关联条款
法律	《中华人民共和国民用航空法》	第88条
	《中华人民共和国军事设施保护法》	第33、61条
	《中华人民共和国海上交通安全法》	第23、24条
行政法规	《铁路安全管理条例》	第74、91、105条
	《中华人民共和国无线电管理条例》	第3、6、7、13-15、18-31、33、35-42、50-55、59-61、63-67条
	《中华人民共和国无线电管制规定》	第2-5、8、9、12条
	《民用机场管理条例》	第57条

【关联规定】

32.1 《中华人民共和国民用航空法》(2021年4月29日修正)

第八十八条 国务院民用航空主管部门应当依法对民用航

空无线电台和分配给民用航空系统使用的专用频率实施管理。

任何单位或者个人使用的无线电台和其他仪器、装置,不得妨碍民用航空无线电专用频率的正常使用。对民用航空无线电专用频率造成有害干扰的,有关单位或者个人应当迅速排除干扰;未排除干扰前,应当停止使用该无线电台或者其他仪器、装置。

32.2 《中华人民共和国军事设施保护法》(2021年6月10日修订)

第三十三条 在军用无线电固定设施电磁环境保护范围内,禁止建造、设置影响军用无线电固定设施使用效能的设备和电磁障碍物体,不得从事影响军用无线电固定设施电磁环境的活动。

军用无线电固定设施电磁环境的保护措施,由军地无线电管理机构按照国家无线电管理相关规定和标准共同确定。

军事禁区、军事管理区内无线电固定设施电磁环境的保护,适用前两款规定。

军用无线电固定设施电磁环境保护涉及军事系统与非军事系统间的无线电管理事宜的,按照国家无线电管理的有关规定执行。

第六十一条 违反国家规定,故意干扰军用无线电设施正常工作的,或者对军用无线电设施产生有害干扰,拒不按照有关主管部门的要求改正的,依照《中华人民共和国治安管理处罚法》第二十八条的规定处罚。

32.3 《中华人民共和国海上交通安全法》(2021年4月29日修订)

第二十三条 国务院交通运输主管部门应当采取必要的措施,保障海上交通安全无线电通信设施的合理布局和有效覆盖,规划本系统(行业)海上无线电台(站)的建设布局和台址,核发船舶制式无线电台执照及电台识别码。

国务院交通运输主管部门组织本系统(行业)的海上无线电监测系统建设并对其无线电信号实施监测,会同国家无线电管理机构维护海上无线电波秩序。

第二十四条 船舶在中华人民共和国管辖海域内通信需要使用岸基无线电台(站)转接的,应当通过依法设置的境内海岸无线电台(站)或者卫星关口站进行转接。

承担无线电通信任务的船员和岸基无线电台(站)的工作人员应当遵守海上无线电通信规则,保持海上交通安全通信频道的值守和畅通,不得使用海上交通安全通信频率交流与海上交通安全无关的内容。

任何单位、个人不得违反国家有关规定使用无线电台识别码,影响海上搜救的身份识别。

32.4 《铁路安全管理条例》(2013年8月17日公布)

第七十四条 禁止使用无线电台(站)以及其他仪器、装置干扰铁路运营指挥调度无线电频率的正常使用。

铁路运营指挥调度无线电频率受到干扰的,铁路运输企业应当立即采取排查措施并报告无线电管理机构、铁路监管部门;无线电管理机构、铁路监管部门应当依法排除干扰。

第九十一条第五项 有下列行为之一的,分别由铁路沿线所在地县级以上地方人民政府水行政主管部门、国土资源主管部门或者无线电管理机构等依照有关水资源管理、矿产资源管理、无线电管理等法律、行政法规的规定处罚:

(五)干扰铁路运营指挥调度无线电频率正常使用。

第一百零五条 违反本条例规定,给铁路运输企业或者其他单位、个人财产造成损失的,依法承担民事责任。

违反本条例规定,构成违反治安管理行为的,由公安机关依法给予治安管理处罚;构成犯罪的,依法追究刑事责任。

32.5 《中华人民共和国无线电管理条例》(2016年11月11日修订)

第三条 无线电频谱资源属于国家所有。国家对无线电频谱资源实行统一规划、合理开发、有偿使用的原则。

第六条 任何单位或者个人不得擅自使用无线电频率,不得对依法开展的无线电业务造成有害干扰,不得利用无线电台(站)进行违法犯罪活动。

第七条 根据维护国家安全、保障国家重大任务、处置重大突发事件等需要,国家可以实施无线电管制。

第十三条 国家无线电管理机构负责制定无线电频率划分规定,并向社会公布。

制定无线电频率划分规定应当征求国务院有关部门和军队有关单位的意见,充分考虑国家安全和经济社会、科学技术发展以及频谱资源有效利用的需要。

第十四条 使用无线电频率应当取得许可,但下列频率除外:

(一)业余无线电台、公众对讲机、制式无线电台使用的频率;

(二)国际安全与遇险系统,用于航空、水上移动业务和无线电导航业务的国际固定频率;

(三)国家无线电管理机构规定的微功率短距离无线电发射设备使用的频率。

第十五条 取得无线电频率使用许可,应当符合下列条件:

（一）所申请的无线电频率符合无线电频率划分和使用规定，有明确具体的用途；

（二）使用无线电频率的技术方案可行；

（三）有相应的专业技术人员；

（四）对依法使用的其他无线电频率不会产生有害干扰。

第十八条 无线电频率使用许可由国家无线电管理机构实施。国家无线电管理机构确定范围内的无线电频率使用许可，由省、自治区、直辖市无线电管理机构实施。

国家无线电管理机构分配给交通运输、渔业、海洋系统（行业）使用的水上无线电专用频率，由所在地省、自治区、直辖市无线电管理机构分别会同相关主管部门实施许可；国家无线电管理机构分配给民用航空系统使用的航空无线电专用频率，由国务院民用航空主管部门实施许可。

第十九条 无线电频率使用许可的期限不得超过10年。

无线电频率使用期限届满后需要继续使用的，应当在期限届满30个工作日前向作出许可决定的无线电管理机构提出延续申请。受理申请的无线电管理机构应当依照本条例第十五条、第十六条的规定进行审查并作出决定。

无线电频率使用期限届满前拟终止使用无线电频率的，应当及时向作出许可决定的无线电管理机构办理注销手续。

第二十条 转让无线电频率使用权的，受让人应当符合本条例第十五条规定的条件，并提交双方转让协议，依照本条例第十六条规定的程序报请无线电管理机构批准。

第二十一条 使用无线电频率应当按照国家有关规定缴纳无线电频率占用费。

无线电频率占用费的项目、标准，由国务院财政部门、价格主管部门制定。

第二十二条 国际电信联盟依照国际规则规划给我国使用的卫星无线电频率，由国家无线电管理机构统一分配给使用单位。

申请使用国际电信联盟非规划的卫星无线电频率，应当通过国家无线电管理机构统一提出申请。国家无线电管理机构应当及时组织有关单位进行必要的国内协调，并依照国际规则开展国际申报、协调、登记工作。

第二十三条 组建卫星通信网需要使用卫星无线电频率的，除应当符合本条例第十五条规定的条件外，还应当提供拟使用的空间无线电台、卫星轨道位置和卫星覆盖范围等信息，以及完成国内协调并开展必要国际协调的证明材料等。

第二十四条 使用其他国家、地区的卫星无线电频率开展业务，应当遵守我国卫星无线电频率管理的规定，并完成与我国申报的卫星无线电频率的协调。

第二十五条 建设卫星工程，应当在项目规划阶段对拟使用的卫星无线电频率进行可行性论证；建设须经国务院、中央军事委员会批准的卫星工程，应当在项目规划阶段与国家无线电管理机构协商确定拟使用的卫星无线电频率。

第二十六条 除因不可抗力外，取得无线电频率使用许可后超过2年不使用或者使用率达不到许可证规定要求的，作出许可决定的无线电管理机构有权撤销无线电频率使用许可，收回无线电频率。

第二十七条 设置、使用无线电台（站）应当向无线电管理机构申请取得无线电台执照，但设置、使用下列无线电台（站）的除外：

（一）地面公众移动通信终端；

（二）单收无线电台(站)；

（三）国家无线电管理机构规定的微功率短距离无线电台(站)。

第二十八条 除本条例第二十九条规定的业余无线电台外，设置、使用无线电台(站)，应当符合下列条件：

（一）有可用的无线电频率；

（二）所使用的无线电发射设备依法取得无线电发射设备型号核准证且符合国家规定的产品质量要求；

（三）有熟悉无线电管理规定、具备相关业务技能的人员；

（四）有明确具体的用途，且技术方案可行；

（五）有能够保证无线电台(站)正常使用的电磁环境，拟设置的无线电台(站)对依法使用的其他无线电台(站)不会产生有害干扰。

申请设置、使用空间无线电台，除应当符合前款规定的条件外，还应当有可利用的卫星无线电频率和卫星轨道资源。

第二十九条 申请设置、使用业余无线电台的，应当熟悉无线电管理规定，具有相应的操作技术能力，所使用的无线电发射设备应当符合国家标准和国家无线电管理的有关规定。

第三十条 设置、使用有固定台址的无线电台(站)，由无线电台(站)所在地的省、自治区、直辖市无线电管理机构实施许可。设置、使用没有固定台址的无线电台，由申请人住所地的省、自治区、直辖市无线电管理机构实施许可。

设置、使用空间无线电台、卫星测控(导航)站、卫星关口站、卫星国际专线地球站、15瓦以上的短波无线电台(站)以及涉及国家主权、安全的其他重要无线电台(站)，由国家无线电管理机构实施许可。

第三十一条第二款 无线电台(站)需要变更、增加无线电台识别码的,由无线电管理机构核发。

第三十三条 无线电台(站)使用的无线电频率需要取得无线电频率使用许可的,其无线电台执照有效期不得超过无线电频率使用许可证规定的期限;依照本条例第十四条规定不需要取得无线电频率使用许可的,其无线电台执照有效期不得超过5年。

无线电台执照有效期届满后需要继续使用无线电台(站)的,应当在期限届满30个工作日前向作出许可决定的无线电管理机构申请更换无线电台执照。受理申请的无线电管理机构应当依照本条例第三十一条的规定作出决定。

第三十五条 建设固定台址的无线电台(站)的选址,应当符合城乡规划的要求,避开影响其功能发挥的建筑物、设施等。地方人民政府制定、修改城乡规划,安排可能影响大型无线电台(站)功能发挥的建设项目的,应当考虑其功能发挥的需要,并征求所在地无线电管理机构和军队电磁频谱管理机构的意见。

设置大型无线电台(站)、地面公众移动通信基站,其台址布局规划应当符合资源共享和电磁环境保护的要求。

第三十六条 船舶、航空器、铁路机车(含动车组列车,下同)设置、使用制式无线电台应当符合国家有关规定,由国务院有关部门的无线电管理机构颁发无线电台执照;需要使用无线电台识别码的,同时核发无线电台识别码。国务院有关部门应当将制式无线电台执照及无线电台识别码的核发情况定期通报国家无线电管理机构。

船舶、航空器、铁路机车设置、使用非制式无线电台的管理办法,由国家无线电管理机构会同国务院有关部门制定。

第三十七条 遇有危及国家安全、公共安全、生命财产安全的紧急情况或者为了保障重大社会活动的特殊需要,可以不经批准临时设置、使用无线电台(站),但是应当及时向无线电台(站)所在地无线电管理机构报告,并在紧急情况消除或者重大社会活动结束后及时关闭。

第三十八条　无线电台(站)应当按照无线电台执照规定的许可事项和条件设置、使用;变更许可事项的,应当向作出许可决定的无线电管理机构办理变更手续。

无线电台(站)终止使用的,应当及时向作出许可决定的无线电管理机构办理注销手续,交回无线电台执照,拆除无线电台(站)及天线等附属设备。

第三十九条　使用无线电台(站)的单位或者个人应当对无线电台(站)进行定期维护,保证其性能指标符合国家标准和国家无线电管理的有关规定,避免对其他依法设置、使用的无线电台(站)产生有害干扰。

第四十条　使用无线电台(站)的单位或者个人应当遵守国家环境保护的规定,采取必要措施防止无线电波发射产生的电磁辐射污染环境。

第四十一条　使用无线电台(站)的单位或者个人不得故意收发无线电台执照许可事项之外的无线电信号,不得传播、公布或者利用无意接收的信息。

业余无线电台只能用于相互通信、技术研究和自我训练,并在业余业务或者卫星业余业务专用频率范围内收发信号,但是参与重大自然灾害等突发事件应急处置的除外。

第四十二条　研制无线电发射设备使用的无线电频率,应当符合国家无线电频率划分规定。

第五十条　研制、生产、销售和维修大功率无线电发射设备,应当采取措施有效抑制电波发射,不得对依法设置、使用的无线电台(站)产生有害干扰。进行实效发射试验的,应当依照本条例第三十条的规定向省、自治区、直辖市无线电管理机构申请办理临时设置、使用无线电台(站)手续。

第五十一条 无线电频率协调的涉外事宜,以及我国境内电台与境外电台的相互有害干扰,由国家无线电管理机构会同有关单位与有关的国际组织或者国家、地区协调处理。

需要向国际电信联盟或者其他国家、地区提供无线电管理相关资料的,由国家无线电管理机构统一办理。

第五十二条 在边境地区设置、使用无线电台(站),应当遵守我国与相关国家、地区签订的无线电频率协调协议。

第五十三条 外国领导人访华、各国驻华使领馆和享有外交特权与豁免的国际组织驻华代表机构需要设置、使用无线电台(站)的,应当通过外交途径经国家无线电管理机构批准。

除使用外交邮袋装运外,外国领导人访华、各国驻华使领馆和享有外交特权与豁免的国际组织驻华代表机构携带、寄递或者以其他方式运输依照本条例第四十四条的规定应当取得型号核准而未取得型号核准的无线电发射设备入境的,应当通过外交途径经国家无线电管理机构批准后办理通关手续。

其他境外组织或者个人在我国境内设置、使用无线电台(站)的,应当按照我国有关规定经相关业务主管部门报请无线电管理机构批准;携带、寄递或者以其他方式运输依照本条例第四十四条的规定应当取得型号核准而未取得型号核准的无线电发射设备入境的,应当按照我国有关规定经相关业务主管部门报无线电管理机构批准后,到海关办理无线电发射设备入境手续,但国家无线电管理机构规定不需要批准的除外。

第五十四条 外国船舶(含海上平台)、航空器、铁路机车、车辆等设置的无线电台在我国境内使用,应当遵守我国的法律、法规和我国缔结或者参加的国际条约。

第五十五条 境外组织或者个人不得在我国境内进行电波参数测试或者电波监测。

任何单位或者个人不得向境外组织或者个人提供涉及国家安全的境内电波参数资料。

第五十九条 工业、科学、医疗设备,电气化运输系统、高压电力线和其他电器装置产生的无线电波辐射,应当符合国家标准和国家无线电管理的有关规定。

制定辐射无线电波的非无线电设备的国家标准和技术规范,应当征求国家无线电管理机构的意见。

第六十条 辐射无线电波的非无线电设备对已依法设置、使用的无线电台(站)产生有害干扰的,设备所有者或者使用者应当采取措施予以消除。

第六十一条 经无线电管理机构确定的产生无线电波辐射的工程设施,可能对已依法设置、使用的无线电台(站)造成有害干扰的,其选址定点由地方人民政府城乡规划主管部门和省、自治区、直辖市无线电管理机构协商确定。

第六十三条 在已建射电天文台、气象雷达站、卫星测控(导航)站、机场的周边区域,不得新建阻断无线电信号传输的高大建筑、设施,不得设置、使用干扰其正常使用的设施、设备。无线电管理机构应当会同城乡规划主管部门和其他有关部门制定具体的保护措施并向社会公布。

第六十四条 国家对船舶、航天器、航空器、铁路机车专用的无线电导航、遇险救助和安全通信等涉及人身安全的无线电频率予以特别保护。任何无线电发射设备和辐射无线电波的非无线电设备对其产生有害干扰的,应当立即消除有害干扰。

第六十五条 依法设置、使用的无线电台(站)受到有害干扰的,可以向无线电管理机构投诉。受理投诉的无线电管理机构应当及时处理,并将处理情况告知投诉人。

处理无线电频率相互有害干扰,应当遵循频带外让频带内、次要业务让主要业务、后用让先用、无规划让有规划的原则。

第六十六条 无线电管理机构可以要求产生有害干扰的无线电台(站)采取维修无线电发射设备、校准发射频率或者降低功率等措施消除有害干扰;无法消除有害干扰的,可以责令产生有害干扰的无线电台(站)暂停发射。

第六十七条 对非法的无线电发射活动,无线电管理机构可以暂扣无线电发射设备或者查封无线电台(站),必要时可以采取技术性阻断措施;无线电管理机构在无线电监测、检查工作中发现涉嫌违法犯罪活动的,应当及时通报公安机关并配合调查处理。

32.6 《中华人民共和国无线电管制规定》(2010 年 8 月 31 日公布)

第二条 本规定所称无线电管制,是指在特定时间和特定区域内,依法采取限制或者禁止无线电台(站)、无线电发射设备和辐射无线电波的非无线电设备的使用,以及对特定的无线电频率实施技术阻断等措施,对无线电波的发射、辐射和传播实施的强制性管理。

第三条 根据维护国家安全、保障国家重大任务、处置重大突发事件等需要,国家可以实施无线电管制。

在全国范围内或者跨省、自治区、直辖市实施无线电管制,由国务院和中央军事委员会决定。

在省、自治区、直辖市范围内实施无线电管制,由省、自治区、直辖市人民政府和相关军区决定,并报国务院和中央军事委员会备案。

第四条 实施无线电管制,应当遵循科学筹划、合理实施的原则,最大限度地减轻无线电管制对国民经济和人民群众生产生活造成的影响。

第五条 国家无线电管理机构和军队电磁频谱管理机构,应当根据无线电管制需要,会同国务院有关部门,制定全国范围的无线电管制预案,报国务院和中央军事委员会批准。

省、自治区、直辖市无线电管理机构和军区电磁频谱管理机构,应当根据全国范围的无线电管制预案,会同省、自治区、直辖市人民政府有关部门,制定本区域的无线电管制预案,报省、自治区、直辖市人民政府和军区批准。

第八条 无线电管制协调机构应当根据无线电管制命令发布无线电管制指令。

国家无线电管理机构和军队电磁频谱管理机构,省、自治区、直辖市无线电管理机构和军区电磁频谱管理机构,依照无线电管制指令,根据各自的管理职责,可以采取下列无线电管制措施:

(一)对无线电台(站)、无线电发射设备和辐射无线电波的非无线电设备进行清查、检测;

(二)对电磁环境进行监测,对无线电台(站)、无线电发射设备和辐射无线电波的非无线电设备的使用情况进行监督;

(三)采取电磁干扰等技术阻断措施;

(四)限制或者禁止无线电台(站)、无线电发射设备和辐射无线电波的非无线电设备的使用。

第九条　实施无线电管制期间,无线电管制区域内拥有、使用或者管理无线电台(站)、无线电发射设备和辐射无线电波的非无线电设备的单位或者个人,应当服从无线电管制命令和无线电管制指令。

第十二条　违反无线电管制命令和无线电管制指令的,由国家无线电管理机构或者省、自治区、直辖市无线电管理机构责令改正;拒不改正的,可以关闭、查封、暂扣或者拆除相关设备;情节严重的,吊销无线电台(站)执照和无线电频率使用许可证;违反治安管理规定的,由公安机关依法给予处罚。

军队、武装警察部队的有关单位违反无线电管制命令和无线电管制指令的,由军队电磁频谱管理机构或者军区电磁频谱管理机构责令改正;情节严重的,依照中央军事委员会的有关规定,对直接负责的主管人员和其他直接责任人员给予处分。

32.7　《民用机场管理条例》(2019年3月2日修订)

第五十七条　任何单位或者个人使用的无线电台(站)和其他仪器、装置,不得对民用航空无线电专用频率的正常使用产生干扰。

第三十三条　【对侵害计算机信息系统安全行为的处罚】 有下列行为之一,造成危害的,处五日以下拘留;情节较重的,处五日以上十五日以下拘留:

(一)违反国家规定,侵入计算机信息系统或者采用其他技术手段,获取计算机信息系统中存储、处理或者传输的数据,或者对计算机信息系统实施非法控制的;

(二)违反国家规定,对计算机信息系统功能进行删除、修改、增加、干扰的;

（三）违反国家规定，对计算机信息系统中存储、处理、传输的数据和应用程序进行删除、修改、增加的；

（四）故意制作、传播计算机病毒等破坏性程序的；

（五）提供专门用于侵入、非法控制计算机信息系统的程序、工具，或者明知他人实施侵入、非法控制计算机信息系统的违法犯罪行为而为其提供程序、工具的。

【相关规定索引】

类别	名　　称	关联条款
法律	《中华人民共和国网络安全法》	第27、63条
	《中华人民共和国数据安全法》	第3、21、32条
行政法规	《中华人民共和国计算机信息系统安全保护条例》	第2、3、7、23、24、28条
	《计算机信息网络国际联网安全保护管理办法》	第6、20条
	《互联网上网服务营业场所管理条例》	第15、19条
	《关键信息基础设施安全保护条例》	第2、5、31、43条
	《网络数据安全管理条例》	第8条

【关联规定】

33.1 《中华人民共和国网络安全法》(2016年11月7日公布)

第二十七条　任何个人和组织不得从事非法侵入他人网络、干扰他人网络正常功能、窃取网络数据等危害网络安全的活动；不得提供专门用于从事侵入网络、干扰网络正常功能及防护措施、窃取网络数据等危害网络安全活动的程序、工具；明知他人从事危害网络安全的活动的，不得为其提供技术支持、广告推广、支付结算等帮助。

第六十三条 违反本法第二十七条规定,从事危害网络安全的活动,或者提供专门用于从事危害网络安全活动的程序、工具,或者为他人从事危害网络安全的活动提供技术支持、广告推广、支付结算等帮助,尚不构成犯罪的,由公安机关没收违法所得,处五日以下拘留,可以并处五万元以上五十万元以下罚款;情节较重的,处五日以上十五日以下拘留,可以并处十万元以上一百万元以下罚款。

单位有前款行为的,由公安机关没收违法所得,处十万元以上一百万元以下罚款,并对直接负责的主管人员和其他直接责任人员依照前款规定处罚。

违反本法第二十七条规定,受到治安管理处罚的人员,五年内不得从事网络安全管理和网络运营关键岗位的工作;受到刑事处罚的人员,终身不得从事网络安全管理和网络运营关键岗位的工作。

33.2 《中华人民共和国数据安全法》(2021年6月10日公布)

第三条 本法所称数据,是指任何以电子或者其他方式对信息的记录。

数据处理,包括数据的收集、存储、使用、加工、传输、提供、公开等。

数据安全,是指通过采取必要措施,确保数据处于有效保护和合法利用的状态,以及具备保障持续安全状态的能力。

第二十一条 国家建立数据分类分级保护制度,根据数据在经济社会发展中的重要程度,以及一旦遭到篡改、破坏、泄露或者非法获取、非法利用,对国家安全、公共利益或者个人、组织合法权益造成的危害程度,对数据实行分类分级保护。国家数据安全工作协调机制统筹协调有关部门制定重要数据目录,加强对重要数据的保护。

关系国家安全、国民经济命脉、重要民生、重大公共利益等数据属于国家核心数据,实行更加严格的管理制度。

各地区、各部门应当按照数据分类分级保护制度,确定本地区、本部门以及相关行业、领域的重要数据具体目录,对列入目录的数据进行重点保护。

第三十二条第一款 任何组织、个人收集数据,应当采取合法、正当的方式,不得窃取或者以其他非法方式获取数据。

33.3 《中华人民共和国计算机信息系统安全保护条例》

(2011年1月8日修订)

第二条 本条例所称的计算机信息系统,是指由计算机及其相关的和配套的设备、设施(含网络)构成的,按照一定的应用目标和规则对信息进行采集、加工、存储、传输、检索等处理的人机系统。

第三条 计算机信息系统的安全保护,应当保障计算机及其相关的和配套的设备、设施(含网络)的安全,运行环境的安全,保障信息的安全,保障计算机功能的正常发挥,以维护计算机信息系统的安全运行。

第七条 任何组织或者个人,不得利用计算机信息系统从事危害国家利益、集体利益和公民合法利益的活动,不得危害计算机信息系统的安全。

第二十三条 故意输入计算机病毒以及其他有害数据危害计算机信息系统安全的,或者未经许可出售计算机信息系统安全专用产品的,由公安机关处以警告或者对个人处以5000元以下的罚款、对单位处以 1.5 万元以下的罚款;有违法所得的,除予以没收外,可以处以违法所得 1 至 3 倍的罚款。

第二十四条 违反本条例的规定,构成违反治安管理行为的,依照《中华人民共和国治安管理处罚法》的有关规定处罚;构成犯罪的,依法追究刑事责任。

第二十八条 本条例下列用语的含义:

计算机病毒,是指编制或者在计算机程序中插入的破坏计算机功能或者毁坏数据,影响计算机使用,并能自我复制的一组计算机指令或者程序代码。

计算机信息系统安全专用产品,是指用于保护计算机信息系统安全的专用硬件和软件产品。

33.4 《计算机信息网络国际联网安全保护管理办法》

(2011 年 1 月 8 日修订)

第六条 任何单位和个人不得从事下列危害计算机信息网络安全的活动:

(一)未经允许,进入计算机信息网络或者使用计算机信息网络资源的;

(二)未经允许,对计算机信息网络功能进行删除、修改或者增加的;

(三)未经允许,对计算机信息网络中存储、处理或者传输的数据和应用程序进行删除、修改或者增加的;

(四)故意制作、传播计算机病毒等破坏性程序的;

(五)其他危害计算机信息网络安全的。

第二十条 违反法律、行政法规,有本办法第五条、第六条所列行为之一的,由公安机关给予警告,有违法所得的,没收违法所得,对个人可以并处 5000 元以下的罚款,对单位可以并处 1.5 万元以下的罚款；情节严重的，并可以给予6个月以内停止联网、停机整顿的处罚，必要时可以建议原发证、审批机构吊销经营许可证或者取消联网资格；构成违反治安管理行为的，依照治安管理处罚法的规定处罚；构成犯罪的，依法追究刑事责任。

33.5 《互联网上网服务营业场所管理条例》(2024年12月6日修订)

第十五条 互联网上网服务营业场所经营单位和上网消费者不得进行下列危害信息网络安全的活动：

（一）故意制作或者传播计算机病毒以及其他破坏性程序的；

（二）非法侵入计算机信息系统或者破坏计算机信息系统功能、数据和应用程序的；

（三）进行法律、行政法规禁止的其他活动的。

第十九条 互联网上网服务营业场所经营单位应当实施经营管理技术措施，建立场内巡查制度，发现上网消费者有本条例第十四条、第十五条、第十八条所列行为或者有其他违法行为的，应当立即予以制止并向文化行政部门、公安机关举报。

33.6 《关键信息基础设施安全保护条例》(2021年7月30日公布)

第二条 本条例所称关键信息基础设施，是指公共通信和信息服务、能源、交通、水利、金融、公共服务、电子政务、国防科技工业等重要行业和领域的，以及其他一旦遭到破坏、丧失功能或者数据泄露，可能严重危害国家安全、国计民生、公共利益的重要网络设施、信息系统等。

第五条 国家对关键信息基础设施实行重点保护，采取措施，监测、防御、处置来源于中华人民共和国境内外的网络安全风险和威胁,保护关键信息基础设施免受攻击、侵入、干扰和破坏,依法惩治危害关键信息基础设施安全的违法犯罪活动。

任何个人和组织不得实施非法侵入、干扰、破坏关键信息基础设施的活动,不得危害关键信息基础设施安全。

第三十一条 未经国家网信部门、国务院公安部门批准或者保护工作部门、运营者授权,任何个人和组织不得对关键信息基础设施实施漏洞探测、渗透性测试等可能影响或者危害关键信息基础设施安全的活动。对基础电信网络实施漏洞探测、渗透性测试等活动,应当事先向国务院电信主管部门报告。

第四十三条 实施非法侵入、干扰、破坏关键信息基础设施,危害其安全的活动尚不构成犯罪的,依照《中华人民共和国网络安全法》有关规定,由公安机关没收违法所得,处5日以下拘留,可以并处5万元以上50万元以下罚款;情节较重的,处5日以上15日以下拘留,可以并处10万元以上100万元以下罚款。

单位有前款行为的,由公安机关没收违法所得,处10万元以上100万元以下罚款,并对直接负责的主管人员和其他直接责任人员依照前款规定处罚。

违反本条例第五条第二款和第三十一条规定,受到治安管理处罚的人员,5年内不得从事网络安全管理和网络运营关键岗位的工作;受到刑事处罚的人员,终身不得从事网络安全管理和网络运营关键岗位的工作。

33.7 《网络数据安全管理条例》(2024年9月24日公布)

第八条 任何个人、组织不得利用网络数据从事非法活动,不得从事窃取或者以其他非法方式获取网络数据、非法出售或者非法向他人提供网络数据等非法网络数据处理活动。

任何个人、组织不得提供专门用于从事前款非法活动的程序、工具；明知他人从事前款非法活动的，不得为其提供互联网接入、服务器托管、网络存储、通讯传输等技术支持，或者提供广告推广、支付结算等帮助。

第三十四条 【对传销行为的处罚】组织、领导传销活动的，处十日以上十五日以下拘留；情节较轻的，处五日以上十日以下拘留。

胁迫、诱骗他人参加传销活动的，处五日以上十日以下拘留；情节较重的，处十日以上十五日以下拘留。

【相关规定索引】

类别	名称	关联条款
行政法规	《禁止传销条例》	第2、4、7、24条

【关联规定】

34.1 《禁止传销条例》(2005年8月23日公布)

第二条 本条例所称传销，是指组织者或者经营者发展人员，通过对被发展人员以其直接或者间接发展的人员数量或者销售业绩为依据计算和给付报酬，或者要求被发展人员以交纳一定费用为条件取得加入资格等方式牟取非法利益，扰乱经济秩序，影响社会稳定的行为。

第四条 工商行政管理部门、公安机关应当依照本条例的规定，在各自的职责范围内查处传销行为。

第七条 下列行为，属于传销行为：

(一)组织者或者经营者通过发展人员，要求被发展人员发展其他人员加入，对发展的人员以其直接或者间接滚动发展的人

员数量为依据计算和给付报酬(包括物质奖励和其他经济利益,下同),牟取非法利益的;

(二)组织者或者经营者通过发展人员,要求被发展人员交纳费用或者以认购商品等方式变相交纳费用,取得加入或者发展其他人员加入的资格,牟取非法利益的;

(三)组织者或者经营者通过发展人员,要求被发展人员发展其他人员加入,形成上下线关系,并以下线的销售业绩为依据计算和给付上线报酬,牟取非法利益的。

第二十四条 有本条例第七条规定的行为,组织策划传销的,由工商行政管理部门没收非法财物,没收违法所得,处50万元以上200万元以下的罚款;构成犯罪的,依法追究刑事责任。

有本条例第七条规定的行为,介绍、诱骗、胁迫他人参加传销的,由工商行政管理部门责令停止违法行为,没收非法财物,没收违法所得,处10万元以上50万元以下的罚款;构成犯罪的,依法追究刑事责任。

有本条例第七条规定的行为,参加传销的,由工商行政管理部门责令停止违法行为,可以处2000元以下的罚款。

第三十五条 【对扰乱重要活动秩序、有辱英烈及历史尊严行为的处罚】有下列行为之一的,处五日以上十日以下拘留或者一千元以上三千元以下罚款;情节较重的,处十日以上十五日以下拘留,可以并处五千元以下罚款:

(一)在国家举行庆祝、纪念、缅怀、公祭等重要活动的场所及周边管控区域,故意从事与活动主题和氛围相违背的行为,不听劝阻,造成不良社会影响的;

(二)在英雄烈士纪念设施保护范围内从事有损纪念英

雄烈士环境和氛围的活动,不听劝阻的,或者侵占、破坏、污损英雄烈士纪念设施的;

(三)以侮辱、诽谤或者其他方式侵害英雄烈士的姓名、肖像、名誉、荣誉,损害社会公共利益的;

(四)亵渎、否定英雄烈士事迹和精神,或者制作、传播、散布宣扬、美化侵略战争、侵略行为的言论或者图片、音视频等物品,扰乱公共秩序的;

(五)在公共场所或者强制他人在公共场所穿着、佩戴宣扬、美化侵略战争、侵略行为的服饰、标志,不听劝阻,造成不良社会影响的。

【相关规定索引】

类别	名　　称	关联条款
法律	《中华人民共和国民法典》	第185条
	《中华人民共和国英雄烈士保护法》	第3、7、10、22-28条
	《中华人民共和国爱国主义教育法》	第28、37、38条
规章	《网络信息内容生态治理规定》	第6条

【关联规定】

35.1 《中华人民共和国民法典》(2020年5月28日公布)

第一百八十五条　侵害英雄烈士等的姓名、肖像、名誉、荣誉,损害社会公共利益的,应当承担民事责任。

35.2 《中华人民共和国英雄烈士保护法》(2018年4月27日公布)

第三条　英雄烈士事迹和精神是中华民族的共同历史记忆

和社会主义核心价值观的重要体现。

国家保护英雄烈士,对英雄烈士予以褒扬、纪念,加强对英雄烈士事迹和精神的宣传、教育,维护英雄烈士尊严和合法权益。

全社会都应当崇尚、学习、捍卫英雄烈士。

第七条 国家建立并保护英雄烈士纪念设施,纪念、缅怀英雄烈士。

矗立在首都北京天安门广场的人民英雄纪念碑,是近代以来中国人民和中华民族争取民族独立解放、人民自由幸福和国家繁荣富强精神的象征,是国家和人民纪念、缅怀英雄烈士的永久性纪念设施。

人民英雄纪念碑及其名称、碑题、碑文、浮雕、图形、标志等受法律保护。

第十条 英雄烈士纪念设施保护单位应当健全服务和管理工作规范,方便瞻仰、悼念英雄烈士,保持英雄烈士纪念设施庄严、肃穆、清净的环境和氛围。

任何组织和个人不得在英雄烈士纪念设施保护范围内从事有损纪念英雄烈士环境和氛围的活动,不得侵占英雄烈士纪念设施保护范围内的土地和设施,不得破坏、污损英雄烈士纪念设施。

第二十二条 禁止歪曲、丑化、亵渎、否定英雄烈士事迹和精神。

英雄烈士的姓名、肖像、名誉、荣誉受法律保护。任何组织和个人不得在公共场所、互联网或者利用广播电视、电影、出版物等,以侮辱、诽谤或者其他方式侵害英雄烈士的姓名、肖像、名誉、荣誉。任何组织和个人不得将英雄烈士的姓名、肖像用于或者变相用于商标、商业广告,损害英雄烈士的名誉、荣誉。

公安、文化、新闻出版、广播电视、电影、网信、市场监督管理、负责英雄烈士保护工作的部门发现前款规定行为的,应当依法及时处理。

第二十三条 网信和电信、公安等有关部门在对网络信息进行依法监督管理工作中,发现发布或者传输以侮辱、诽谤或者其他方式侵害英雄烈士的姓名、肖像、名誉、荣誉的信息的,应当要求网络运营者停止传输,采取消除等处置措施和其他必要措施;对来源于中华人民共和国境外的上述信息,应当通知有关机构采取技术措施和其他必要措施阻断传播。

网络运营者发现其用户发布前款规定的信息的,应当立即停止传输该信息,采取消除等处置措施,防止信息扩散,保存有关记录,并向有关主管部门报告。网络运营者未采取停止传输、消除等处置措施的,依照《中华人民共和国网络安全法》的规定处罚。

第二十四条 任何组织和个人有权对侵害英雄烈士合法权益和其他违反本法规定的行为,向负责英雄烈士保护工作的部门、网信、公安等有关部门举报,接到举报的部门应当依法及时处理。

第二十五条 对侵害英雄烈士的姓名、肖像、名誉、荣誉的行为,英雄烈士的近亲属可以依法向人民法院提起诉讼。

英雄烈士没有近亲属或者近亲属不提起诉讼的,检察机关依法对侵害英雄烈士的姓名、肖像、名誉、荣誉,损害社会公共利益的行为向人民法院提起诉讼。

负责英雄烈士保护工作的部门和其他有关部门在履行职责过程中发现第一款规定的行为,需要检察机关提起诉讼的,应当向检察机关报告。

英雄烈士近亲属依照第一款规定提起诉讼的,法律援助机构应当依法提供法律援助服务。

第二十六条　以侮辱、诽谤或者其他方式侵害英雄烈士的姓名、肖像、名誉、荣誉，损害社会公共利益的，依法承担民事责任；构成违反治安管理行为的，由公安机关依法给予治安管理处罚；构成犯罪的，依法追究刑事责任。

第二十七条　在英雄烈士纪念设施保护范围内从事有损纪念英雄烈士环境和氛围的活动的，纪念设施保护单位应当及时劝阻；不听劝阻的，由县级以上地方人民政府负责英雄烈士保护工作的部门、文物主管部门按照职责规定给予批评教育，责令改正；构成违反治安管理行为的，由公安机关依法给予治安管理处罚。

亵渎、否定英雄烈士事迹和精神，宣扬、美化侵略战争和侵略行为，寻衅滋事，扰乱公共秩序，构成违反治安管理行为的，由公安机关依法给予治安管理处罚；构成犯罪的，依法追究刑事责任。

第二十八条　侵占、破坏、污损英雄烈士纪念设施的，由县级以上人民政府负责英雄烈士保护工作的部门责令改正；造成损失的，依法承担民事责任；被侵占、破坏、污损的纪念设施属于文物保护单位的，依照《中华人民共和国文物保护法》的规定处罚；构成违反治安管理行为的，由公安机关依法给予治安管理处罚；构成犯罪的，依法追究刑事责任。

35.3　《中华人民共和国爱国主义教育法》(2023年10月24日公布)

第二十八条　在中国人民抗日战争胜利纪念日、烈士纪念日、南京大屠杀死难者国家公祭日和其他重要纪念日，县级以上人民政府应当组织开展纪念活动，举行敬献花篮、瞻仰纪念设施、祭扫烈士墓、公祭等纪念仪式。

第三十七条　任何公民和组织都应当弘扬爱国主义精神，自觉维护国家安全、荣誉和利益，不得有下列行为：

(一)侮辱国旗、国歌、国徽或者其他有损国旗、国歌、国徽尊严的行为；

(二)歪曲、丑化、亵渎、否定英雄烈士事迹和精神；

(三)宣扬、美化、否认侵略战争、侵略行为和屠杀惨案；

(四)侵占、破坏、污损爱国主义教育设施；

(五)法律、行政法规禁止的其他行为。

第三十八条 教育、文化和旅游、退役军人事务、新闻出版、广播电视、电影、网信、文物等部门应当按照法定职责，对违反本法第三十七条规定的行为及时予以制止，造成不良社会影响的，应当责令及时消除影响，并依照有关法律、行政法规的规定予以处罚。构成违反治安管理行为的，依法给予治安管理处罚；构成犯罪的，依法追究刑事责任。

35.4 《网络信息内容生态治理规定》(2019年12月15日公布)

第六条第四项 网络信息内容生产者不得制作、复制、发布含有下列内容的违法信息：

(四)歪曲、丑化、亵渎、否定英雄烈士事迹和精神，以侮辱、诽谤或者其他方式侵害英雄烈士的姓名、肖像、名誉、荣誉的；

【典型案例】

英雄先烈权益保护与何某侮辱革命先烈案[①]

1. 基本事实

某网络科技公司于2015年6月5日注册成立，经营范围系为电商企业提供信息中介、资源共享平台。该公司将付费会员称

---

① 参见杭州互联网法院民事判决书,(2021)浙0192民初1521号。

为"雷锋会员"、平台称为"雷锋社群"、微信公众号称为"雷锋哥"并发布有"雷锋会员"等文字的宣传海报和文章,在公司住所地悬挂"雷锋社群"文字标识等。2018年5月至2020年4月,该公司以"雷锋社群"名义多次举办"创业广交会""电商供应链大会"等商业活动,并以"雷锋社群会费"等名目收取客户费用共计30万余元。浙江省杭州市上城区人民检察院提起民事公益诉讼,要求某网络科技公司立即停止在其经营的项目中以雷锋名义进行的宣传,并在浙江省省级媒体赔礼道歉。

2. 法院裁判

杭州互联网法院认为,某网络科技公司使用的"雷锋"文字确系社会公众所广泛认知的雷锋同志之姓名,其明知雷锋同志的姓名具有特定意义,仍擅自用于开展网络商业宣传,构成对雷锋同志姓名的侵害,曲解了真正的雷锋精神,同时损害社会公共利益,依法应当承担法律责任。

本案是《中华人民共和国民法典》实施后首例保护英烈姓名的民事公益诉讼案件。依据《中华人民共和国民法典》第185条、第1000条规定,侵害英雄烈士等的姓名、肖像、名誉、荣誉,损害社会公共利益的,应当承担消除影响、恢复名誉、赔礼道歉等民事责任,且应当与行为的具体方式和造成的影响范围相当。雷锋同志的姓名不仅作为一种重要的人格利益受法律保护,还涉及社会公共利益。本案裁判明确,将雷锋同志的姓名用于商业广告和营利宣传的行为,侵害英雄烈士人格利益。同时,将商业运作模式假"雷锋精神"之名推广,既曲解雷锋精神,与社会公众的一般认知相背离,也损害承载于其上人民群众的特定感情,损害社会公共利益。本案通过司法手段,为网络空间注入缅怀英烈、敬仰英烈的法治正能量。

第二节　妨害公共安全的行为和处罚

第三十六条　【对违反危险物质管理规定行为的处罚】 违反国家规定,制造、买卖、储存、运输、邮寄、携带、使用、提供、处置爆炸性、毒害性、放射性、腐蚀性物质或者传染病病原体等危险物质的,处十日以上十五日以下拘留;情节较轻的,处五日以上十日以下拘留。

【相关规定索引】

类别	名　　称	关联条款
法律	《中华人民共和国民法典》	第 1236、1239、1241-1244 条
	《中华人民共和国安全生产法》	第 24、26、27、32-37、39、42、82、83、100、117 条
	《中华人民共和国道路交通安全法》	第 66 条
	《中华人民共和国反恐怖主义法》	第 22、23、87 条
	《中华人民共和国戒严法》	第 16 条
	《中华人民共和国传染病防治法》	第 31、35、39、108 条
	《中华人民共和国海上交通安全法》	第 58、62-65、117 条
	《中华人民共和国突发事件应对法》	第 36 条
	《中华人民共和国民用航空法》	第 58、100、101、193、195、200 条

续表

类别	名称	关联条款
	《中华人民共和国铁路法》	第48、56、60、67条
	《中华人民共和国消防法》	第19、21-23、26、61-63条
	《中华人民共和国行政处罚法》	第49条
	《中华人民共和国电影产业促进法》	第33条
	《中华人民共和国海商法》	第113条
	《中华人民共和国枪支管理法》	第3、5-38条
	《中华人民共和国放射性污染防治法》	第13、15-17、19、28-32、40、46条
	《中华人民共和国邮政法》	第24、26条
行政法规	《废旧金属收购业治安管理办法》	第8条
	《农药管理条例》	第17、21、24、27、28、33-36条
	《医疗用毒性药品管理办法》	第3-10条
	《风景名胜区条例》	第26条
	《互联网上网服务营业场所管理条例》	第24、34条
	《病原微生物实验室生物安全管理条例》	第10-16条
	《城市供水条例》	第32条
	《中华人民共和国传染病防治法实施办法》	第17、21-23、55、56条
	《中华人民共和国内河交通安全管理条例》	第30-34、71、90条

续表

类别	名　称	关联条款
	《中华人民共和国核材料管制条例》	第12、13、15条
	《放射性同位素与射线装置安全和防护条例》	第5-8、15、27-37条
	《民用爆炸物品安全管理条例》	第3、11、18、20、23、24、26-30、40-44条
	《专职守护押运人员枪支使用管理条例》	第4、7、11、12条
	《烟花爆竹安全管理条例》	第3、8、10、11、16-18、22、23、25-27、30-35条
	《易制毒化学品管理条例》	第2、5、32条
	《危险化学品安全管理条例》	第2、3、5、6条
	《铁路安全管理条例》	第33、34、36、52、53、66-71、99条
	《大型群众性活动安全管理条例》	第9条
	《旅馆业治安管理办法》	第11条
	《娱乐场所管理条例》	第22、54条
	《营业性演出管理条例》	第22、36条
	《中华人民共和国民用航空安全保卫条例》	第30、32、33条
	《城市公共交通条例》	第35条
	《中华人民共和国邮政法实施细则》	第33条
	《放射性药品管理办法》	第3、6、8、18、20条
规章	《典当管理办法》	第27条

【关联规定】

36.1 《中华人民共和国民法典》(2020年5月28日公布)

第一千二百三十六条 从事高度危险作业造成他人损害的,应当承担侵权责任。

第一千二百三十九条 占有或者使用易燃、易爆、剧毒、高放射性、强腐蚀性、高致病性等高度危险物造成他人损害的,占有人或者使用人应当承担侵权责任;但是,能够证明损害是因受害人故意或者不可抗力造成的,不承担责任。被侵权人对损害的发生有重大过失的,可以减轻占有人或者使用人的责任。

第一千二百四十一条 遗失、抛弃高度危险物造成他人损害的,由所有人承担侵权责任。所有人将高度危险物交由他人管理的,由管理人承担侵权责任;所有人有过错的,与管理人承担连带责任。

第一千二百四十二条 非法占有高度危险物造成他人损害的,由非法占有人承担侵权责任。所有人、管理人不能证明对防止非法占有尽到高度注意义务的,与非法占有人承担连带责任。

第一千二百四十三条 未经许可进入高度危险活动区域或者高度危险物存放区域受到损害,管理人能够证明已经采取足够安全措施并尽到充分警示义务的,可以减轻或者不承担责任。

第一千二百四十四条 承担高度危险责任,法律规定赔偿限额的,依照其规定,但是行为人有故意或者重大过失的除外。

36.2 《中华人民共和国安全生产法》(2021年6月10日修正)

第二十四条 矿山、金属冶炼、建筑施工、运输单位和危险物品的生产、经营、储存、装卸单位,应当设置安全生产管理机构或者配备专职安全生产管理人员。

前款规定以外的其他生产经营单位,从业人员超过一百人的,应当设置安全生产管理机构或者配备专职安全生产管理人员;从业人员在一百人以下的,应当配备专职或者兼职的安全生产管理人员。

第二十六条 生产经营单位的安全生产管理机构以及安全生产管理人员应当恪尽职守,依法履行职责。

生产经营单位作出涉及安全生产的经营决策,应当听取安全生产管理机构以及安全生产管理人员的意见。

生产经营单位不得因安全生产管理人员依法履行职责而降低其工资、福利等待遇或者解除与其订立的劳动合同。

危险物品的生产、储存单位以及矿山、金属冶炼单位的安全生产管理人员的任免,应当告知主管的负有安全生产监督管理职责的部门。

第二十七条 生产经营单位的主要负责人和安全生产管理人员必须具备与本单位所从事的生产经营活动相应的安全生产知识和管理能力。

危险物品的生产、经营、储存、装卸单位以及矿山、金属冶炼、建筑施工、运输单位的主要负责人和安全生产管理人员,应当由主管的负有安全生产监督管理职责的部门对其安全生产知识和管理能力考核合格。考核不得收费。

危险物品的生产、储存、装卸单位以及矿山、金属冶炼单位应当有注册安全工程师从事安全生产管理工作。鼓励其他生产经营单位聘用注册安全工程师从事安全生产管理工作。注册安全工程师按专业分类管理,具体办法由国务院人力资源和社会保障部门、国务院应急管理部门会同国务院有关部门制定。

第三十二条 矿山、金属冶炼建设项目和用于生产、储存、装卸危险物品的建设项目,应当按照国家有关规定进行安全评价。

第三十三条 建设项目安全设施的设计人、设计单位应当对安全设施设计负责。

矿山、金属冶炼建设项目和用于生产、储存、装卸危险物品的建设项目的安全设施设计应当按照国家有关规定报经有关部门审查,审查部门及其负责审查的人员对审查结果负责。

第三十四条 矿山、金属冶炼建设项目和用于生产、储存、装卸危险物品的建设项目的施工单位必须按照批准的安全设施设计施工,并对安全设施的工程质量负责。

矿山、金属冶炼建设项目和用于生产、储存、装卸危险物品的建设项目竣工投入生产或者使用前,应当由建设单位负责组织对安全设施进行验收;验收合格后,方可投入生产和使用。负有安全生产监督管理职责的部门应当加强对建设单位验收活动和验收结果的监督核查。

第三十五条 生产经营单位应当在有较大危险因素的生产经营场所和有关设施、设备上,设置明显的安全警示标志。

第三十六条 安全设备的设计、制造、安装、使用、检测、维修、改造和报废,应当符合国家标准或者行业标准。

生产经营单位必须对安全设备进行经常性维护、保养,并定期检测,保证正常运转。维护、保养、检测应当作好记录,并由有关人员签字。

生产经营单位不得关闭、破坏直接关系生产安全的监控、报警、防护、救生设备、设施,或者篡改、隐瞒、销毁其相关数据、信息。

餐饮等行业的生产经营单位使用燃气的,应当安装可燃气体报警装置,并保障其正常使用。

第三十七条　生产经营单位使用的危险物品的容器、运输工具,以及涉及人身安全、危险性较大的海洋石油开采特种设备和矿山井下特种设备,必须按照国家有关规定,由专业生产单位生产,并经具有专业资质的检测、检验机构检测、检验合格,取得安全使用证或者安全标志,方可投入使用。检测、检验机构对检测、检验结果负责。

第三十九条　生产、经营、运输、储存、使用危险物品或者处置废弃危险物品的,由有关主管部门依照有关法律、法规的规定和国家标准或者行业标准审批并实施监督管理。

生产经营单位生产、经营、运输、储存、使用危险物品或者处置废弃危险物品,必须执行有关法律、法规和国家标准或者行业标准,建立专门的安全管理制度,采取可靠的安全措施,接受有关主管部门依法实施的监督管理。

第四十二条　生产、经营、储存、使用危险物品的车间、商店、仓库不得与员工宿舍在同一座建筑物内,并应当与员工宿舍保持安全距离。

生产经营场所和员工宿舍应当设有符合紧急疏散要求、标志明显、保持畅通的出口、疏散通道。禁止占用、锁闭、封堵生产经营场所或者员工宿舍的出口、疏散通道。

第八十二条　危险物品的生产、经营、储存单位以及矿山、金属冶炼、城市轨道交通运营、建筑施工单位应当建立应急救援组织;生产经营规模较小的,可以不建立应急救援组织,但应当指定兼职的应急救援人员。

危险物品的生产、经营、储存、运输单位以及矿山、金属冶炼、城市轨道交通运营、建筑施工单位应当配备必要的应急救援器材、设备和物资,并进行经常性维护、保养,保证正常运转。

第八十三条　生产经营单位发生生产安全事故后,事故现场有关人员应当立即报告本单位负责人。

单位负责人接到事故报告后,应当迅速采取有效措施,组织抢救,防止事故扩大,减少人员伤亡和财产损失,并按照国家有关规定立即如实报告当地负有安全生产监督管理职责的部门,不得隐瞒不报、谎报或者迟报,不得故意破坏事故现场、毁灭有关证据。

第一百条　未经依法批准,擅自生产、经营、运输、储存、使用危险物品或者处置废弃危险物品的,依照有关危险物品安全管理的法律、行政法规的规定予以处罚;构成犯罪的,依照刑法有关规定追究刑事责任。

第一百一十七条　本法下列用语的含义:

危险物品,是指易燃易爆物品、危险化学品、放射性物品等能够危及人身安全和财产安全的物品。

重大危险源,是指长期地或者临时地生产、搬运、使用或者储存危险物品,且危险物品的数量等于或者超过临界量的单元(包括场所和设施)。

36.3 《中华人民共和国道路交通安全法》(2021年4月29日修正)

第六十六条　乘车人不得携带易燃易爆等危险物品,不得向车外抛洒物品,不得有影响驾驶人安全驾驶的行为。

36.4 《中华人民共和国反恐怖主义法》(2018年4月27日修正)

第二十二条　生产和进口单位应当依照规定对枪支等武器、弹药、管制器具、危险化学品、民用爆炸物品、核与放射物品作出电子追踪标识,对民用爆炸物品添加安检示踪标识物。

运输单位应当依照规定对运营中的危险化学品、民用爆炸物品、核与放射物品的运输工具通过定位系统实行监控。

有关单位应当依照规定对传染病病原体等物质实行严格的监督管理,严密防范传染病病原体等物质扩散或者流入非法渠道。

对管制器具、危险化学品、民用爆炸物品,国务院有关主管部门或者省级人民政府根据需要,在特定区域、特定时间,可以决定对生产、进出口、运输、销售、使用、报废实施管制,可以禁止使用现金、实物进行交易或者对交易活动作出其他限制。

第二十三条 发生枪支等武器、弹药、危险化学品、民用爆炸物品、核与放射物品、传染病病原体等物质被盗、被抢、丢失或者其他流失的情形,案发单位应当立即采取必要的控制措施,并立即向公安机关报告,同时依照规定向有关主管部门报告。公安机关接到报告后,应当及时开展调查。有关主管部门应当配合公安机关开展工作。

任何单位和个人不得非法制作、生产、储存、运输、进出口、销售、提供、购买、使用、持有、报废、销毁前款规定的物品。公安机关发现的,应当予以扣押;其他主管部门发现的,应当予以扣押,并立即通报公安机关;其他单位、个人发现的,应当立即向公安机关报告。

第八十七条 违反本法规定,有下列情形之一的,由主管部门给予警告,并责令改正;拒不改正的,处十万元以下罚款,并对其直接负责的主管人员和其他直接责任人员处一万元以下罚款:

(一)未依照规定对枪支等武器、弹药、管制器具、危险化学品、民用爆炸物品、核与放射物品作出电子追踪标识,对民用爆炸物品添加安检示踪标识物的;

(二)未依照规定对运营中的危险化学品、民用爆炸物品、核与放射物品的运输工具通过定位系统实行监控的;

(三)未依照规定对传染病病原体等物质实行严格的监督管理,情节严重的;

(四)违反国务院有关主管部门或者省级人民政府对管制器具、危险化学品、民用爆炸物品决定的管制或者限制交易措施的。

36.5 《中华人民共和国戒严法》(1996年3月1日公布)

第十六条 戒严期间,戒严实施机关或者戒严指挥机构可以在戒严地区对下列物品采取特别管理措施:

(一)武器、弹药;

(二)管制刀具;

(三)易燃易爆物品;

(四)化学危险物品、放射性物品、剧毒物品等。

36.6 《中华人民共和国传染病防治法》(2025年4月30日修订)

第三十一条 疾病预防控制机构、医疗机构的实验室和从事病原微生物实验的单位,应当遵守有关病原微生物实验室生物安全的法律、行政法规规定,符合国家规定的条件和技术标准,建立严格的管理制度,对传染病病原体和样本按照规定的措施实行严格管理,严防传染病病原体的实验室感染和扩散。

第三十五条 国家建立病原微生物菌(毒)种保藏库。

对病原微生物菌(毒)种和传染病检测样本的采集、保藏、提供、携带、运输、使用实行分类管理,建立健全严格的管理制度。从事相关活动应当遵守有关病原微生物实验室生物安全的法律、行政法规规定;依法需要经过批准或者进行备案的,应当取得批准或者进行备案。

第三十九条 传染病患者、病原携带者和疑似患者应当如实提供相关信息,在治愈前或者在排除传染病嫌疑前,不得从事法律、行政法规和国务院疾病预防控制部门规定禁止从事的易使该传染病扩散的工作。

传染病患者、病原携带者、疑似患者以及上述人员的密切接触者应当采取必要的防护措施。

任何单位或者个人不得以任何方式故意传播传染病。

第一百零八条第一、二项 违反本法规定,有下列情形之一的,由县级以上人民政府卫生健康、疾病预防控制等部门依据职责责令改正,给予警告或者通报批评,没收违法所得,可以并处十万元以下罚款;情节严重的,可以由原发证部门依法吊销相关许可证,对直接负责的主管人员和其他直接责任人员依法给予处分,并可以由原发证部门责令有关责任人员暂停六个月以上一年以下执业活动直至依法吊销执业证书:

(一)疾病预防控制机构、医疗机构的实验室和从事病原微生物实验的单位,不符合国家规定的条件和技术标准,对传染病病原体和样本未按照规定的措施实行严格管理;

(二)违反国家有关规定,采集、保藏、提供、携带、运输、使用病原微生物菌(毒)种和传染病检测样本;

36.7 《中华人民共和国海上交通安全法》(2021年4月29日修订)

第五十八条 客船载运乘客不得同时载运危险货物。

乘客不得随身携带或者在行李中夹带法律、行政法规或者国务院交通运输主管部门规定的危险物品。

第六十二条 船舶载运危险货物,应当持有效的危险货物适装证书,并根据危险货物的特性和应急措施的要求,编制危险货物应急处置预案,配备相应的消防、应急设备和器材。

第六十三条 托运人托运危险货物,应当将其正式名称、危险性质以及应当采取的防护措施通知承运人,并按照有关法律、行政法规、规章以及强制性标准和技术规范的要求妥善包装,设置明显的危险品标志和标签。

托运人不得在托运的普通货物中夹带危险货物或者将危险货物谎报为普通货物托运。

托运人托运的货物为国际海上危险货物运输规则和国家危险货物品名表上未列明但具有危险特性的货物的,托运人还应当提交有关专业机构出具的表明该货物危险特性以及应当采取的防护措施等情况的文件。

货物危险特性的判断标准由国家海事管理机构制定并公布。

第六十四条 船舶载运危险货物进出港口,应当符合下列条件,经海事管理机构许可,并向海事管理机构报告进出港口和停留的时间等事项:

(一)所载运的危险货物符合海上安全运输要求;

(二)船舶的装载符合所持有的证书、文书的要求;

(三)拟靠泊或者进行危险货物装卸作业的港口、码头、泊位具备有关法律、行政法规规定的危险货物作业经营资质。

海事管理机构应当自收到申请之时起二十四小时内作出许可或者不予许可的决定。

定船舶、定航线并且定货种的船舶可以申请办理一定期限内多次进出港口许可,期限不超过三十日。海事管理机构应当自收到申请之日起五个工作日内作出许可或者不予许可的决定。

海事管理机构予以许可的,应当通报港口行政管理部门。

第六十五条 船舶、海上设施从事危险货物运输或者装卸、过驳作业,应当编制作业方案,遵守有关强制性标准和安全作业操作规程,采取必要的预防措施,防止发生安全事故。

在港口水域外从事散装液体危险货物过驳作业的,还应当符合下列条件,经海事管理机构许可并核定安全作业区：

(一)拟进行过驳作业的船舶或者海上设施符合海上交通安全与防治船舶污染海洋环境的要求;

(二)拟过驳的货物符合安全过驳要求;

(三)参加过驳作业的人员具备法律、行政法规规定的过驳作业能力;

(四)拟作业水域及其底质、周边环境适宜开展过驳作业;

(五)过驳作业对海洋资源以及附近的军事目标、重要民用目标不构成威胁;

(六)有符合安全要求的过驳作业方案、安全保障措施和应急预案。

对单航次作业的船舶,海事管理机构应当自收到申请之时起二十四小时内作出许可或者不予许可的决定;对在特定水域多航次作业的船舶,海事管理机构应当自收到申请之日起五个工作日内作出许可或者不予许可的决定。

第一百一十七条第七项 本法下列用语的含义是：

危险货物,是指国际海上危险货物运输规则和国家危险货物品名表上列明的,易燃、易爆、有毒、有腐蚀性、有放射性、有污染危害性等,在船舶载运过程中可能造成人身伤害、财产损失或者环境污染而需要采取特别防护措施的货物。

36.8《中华人民共和国突发事件应对法》(2024年6月28日修订)

第三十六条 矿山、金属冶炼、建筑施工单位和易燃易爆物品、危险化学品、放射性物品等危险物品的生产、经营、运输、储存、使用单位,应当制定具体应急预案,配备必要的应急救援器材、设备和物资,并对生产经营场所、有危险物品的建筑物、构筑物及周边环境开展隐患排查,及时采取措施管控风险和消除隐患,防止发生突发事件。

36.9 《中华人民共和国民用航空法》(2021 年 4 月 29 日修正)

第五十八条第一款第二项、第二款 禁止在依法划定的民用机场范围内和按照国家规定划定的机场净空保护区域内从事下列活动:

(二)修建靶场、强烈爆炸物仓库等影响飞行安全的建筑物或者设施;

禁止在依法划定的民用机场范围内放养牲畜。

第一百条 公共航空运输企业不得运输法律、行政法规规定的禁运物品。

公共航空运输企业未经国务院民用航空主管部门批准,不得运输作战军火、作战物资。

禁止旅客随身携带法律、行政法规规定的禁运物品乘坐民用航空器。

第一百零一条 公共航空运输企业运输危险品,应当遵守国家有关规定。

禁止以非危险品品名托运危险品。

禁止旅客随身携带危险品乘坐民用航空器。除因执行公务并按照国家规定经过批准外,禁止旅客携带枪支、管制刀具乘坐民用航空器。禁止违反国务院民用航空主管部门的规定将危险品作为行李托运。

危险品品名由国务院民用航空主管部门规定并公布。

第一百九十三条 违反本法规定,隐匿携带炸药、雷管或者其他危险品乘坐民用航空器,或者以非危险品品名托运危险品的,依照刑法有关规定追究刑事责任。

企业事业单位犯前款罪的,判处罚金,并对直接负责的主管人员和其他直接责任人员依照前款规定追究刑事责任。

隐匿携带枪支子弹、管制刀具乘坐民用航空器的,依照刑法有关规定追究刑事责任。

第一百九十五条 故意在使用中的民用航空器上放置危险品或者唆使他人放置危险品,足以毁坏该民用航空器,危及飞行安全的,依照刑法有关规定追究刑事责任。

第二百条 违反本法规定,尚不够刑事处罚,应当给予治安管理处罚的,依照治安管理处罚法的规定处罚。

36.10 《中华人民共和国铁路法》(2015年4月24日修正)

第四十八条 运输危险品必须按照国务院铁路主管部门的规定办理,禁止以非危险品品名托运危险品。

禁止旅客携带危险品进站上车。铁路公安人员和国务院铁路主管部门规定的铁路职工,有权对旅客携带的物品进行运输安全检查。实施运输安全检查的铁路职工应当佩戴执勤标志。

危险品的品名由国务院铁路主管部门规定并公布。

第五十六条 在车站和旅客列车内,发生法律规定需要检疫的传染病时,由铁路卫生检疫机构进行检疫;根据铁路卫生检疫机构的请求,地方卫生检疫机构应予协助。

货物运输的检疫,依照国家规定办理。

第六十条 违反本法规定,携带危险品进站上车或者以非危险品品名托运危险品,导致发生重大事故的,依照刑法有关规定追究刑事责任。企业事业单位、国家机关、社会团体犯本款罪的，处以罚金，对其主管人员和直接责任人员依法追究刑事责任。

携带炸药、雷管或者非法携带枪支子弹、管制刀具进站上车的，依照刑法有关规定追究刑事责任。

第六十七条 违反本法规定，尚不够刑事处罚，应当给予治安管理处罚的，依照治安管理处罚法的规定处罚。

36.11 《中华人民共和国消防法》(2021年4月29日修正)

第十九条 生产、储存、经营易燃易爆危险品的场所不得与居住场所设置在同一建筑物内，并应当与居住场所保持安全距离。

生产、储存、经营其他物品的场所与居住场所设置在同一建筑物内的，应当符合国家工程建设消防技术标准。

第二十一条 禁止在具有火灾、爆炸危险的场所吸烟、使用明火。因施工等特殊情况需要使用明火作业的，应当按照规定事先办理审批手续，采取相应的消防安全措施；作业人员应当遵守消防安全规定。

进行电焊、气焊等具有火灾危险作业的人员和自动消防系统的操作人员，必须持证上岗，并遵守消防安全操作规程。

第二十二条 生产、储存、装卸易燃易爆危险品的工厂、仓库和专用车站、码头的设置，应当符合消防技术标准。易燃易爆气体和液体的充装站、供应站、调压站，应当设置在符合消防安全要求的位置，并符合防火防爆要求。

已经设置的生产、储存、装卸易燃易爆危险品的工厂、仓库和专用车站、码头，易燃易爆气体和液体的充装站、供应站、调压站，不再符合前款规定的，地方人民政府应当组织、协调有关部门、单位限期解决，消除安全隐患。

第二十三条 生产、储存、运输、销售、使用、销毁易燃易爆危险品,必须执行消防技术标准和管理规定。

进入生产、储存易燃易爆危险品的场所,必须执行消防安全规定。禁止非法携带易燃易爆危险品进入公共场所或者乘坐公共交通工具。

储存可燃物资仓库的管理,必须执行消防技术标准和管理规定。

第二十六条 建筑构件、建筑材料和室内装修、装饰材料的防火性能必须符合国家标准;没有国家标准的,必须符合行业标准。

人员密集场所室内装修、装饰,应当按照消防技术标准的要求,使用不燃、难燃材料。

第六十一条 生产、储存、经营易燃易爆危险品的场所与居住场所设置在同一建筑物内,或者未与居住场所保持安全距离的,责令停产停业,并处五千元以上五万元以下罚款。

生产、储存、经营其他物品的场所与居住场所设置在同一建筑物内,不符合消防技术标准的,依照前款规定处罚。

第六十二条第一、二项 有下列行为之一的,依照《中华人民共和国治安管理处罚法》的规定处罚:

(一)违反有关消防技术标准和管理规定生产、储存、运输、销售、使用、销毁易燃易爆危险品的;

(二)非法携带易燃易爆危险品进入公共场所或者乘坐公共交通工具的;

第六十三条 违反本法规定,有下列行为之一的,处警告或者五百元以下罚款;情节严重的,处五日以下拘留:

(一)违反消防安全规定进入生产、储存易燃易爆危险品场

所的;

（二）违反规定使用明火作业或者在具有火灾、爆炸危险的场所吸烟、使用明火的。

36.12 《中华人民共和国行政处罚法》(2021年1月22日修订)

第四十九条 发生重大传染病疫情等突发事件,为了控制、减轻和消除突发事件引起的社会危害,行政机关对违反突发事件应对措施的行为,依法快速、从重处罚。

36.13 《中华人民共和国电影产业促进法》(2016年11月7日公布)

第三十三条 电影院应当遵守治安、消防、公共场所卫生等法律、行政法规,维护放映场所的公共秩序和环境卫生,保障观众的安全与健康。

任何人不得携带爆炸性、易燃性、放射性、毒害性、腐蚀性物品进入电影院等放映场所,不得非法携带枪支、弹药、管制器具进入电影院等放映场所;发现非法携带上述物品的,有关工作人员应当拒绝其进入,并向有关部门报告。

36.14 《中华人民共和国海商法》(1992年11月7日公布)

第一百一十三条 旅客不得随身携带或者在行李中夹带违禁品或者易燃、易爆、有毒、有腐蚀性、有放射性以及有可能危及船上人身和财产安全的其他危险品。

承运人可以在任何时间、任何地点将旅客违反前款规定随身携带或者在行李中夹带的违禁品、危险品卸下、销毁或者使之不能为害,或者送交有关部门,而不负赔偿责任。

旅客违反本条第一款规定,造成损害的,应当负赔偿责任。

36.15 《中华人民共和国枪支管理法》(2015 年 4 月 24 日修正)

第三条 国家严格管制枪支。禁止任何单位或者个人违反法律规定持有、制造(包括变造、装配)、买卖、运输、出租、出借枪支。

国家严厉惩处违反枪支管理的违法犯罪行为。任何单位和个人对违反枪支管理的行为有检举的义务。国家对检举人给予保护,对检举违反枪支管理犯罪活动有功的人员,给予奖励。

第五条 公安机关、国家安全机关、监狱、劳动教养机关的人民警察,人民法院的司法警察,人民检察院的司法警察和担负案件侦查任务的检察人员,海关的缉私人员,在依法履行职责时确有必要使用枪支的,可以配备公务用枪。

国家重要的军工、金融、仓储、科研等单位的专职守护、押运人员在执行守护、押运任务时确有必要使用枪支的,可以配备公务用枪。

配备公务用枪的具体办法,由国务院公安部门会同其他有关国家机关按照严格控制的原则制定,报国务院批准后施行。

第六条 下列单位可以配置民用枪支:

(一)经省级人民政府体育行政主管部门批准专门从事射击竞技体育运动的单位、经省级人民政府公安机关批准的营业性射击场,可以配置射击运动枪支;

(二)经省级以上人民政府林业行政主管部门批准的狩猎场,可以配置猎枪;

(三)野生动物保护、饲养、科研单位因业务需要,可以配置猎枪、麻醉注射枪。

猎民在猎区、牧民在牧区,可以申请配置猎枪。猎区和牧区的区域由省级人民政府划定。

配置民用枪支的具体办法,由国务院公安部门按照严格控制的原则制定,报国务院批准后施行。

第七条 配备公务用枪,由国务院公安部门或者省级人民政府公安机关审批。

配备公务用枪时,由国务院公安部门或者省级人民政府公安机关发给公务用枪持枪证件。

第八条 专门从事射击竞技体育运动的单位配置射击运动枪支,由国务院体育行政主管部门提出,由国务院公安部门审批。营业性射击场配置射击运动枪支,由省级人民政府公安机关报国务院公安部门批准。

配置射击运动枪支时,由省级人民政府公安机关发给民用枪支持枪证件。

第九条 狩猎场配置猎枪,凭省级以上人民政府林业行政主管部门的批准文件,报省级以上人民政府公安机关审批,由设区的市级人民政府公安机关核发民用枪支配购证件。

第十条 野生动物保护、饲养、科研单位申请配置猎枪、麻醉注射枪的,应当凭其所在地的县级人民政府野生动物行政主管部门核发的狩猎证或者特许猎捕证和单位营业执照,向所在地的县级人民政府公安机关提出;猎民申请配置猎枪的,应当凭其所在地的县级人民政府野生动物行政主管部门核发的狩猎证和个人身份证件,向所在地的县级人民政府公安机关提出;牧民申请配置猎枪的,应当凭个人身份证件,向所在地的县级人民政府公安机关提出。

受理申请的公安机关审查批准后,应当报请设区的市级人民政府公安机关核发民用枪支配购证件。

第十一条 配购猎枪、麻醉注射枪的单位和个人，必须在配购枪支后三十日内向核发民用枪支配购证件的公安机关申请领取民用枪支持枪证件。

第十二条 营业性射击场、狩猎场配置的民用枪支不得携带出营业性射击场、狩猎场。

猎民、牧民配置的猎枪不得携带出猎区、牧区。

第十三条 国家对枪支的制造、配售实行特别许可制度。未经许可，任何单位或者个人不得制造、买卖枪支。

第十四条 公务用枪，由国家指定的企业制造。

第十五条 制造民用枪支的企业，由国务院有关主管部门提出，由国务院公安部门确定。

配售民用枪支的企业，由省级人民政府公安机关确定。

制造民用枪支的企业，由国务院公安部门核发民用枪支制造许可证件。配售民用枪支的企业，由省级人民政府公安机关核发民用枪支配售许可证件。民用枪支制造许可证件、配售许可证件的有效期为三年；有效期届满，需要继续制造、配售民用枪支的，应当重新申请领取许可证件。

第十六条 国家对制造、配售民用枪支的数量，实行限额管理。

制造民用枪支的年度限额，由国务院林业、体育等有关主管部门、省级人民政府公安机关提出，由国务院公安部门确定并统一编制民用枪支序号，下达到民用枪支制造企业。

配售民用枪支的年度限额，由国务院林业、体育等有关主管部门、省级人民政府公安机关提出，由国务院公安部门确定并下达到民用枪支配售企业。

第十七条 制造民用枪支的企业不得超过限额制造民用枪

支,所制造的民用枪支必须全部交由指定的民用枪支配售企业配售,不得自行销售。配售民用枪支的企业应当在配售限额内,配售指定的企业制造的民用枪支。

第十八条　制造民用枪支的企业,必须严格按照国家规定的技术标准制造民用枪支,不得改变民用枪支的性能和结构;必须在民用枪支指定部位铸印制造厂的厂名、枪种代码和国务院公安部门统一编制的枪支序号,不得制造无号、重号、假号的民用枪支。

制造民用枪支的企业必须实行封闭式管理,采取必要的安全保卫措施,防止民用枪支以及民用枪支零部件丢失。

第十九条　配售民用枪支,必须核对配购证件,严格按照配购证件载明的品种、型号和数量配售;配售弹药,必须核对持枪证件。民用枪支配售企业必须按照国务院公安部门的规定建立配售帐册,长期保管备查。

第二十条　公安机关对制造、配售民用枪支的企业制造、配售、储存和帐册登记等情况,必须进行定期检查;必要时,可以派专人驻厂对制造企业进行监督、检查。

第二十一条　民用枪支的研制和定型,由国务院有关业务主管部门会同国务院公安部门组织实施。

第二十二条　禁止制造、销售仿真枪。

第二十三条　配备、配置枪支的单位和个人必须妥善保管枪支,确保枪支安全。

配备、配置枪支的单位,必须明确枪支管理责任,指定专人负责,应当有牢固的专用保管设施,枪支、弹药应当分开存放。对交由个人使用的枪支,必须建立严格的枪支登记、交接、检查、保养等管理制度,使用完毕,及时收回。

配备、配置给个人使用的枪支,必须采取有效措施,严防被盗、被抢、丢失或者发生其他事故。

第二十四条　使用枪支的人员,必须掌握枪支的性能,遵守使用枪支的有关规定,保证枪支的合法、安全使用。使用公务用枪的人员,必须经过专门培训。

第二十五条　配备、配置枪支的单位和个人必须遵守下列规定：

（一）携带枪支必须同时携带持枪证件,未携带持枪证件的,由公安机关扣留枪支；

（二）不得在禁止携带枪支的区域、场所携带枪支；

（三）枪支被盗、被抢或者丢失的,立即报告公安机关。

第二十六条　配备公务用枪的人员不再符合持枪条件时,由所在单位收回枪支和持枪证件。

配置民用枪支的单位和个人不再符合持枪条件时,必须及时将枪支连同持枪证件上缴核发持枪证件的公安机关；未及时上缴的,由公安机关收缴。

第二十七条　不符合国家技术标准、不能安全使用的枪支,应当报废。配备、持有枪支的单位和个人应当将报废的枪支连同持枪证件上缴核发持枪证件的公安机关；未及时上缴的,由公安机关收缴。报废的枪支应当及时销毁。

销毁枪支,由省级人民政府公安机关负责组织实施。

第二十八条　国家对枪支实行查验制度。持有枪支的单位和个人,应当在公安机关指定的时间、地点接受查验。公安机关在查验时,必须严格审查持枪单位和个人是否符合本法规定的条件,检查枪支状况及使用情况；对违法使用枪支、不符合持枪条件或者枪支应当报废的,必须收缴枪支和持枪证件。拒不接受查验的,枪支和持枪证件由公安机关收缴。

第二十九条 为了维护社会治安秩序的特殊需要,经国务院公安部门批准,县级以上地方各级人民政府公安机关可以对局部地区合法配备、配置的枪支采取集中保管等特别管制措施。

第三十条 任何单位或者个人未经许可,不得运输枪支。需要运输枪支的,必须向公安机关如实申报运输枪支的品种、数量和运输的路线、方式,领取枪支运输许可证件。在本省、自治区、直辖市内运输的,向运往地设区的市级人民政府公安机关申请领取枪支运输许可证件;跨省、自治区、直辖市运输的,向运往地省级人民政府公安机关申请领取枪支运输许可证件。

没有枪支运输许可证件的,任何单位和个人都不得承运,并应当立即报告所在地公安机关。

公安机关对没有枪支运输许可证件或者没有按照枪支运输许可证件的规定运输枪支的,应当扣留运输的枪支。

第三十一条 运输枪支必须依照规定使用安全可靠的封闭式运输设备,由专人押运;途中停留住宿的,必须报告当地公安机关。

运输枪支、弹药必须依照规定分开运输。

第三十二条 严禁邮寄枪支,或者在邮寄的物品中夹带枪支。

第三十三条 国家严格管理枪支的入境和出境。任何单位或者个人未经许可,不得私自携带枪支入境、出境。

第三十四条 外国驻华外交代表机构、领事机构的人员携带枪支入境,必须事先报经中华人民共和国外交部批准;携带枪支出境,应当事先照会中华人民共和国外交部,办理有关手续。

依照前款规定携带入境的枪支,不得携带出所在的驻华机构。

第三十五条 外国体育代表团入境参加射击竞技体育活动，或者中国体育代表团出境参加射击竞技体育活动，需要携带射击运动枪支入境、出境的，必须经国务院体育行政主管部门批准。

第三十六条 本法第三十四条、第三十五条规定以外的其他人员携带枪支入境、出境，应当事先经国务院公安部门批准。

第三十七条 经批准携带枪支入境的，入境时，应当凭批准文件在入境地边防检查站办理枪支登记，申请领取枪支携运许可证件，向海关申报，海关凭枪支携运许可证件放行；到达目的地后，凭枪支携运许可证件向设区的市级人民政府公安机关申请换发持枪证件。

经批准携带枪支出境的，出境时，应当凭批准文件向出境地海关申报，边防检查站凭批准文件放行。

第三十八条 外国交通运输工具携带枪支入境或者过境的，交通运输工具负责人必须向边防检查站申报，由边防检查站加封，交通运输工具出境时予以启封。

36.16 《中华人民共和国放射性污染防治法》(2003年6月26日公布)

第十三条 核设施营运单位、核技术利用单位、铀(钍)矿和伴生放射性矿开发利用单位，必须采取安全与防护措施，预防发生可能导致放射性污染的各类事故，避免放射性污染危害。

核设施营运单位、核技术利用单位、铀(钍)矿和伴生放射性矿开发利用单位，应当对其工作人员进行放射性安全教育、培训，采取有效的防护安全措施。

第十五条 运输放射性物质和含放射源的射线装置，应当采取有效措施，防止放射性污染。具体办法由国务院规定。

第十六条　放射性物质和射线装置应当设置明显的放射性标识和中文警示说明。生产、销售、使用、贮存、处置放射性物质和射线装置的场所,以及运输放射性物质和含放射源的射线装置的工具,应当设置明显的放射性标志。

第十七条　含有放射性物质的产品,应当符合国家放射性污染防治标准;不符合国家放射性污染防治标准的,不得出厂和销售。

使用伴生放射性矿渣和含有天然放射性物质的石材做建筑和装修材料,应当符合国家建筑材料放射性核素控制标准。

第十九条　核设施营运单位在进行核设施建造、装料、运行、退役等活动前,必须按照国务院有关核设施安全监督管理的规定,申请领取核设施建造、运行许可证和办理装料、退役等审批手续。

核设施营运单位领取有关许可证或者批准文件后,方可进行相应的建造、装料、运行、退役等活动。

第二十八条　生产、销售、使用放射性同位素和射线装置的单位,应当按照国务院有关放射性同位素与射线装置放射防护的规定申请领取许可证,办理登记手续。

转让、进口放射性同位素和射线装置的单位以及装备有放射性同位素的仪表的单位,应当按照国务院有关放射性同位素与射线装置放射防护的规定办理有关手续。

第二十九条　生产、销售、使用放射性同位素和加速器、中子发生器以及含放射源的射线装置的单位,应当在申请领取许可证前编制环境影响评价文件,报省、自治区、直辖市人民政府环境保护行政主管部门审查批准;未经批准,有关部门不得颁发许可证。

国家建立放射性同位素备案制度。具体办法由国务院规定。

第三十条 新建、改建、扩建放射工作场所的放射防护设施，应当与主体工程同时设计、同时施工、同时投入使用。

放射防护设施应当与主体工程同时验收；验收合格的，主体工程方可投入生产或者使用。

第三十一条 放射性同位素应当单独存放，不得与易燃、易爆、腐蚀性物品等一起存放，其贮存场所应当采取有效的防火、防盗、防射线泄漏的安全防护措施，并指定专人负责保管。贮存、领取、使用、归还放射性同位素时，应当进行登记、检查，做到账物相符。

第三十二条 生产、使用放射性同位素和射线装置的单位，应当按照国务院环境保护行政主管部门的规定对其产生的放射性废物进行收集、包装、贮存。

生产放射源的单位，应当按照国务院环境保护行政主管部门的规定回收和利用废旧放射源；使用放射源的单位，应当按照国务院环境保护行政主管部门的规定将废旧放射源交回生产放射源的单位或者送交专门从事放射性固体废物贮存、处置的单位。

第四十条 向环境排放放射性废气、废液，必须符合国家放射性污染防治标准。

第四十六条 设立专门从事放射性固体废物贮存、处置的单位，必须经国务院环境保护行政主管部门审查批准，取得许可证。具体办法由国务院规定。

禁止未经许可或者不按照许可的有关规定从事贮存和处置放射性固体废物的活动。

禁止将放射性固体废物提供或者委托给无许可证的单位贮存和处置。

36.17 《中华人民共和国邮政法》(2015年4月24日修正)

第二十四条 邮政企业收寄邮件和用户交寄邮件,应当遵守法律、行政法规以及国务院和国务院有关部门关于禁止寄递或者限制寄递物品的规定。

第二十六条 邮政企业发现邮件内夹带禁止寄递或者限制寄递的物品的,应当按照国家有关规定处理。

进出境邮件中夹带国家禁止进出境或者限制进出境的物品的,由海关依法处理。

36.18 《废旧金属收购业治安管理办法》(2023年7月20日修订)

第八条 收购废旧金属的企业和个体工商户不得收购下列金属物品:

(一)枪支、弹药和爆炸物品;

(二)剧毒、放射性物品及其容器;

(三)铁路、油田、供电、电信通讯、矿山、水利、测量和城市公用设施等专用器材;

(四)公安机关通报寻查的赃物或者有赃物嫌疑的物品。

36.19 《农药管理条例》(2022年3月29日修订)

第十七条 国家实行农药生产许可制度。农药生产企业应当具备下列条件,并按照国务院农业主管部门的规定向省、自治区、直辖市人民政府农业主管部门申请农药生产许可证:

(一)有与所申请生产农药相适应的技术人员;

(二)有与所申请生产农药相适应的厂房、设施;

(三)有对所申请生产农药进行质量管理和质量检验的人员、仪器和设备;

(四)有保证所申请生产农药质量的规章制度。

省、自治区、直辖市人民政府农业主管部门应当自受理申请之日起20个工作日内作出审批决定,必要时应当进行实地核查。符合条件的,核发农药生产许可证;不符合条件的,书面通知申请人并说明理由。

安全生产、环境保护等法律、行政法规对企业生产条件有其他规定的,农药生产企业还应当遵守其规定。

第二十一条 农药生产企业应当严格按照产品质量标准进行生产,确保农药产品与登记农药一致。农药出厂销售,应当经质量检验合格并附具产品质量检验合格证。

农药生产企业应当建立农药出厂销售记录制度,如实记录农药的名称、规格、数量、生产日期和批号、产品质量检验信息、购货人名称及其联系方式、销售日期等内容。农药出厂销售记录应当保存2年以上。

第二十四条 国家实行农药经营许可制度,但经营卫生用农药的除外。农药经营者应当具备下列条件,并按照国务院农业主管部门的规定向县级以上地方人民政府农业主管部门申请农药经营许可证:

(一)有具备农药和病虫害防治专业知识,熟悉农药管理规定,能够指导安全合理使用农药的经营人员;

(二)有与其他商品以及饮用水水源、生活区域等有效隔离的营业场所和仓储场所,并配备与所申请经营农药相适应的防护设施;

(三)有与所申请经营农药相适应的质量管理、台账记录、安全防护、应急处置、仓储管理等制度。

经营限制使用农药的,还应当配备相应的用药指导和病虫害防治专业技术人员,并按照所在地省、自治区、直辖市人民政府农业主管部门的规定实行定点经营。

县级以上地方人民政府农业主管部门应当自受理申请之日起20个工作日内作出审批决定。符合条件的,核发农药经营许可证;不符合条件的,书面通知申请人并说明理由。

第二十七条 农药经营者应当建立销售台账,如实记录销售农药的名称、规格、数量、生产企业、购买人、销售日期等内容。销售台账应当保存2年以上。

农药经营者应当向购买人询问病虫害发生情况并科学推荐农药,必要时应当实地查看病虫害发生情况,并正确说明农药的使用范围、使用方法和剂量、使用技术要求和注意事项,不得误导购买人。

经营卫生用农药的,不适用本条第一款、第二款的规定。

第二十八条 农药经营者不得加工、分装农药,不得在农药中添加任何物质,不得采购、销售包装和标签不符合规定,未附具产品质量检验合格证,未取得有关许可证明文件的农药。

经营卫生用农药的,应当将卫生用农药与其他商品分柜销售;经营其他农药的,不得在农药经营场所内经营食品、食用农产品、饲料等。

第三十三条 农药使用者应当遵守国家有关农药安全、合理使用制度,妥善保管农药,并在配药、用药过程中采取必要的防护措施,避免发生农药使用事故。

限制使用农药的经营者应当为农药使用者提供用药指导,并逐步提供统一用药服务。

第三十四条 农药使用者应当严格按照农药的标签标注的使用范围、使用方法和剂量、使用技术要求和注意事项使用农药,不得扩大使用范围、加大用药剂量或者改变使用方法。

农药使用者不得使用禁用的农药。

标签标注安全间隔期的农药,在农产品收获前应当按照安全间隔期的要求停止使用。

剧毒、高毒农药不得用于防治卫生害虫,不得用于蔬菜、瓜果、茶叶、菌类、中草药材的生产,不得用于水生植物的病虫害防治。

第三十五条 农药使用者应当保护环境,保护有益生物和珍稀物种,不得在饮用水水源保护区、河道内丢弃农药、农药包装物或者清洗施药器械。

严禁在饮用水水源保护区内使用农药,严禁使用农药毒鱼、虾、鸟、兽等。

第三十六条 农产品生产企业、食品和食用农产品仓储企业、专业化病虫害防治服务组织和从事农产品生产的农民专业合作社等应当建立农药使用记录,如实记录使用农药的时间、地点、对象以及农药名称、用量、生产企业等。农药使用记录应当保存2年以上。

国家鼓励其他农药使用者建立农药使用记录。

36.20 《医疗用毒性药品管理办法》(1988年12月27日公布)

第三条 毒性药品年度生产、收购、供应和配制计划,由省、自治区、直辖市医药管理部门根据医疗需要制定,经省、自治区、直辖市卫生行政部门审核后,由医药管理部门下达给指定的毒性药品生产、收购、供应单位,并抄报卫生部、国家医药管理局和国家中医药管理局。生产单位不得擅自改变生产计划自行销售。

第四条 药厂必须由医药专业人员负责生产、配制和质量检验,并建立严格的管理制度。严防与其他药品混杂。每次配料,必须经二人以上复核无误,并详细记录每次生产所用原料和成品数。经手人要签字备查。所有工具、容器要处理干净,以防污染其他药品。标示量要准确无误,包装容器要有毒药标志。

第五条 毒性药品的收购、经营,由各级医药管理部门指定的药品经营单位负责;配方用药由国营药店、医疗单位负责。其他任何单位或者个人均不得从事毒性药品的收购、经营和配方业务。

第六条 收购、经营、加工、使用毒性药品的单位必须建立健全保管、验收、领发、核对等制度,严防收假、发错,严禁与其他药品混杂,做到划定仓间或仓位,专柜加锁并由专人保管。

毒性药品的包装容器上必须印有毒药标志。在运输毒性药品的过程中,应当采取有效措施,防止发生事故。

第七条 凡加工炮制毒性中药,必须按照《中华人民共和国药典》或者省、自治区、直辖市卫生行政部门制定的《炮制规范》的规定进行。药材符合药用要求的,方可供应、配方和用于中成药生产。

第八条 生产毒性药品及其制剂,必须严格执行生产工艺操作规程,在本单位药品检验人员的监督下准确投料,并建立完整的生产记录,保存五年备查。

在生产毒性药品过程中产生的废弃物,必须妥善处理,不得污染环境。

第九条 医疗单位供应和调配毒性药品,凭医生签名的正式处方。国营药店供应和调配毒性药品,凭盖有医生所在的医疗单位公章的正式处方。每次处方剂量不得超过二日极量。

调配处方时,必须认真负责,计量准确,按医嘱注明要求,并由配方人员及具有药师以上技术职称的复核人员签名盖章后方可发出。对处方未注明"生用"的毒性中药,应当付炮制品。如发现处方有疑问时,须经原处方医生重新审定后再行调配。处方一次有效,取药后处方保存二年备查。

第十条 科研和教学单位所需的毒性药品,必须持本单位的证明信,经单位所在地县以上卫生行政部门批准后,供应部门方能发售。

群众自配民间单、秘、验方需用毒性中药,购买时要持有本单位或者城市街道办事处、乡(镇)人民政府的证明信,供应部门方可发售。每次购用量不得超过二日极量。

36.21 《风景名胜区条例》(2016年2月6日修订)

第二十六条第二项 在风景名胜区内禁止进行下列活动:

(二)修建储存爆炸性、易燃性、放射性、毒害性、腐蚀性物品的设施;

36.22 《互联网上网服务营业场所管理条例》(2024年12月6日修订)

第二十四条第二项 互联网上网服务营业场所经营单位应当依法履行信息网络安全、治安和消防安全职责,并遵守下列规定:

(二)禁止带入和存放易燃、易爆物品;

第三十四条第二项 互联网上网服务营业场所经营单位违反本条例的规定,有下列行为之一的,由公安机关给予警告,可以并处15000元以下的罚款;情节严重的,责令停业整顿,直至由文化行政部门吊销《网络文化经营许可证》:

(二)允许带入或者存放易燃、易爆物品的;

36.23 《病原微生物实验室生物安全管理条例》(2024年12月6日修订)

第十条 运输高致病性病原微生物菌(毒)种或者样本,应当通过陆路运输;没有陆路通道,必须经水路运输的,可以通过水路运输;紧急情况下或者需要将高致病性病原微生物菌(毒)种或者样本运往国外的,可以通过民用航空运输。

第十一条 运输高致病性病原微生物菌(毒)种或者样本,应当具备下列条件:

(一)运输目的、高致病性病原微生物的用途和接收单位符合国务院卫生主管部门或者兽医主管部门的规定;

(二)高致病性病原微生物菌(毒)种或者样本的容器应当密封,容器或者包装材料还应当符合防水、防破损、防外泄、耐高(低)温、耐高压的要求;

(三)容器或者包装材料上应当印有国务院卫生主管部门或者兽医主管部门规定的生物危险标识、警告用语和提示用语。

运输高致病性病原微生物菌(毒)种或者样本,应当经省级以上人民政府卫生主管部门或者兽医主管部门批准。在省、自治区、直辖市行政区域内运输的,由省、自治区、直辖市人民政府卫生主管部门或者兽医主管部门批准;需要跨省、自治区、直辖市运输或者运往国外的,由出发地的省、自治区、直辖市人民政府卫生主管部门或者兽医主管部门进行初审后,分别报国务院卫生主管部门或者兽医主管部门批准。

出入境检验检疫机构在检验检疫过程中需要运输病原微生物样本的,由国务院出入境检验检疫部门批准,并同时向国务院卫生主管部门或者兽医主管部门通报。

通过民用航空运输高致病性病原微生物菌(毒)种或者样本的,除依照本条第二款、第三款规定取得批准外,还应当经国务院民用航空主管部门批准。

有关主管部门应当对申请人提交的关于运输高致病性病原

微生物菌(毒)种或者样本的申请材料进行审查,对符合本条第一款规定条件的,应当即时批准。

第十二条　运输高致病性病原微生物菌(毒)种或者样本,应当由不少于2人的专人护送,并采取相应的防护措施。

有关单位或者个人不得通过公共电(汽)车和城市铁路运输病原微生物菌(毒)种或者样本。

第十三条　需要通过铁路、公路、民用航空等公共交通工具运输高致病性病原微生物菌(毒)种或者样本的,承运单位应当凭本条例第十一条规定的批准文件予以运输。

承运单位应当与护送人共同采取措施,确保所运输的高致病性病原微生物菌(毒)种或者样本的安全,严防发生被盗、被抢、丢失、泄漏事件。

第十四条　国务院卫生主管部门或者兽医主管部门指定的菌(毒)种保藏中心或者专业实验室(以下称保藏机构),承担集中储存病原微生物菌(毒)种和样本的任务。

保藏机构应当依照国务院卫生主管部门或者兽医主管部门的规定,储存实验室送交的病原微生物菌(毒)种和样本,并向实验室提供病原微生物菌(毒)种和样本。

保藏机构应当制定严格的安全保管制度,作好病原微生物菌(毒)种和样本进出和储存的记录,建立档案制度,并指定专人负责。对高致病性病原微生物菌(毒)种和样本应当设专库或者专柜单独储存。

保藏机构储存、提供病原微生物菌(毒)种和样本,不得收取任何费用,其经费由同级财政在单位预算中予以保障。

保藏机构的管理办法由国务院卫生主管部门会同国务院兽医主管部门制定。

第十五条 保藏机构应当凭实验室依照本条例的规定取得的从事高致病性病原微生物相关实验活动的批准文件或者设区的市级人民政府卫生主管部门或者兽医主管部门发放的实验室备案凭证,向实验室提供高致病性病原微生物菌(毒)种和样本,并予以登记。

第十六条 实验室在相关实验活动结束后,应当依照国务院卫生主管部门或者兽医主管部门的规定,及时将病原微生物菌(毒)种和样本就地销毁或者送交保藏机构保管。

保藏机构接受实验室送交的病原微生物菌(毒)种和样本,应当予以登记,并开具接收证明。

36.24 《城市供水条例》(2020年3月27日修订)

第三十二条 禁止擅自将自建设施供水管网系统与城市公共供水管网系统连接;因特殊情况确需连接的,必须经城市自来水供水企业同意,并在管道连接处采取必要的防护措施。

禁止产生或者使用有毒有害物质的单位将其生产用水管网系统与城市公共供水管网系统直接连接。

36.25 《中华人民共和国传染病防治法实施办法》(1991年12月6日公布)

第十七条 国家对传染病菌(毒)种的保藏、携带、运输实行严格管理:

(一)菌(毒)种的保藏由国务院卫生行政部门指定的单位负责。

(二)一、二类菌(毒)种的供应由国务院卫生行政部门指定的保藏管理单位供应。三类菌(毒)种由设有专业实验室的单位或者国务院卫生行政部门指定的保藏管理单位供应。

(三)使用一类菌(毒)种的单位,必须经国务院卫生行政部门批准;使用二类菌(毒)种的单位必须经省级政府卫生行政部门批准;使用三类菌(毒)种的单位,应当经县级政府卫生行政部门批准。

(四)一、二类菌(毒)种,应派专人向供应单位领取,不得邮寄;三类菌(毒)种的邮寄必须持有邮寄单位的证明,并按照菌(毒)种邮寄与包装的有关规定办理。

第二十一条 被甲类传染病病原体污染的污水、污物、粪便,有关单位和个人必须在卫生防疫人员的指导监督下,按照下列要求进行处理:

(一)被鼠疫病原体污染

1.被污染的室内空气、地面、四壁必须进行严格消毒,被污染的物品必须严格消毒或者焚烧处理;

2.彻底消除鼠疫疫区内的鼠类、蚤类;发现病鼠、死鼠应当送检;解剖检验后的鼠尸必须焚化;

3.疫区内啮齿类动物的皮毛不能就地进行有效的消毒处理时,必须在卫生防疫机构的监督下焚烧。

(二)被霍乱病原体污染

1.被污染的饮用水,必须进行严格消毒处理;

2.污水经消毒处理后排放;

3.被污染的食物要就地封存,消毒处理;

4.粪便消毒处理达到无害化;

5.被污染的物品,必须进行严格消毒或者焚烧处理。

第二十二条 被伤寒和副伤寒、细菌性痢疾、脊髓灰质炎、病毒性肝炎病原体污染的水、物品、粪便,有关单位和个人应当按照下列要求进行处理:

(一)被污染的饮用水,应当进行严格消毒处理;

（二）污水经消毒处理后排放；

（三）被污染的物品，应当进行严格消毒处理或者焚烧处理；

（四）粪便消毒处理达到无害化。

死于炭疽的动物尸体必须就地焚化，被污染的用具必须消毒处理，被污染的土地、草皮消毒后，必须将 10 厘米厚的表层土铲除，并在远离水源及河流的地方深埋。

第二十三条 出售、运输被传染病病原体污染或者来自疫区可能被传染病病原体污染的皮毛、旧衣物及生活用品等，必须按照卫生防疫机构的要求进行必要的卫生处理。

第五十五条 因患鼠疫、霍乱和炭疽病死亡的病人尸体，由治疗病人的医疗单位负责消毒处理，处理后应当立即火化。

患病毒性肝炎、伤寒和副伤寒、艾滋病、白喉、炭疽、脊髓灰质炎死亡的病人尸体，由治疗病人的医疗单位或者当地卫生防疫机构消毒处理后火化。

不具备火化条件的农村、边远地区，由治疗病人的医疗单位或者当地卫生防疫机构负责消毒后，可选远离居民点五百米以外、远离饮用水源五十米以外的地方，将尸体在距地面两米以下深埋。

民族自治地方执行前款的规定，依照《传染病防治法》第二十八条第三款的规定办理。

第五十六条 医疗保健机构、卫生防疫机构经县级以上政府卫生行政部门的批准可以对传染病病人尸体或者疑似传染病病人的尸体进行解剖查验。

36.26 《中华人民共和国内河交通安全管理条例》（2019 年 3 月 2 日修订）

第三十条 从事危险货物装卸的码头、泊位，必须符合国家有关安全规范要求,并征求海事管理机构的意见,经验收合格后,方可投入使用。

禁止在内河运输法律、行政法规以及国务院交通主管部门规定禁止运输的危险货物。

第三十一条 载运危险货物的船舶,必须持有经海事管理机构认可的船舶检验机构依法检验并颁发的危险货物适装证书,并按照国家有关危险货物运输的规定和安全技术规范进行配载和运输。

第三十二条 船舶装卸、过驳危险货物或者载运危险货物进出港口,应当将危险货物的名称、特性、包装、装卸或者过驳的时间、地点以及进出港时间等事项,事先报告海事管理机构和港口管理机构,经其同意后,方可进行装卸、过驳作业或者进出港口;但是,定船、定线、定货的船舶可以定期报告。

第三十三条 载运危险货物的船舶,在航行、装卸或者停泊时,应当按照规定显示信号;其他船舶应当避让。

第三十四条 从事危险货物装卸的码头、泊位和载运危险货物的船舶,必须编制危险货物事故应急预案,并配备相应的应急救援设备和器材。

第七十一条 违反本条例的规定,从事危险货物作业,有下列情形之一的,由海事管理机构责令停止作业或者航行,对负有责任的主管人员或者其他直接责任人员处2万元以上10万元以下的罚款;属于船员的,并给予暂扣适任证书或者其他适任证件6个月以上直至吊销适任证书或者其他适任证件的处罚:

(一)从事危险货物运输的船舶,未编制危险货物事故应急预案或者未配备相应的应急救援设备和器材的;

(二)船舶装卸、过驳危险货物或者载运危险货物进出港口未经海事管理机构、港口管理机构同意的。

未持有危险货物适装证书擅自载运危险货物或者未按照安全技术规范进行配载和运输的,依照《危险化学品安全管理条例》的规定处罚。

第九十条 违反本条例的规定,触犯《中华人民共和国治安管理处罚法》,构成违反治安管理处罚。

36.27 《中华人民共和国核材料管制条例》(1987年6月15日公布)

第十二条 许可证持有单位应当在当地公安部门的指导下,对生产、使用、贮存和处置核材料的场所,建立严格的安全保卫制度,采用可靠的安全防范措施,严防盗窃、破坏、火灾等事故的发生。

第十三条 运输核材料必须遵守国家的有关规定,核材料托运单位负责与有关部门制定运输保卫方案,落实保卫措施。运输部门、公安部门和其他有关部门要密切配合,确保核材料运输途中安全。

第十五条 发现核材料被盗、破坏、丢失、非法转让和非法使用的事件,当事单位必须立即追查原因、追回核材料,并迅速报告其上级领导部门、核工业部、国防科学技术工业委员会和国家核安全局。对核材料被盗、破坏、丢失等事件,必须迅速报告当地公安机关。

36.28 《放射性同位素与射线装置安全和防护条例》(2019年3月2日修订)

第五条 生产、销售、使用放射性同位素和射线装置的单位,应当依照本章规定取得许可证。

第六条 除医疗使用Ⅰ类放射源、制备正电子发射计算机断层扫描用放射性药物自用的单位外,生产放射性同位素、销售和使用Ⅰ类放射源、销售和使用Ⅰ类射线装置的单位的许可证,由国务院生态环境主管部门审批颁发。

除国务院生态环境主管部门审批颁发的许可证外,其他单位的许可证,由省、自治区、直辖市人民政府生态环境主管部门审批颁发。

国务院生态环境主管部门向生产放射性同位素的单位颁发许可证前,应当将申请材料印送其行业主管部门征求意见。

生态环境主管部门应当将审批颁发许可证的情况通报同级公安部门、卫生主管部门。

第七条 生产、销售、使用放射性同位素和射线装置的单位申请领取许可证,应当具备下列条件:

(一)有与所从事的生产、销售、使用活动规模相适应的,具备相应专业知识和防护知识及健康条件的专业技术人员;

(二)有符合国家环境保护标准、职业卫生标准和安全防护要求的场所、设施和设备;

(三)有专门的安全和防护管理机构或者专职、兼职安全和防护管理人员,并配备必要的防护用品和监测仪器;

(四)有健全的安全和防护管理规章制度、辐射事故应急措施;

(五)产生放射性废气、废液、固体废物的,具有确保放射性废气、废液、固体废物达标排放的处理能力或者可行的处理方案。

第八条 生产、销售、使用放射性同位素和射线装置的单位,应当事先向有审批权的生态环境主管部门提出许可申请,并提交符合本条例第七条规定条件的证明材料。

使用放射性同位素和射线装置进行放射诊疗的医疗卫生机

构,还应当获得放射源诊疗技术和医用辐射机构许可。

第十五条 禁止无许可证或者不按照许可证规定的种类和范围从事放射性同位素和射线装置的生产、销售、使用活动。

禁止伪造、变造、转让许可证。

第二十七条 生产、销售、使用放射性同位素和射线装置的单位,应当对本单位的放射性同位素、射线装置的安全和防护工作负责,并依法对其造成的放射性危害承担责任。

生产放射性同位素的单位的行业主管部门,应当加强对生产单位安全和防护工作的管理,并定期对其执行法律、法规和国家标准的情况进行监督检查。

第二十八条 生产、销售、使用放射性同位素和射线装置的单位,应当对直接从事生产、销售、使用活动的工作人员进行安全和防护知识教育培训,并进行考核;考核不合格的,不得上岗。

辐射安全关键岗位应当由注册核安全工程师担任。辐射安全关键岗位名录由国务院生态环境主管部门商国务院有关部门制定并公布。

第二十九条 生产、销售、使用放射性同位素和射线装置的单位,应当严格按照国家关于个人剂量监测和健康管理的规定,对直接从事生产、销售、使用活动的工作人员进行个人剂量监测和职业健康检查,建立个人剂量档案和职业健康监护档案。

第三十条 生产、销售、使用放射性同位素和射线装置的单位,应当对本单位的放射性同位素、射线装置的安全和防护状况进行年度评估。发现安全隐患的,应当立即进行整改。

第三十一条 生产、销售、使用放射性同位素和射线装置的单位需要终止的,应当事先对本单位的放射性同位素和放射性废物进行清理登记,作出妥善处理,不得留有安全隐患。生产、销售、使用放射性同位素和射线装置的单位发生变更的，由变更后的单位承担处理责任。变更前当事人对此另有约定的，从其约定；但是，约定中不得免除当事人的处理义务。

在本条例施行前已经终止的生产、销售、使用放射性同位素和射线装置的单位，其未安全处理的废旧放射源和放射性废物，由所在地省、自治区、直辖市人民政府生态环境主管部门提出处理方案，及时进行处理。所需经费由省级以上人民政府承担。

第三十二条　生产、进口放射源的单位销售Ⅰ类、Ⅱ类、Ⅲ类放射源给其他单位使用的，应当与使用放射源的单位签订废旧放射源返回协议；使用放射源的单位应当按照废旧放射源返回协议规定将废旧放射源交回生产单位或者返回原出口方。确实无法交回生产单位或者返回原出口方的，送交有相应资质的放射性废物集中贮存单位贮存。

使用放射源的单位应当按照国务院生态环境主管部门的规定，将Ⅳ类、Ⅴ类废旧放射源进行包装整备后送交有相应资质的放射性废物集中贮存单位贮存。

第三十三条　使用Ⅰ类、Ⅱ类、Ⅲ类放射源的场所和生产放射性同位素的场所，以及终结运行后产生放射性污染的射线装置，应当依法实施退役。

第三十四条　生产、销售、使用、贮存放射性同位素和射线装置的场所，应当按照国家有关规定设置明显的放射性标志，其入口处应当按照国家有关安全和防护标准的要求，设置安全和防护设施以及必要的防护安全联锁、报警装置或者工作信号。射线装置的生产调试和使用场所，应当具有防止误操作、防止工作人员和公众受到意外照射的安全措施。

放射性同位素的包装容器、含放射性同位素的设备和射线装置,应当设置明显的放射性标识和中文警示说明;放射源上能够设置放射性标识的,应当一并设置。运输放射性同位素和含放射源的射线装置的工具,应当按照国家有关规定设置明显的放射性标志或者显示危险信号。

第三十五条 放射性同位素应当单独存放,不得与易燃、易爆、腐蚀性物品等一起存放,并指定专人负责保管。贮存、领取、使用、归还放射性同位素时,应当进行登记、检查,做到账物相符。对放射性同位素贮存场所应当采取防火、防水、防盗、防丢失、防破坏、防射线泄漏的安全措施。

对放射源还应当根据其潜在危害的大小,建立相应的多层防护和安全措施,并对可移动的放射源定期进行盘存,确保其处于指定位置,具有可靠的安全保障。

第三十六条 在室外、野外使用放射性同位素和射线装置的,应当按照国家安全和防护标准的要求划出安全防护区域,设置明显的放射性标志,必要时设专人警戒。

在野外进行放射性同位素示踪试验的,应当经省级以上人民政府生态环境主管部门商同级有关部门批准方可进行。

第三十七条 辐射防护器材、含放射性同位素的设备和射线装置,以及含有放射性物质的产品和伴有产生 X 射线的电器产品,应当符合辐射防护要求。不合格的产品不得出厂和销售。

36.29 《民用爆炸物品安全管理条例》(2014 年 7 月 29 日修订)

第三条 国家对民用爆炸物品的生产、销售、购买、运输和爆破作业实行许可证制度。

未经许可,任何单位或者个人不得生产、销售、购买、运输民用爆炸物品,不得从事爆破作业。

严禁转让、出借、转借、抵押、赠送、私藏或者非法持有民用爆炸物品。

第十一条 申请从事民用爆炸物品生产的企业,应当具备下列条件:

(一)符合国家产业结构规划和产业技术标准;

(二)厂房和专用仓库的设计、结构、建筑材料、安全距离以及防火、防爆、防雷、防静电等安全设备、设施符合国家有关标准和规范;

(三)生产设备、工艺符合有关安全生产的技术标准和规程;

(四)有具备相应资格的专业技术人员、安全生产管理人员和生产岗位人员;

(五)有健全的安全管理制度、岗位安全责任制度;

(六)法律、行政法规规定的其他条件。

第十八条 申请从事民用爆炸物品销售的企业,应当具备下列条件:

(一)符合对民用爆炸物品销售企业规划的要求;

(二)销售场所和专用仓库符合国家有关标准和规范;

(三)有具备相应资格的安全管理人员、仓库管理人员;

(四)有健全的安全管理制度、岗位安全责任制度;

(五)法律、行政法规规定的其他条件。

第二十条 民用爆炸物品生产企业凭《民用爆炸物品生产许可证》,可以销售本企业生产的民用爆炸物品。

民用爆炸物品生产企业销售本企业生产的民用爆炸物品,不得超出核定的品种、产量。

第二十三条 销售、购买民用爆炸物品,应当通过银行账户进行交易,不得使用现金或者实物进行交易。

销售民用爆炸物品的企业,应当将购买单位的许可证、银行账户转账凭证、经办人的身份证明复印件保存2年备查。

第二十四条 销售民用爆炸物品的企业,应当自民用爆炸物品买卖成交之日起3日内,将销售的品种、数量和购买单位向所在地省、自治区、直辖市人民政府民用爆炸物品行业主管部门和所在地县级人民政府公安机关备案。

购买民用爆炸物品的单位,应当自民用爆炸物品买卖成交之日起3日内,将购买的品种、数量向所在地县级人民政府公安机关备案。

第二十六条 运输民用爆炸物品,收货单位应当向运达地县级人民政府公安机关提出申请,并提交包括下列内容的材料:

(一)民用爆炸物品生产企业、销售企业、使用单位以及进出口单位分别提供的《民用爆炸物品生产许可证》、《民用爆炸物品销售许可证》、《民用爆炸物品购买许可证》或者进出口批准证明;

(二)运输民用爆炸物品的品种、数量、包装材料和包装方式;

(三)运输民用爆炸物品的特性、出现险情的应急处置方法;

(四)运输时间、起始地点、运输路线、经停地点。

受理申请的公安机关应当自受理申请之日起3日内对提交的有关材料进行审查,对符合条件的,核发《民用爆炸物品运输许可证》;对不符合条件的,不予核发《民用爆炸物品运输许可证》,书面向申请人说明理由。

《民用爆炸物品运输许可证》应当载明收货单位、销售企业、承运人、一次性运输有效期限、起始地点、运输路线、经停地点,民用爆炸物品的品种、数量。

第二十七条　运输民用爆炸物品的,应当凭《民用爆炸物品运输许可证》,按照许可的品种、数量运输。

第二十八条　经由道路运输民用爆炸物品的,应当遵守下列规定:

(一)携带《民用爆炸物品运输许可证》;

(二)民用爆炸物品的装载符合国家有关标准和规范,车厢内不得载人;

(三)运输车辆安全技术状况应当符合国家有关安全技术标准的要求,并按照规定悬挂或者安装符合国家标准的易燃易爆危险物品警示标志;

(四)运输民用爆炸物品的车辆应当保持安全车速;

(五)按照规定的路线行驶,途中经停应当有专人看守,并远离建筑设施和人口稠密的地方,不得在许可以外的地点经停;

(六)按照安全操作规程装卸民用爆炸物品,并在装卸现场设置警戒,禁止无关人员进入;

(七)出现危险情况立即采取必要的应急处置措施,并报告当地公安机关。

第二十九条　民用爆炸物品运达目的地,收货单位应当进行验收后在《民用爆炸物品运输许可证》上签注,并在3日内将《民用爆炸物品运输许可证》交回发证机关核销。

第三十条　禁止携带民用爆炸物品搭乘公共交通工具或者进入公共场所。

禁止邮寄民用爆炸物品,禁止在托运的货物、行李、包裹、邮件中夹带民用爆炸物品。

第四十条　民用爆炸物品应当储存在专用仓库内,并按照国家规定设置技术防范设施。

第四十一条 储存民用爆炸物品应当遵守下列规定：

（一）建立出入库检查、登记制度，收存和发放民用爆炸物品必须进行登记，做到账目清楚，账物相符；

（二）储存的民用爆炸物品数量不得超过储存设计容量，对性质相抵触的民用爆炸物品必须分库储存，严禁在库房内存放其他物品；

（三）专用仓库应当指定专人管理、看护，严禁无关人员进入仓库区内，严禁在仓库区内吸烟和用火，严禁把其他容易引起燃烧、爆炸的物品带入仓库区内，严禁在库房内住宿和进行其他活动；

（四）民用爆炸物品丢失、被盗、被抢，应当立即报告当地公安机关。

第四十二条 在爆破作业现场临时存放民用爆炸物品的，应当具备临时存放民用爆炸物品的条件，并设专人管理、看护，不得在不具备安全存放条件的场所存放民用爆炸物品。

第四十三条 民用爆炸物品变质和过期失效的，应当及时清理出库，并予以销毁。销毁前应当登记造册，提出销毁实施方案，报省、自治区、直辖市人民政府民用爆炸物品行业主管部门、所在地县级人民政府公安机关组织监督销毁。

第四十四条 非法制造、买卖、运输、储存民用爆炸物品，构成犯罪的，依法追究刑事责任；尚不构成犯罪，有违反治安管理行为的，依法给予治安管理处罚。

违反本条例规定，在生产、储存、运输、使用民用爆炸物品中发生重大事故，造成严重后果或者后果特别严重，构成犯罪的，依法追究刑事责任。

违反本条例规定，未经许可生产、销售民用爆炸物品的，由民用爆炸物品行业主管部门责令停止非法生产、销售活动,处10万元以上50万元以下的罚款,并没收非法生产、销售的民用爆炸物品及其违法所得。

违反本条例规定,未经许可购买、运输民用爆炸物品或者从事爆破作业的,由公安机关责令停止非法购买、运输、爆破作业活动,处5万元以上20万元以下的罚款,并没收非法购买、运输以及从事爆破作业使用的民用爆炸物品及其违法所得。

民用爆炸物品行业主管部门、公安机关对没收的非法民用爆炸物品,应当组织销毁。

36.30 **《专职守护押运人员枪支使用管理条例》**(2002年7月27日公布)

第四条 专职守护、押运人员执行守护、押运任务时,方可依照本条例的规定携带、使用枪支。

第七条 专职守护、押运人员在存放大量易燃、易爆、剧毒、放射性等危险物品的场所,不得使用枪支;但是,不使用枪支制止犯罪行为将会直接导致严重危害后果发生的除外。

第十一条 依法配备守护、押运公务用枪的单位应当设立专门的枪支保管库(室)或者使用专用保险柜,将配备的枪支、弹药集中统一保管。枪支与弹药必须分开存放,实行双人双锁,并且24小时有人值班。存放枪支、弹药的库(室)门窗必须坚固并安装防盗报警设施。

第十二条 专职守护、押运人员执行任务携带枪支、弹药,必须妥善保管,严防丢失、被盗、被抢或者发生其他事故;任务执行完毕,必须立即将枪支、弹药交还。

严禁非执行守护、押运任务时携带枪支、弹药,严禁携带枪支、弹药饮酒或者酒后携带枪支、弹药。

36.31 《烟花爆竹安全管理条例》(2016年2月6日修订)

第三条 国家对烟花爆竹的生产、经营、运输和举办焰火晚会以及其他大型焰火燃放活动,实行许可证制度。

未经许可,任何单位或者个人不得生产、经营、运输烟花爆竹,不得举办焰火晚会以及其他大型焰火燃放活动。

第八条 生产烟花爆竹的企业,应当具备下列条件:

(一)符合当地产业结构规划;

(二)基本建设项目经过批准;

(三)选址符合城乡规划,并与周边建筑、设施保持必要的安全距离;

(四)厂房和仓库的设计、结构和材料以及防火、防爆、防雷、防静电等安全设备、设施符合国家有关标准和规范;

(五)生产设备、工艺符合安全标准;

(六)产品品种、规格、质量符合国家标准;

(七)有健全的安全生产责任制;

(八)有安全生产管理机构和专职安全生产管理人员;

(九)依法进行了安全评价;

(十)有事故应急救援预案、应急救援组织和人员,并配备必要的应急救援器材、设备;

(十一)法律、法规规定的其他条件。

第十条 生产烟花爆竹的企业为扩大生产能力进行基本建设或者技术改造的,应当依照本条例的规定申请办理安全生产许可证。

生产烟花爆竹的企业,持《烟花爆竹安全生产许可证》到工商行政管理部门办理登记手续后,方可从事烟花爆竹生产活动。

第十一条 生产烟花爆竹的企业,应当按照安全生产许可证核定的产品种类进行生产,生产工序和生产作业应当执行有关国家标准和行业标准。

第十六条 烟花爆竹的经营分为批发和零售。

从事烟花爆竹批发的企业和零售经营者的经营布点,应当经安全生产监督管理部门审批。

禁止在城市市区布设烟花爆竹批发场所;城市市区的烟花爆竹零售网点,应当按照严格控制的原则合理布设。

第十七条 从事烟花爆竹批发的企业,应当具备下列条件:

(一)具有企业法人条件;

(二)经营场所与周边建筑、设施保持必要的安全距离;

(三)有符合国家标准的经营场所和储存仓库;

(四)有保管员、仓库守护员;

(五)依法进行了安全评价;

(六)有事故应急救援预案、应急救援组织和人员,并配备必要的应急救援器材、设备;

(七)法律、法规规定的其他条件。

第十八条 烟花爆竹零售经营者,应当具备下列条件:

(一)主要负责人经过安全知识教育;

(二)实行专店或者专柜销售,设专人负责安全管理;

(三)经营场所配备必要的消防器材,张贴明显的安全警示标志;

(四)法律、法规规定的其他条件。

第二十二条 经由道路运输烟花爆竹的,应当经公安部门许可。

经由铁路、水路、航空运输烟花爆竹的,依照铁路、水路、航空运输安全管理的有关法律、法规、规章的规定执行。

第二十三条 经由道路运输烟花爆竹的,托运人应当向运达地县级人民政府公安部门提出申请,并提交下列有关材料:

(一)承运人从事危险货物运输的资质证明;

(二)驾驶员、押运员从事危险货物运输的资格证明;

(三)危险货物运输车辆的道路运输证明;

(四)托运人从事烟花爆竹生产、经营的资质证明;

(五)烟花爆竹的购销合同及运输烟花爆竹的种类、规格、数量;

(六)烟花爆竹的产品质量和包装合格证明;

(七)运输车辆牌号、运输时间、起始地点、行驶路线、经停地点。

第二十五条 经由道路运输烟花爆竹的,除应当遵守《中华人民共和国道路交通安全法》外,还应当遵守下列规定:

(一)随车携带《烟花爆竹道路运输许可证》;

(二)不得违反运输许可事项;

(三)运输车辆悬挂或者安装符合国家标准的易燃易爆危险物品警示标志;

(四)烟花爆竹的装载符合国家有关标准和规范;

(五)装载烟花爆竹的车厢不得载人;

(六)运输车辆限速行驶,途中经停必须有专人看守;

(七)出现危险情况立即采取必要的措施,并报告当地公安部门。

第二十六条 烟花爆竹运达目的地后,收货人应当在3日内将《烟花爆竹道路运输许可证》交回发证机关核销。

第二十七条 禁止携带烟花爆竹搭乘公共交通工具。

禁止邮寄烟花爆竹,禁止在托运的行李、包裹、邮件中夹带烟花爆竹。

第三十条 禁止在下列地点燃放烟花爆竹：

（一）文物保护单位；

（二）车站、码头、飞机场等交通枢纽以及铁路线路安全保护区内；

（三）易燃易爆物品生产、储存单位；

（四）输变电设施安全保护区内；

（五）医疗机构、幼儿园、中小学校、敬老院；

（六）山林、草原等重点防火区；

（七）县级以上地方人民政府规定的禁止燃放烟花爆竹的其他地点。

第三十一条 燃放烟花爆竹，应当按照燃放说明燃放，不得以危害公共安全和人身、财产安全的方式燃放烟花爆竹。

第三十二条 举办焰火晚会以及其他大型焰火燃放活动，应当按照举办的时间、地点、环境、活动性质、规模以及燃放烟花爆竹的种类、规格和数量，确定危险等级，实行分级管理。分级管理的具体办法，由国务院公安部门规定。

第三十三条 申请举办焰火晚会以及其他大型焰火燃放活动，主办单位应当按照分级管理的规定，向有关人民政府公安部门提出申请，并提交下列有关材料：

（一）举办焰火晚会以及其他大型焰火燃放活动的时间、地点、环境、活动性质、规模；

（二）燃放烟花爆竹的种类、规格、数量；

（三）燃放作业方案；

（四）燃放作业单位、作业人员符合行业标准规定条件的证明。

受理申请的公安部门应当自受理申请之日起 20 日内对提交的有关材料进行审查,对符合条件的,核发《焰火燃放许可证》;对不符合条件的,应当说明理由。

第三十四条　焰火晚会以及其他大型焰火燃放活动燃放作业单位和作业人员,应当按照焰火燃放安全规程和经许可的燃放作业方案进行燃放作业。

第三十五条　公安部门应当加强对危险等级较高的焰火晚会以及其他大型焰火燃放活动的监督检查。

36.32　《易制毒化学品管理条例》(2018 年 9 月 18 日修订)

第二条　国家对易制毒化学品的生产、经营、购买、运输和进口、出口实行分类管理和许可制度。

易制毒化学品分为三类。第一类是可以用于制毒的主要原料,第二类、第三类是可以用于制毒的化学配剂。易制毒化学品的具体分类和品种,由本条例附表列示。

易制毒化学品的分类和品种需要调整的,由国务院公安部门会同国务院药品监督管理部门、安全生产监督管理部门、商务主管部门、卫生主管部门和海关总署提出方案,报国务院批准。

省、自治区、直辖市人民政府认为有必要在本行政区域内调整分类或者增加本条例规定以外的品种的,应当向国务院公安部门提出,由国务院公安部门会同国务院有关行政主管部门提出方案,报国务院批准。

第五条　易制毒化学品的生产、经营、购买、运输和进口、出口,除应当遵守本条例的规定外,属于药品和危险化学品的,还应当遵守法律、其他行政法规对药品和危险化学品的有关规定。

禁止走私或者非法生产、经营、购买、转让、运输易制毒化学品。

禁止使用现金或者实物进行易制毒化学品交易。但是,个人合法购买第一类中的药品类易制毒化学品药品制剂和第三类易制毒化学品的除外。

生产、经营、购买、运输和进口、出口易制毒化学品的单位,应当建立单位内部易制毒化学品管理制度。

第三十二条 县级以上人民政府公安机关、负责药品监督管理的部门、安全生产监督管理部门、商务主管部门、卫生主管部门、价格主管部门、铁路主管部门、交通主管部门、市场监督管理部门、生态环境主管部门和海关,应当依照本条例和有关法律、行政法规的规定,在各自的职责范围内,加强对易制毒化学品生产、经营、购买、运输、价格以及进口、出口的监督检查;对非法生产、经营、购买、运输易制毒化学品,或者走私易制毒化学品的行为,依法予以查处。

前款规定的行政主管部门在进行易制毒化学品监督检查时,可以依法查看现场、查阅和复制有关资料、记录有关情况、扣押相关的证据材料和违法物品;必要时,可以临时查封有关场所。

被检查的单位或者个人应当如实提供有关情况和材料、物品,不得拒绝或者隐匿。

36.33 **《危险化学品安全管理条例》**(2013年12月7日修订)

第二条 危险化学品生产、储存、使用、经营和运输的安全管理,适用本条例。

废弃危险化学品的处置,依照有关环境保护的法律、行政法规和国家有关规定执行。

第三条 本条例所称危险化学品,是指具有毒害、腐蚀、爆炸、燃烧、助燃等性质,对人体、设施、环境具有危害的剧毒化学品和其他化学品。

危险化学品目录,由国务院安全生产监督管理部门会同国务院工业和信息化、公安、环境保护、卫生、质量监督检验检疫、交通运输、铁路、民用航空、农业主管部门,根据化学品危险特性的鉴别和分类标准确定、公布,并适时调整。

第五条 任何单位和个人不得生产、经营、使用国家禁止生产、经营、使用的危险化学品。

国家对危险化学品的使用有限制性规定的,任何单位和个人不得违反限制性规定使用危险化学品。

第六条 对危险化学品的生产、储存、使用、经营、运输实施安全监督管理的有关部门(以下统称负有危险化学品安全监督管理职责的部门),依照下列规定履行职责:

(一)安全生产监督管理部门负责危险化学品安全监督管理综合工作,组织确定、公布、调整危险化学品目录,对新建、改建、扩建生产、储存危险化学品(包括使用长输管道输送危险化学品,下同)的建设项目进行安全条件审查,核发危险化学品安全生产许可证、危险化学品安全使用许可证和危险化学品经营许可证,并负责危险化学品登记工作。

(二)公安机关负责危险化学品的公共安全管理,核发剧毒化学品购买许可证、剧毒化学品道路运输通行证,并负责危险化学品运输车辆的道路交通安全管理。

(三)质量监督检验检疫部门负责核发危险化学品及其包装物、容器(不包括储存危险化学品的固定式大型储罐,下同)生产企业的工业产品生产许可证,并依法对其产品质量实施监督,负责对进出口危险化学品及其包装实施检验。

(四)环境保护主管部门负责废弃危险化学品处置的监督管

理,组织危险化学品的环境危害性鉴定和环境风险程度评估,确定实施重点环境管理的危险化学品,负责危险化学品环境管理登记和新化学物质环境管理登记;依照职责分工调查相关危险化学品环境污染事故和生态破坏事件,负责危险化学品事故现场的应急环境监测。

(五)交通运输主管部门负责危险化学品道路运输、水路运输的许可以及运输工具的安全管理,对危险化学品水路运输安全实施监督,负责危险化学品道路运输企业、水路运输企业驾驶人员、船员、装卸管理人员、押运人员、申报人员、集装箱装箱现场检查员的资格认定。铁路监管部门负责危险化学品铁路运输及其运输工具的安全管理。民用航空主管部门负责危险化学品航空运输以及航空运输企业及其运输工具的安全管理。

(六)卫生主管部门负责危险化学品毒性鉴定的管理,负责组织、协调危险化学品事故受伤人员的医疗卫生救援工作。

(七)工商行政管理部门依据有关部门的许可证件,核发危险化学品生产、储存、经营、运输企业营业执照,查处危险化学品经营企业违法采购危险化学品的行为。

(八)邮政管理部门负责依法查处寄递危险化学品的行为。

36.34 《铁路安全管理条例》(2013 年 8 月 17 日公布)

第三十三条 在铁路线路两侧建造、设立生产、加工、储存或者销售易燃、易爆或者放射性物品等危险物品的场所、仓库,应当符合国家标准、行业标准规定的安全防护距离。

第三十四条 在铁路线路两侧从事采矿、采石或者爆破作业,应当遵守有关采矿和民用爆破的法律法规,符合国家标准、行业标准和铁路安全保护要求。

在铁路线路路堤坡脚、路堑坡顶、铁路桥梁外侧起向外各

1000 米范围内,以及在铁路隧道上方中心线两侧各 1000 米范围内,确需从事露天采矿、采石或者爆破作业的,应当与铁路运输企业协商一致,依照有关法律法规的规定报县级以上地方人民政府有关部门批准,采取安全防护措施后方可进行。

第三十六条　在电气化铁路附近从事排放粉尘、烟尘及腐蚀性气体的生产活动,超过国家规定的排放标准,危及铁路运输安全的,由县级以上地方人民政府有关部门依法责令整改,消除安全隐患。

第五十二条第一项　禁止实施下列危及铁路通信、信号设施安全的行为:

(一)在埋有地下光(电)缆设施的地面上方进行钻探,堆放重物、垃圾,焚烧物品,倾倒腐蚀性物质;

第五十三条第四项　禁止实施下列危害电气化铁路设施的行为:

(四)在铁路电力线路杆塔、拉线周围 20 米范围内取土、打桩、钻探或者倾倒有害化学物品;

第六十六条　旅客应当接受并配合铁路运输企业在车站、列车实施的安全检查,不得违法携带、夹带管制器具,不得违法携带、托运烟花爆竹、枪支弹药等危险物品或者其他违禁物品。

禁止或者限制携带的物品种类及其数量由国务院铁路行业监督管理部门会同公安机关规定,并在车站、列车等场所公布。

第六十七条第一、二项　铁路运输托运人托运货物、行李、包裹,不得有下列行为:

(一)匿报、谎报货物品名、性质、重量;

(二)在普通货物中夹带危险货物,或者在危险货物中夹带禁止配装的货物;

第六十八条第一、三项　铁路运输企业应当对承运的货物进

行安全检查,并不得有下列行为:

(一)在非危险货物办理站办理危险货物承运手续;

(三)承运不符合安全规定、可能危害铁路运输安全的货物。

第六十九条 运输危险货物应当依照法律法规和国家其他有关规定使用专用的设施设备,托运人应当配备必要的押运人员和应急处理器材、设备以及防护用品,并使危险货物始终处于押运人员的监管之下;危险货物发生被盗、丢失、泄漏等情况,应当按照国家有关规定及时报告。

第七十条 办理危险货物运输业务的工作人员和装卸人员、押运人员,应当掌握危险货物的性质、危害特性、包装容器的使用特性和发生意外的应急措施。

第七十一条 铁路运输企业和托运人应当按照操作规程包装、装卸、运输危险货物,防止危险货物泄漏、爆炸。

第九十九条 旅客违法携带、夹带管制器具或者违法携带、托运烟花爆竹、枪支弹药等危险物品或者其他违禁物品的,由公安机关依法给予治安管理处罚。

36.35 《大型群众性活动安全管理条例》(2007年9月14日公布)

第九条第二项 参加大型群众性活动的人员应当遵守下列规定:

(二)遵守大型群众性活动场所治安、消防等管理制度,接受安全检查,不得携带爆炸性、易燃性、放射性、毒害性、腐蚀性等危险物质或者非法携带枪支、弹药、管制器具;

36.36 《旅馆业治安管理办法》(2022年3月29日修订)

第十一条 严禁旅客将易燃、易爆、剧毒、腐蚀性和放射性等危险物品带入旅馆。

36.37 《娱乐场所管理条例》(2020 年 11 月 29 日修订)

第二十二条 任何人不得非法携带枪支、弹药、管制器具或者携带爆炸性、易燃性、毒害性、放射性、腐蚀性等危险物品和传染病病原体进入娱乐场所。

迪斯科舞厅应当配备安全检查设备,对进入营业场所的人员进行安全检查。

第五十四条 娱乐场所违反有关治安管理或者消防管理法律、行政法规规定的,由公安部门依法予以处罚;构成犯罪的,依法追究刑事责任。

娱乐场所违反有关卫生、环境保护、价格、劳动等法律、行政法规规定的,由有关部门依法予以处罚;构成犯罪的,依法追究刑事责任。

娱乐场所及其从业人员与消费者发生争议的,应当依照消费者权益保护的法律规定解决;造成消费者人身、财产损害的,由娱乐场所依法予以赔偿。

36.38 《营业性演出管理条例》(2020 年 11 月 29 日修订)

第二十二条 任何人不得携带传染病病原体和爆炸性、易燃性、放射性、腐蚀性等危险物质或者非法携带枪支、弹药、管制器具进入营业性演出现场。

演出场所经营单位应当根据公安部门的要求,配备安全检查设施,并对进入营业性演出现场的观众进行必要的安全检查;观众不接受安全检查或者有前款禁止行为的,演出场所经营单位有权拒绝其进入。

第三十六条 公安部门对其依照有关法律、行政法规和国家有关规定批准的营业性演出,应当在演出举办前对营业性演出现场的安全状况进行实地检查;发现安全隐患的,在消除安全隐患后方可允许进行营业性演出。

公安部门可以对进入营业性演出现场的观众进行必要的安全检查;发现观众有本条例第二十二条第一款禁止行为的,在消除安全隐患后方可允许其进入。

公安部门可以组织警力协助演出举办单位维持营业性演出现场秩序。

36.39 《中华人民共和国民用航空安全保卫条例》(2011年1月8日修订)

第三十条　空运的货物必须经过安全检查或者对其采取的其他安全措施。

货物托运人不得伪报品名托运或者在货物中夹带危险物品。

第三十二条　除国务院另有规定的外,乘坐民用航空器的,禁止随身携带或者交运下列物品:

(一)枪支、弹药、军械、警械;

(二)管制刀具;

(三)易燃、易爆、有毒、腐蚀性、放射性物品;

(四)国家规定的其他禁运物品。

第三十三条　除本条例第三十二条规定的物品外,其他可以用于危害航空安全的物品,旅客不得随身携带,但是可以作为行李交运或者按照国务院民用航空主管部门的有关规定由机组人员带到目的地后交还。

对含有易燃物质的生活用品实行限量携带。限量携带的物品及其数量,由国务院民用航空主管部门规定。

36.40 《城市公共交通条例》(2024年10月17日公布)

第三十五条　乘客应当遵守乘车规范,维护乘车秩序。乘客不得携带易燃、易爆、毒害性、放射性、腐蚀性以及其他可能危及人身和财产安全的危险物品进站乘车；乘客坚持携带的，城市公共交通企业应当拒绝其进站乘车。

城市轨道交通运营单位应当按照国家有关规定，对进入城市轨道交通车站的人员及其携带物品进行安全检查；对拒不接受安全检查的，应当拒绝其进站乘车。安全检查应当遵守有关操作规范，提高质量和效率。

36.41　《中华人民共和国邮政法实施细则》(1990年11月12日公布)

第三十三条第一款第三、九项，第二款　禁止寄递或者在邮件内夹带下列物品：

(三)爆炸性、易燃性、腐蚀性、放射性、毒性等危险物品；

(九)包装不妥，可能危害人身安全、污染或者损毁其他邮件、设备的物品。

前款物品，符合邮电部特准交寄规定并确保安全的，可以收寄。

36.42　《放射性药品管理办法》(2024年12月6日修订)

第三条　凡在中华人民共和国领域内进行放射性药品的研究、生产、经营、运输、使用、检验、监督管理的单位和个人都必须遵守本办法。

第六条　研制单位研制的放射性新药，在进行临床试验或者验证前，应当向国务院药品监督管理部门提出申请，按规定报送资料及样品，经国务院药品监督管理部门审批同意后，在国务院药品监督管理部门指定的药物临床试验机构进行临床研究。

第八条　放射性新药投入生产，需由生产单位或者取得放射性药品生产许可证的研制单位，凭新药证书(副本)向国务院药品监督管理部门提出生产该药的申请，并提供样品，由国务院药品监督管理部门审核发给批准文号。

第十八条　放射性药品的运输,按国家运输、邮政等部门制订的有关规定执行。

严禁任何单位和个人随身携带放射性药品乘坐公共交通运输工具。

第二十条　医疗单位使用放射性药品应当符合国家有关放射性同位素安全和防护的规定,具有与所使用放射性药品相适应的场所、设备、卫生环境和专用的仓储设施。

36.43 《典当管理办法》(2005年2月9日公布)

第二十七条第二、三、四、八项　典当行不得收当下列财物：

(二)赃物和来源不明的物品；

(三)易燃、易爆、剧毒、放射性物品及其容器；

(四)管制刀具、枪支、弹药、军、警用标志、制式服装和器械；

(八)法律、法规及国家有关规定禁止流通的自然资源或者其他财物。

第三十七条　【对危险物质被盗、被抢、丢失不报行为的处罚】爆炸性、毒害性、放射性、腐蚀性物质或者传染病病原体等危险物质被盗、被抢或者丢失,未按规定报告的,处五日以下拘留；故意隐瞒不报的,处五日以上十日以下拘留。

【相关规定索引】

类别	名　称	关联条款
法律	《中华人民共和国民法典》	第1241、1242条
	《中华人民共和国反恐怖主义法》	第22、23、87条
	《中华人民共和国传染病防治法》	第31、35条

续表

类别	名称	关联条款
	《中华人民共和国放射性污染防治法》	第31、33条
	《中华人民共和国枪支管理法》	第23、25、31、44、45、48条
	《中华人民共和国行政处罚法》	第49条
行政法规	《民用爆炸物品安全管理条例》	第3、5、39、41、50条
	《烟花爆竹安全管理条例》	第15、39条
	《危险化学品安全管理条例》	第23、51、81、89条
	《易制毒化学品管理条例》	第34、40条
	《铁路安全管理条例》	第69、98条
	《中华人民共和国核材料管制条例》	第12、13、15条
	《突发公共卫生事件应急条例》	第19-21、45、50、51条
	《专职守护押运人员枪支使用管理条例》	第12、14、15条
	《病原微生物实验室生物安全管理条例》	第13、14、17、33条
	《放射性同位素与射线装置安全和防护条例》	第35、36、40、42、44、68条
	《废旧金属收购业治安管理办法》	第8、9条

【关联规定】

37.1 《中华人民共和国民法典》(2020年5月28日公布)

第一千二百四十一条 遗失、抛弃高度危险物造成他人损害的,由所有人承担侵权责任。所有人将高度危险物交由他人管理的,由管理人承担侵权责任;所有人有过错的,与管理人承担连带责任。

第一千二百四十二条 非法占有高度危险物造成他人损害的,由非法占有人承担侵权责任。所有人、管理人不能证明对防止非法占有尽到高度注意义务的,与非法占有人承担连带责任。

37.2 《中华人民共和国反恐怖主义法》(2018年4月27日修正)

第二十二条 生产和进口单位应当依照规定对枪支等武器、弹药、管制器具、危险化学品、民用爆炸物品、核与放射物品作出电子追踪标识,对民用爆炸物品添加安检示踪标识物。

运输单位应当依照规定对运营中的危险化学品、民用爆炸物品、核与放射物品的运输工具通过定位系统实行监控。

有关单位应当依照规定对传染病病原体等物质实行严格的监督管理,严密防范传染病病原体等物质扩散或者流入非法渠道。

对管制器具、危险化学品、民用爆炸物品,国务院有关主管部门或者省级人民政府根据需要,在特定区域、特定时间,可以决定对生产、进出口、运输、销售、使用、报废实施管制,可以禁止使用现金、实物进行交易或者对交易活动作出其他限制。

第二十三条 发生枪支等武器、弹药、危险化学品、民用爆炸物品、核与放射物品、传染病病原体等物质被盗、被抢、丢失或者其他流失的情形,案发单位应当立即采取必要的控制措施,并立即向公安机关报告,同时依照规定向有关主管部门报告。公安机关接到报告后,应当及时开展调查。有关主管部门应当配合公安机关开展工作。

任何单位和个人不得非法制作、生产、储存、运输、进出口、销售、提供、购买、使用、持有、报废、销毁前款规定的物品。公安机关发现的,应当予以扣押;其他主管部门发现的,应当予以扣押,并立即通报公安机关;其他单位、个人发现的,应当立即向公安机关报告。

第八十七条 违反本法规定,有下列情形之一的,由主管部门给予警告,并责令改正;拒不改正的,处十万元以下罚款,并对其直接负责的主管人员和其他直接责任人员处一万元以下罚款:

(一)未依照规定对枪支等武器、弹药、管制器具、危险化学品、民用爆炸物品、核与放射物品作出电子追踪标识,对民用爆炸物品添加安检示踪标识物的;

(二)未依照规定对运营中的危险化学品、民用爆炸物品、核与放射物品的运输工具通过定位系统实行监控的;

(三)未依照规定对传染病病原体等物质实行严格的监督管理,情节严重的;

(四)违反国务院有关主管部门或者省级人民政府对管制器具、危险化学品、民用爆炸物品决定的管制或者限制交易措施的。

37.3 《中华人民共和国传染病防治法》(2025年4月30日修订)

第三十一条 疾病预防控制机构、医疗机构的实验室和从事病原微生物实验的单位,应当遵守有关病原微生物实验室生物安全的法律、行政法规规定,符合国家规定的条件和技术标准,建立严格的管理制度,对传染病病原体和样本按照规定的措施实行严格管理,严防传染病病原体的实验室感染和扩散。

第三十五条 国家建立病原微生物菌(毒)种保藏库。

对病原微生物菌(毒)种和传染病检测样本的采集、保藏、提供、携带、运输、使用实行分类管理,建立健全严格的管理制度。

从事相关活动应当遵守有关病原微生物实验室生物安全的法律、行政法规规定;依法需要经过批准或者进行备案的,应当取得批准或者进行备案。

37.4　《中华人民共和国放射性污染防治法》(2003年6月26日公布)

第三十一条　放射性同位素应当单独存放,不得与易燃、易爆、腐蚀性物品等一起存放,其贮存场所应当采取有效的防火、防盗、防射线泄漏的安全防护措施,并指定专人负责保管。贮存、领取、使用、归还放射性同位素时,应当进行登记、检查,做到账物相符。

第三十三条　生产、销售、使用、贮存放射源的单位,应当建立健全安全保卫制度,指定专人负责,落实安全责任制,制定必要的事故应急措施。发生放射源丢失、被盗和放射性污染事故时,有关单位和个人必须立即采取应急措施,并向公安部门、卫生行政部门和环境保护行政主管部门报告。

公安部门、卫生行政部门和环境保护行政主管部门接到放射源丢失、被盗和放射性污染事故报告后,应当报告本级人民政府,并按照各自的职责立即组织采取有效措施,防止放射性污染蔓延,减少事故损失。当地人民政府应当及时将有关情况告知公众,并做好事故的调查、处理工作。

37.5　《中华人民共和国枪支管理法》(2015年4月24日修正)

第二十三条　配备、配置枪支的单位和个人必须妥善保管枪支,确保枪支安全。

配备、配置枪支的单位,必须明确枪支管理责任,指定专人负责,应当有牢固的专用保管设施,枪支、弹药应当分开存放。对交由个人使用的枪支,必须建立严格的枪支登记、交接、检查、保养等管理制度,使用完毕,及时收回。

配备、配置给个人使用的枪支,必须采取有效措施,严防被盗、被抢、丢失或者发生其他事故。

第二十五条 配备、配置枪支的单位和个人必须遵守下列规定:

(一)携带枪支必须同时携带持枪证件,未携带持枪证件的,由公安机关扣留枪支;

(二)不得在禁止携带枪支的区域、场所携带枪支;

(三)枪支被盗、被抢或者丢失的,立即报告公安机关。

第三十一条 运输枪支必须依照规定使用安全可靠的封闭式运输设备,由专人押运;途中停留住宿的,必须报告当地公安机关。

运输枪支、弹药必须依照规定分开运输。

第四十四条 违反本法规定,有下列行为之一的,由公安机关对个人或者单位负有直接责任的主管人员和其他直接责任人员处警告或者十五日以下拘留;构成犯罪的,依法追究刑事责任:

(一)未按照规定的技术标准制造民用枪支的;

(二)在禁止携带枪支的区域、场所携带枪支的;

(三)不上缴报废枪支的;

(四)枪支被盗、被抢或者丢失,不及时报告的;

(五)制造、销售仿真枪的。

第四十五条 公安机关工作人员有下列行为之一的,依法追究刑事责任;未构成犯罪的,依法给予行政处分:

(一)向本法第五条、第六条规定以外的单位和个人配备、配置枪支的;

(二)违法发给枪支管理证件的;

(三)将没收的枪支据为己有的；

(四)不履行枪支管理职责,造成后果的。

第四十八条 制造、配售、运输枪支的主要零部件和用于枪支的弹药,适用本法的有关规定。

37.6 《中华人民共和国行政处罚法》(2021 年 1 月 22 日修订)

第四十九条 发生重大传染病疫情等突发事件,为了控制、减轻和消除突发事件引起的社会危害,行政机关对违反突发事件应对措施的行为,依法快速、从重处罚。

37.7 《民用爆炸物品安全管理条例》(2014 年 7 月 29 日修订)

第三条 国家对民用爆炸物品的生产、销售、购买、运输和爆破作业实行许可证制度。

未经许可,任何单位或者个人不得生产、销售、购买、运输民用爆炸物品,不得从事爆破作业。

严禁转让、出借、转借、抵押、赠送、私藏或者非法持有民用爆炸物品。

第五条 民用爆炸物品生产、销售、购买、运输和爆破作业单位(以下称民用爆炸物品从业单位)的主要负责人是本单位民用爆炸物品安全管理责任人,对本单位的民用爆炸物品安全管理工作全面负责。

民用爆炸物品从业单位是治安保卫工作的重点单位,应当依法设置治安保卫机构或者配备治安保卫人员,设置技术防范设施,防止民用爆炸物品丢失、被盗、被抢。

民用爆炸物品从业单位应当建立安全管理制度、岗位安全责任制度,制订安全防范措施和事故应急预案,设置安全管理机构或者配备专职安全管理人员。

第三十九条 爆破作业单位不再使用民用爆炸物品时,应当将剩余的民用爆炸物品登记造册,报所在地县级人民政府公安机关组织监督销毁。

发现、拣拾无主民用爆炸物品的,应当立即报告当地公安机关。

第四十一条 储存民用爆炸物品应当遵守下列规定:

(一)建立出入库检查、登记制度,收存和发放民用爆炸物品必须进行登记,做到账目清楚,账物相符;

(二)储存的民用爆炸物品数量不得超过储存设计容量,对性质相抵触的民用爆炸物品必须分库储存,严禁在库房内存放其他物品;

(三)专用仓库应当指定专人管理、看护,严禁无关人员进入仓库区内,严禁在仓库区内吸烟和用火,严禁把其他容易引起燃烧、爆炸的物品带入仓库区内,严禁在库房内住宿和进行其他活动;

(四)民用爆炸物品丢失、被盗、被抢,应当立即报告当地公安机关。

第五十条 违反本条例规定,民用爆炸物品从业单位有下列情形之一的,由公安机关处2万元以上10万元以下的罚款;情节严重的,吊销其许可证;有违反治安管理行为的,依法给予治安管理处罚:

(一)违反安全管理制度,致使民用爆炸物品丢失、被盗、被抢的;

(二)民用爆炸物品丢失、被盗、被抢,未按照规定向当地公安机关报告或者故意隐瞒不报的;

（三）转让、出借、转借、抵押、赠送民用爆炸物品的。

37.8 《烟花爆竹安全管理条例》(2016年2月6日修订)

第十五条 生产烟花爆竹的企业,应当对黑火药、烟火药、引火线的保管采取必要的安全技术措施,建立购买、领用、销售登记制度,防止黑火药、烟火药、引火线丢失。黑火药、烟火药、引火线丢失的,企业应当立即向当地安全生产监督管理部门和公安部门报告。

第三十九条 生产、经营、使用黑火药、烟火药、引火线的企业,丢失黑火药、烟火药、引火线未及时向当地安全生产监督管理部门和公安部门报告的,由公安部门对企业主要负责人处5000元以上2万元以下的罚款,对丢失的物品予以追缴。

37.9 《危险化学品安全管理条例》(2013年12月7日修订)

第二十三条 生产、储存剧毒化学品或者国务院公安部门规定的可用于制造爆炸物品的危险化学品(以下简称易制爆危险化学品)的单位,应当如实记录其生产、储存的剧毒化学品、易制爆危险化学品的数量、流向,并采取必要的安全防范措施,防止剧毒化学品、易制爆危险化学品丢失或者被盗;发现剧毒化学品、易制爆危险化学品丢失或者被盗的,应当立即向当地公安机关报告。

生产、储存剧毒化学品、易制爆危险化学品的单位,应当设置治安保卫机构,配备专职治安保卫人员。

第五十一条 剧毒化学品、易制爆危险化学品在道路运输途中丢失、被盗、被抢或者出现流散、泄漏等情况的,驾驶人员、押运人员应当立即采取相应的警示措施和安全措施,并向当地公安机关报告。公安机关接到报告后,应当根据实际情况立即向安全生产监督管理部门、环境保护主管部门、卫生主管部门通报。有关部门应当采取必要的应急处置措施。

第八十一条第一款第二项 有下列情形之一的,由公安机关责令改正,可以处 1 万元以下的罚款;拒不改正的,处 1 万元以上 5 万元以下的罚款:

(二)生产、储存、使用剧毒化学品、易制爆危险化学品的单位发现剧毒化学品、易制爆危险化学品丢失或者被盗,不立即向公安机关报告的;

第八十九条第四项 有下列情形之一的,由公安机关责令改正,处 1 万元以上 5 万元以下的罚款;构成违反治安管理行为的,依法给予治安管理处罚:

(四)剧毒化学品、易制爆危险化学品在道路运输途中丢失、被盗、被抢或者发生流散、泄露等情况,驾驶人员、押运人员不采取必要的警示措施和安全措施,或者不向当地公安机关报告的。

37.10 《易制毒化学品管理条例》(2018 年 9 月 18 日修订)

第三十四条 易制毒化学品丢失、被盗、被抢的,发案单位应当立即向当地公安机关报告,并同时报告当地的县级人民政府负责药品监督管理的部门、安全生产监督管理部门、商务主管部门或者卫生主管部门。接到报案的公安机关应当及时立案查处,并向上级公安机关报告;有关行政主管部门应当逐级上报并配合公安机关的查处。

第四十条第一款第五项 违反本条例规定,有下列行为之一的,由负有监督管理职责的行政主管部门给予警告,责令限期改正,处 1 万元以上 5 万元以下的罚款;对违反规定生产、经营、购买的易制毒化学品可以予以没收;逾期不改正的,责令限期停产停业整顿;逾期整顿不合格的,吊销相应的许可证:

(五)易制毒化学品丢失、被盗、被抢后未及时报告,造成严

重后果的;

37.11 《铁路安全管理条例》(2014年8月17日公布)

第六十九条　运输危险货物应当依照法律法规和国家其他有关规定使用专用的设施设备,托运人应当配备必要的押运人员和应急处理器材、设备以及防护用品,并使危险货物始终处于押运人员的监管之下;危险货物发生被盗、丢失、泄漏等情况,应当按照国家有关规定及时报告。

第九十八条　铁路运输托运人运输危险货物不按照规定配备必要的押运人员,或者发生危险货物被盗、丢失、泄漏等情况不按照规定及时报告的,由公安机关责令改正,处1万元以上5万元以下的罚款。

37.12 《中华人民共和国核材料管制条例》(1987年6月15日公布)

第十二条　许可证持有单位应当在当地公安部门的指导下,对生产、使用、贮存和处置核材料的场所,建立严格的安全保卫制度,采用可靠的安全防范措施,严防盗窃、破坏、火灾等事故的发生。

第十三条　运输核材料必须遵守国家的有关规定,核材料托运单位负责与有关部门制定运输保卫方案,落实保卫措施。运输部门、公安部门和其他有关部门要密切配合,确保核材料运输途中安全。

第十五条　发现核材料被盗、破坏、丢失、非法转让和非法使用的事件,当事单位必须立即追查原因、追回核材料,并迅速报告其上级领导部门、核工业部、国防科学技术工业委员会和国家核安全局。对核材料被盗、破坏、丢失等事件,必须迅速报告当地公安机关。

37.13 《突发公共卫生事件应急条例》(2011年1月8日修订)

第十九条第一、二款,第三款第三项,第四款 国家建立突发事件应急报告制度。

国务院卫生行政主管部门制定突发事件应急报告规范,建立重大、紧急疫情信息报告系统。

有下列情形之一的,省、自治区、直辖市人民政府应当在接到报告1小时内,向国务院卫生行政主管部门报告:

(三)发生传染病菌种、毒种丢失的;

国务院卫生行政主管部门对可能造成重大社会影响的突发事件,应当立即向国务院报告。

第二十条 突发事件监测机构、医疗卫生机构和有关单位发现有本条例第十九条规定情形之一的,应当在2小时内向所在地县级人民政府卫生行政主管部门报告;接到报告的卫生行政主管部门应当在2小时内向本级人民政府报告,并同时向上级人民政府卫生行政主管部门和国务院卫生行政主管部门报告。

县级人民政府应当在接到报告后2小时内向设区的市级人民政府或者上一级人民政府报告;设区的市级人民政府应当在接到报告后2小时内向省、自治区、直辖市人民政府报告。

第二十一条 任何单位和个人对突发事件,不得隐瞒、缓报、谎报或者授意他人隐瞒、缓报、谎报。

第四十五条 县级以上地方人民政府及其卫生行政主管部门未依照本条例的规定履行报告职责,对突发事件隐瞒、缓报、谎报或者授意他人隐瞒、缓报、谎报的,对政府主要领导人及其卫生行政主管部门主要负责人,依法给予降级或者撤职的行政处分;造成传染病传播、流行或者对社会公众健康造成其他严重危害后果的,依法给予开除的行政处分;构成犯罪的,依法追究刑事责任。

第五十条第一项 医疗卫生机构有下列行为之一的,由卫生行政主管部门责令改正、通报批评、给予警告;情节严重的,吊销《医疗机构执业许可证》;对主要负责人、负有责任的主管人员和其他直接责任人员依法给予降级或者撤职的纪律处分;造成传染病传播、流行或者对社会公众健康造成其他严重危害后果,构成犯罪的,依法追究刑事责任:

(一)未依照本条例的规定履行报告职责,隐瞒、缓报或者谎报的;

第五十一条 在突发事件应急处理工作中,有关单位和个人未依照本条例的规定履行报告职责,隐瞒、缓报或者谎报,阻碍突发事件应急处理工作人员执行职务,拒绝国务院卫生行政主管部门或者其他有关部门指定的专业技术机构进入突发事件现场,或者不配合调查、采样、技术分析和检验的,对有关责任人员依法给予行政处分或者纪律处分;触犯《中华人民共和国治安管理处罚法》,构成违反治安管理行为的,由公安机关依法予以处罚;构成犯罪的,依法追究刑事责任。

37.14 《专职守护押运人员枪支使用管理条例》(2002 年 7 月 27 日公布)

第十二条 专职守护、押运人员执行任务携带枪支、弹药,必须妥善保管,严防丢失、被盗、被抢或者发生其他事故;任务执行完毕,必须立即将枪支、弹药交还。

严禁非执行守护、押运任务时携带枪支、弹药,严禁携带枪支、弹药饮酒或者酒后携带枪支、弹药。

第十四条第一款第六项,第二款 专职守护、押运人员有下

列情形之一的,所在单位应当停止其执行武装守护、押运任务,收回其持枪证件,并及时将持枪证件上缴公安机关:

(六)丢失枪支或者在枪支被盗、被抢事故中负有责任的。

专职守护、押运人员有前款第(四)项、第(五)项、第(六)项行为,造成严重后果的,依照刑法关于非法持有私藏枪支弹药罪、非法携带枪支弹药危及公共安全罪、非法出租出借枪支罪或者丢失枪支不报罪的规定,依法追究刑事责任;尚不够刑事处罚的,依照枪支管理法的规定,给予行政处罚。

第十五条第五项　依法配备守护、押运公务用枪的单位违反枪支管理规定,有下列情形之一的,对直接负责的主管人员和其他直接责任人员依法给予记大过、降级或者撤职的行政处分或者相应的纪律处分;造成严重后果的,依照刑法关于玩忽职守罪、滥用职权罪、丢失枪支不报罪或者其他罪的规定,依法追究刑事责任:

(五)枪支、弹药被盗、被抢或者丢失,未及时报告公安机关的;

37.15　《病原微生物实验室生物安全管理条例》(2024年12月6日修订)

第十三条　需要通过铁路、公路、民用航空等公共交通工具运输高致病性病原微生物菌(毒)种或者样本的,承运单位应当凭本条例第十一条规定的批准文件予以运输。

承运单位应当与护送人共同采取措施,确保所运输的高致病性病原微生物菌(毒)种或者样本的安全,严防发生被盗、被抢、丢失、泄漏事件。

第十四条　国务院卫生主管部门或者兽医主管部门指定的菌(毒)种保藏中心或者专业实验室(以下称保藏机构),承担集中储存病原微生物菌(毒)种和样本的任务。

保藏机构应当依照国务院卫生主管部门或者兽医主管部门的规定,储存实验室送交的病原微生物菌(毒)种和样本,并向实验室提供病原微生物菌(毒)种和样本。

保藏机构应当制定严格的安全保管制度,作好病原微生物菌(毒)种和样本进出和储存的记录,建立档案制度,并指定专人负责。对高致病性病原微生物菌(毒)种和样本应当设专库或者专柜单独储存。

保藏机构储存、提供病原微生物菌(毒)种和样本,不得收取任何费用,其经费由同级财政在单位预算中予以保障。

保藏机构的管理办法由国务院卫生主管部门会同国务院兽医主管部门制定。

第十七条 高致病性病原微生物菌(毒)种或者样本在运输、储存中被盗、被抢、丢失、泄漏的,承运单位、护送人、保藏机构应当采取必要的控制措施,并在2小时内分别向承运单位的主管部门、护送人所在单位和保藏机构的主管部门报告,同时向所在地的县级人民政府卫生主管部门或者兽医主管部门报告,发生被盗、被抢、丢失的,还应当向公安机关报告;接到报告的卫生主管部门或者兽医主管部门应当在2小时内向本级人民政府报告,并同时向上级人民政府卫生主管部门或者兽医主管部门和国务院卫生主管部门或者兽医主管部门报告。

县级人民政府应当在接到报告后2小时内向设区的市级人民政府或者上一级人民政府报告;设区的市级人民政府应当在接到报告后2小时内向省、自治区、直辖市人民政府报告。省、自治区、直辖市人民政府应当在接到报告后1小时内,向国务院卫生主管部门或者兽医主管部门报告。

任何单位和个人发现高致病性病原微生物菌(毒)种或者样本的容器或者包装材料,应当及时向附近的卫生主管部门或者兽医主管部门报告;接到报告的卫生主管部门或者兽医主管部门应当及时组织调查核实,并依法采取必要的控制措施。

第三十三条 从事高致病性病原微生物相关实验活动的实验室的设立单位,应当建立健全安全保卫制度,采取安全保卫措施,严防高致病性病原微生物被盗、被抢、丢失、泄漏,保障实验室及其病原微生物的安全。实验室发生高致病性病原微生物被盗、被抢、丢失、泄漏的,实验室的设立单位应当依照本条例第十七条的规定进行报告。

从事高致病性病原微生物相关实验活动的实验室应当向当地公安机关备案,并接受公安机关有关实验室安全保卫工作的监督指导。

37.16 《放射性同位素与射线装置安全和防护条例》(2019年3月2日修订)

第三十五条 放射性同位素应当单独存放,不得与易燃、易爆、腐蚀性物品等一起存放,并指定专人负责保管。贮存、领取、使用、归还放射性同位素时,应当进行登记、检查,做到账物相符。对放射性同位素贮存场所应当采取防火、防水、防盗、防丢失、防破坏、防射线泄漏的安全措施。

对放射源还应当根据其潜在危害的大小,建立相应的多层防护和安全措施,并对可移动的放射源定期进行盘存,确保其处于指定位置,具有可靠的安全保障。

第三十六条 在室外、野外使用放射性同位素和射线装置的,应当按照国家安全和防护标准的要求划出安全防护区域,设置明显的放射性标志,必要时设专人警戒。

在野外进行放射性同位素示踪试验的,应当经省级以上人民政府生态环境主管部门商同级有关部门批准方可进行。

第四十条　根据辐射事故的性质、严重程度、可控性和影响范围等因素,从重到轻将辐射事故分为特别重大辐射事故、重大辐射事故、较大辐射事故和一般辐射事故四个等级。

特别重大辐射事故,是指Ⅰ类、Ⅱ类放射源丢失、被盗、失控造成大范围严重辐射污染后果,或者放射性同位素和射线装置失控导致3人以上(含3人)急性死亡。

重大辐射事故,是指Ⅰ类、Ⅱ类放射源丢失、被盗、失控,或者放射性同位素和射线装置失控导致2人以下(含2人)急性死亡或者10人以上(含10人)急性重度放射病、局部器官残疾。

较大辐射事故,是指Ⅲ类放射源丢失、被盗、失控,或者放射性同位素和射线装置失控导致9人以下(含9人)急性重度放射病、局部器官残疾。

一般辐射事故,是指Ⅳ类、Ⅴ类放射源丢失、被盗、失控,或者放射性同位素和射线装置失控导致人员受到超过年剂量限值的照射。

第四十二条　发生辐射事故时,生产、销售、使用放射性同位素和射线装置的单位应当立即启动本单位的应急方案,采取应急措施,并立即向当地生态环境主管部门、公安部门、卫生主管部门报告。

生态环境主管部门、公安部门、卫生主管部门接到辐射事故报告后,应当立即派人赶赴现场,进行现场调查,采取有效措施,控制并消除事故影响,同时将辐射事故信息报告本级人民政府和上级人民政府生态环境主管部门、公安部门、卫生主管部门。

县级以上地方人民政府及其有关部门接到辐射事故报告后,

应当按照事故分级报告的规定及时将辐射事故信息报告上级人民政府及其有关部门。发生特别重大辐射事故和重大辐射事故后,事故发生地省、自治区、直辖市人民政府和国务院有关部门应当在 4 小时内报告国务院;特殊情况下,事故发生地人民政府及其有关部门可以直接向国务院报告,并同时报告上级人民政府及其有关部门。

禁止缓报、瞒报、谎报或者漏报辐射事故。

第四十四条 辐射事故发生后,有关县级以上人民政府应当按照辐射事故的等级,启动并组织实施相应的应急预案。

县级以上人民政府生态环境主管部门、公安部门、卫生主管部门,按照职责分工做好相应的辐射事故应急工作:

(一)生态环境主管部门负责辐射事故的应急响应、调查处理和定性定级工作,协助公安部门监控追缴丢失、被盗的放射源;

(二)公安部门负责丢失、被盗放射源的立案侦查和追缴;

(三)卫生主管部门负责辐射事故的医疗应急。

生态环境主管部门、公安部门、卫生主管部门应当及时相互通报辐射事故应急响应、调查处理、定性定级、立案侦查和医疗应急情况。国务院指定的部门根据生态环境主管部门确定的辐射事故的性质和级别,负责有关国际信息通报工作。

第六十八条第七项 本条例中下列用语的含义:

辐射事故,是指放射源丢失、被盗、失控,或者放射性同位素和射线装置失控导致人员受到意外的异常照射。

37.17 《**废旧金属收购业治安管理办法**》(2023 年 7 月 20 日修订)

第八条 收购废旧金属的企业和个体工商户不得收购下列金属物品:

（一）枪支、弹药和爆炸物品；

（二）剧毒、放射性物品及其容器；

（三）铁路、油田、供电、电信通讯、矿山、水利、测量和城市公用设施等专用器材；

（四）公安机关通报寻查的赃物或者有赃物嫌疑的物品。

第九条 收购废旧金属的企业和个体工商户发现有出售公安机关通报寻查的赃物或者有赃物嫌疑的物品的，应当立即报告公安机关。

公安机关对赃物或者有赃物嫌疑的物品应当予以扣留，并开付收据。有赃物嫌疑的物品经查明不是赃物的，应当及时退还；赃物或者有赃物嫌疑的物品经查明确属赃物的，依照国家有关规定处理。

第三十八条 【对非法携带枪支、弹药、管制器具行为的处罚】 非法携带枪支、弹药或者弩、匕首等国家规定的管制器具的，处五日以下拘留，可以并处一千元以下罚款；情节较轻的，处警告或者五百元以下罚款。

非法携带枪支、弹药或者弩、匕首等国家规定的管制器具进入公共场所或者公共交通工具的，处五日以上十日以下拘留，可以并处一千元以下罚款。

【相关规定索引】

类别	名　　称	关联条款
法律	《中华人民共和国枪支管理法》	第2－12、23、25、26、33－38、44、46条
	《中华人民共和国反恐怖主义法》	第34条

续表

类别	名称	关联条款
	《中华人民共和国铁路法》	第60、67条
	《中华人民共和国民用航空法》	第100、101、193、200条
	《中华人民共和国预防未成年人犯罪法》	第38－41条
	《中华人民共和国未成年人保护法》	第60条
	《中华人民共和国海商法》	第113条
	《中华人民共和国电影产业促进法》	第33条
	《中华人民共和国集会游行示威法》	第5、29条
	《中华人民共和国人民警察法》	第6条
	《中华人民共和国戒严法》	第16条
行政法规	《城市公共交通条例》	第35条
	《专职守护押运人员枪支使用管理条例》	第3、4、12、14、15条
	《中华人民共和国民用航空安全保卫条例》	第32条
	《营业性演出管理条例》	第22、36条
	《娱乐场所管理条例》	第22条
	《铁路安全管理条例》	第66、99、105条
	《中华人民共和国集会游行示威法实施条例》	第5、24条
	《公安部对部分刀具实行管制的暂行规定》	第3、9、12、13条

续表

类别	名　称	关联条款
规范性文件	《管制刀具认定标准》	全部条款
规章	《典当管理办法》	第 27 条

【关联规定】

38.1 《**中华人民共和国枪支管理法**》(2015 年 4 月 24 日修正)

第二条 中华人民共和国境内的枪支管理,适用本法。

对中国人民解放军、中国人民武装警察部队和民兵装备枪支的管理,国务院、中央军事委员会另有规定的,适用有关规定。

第三条 国家严格管制枪支。禁止任何单位或者个人违反法律规定持有、制造(包括变造、装配)、买卖、运输、出租、出借枪支。

国家严厉惩处违反枪支管理的违法犯罪行为。任何单位和个人对违反枪支管理的行为有检举的义务。国家对检举人给予保护,对检举违反枪支管理犯罪活动有功的人员,给予奖励。

第四条 国务院公安部门主管全国的枪支管理工作。县级以上地方各级人民政府公安机关主管本行政区域内的枪支管理工作。上级人民政府公安机关监督下级人民政府公安机关的枪支管理工作。

第五条 公安机关、国家安全机关、监狱、劳动教养机关的人民警察,人民法院的司法警察,人民检察院的司法警察和担负案件侦查任务的检察人员,海关的缉私人员,在依法履行职责时确有必要使用枪支的,可以配备公务用枪。

国家重要的军工、金融、仓储、科研等单位的专职守护、押运人员在执行守护、押运任务时确有必要使用枪支的,可以配备公务用枪。

配备公务用枪的具体办法,由国务院公安部门会同其他有关国家机关按照严格控制的原则制定,报国务院批准后施行。

第六条 下列单位可以配置民用枪支:

(一)经省级人民政府体育行政主管部门批准专门从事射击竞技体育运动的单位、经省级人民政府公安机关批准的营业性射击场,可以配置射击运动枪支;

(二)经省级以上人民政府林业行政主管部门批准的狩猎场,可以配置猎枪;

(三)野生动物保护、饲养、科研单位因业务需要,可以配置猎枪、麻醉注射枪。

猎民在猎区、牧民在牧区,可以申请配置猎枪。猎区和牧区的区域由省级人民政府划定。

配置民用枪支的具体办法,由国务院公安部门按照严格控制的原则制定,报国务院批准后施行。

第七条 配备公务用枪,由国务院公安部门或者省级人民政府公安机关审批。

配备公务用枪时,由国务院公安部门或者省级人民政府公安机关发给公务用枪持枪证件。

第八条 专门从事射击竞技体育运动的单位配置射击运动枪支,由国务院体育行政主管部门提出,由国务院公安部门审批。营业性射击场配置射击运动枪支,由省级人民政府公安机关报国务院公安部门批准。

配置射击运动枪支时,由省级人民政府公安机关发给民用枪支持枪证件。

第九条 狩猎场配置猎枪,凭省级以上人民政府林业行政主管部门的批准文件,报省级以上人民政府公安机关审批,由设区的市级人民政府公安机关核发民用枪支配购证件。

第十条 野生动物保护、饲养、科研单位申请配置猎枪、麻醉注射枪的,应当凭其所在地的县级人民政府野生动物行政主管部门核发的狩猎证或者特许猎捕证和单位营业执照,向所在地的县级人民政府公安机关提出;猎民申请配置猎枪的,应当凭其所在地的县级人民政府野生动物行政主管部门核发的狩猎证和个人身份证件,向所在地的县级人民政府公安机关提出;牧民申请配置猎枪的,应当凭个人身份证件,向所在地的县级人民政府公安机关提出。

受理申请的公安机关审查批准后,应当报请设区的市级人民政府公安机关核发民用枪支配购证件。

第十一条 配购猎枪、麻醉注射枪的单位和个人,必须在配购枪支后三十日内向核发民用枪支配购证件的公安机关申请领取民用枪支持枪证件。

第十二条 营业性射击场、狩猎场配置的民用枪支不得携带出营业性射击场、狩猎场。

猎民、牧民配置的猎枪不得携带出猎区、牧区。

第二十三条 配备、配置枪支的单位和个人必须妥善保管枪支,确保枪支安全。

配备、配置枪支的单位,必须明确枪支管理责任,指定专人负责,应当有牢固的专用保管设施,枪支、弹药应当分开存放。对交由个人使用的枪支,必须建立严格的枪支登记、交接、检查、保养等管理制度,使用完毕,及时收回。

配备、配置给个人使用的枪支,必须采取有效措施,严防被盗、被抢、丢失或者发生其他事故。

第二十五条　配备、配置枪支的单位和个人必须遵守下列规定：

（一）携带枪支必须同时携带持枪证件，未携带持枪证件的，由公安机关扣留枪支；

（二）不得在禁止携带枪支的区域、场所携带枪支；

（三）枪支被盗、被抢或者丢失的，立即报告公安机关。

第二十六条　配备公务用枪的人员不再符合持枪条件时，由所在单位收回枪支和持枪证件。

配置民用枪支的单位和个人不再符合持枪条件时，必须及时将枪支连同持枪证件上缴核发持枪证件的公安机关；未及时上缴的，由公安机关收缴。

第三十三条　国家严格管理枪支的入境和出境。任何单位或者个人未经许可，不得私自携带枪支入境、出境。

第三十四条　外国驻华外交代表机构、领事机构的人员携带枪支入境，必须事先报经中华人民共和国外交部批准；携带枪支出境，应当事先照会中华人民共和国外交部，办理有关手续。

依照前款规定携带入境的枪支，不得携带出所在的驻华机构。

第三十五条　外国体育代表团入境参加射击竞技体育活动，或者中国体育代表团出境参加射击竞技体育活动，需要携带射击运动枪支入境、出境的，必须经国务院体育行政主管部门批准。

第三十六条　本法第三十四条、第三十五条规定以外的其他人员携带枪支入境、出境，应当事先经国务院公安部门批准。

第三十七条　经批准携带枪支入境的，入境时，应当凭批准文件在入境地边防检查站办理枪支登记，申请领取枪支携运许可证件,向海关申报,海关凭枪支携运许可证件放行;到达目的地后,凭枪支携运许可证件向设区的市级人民政府公安机关申请换发持枪证件。

经批准携带枪支出境的,出境时,应当凭批准文件向出境地海关申报,边防检查站凭批准文件放行。

第三十八条 外国交通运输工具携带枪支入境或者过境的,交通运输工具负责人必须向边防检查站申报,由边防检查站加封,交通运输工具出境时予以启封。

第四十四条第一款第二项、第二款 违反本法规定,有下列行为之一的,由公安机关对个人或者单位负有直接责任的主管人员和其他直接责任人员处警告或者十五日以下拘留;构成犯罪的,依法追究刑事责任:

(二)在禁止携带枪支的区域、场所携带枪支的;

有前款第(一)项至第(三)项所列行为的,没收其枪支,可以并处五千元以下罚款;有前款第(五)项所列行为的,由公安机关、工商行政管理部门按照各自职责范围没收其仿真枪,可以并处制造、销售金额五倍以下的罚款,情节严重的,由工商行政管理部门吊销营业执照。

第四十六条 本法所称枪支,是指以火药或者压缩气体等为动力,利用管状器具发射金属弹丸或者其他物质,足以致人伤亡或者丧失知觉的各种枪支。

38.2 《中华人民共和国反恐怖主义法》(2018年4月27日修正)

第三十四条 大型活动承办单位以及重点目标的管理单位应当依照规定,对进入大型活动场所、机场、火车站、码头、城市轨道交通站、公路长途客运站、口岸等重点目标的人员、物品和交通工具进行安全检查。发现违禁品和管制物品,应当予以扣留并立即向公安机关报告;发现涉嫌违法犯罪人员,应当立即向公安机关报告。

38.3《中华人民共和国铁路法》(2015年4月24日修正)

第六十条　违反本法规定,携带危险品进站上车或者以非危险品品名托运危险品,导致发生重大事故的,依照刑法有关规定追究刑事责任。企业事业单位、国家机关、社会团体犯本款罪的,处以罚金,对其主管人员和直接责任人员依法追究刑事责任。

携带炸药、雷管或者非法携带枪支子弹、管制刀具进站上车的,依照刑法有关规定追究刑事责任。

第六十七条　违反本法规定,尚不够刑事处罚,应当给予治安管理处罚的,依照治安管理处罚法的规定处罚。

38.4《中华人民共和国民用航空法》(2021年4月29日修正)

第一百条　公共航空运输企业不得运输法律、行政法规规定的禁运物品。

公共航空运输企业未经国务院民用航空主管部门批准,不得运输作战军火、作战物资。

禁止旅客随身携带法律、行政法规规定的禁运物品乘坐民用航空器。

第一百零一条　公共航空运输企业运输危险品,应当遵守国家有关规定。

禁止以非危险品品名托运危险品。

禁止旅客随身携带危险品乘坐民用航空器。除因执行公务并按照国家规定经过批准外,禁止旅客携带枪支、管制刀具乘坐民用航空器。禁止违反国务院民用航空主管部门的规定将危险品作为行李托运。

危险品品名由国务院民用航空主管部门规定并公布。

第一百九十三条 违反本法规定,隐匿携带炸药、雷管或者其他危险品乘坐民用航空器,或者以非危险品品名托运危险品的,依照刑法有关规定追究刑事责任。

企业事业单位犯前款罪的,判处罚金,并对直接负责的主管人员和其他直接责任人员依照前款规定追究刑事责任。

隐匿携带枪支子弹、管制刀具乘坐民用航空器的,依照刑法有关规定追究刑事责任。

第二百条 违反本法规定,尚不够刑事处罚,应当给予治安管理处罚的,依照治安管理处罚法的规定处罚。

38.5 《中华人民共和国预防未成年人犯罪法》(2020年12月26日修订)

第三十八条第二项 本法所称严重不良行为,是指未成年人实施的有刑法规定、因不满法定刑事责任年龄不予刑事处罚的行为,以及严重危害社会的下列行为:

(二)非法携带枪支、弹药或者弩、匕首等国家规定的管制器具;

第三十九条 未成年人的父母或者其他监护人、学校、居民委员会、村民委员会发现有人教唆、胁迫、引诱未成年人实施严重不良行为的,应当立即向公安机关报告。公安机关接到报告或者发现有上述情形的,应当及时依法查处;对人身安全受到威胁的未成年人,应当立即采取有效保护措施。

第四十条 公安机关接到举报或者发现未成年人有严重不良行为的,应当及时制止,依法调查处理,并可以责令其父母或者其他监护人消除或者减轻违法后果,采取措施严加管教。

第四十一条　对有严重不良行为的未成年人,公安机关可以根据具体情况,采取以下矫治教育措施:

(一)予以训诫;

(二)责令赔礼道歉、赔偿损失;

(三)责令具结悔过;

(四)责令定期报告活动情况;

(五)责令遵守特定的行为规范,不得实施特定行为、接触特定人员或者进入特定场所;

(六)责令接受心理辅导、行为矫治;

(七)责令参加社会服务活动;

(八)责令接受社会观护,由社会组织、有关机构在适当场所对未成年人进行教育、监督和管束;

(九)其他适当的矫治教育措施。

38.6　《中华人民共和国未成年人保护法》(2024年4月26日修正)

第六十条　禁止向未成年人提供、销售管制刀具或者其他可能致人严重伤害的器具等物品。经营者难以判明购买者是否是未成年人的,应当要求其出示身份证件。

38.7　《中华人民共和国海商法》(1992年11月7日公布)

第一百一十三条　旅客不得随身携带或者在行李中夹带违禁品或者易燃、易爆、有毒、有腐蚀性、有放射性以及有可能危及船上人身和财产安全的其他危险品。

承运人可以在任何时间、任何地点将旅客违反前款规定随身携带或者在行李中夹带的违禁品、危险品卸下、销毁或者使之不能为害,或者送交有关部门,而不负赔偿责任。

旅客违反本条第一款规定,造成损害的,应当负赔偿责任。

38.8 《中华人民共和国电影产业促进法》(2016年11月7日公布)

第三十三条 电影院应当遵守治安、消防、公共场所卫生等法律、行政法规,维护放映场所的公共秩序和环境卫生,保障观众的安全与健康。

任何人不得携带爆炸性、易燃性、放射性、毒害性、腐蚀性物品进入电影院等放映场所,不得非法携带枪支、弹药、管制器具进入电影院等放映场所;发现非法携带上述物品的,有关工作人员应当拒绝其进入,并向有关部门报告。

38.9 《中华人民共和国集会游行示威法》(2009年8月27日修正)

第五条 集会、游行、示威应当和平地进行,不得携带武器、管制刀具和爆炸物,不得使用暴力或者煽动使用暴力。

第二十九条 举行集会、游行、示威,有犯罪行为的,依照刑法有关规定追究刑事责任。

携带武器、管制刀具或者爆炸物的,依照刑法有关规定追究刑事责任。

未依照本法规定申请或者申请未获许可,或者未按照主管机关许可的起止时间、地点、路线进行,又拒不服从解散命令,严重破坏社会秩序的,对集会、游行、示威的负责人和直接责任人员依照刑法有关规定追究刑事责任。

包围、冲击国家机关,致使国家机关的公务活动或者国事活动不能正常进行的,对集会、游行、示威的负责人和直接责任人员依照刑法有关规定追究刑事责任。

占领公共场所、拦截车辆行人或者聚众堵塞交通,严重破坏公共场所秩序、交通秩序的,对集会、游行、示威的负责人和直接责任人员依照刑法有关规定追究刑事责任。

38.10 《中华人民共和国人民警察法》(2012年10月26日修正)

第六条第五项 公安机关的人民警察按照职责分工,依法履行下列职责:

(五)管理枪支弹药、管制刀具和易燃易爆、剧毒、放射性等危险物品;

38.11 《中华人民共和国戒严法》(1996年3月1日公布)

第十六条 戒严期间,戒严实施机关或者戒严指挥机构可以在戒严地区对下列物品采取特别管理措施:

(一)武器、弹药;

(二)管制刀具;

(三)易燃易爆物品;

(四)化学危险物品、放射性物品、剧毒物品等。

38.12 《城市公共交通条例》(2024年10月17日公布)

第三十五条 乘客应当遵守乘车规范,维护乘车秩序。

乘客不得携带易燃、易爆、毒害性、放射性、腐蚀性以及其他可能危及人身和财产安全的危险物品进站乘车;乘客坚持携带的,城市公共交通企业应当拒绝其进站乘车。

城市轨道交通运营单位应当按照国家有关规定,对进入城市轨道交通车站的人员及其携带物品进行安全检查;对拒不接受安全检查的,应当拒绝其进站乘车。安全检查应当遵守有关操作规范,提高质量和效率。

38.13 《专职守护押运人员枪支使用管理条例》(2002年7月27日公布)

第三条 配备公务用枪的专职守护、押运人员必须符合下列条件：

（一）年满20周岁的中国公民，身心健康，品行良好；

（二）没有精神病等不能控制自己行为能力的疾病病史；

（三）没有行政拘留、收容教育、强制戒毒、收容教养、劳动教养和刑事处罚记录；

（四）经过专业培训，熟悉有关枪支使用、管理法律法规和规章的规定；

（五）熟练掌握枪支使用、保养技能。

配备公务用枪的专职守护、押运人员，必须严格依照前款规定的条件，由所在单位审查后，报所在地设区的市级人民政府公安机关审查、考核；审查、考核合格的，依照枪支管理法的规定，报省、自治区、直辖市人民政府公安机关审查批准，由省、自治区、直辖市人民政府公安机关发给持枪证件。

第四条 专职守护、押运人员执行守护、押运任务时，方可依照本条例的规定携带、使用枪支。

专职守护、押运人员依法携带、使用枪支的行为，受法律保护；违法携带、使用枪支的，依法承担法律责任。

第十二条 专职守护、押运人员执行任务携带枪支、弹药，必须妥善保管，严防丢失、被盗、被抢或者发生其他事故；任务执行完毕，必须立即将枪支、弹药交还。

严禁非执行守护、押运任务时携带枪支、弹药，严禁携带枪支、弹药饮酒或者酒后携带枪支、弹药。

第十四条 专职守护、押运人员有下列情形之一的，所在单位应当停止其执行武装守护、押运任务，收回其持枪证件，并及时将持枪证件上缴公安机关：

（一）拟调离专职守护、押运工作岗位的；

(二)理论和实弹射击考核不合格的;

(三)因刑事案件或者其他违法违纪案件被立案侦查、调查的;

(四)擅自改动枪支、更换枪支零部件的;

(五)违反规定携带、使用枪支或者将枪支交给他人,对枪支失去控制的;

(六)丢失枪支或者在枪支被盗、被抢事故中负有责任的。

专职守护、押运人员有前款第(四)项、第(五)项、第(六)项行为,造成严重后果的,依照刑法关于非法持有私藏枪支弹药罪、非法携带枪支弹药危及公共安全罪、非法出租出借枪支罪或者丢失枪支不报罪的规定,依法追究刑事责任;尚不够刑事处罚的,依照枪支管理法的规定,给予行政处罚。

第十五条第二项 依法配备守护、押运公务用枪的单位违反枪支管理规定,有下列情形之一的,对直接负责的主管人员和其他直接责任人员依法给予记大过、降级或者撤职的行政处分或者相应的纪律处分;造成严重后果的,依照刑法关于玩忽职守罪、滥用职权罪、丢失枪支不报罪或者其他罪的规定,依法追究刑事责任:

(二)将不符合法定条件的专职守护、押运人员报送公安机关审批或者允许没有持枪证件的人员携带、使用枪支的;

38.14 《中华人民共和国民用航空安全保卫条例》(2011年1月8日修订)

第三十二条 除国务院另有规定的外,乘坐民用航空器的,禁止随身携带或者交运下列物品:

(一)枪支、弹药、军械、警械;

(二)管制刀具;

(三)易燃、易爆、有毒、腐蚀性、放射性物品;

(四)国家规定的其他禁运物品。

38.15 《营业性演出管理条例》(2020年11月29日修订)

第二十二条　任何人不得携带传染病病原体和爆炸性、易燃性、放射性、腐蚀性等危险物质或者非法携带枪支、弹药、管制器具进入营业性演出现场。

演出场所经营单位应当根据公安部门的要求,配备安全检查设施,并对进入营业性演出现场的观众进行必要的安全检查;观众不接受安全检查或者有前款禁止行为的,演出场所经营单位有权拒绝其进入。

第三十六条　公安部门对其依照有关法律、行政法规和国家有关规定批准的营业性演出,应当在演出举办前对营业性演出现场的安全状况进行实地检查;发现安全隐患的,在消除安全隐患后方可允许进行营业性演出。

公安部门可以对进入营业性演出现场的观众进行必要的安全检查;发现观众有本条例第二十二条第一款禁止行为的,在消除安全隐患后方可允许其进入。

公安部门可以组织警力协助演出举办单位维持营业性演出现场秩序。

38.16 《娱乐场所管理条例》(2020年11月29日修订)

第二十二条　任何人不得非法携带枪支、弹药、管制器具或者携带爆炸性、易燃性、毒害性、放射性、腐蚀性等危险物品和传染病病原体进入娱乐场所。

迪斯科舞厅应当配备安全检查设备,对进入营业场所的人员进行安全检查。

38.17 《铁路安全管理条例》(2013年8月17日公布)

第六十六条 旅客应当接受并配合铁路运输企业在车站、列车实施的安全检查,不得违法携带、夹带管制器具,不得违法携带、托运烟花爆竹、枪支弹药等危险物品或者其他违禁物品。

禁止或者限制携带的物品种类及其数量由国务院铁路行业监督管理部门会同公安机关规定,并在车站、列车等场所公布。

第九十九条 旅客违法携带、夹带管制器具或者违法携带、托运烟花爆竹、枪支弹药等危险物品或者其他违禁物品的,由公安机关依法给予治安管理处罚。

第一百零五条 违反本条例规定,给铁路运输企业或者其他单位、个人财产造成损失的,依法承担民事责任。

违反本条例规定,构成违反治安管理行为的,由公安机关依法给予治安管理处罚;构成犯罪的,依法追究刑事责任。

38.18 《中华人民共和国集会游行示威法实施条例》(2011年1月8日修订)

第五条 《集会游行示威法》第五条所称武器是指各种枪支、弹药以及其他可用于伤害人身的器械;管制刀具是指匕首、三棱刀、弹簧刀以及其他依法管制的刀具;爆炸物是指具有爆发力和破坏性能,瞬间可以造成人员伤亡、物品毁损的一切爆炸物品。

前款所列武器、管制刀具、爆炸物,在集会、游行、示威中不得携带,也不得运往集会、游行、示威的举行地。

第二十四条 拒绝、阻碍人民警察依法执行维持交通秩序和社会秩序职务,应当给予治安管理处罚的,依照治安管理处罚法的规定予以处罚;构成犯罪的,依法追究刑事责任。

违反本条例第五条的规定,尚不构成犯罪的,依照治安管理处罚法的规定予以处罚。

38.19 《公安部对部分刀具实行管制的暂行规定》(1983年3月12日公布)

第三条 匕首,除中国人民解放军和人民警察作为武器、警械配备的以外,专业狩猎人员和地质、勘探等野外作业人员必须持有的,须由县以上主管单位出具证明,经县以上公安机关批准,发给《匕首佩带证》,方准持有佩带。

佩带匕首人员如果不再从事原来的职业,应将匕首交还配发单位,《匕首佩带证》交回原发证公安机关。

第九条 严禁任何单位和个人非法制造、销售和贩卖匕首、三棱刀、弹簧刀等属于管制范围内的各种刀具。严禁非法携带上述刀具进入车站、码头、机场、公园、商场、影剧院、展览馆或其它公共场所和乘坐火车、汽车、轮船、飞机。

第十二条 少数民族由于生活习惯需要佩带的刀具,由民族自治区制订办法管理。

少数民族使用的藏刀、腰刀、靴刀等,只准在民族自治地方(自治区、自治州、自治县)销售。

第十三条 违反本规定,非法制造、销售、携带和私自保存管制范围刀具的,公安机关应予取缔,没收其刀具,并按照《中华人民共和国治安管理处罚条例》有关条款予以治安处罚;有妨害公共安全行为,情节严重,触犯刑律的,依法追究刑事责任。

38.20 《管制刀具认定标准》(2008年10月15日发布)

一、凡符合下列标准之一的,可以认定为管制刀具:

1. 匕首:带有刀柄、刀格和血槽,刀尖角度小于60度的单刃、双刃或多刃尖刀(见图一)。

图一

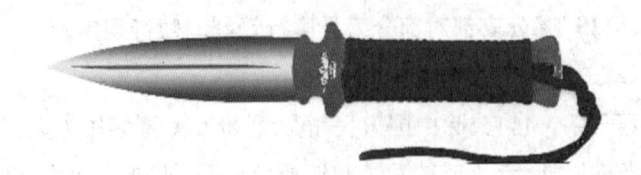

2.三棱刮刀:具有三个刀刃的机械加工用刀具(见图二)。

图二

3.带有自锁装置的弹簧刀(跳刀):刀身展开或弹出后,可被刀柄内的弹簧或卡锁固定自锁的折叠刀具(见图三)。

图三

4.其他相类似的单刃、双刃、三棱尖刀:刀尖角度小于60度,刀身长度超过150毫米的各类单刃、双刃和多刃刀具(见图四)。

图四

5.其他刀尖角度大于60度,刀身长度超过220毫米的各类单刃、双刃和多刃刀具(见图五)。

尖角
大于
60度

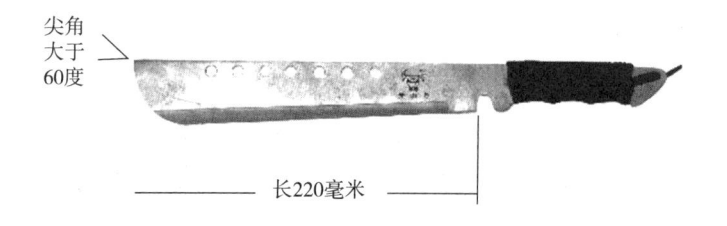

长220毫米

图五

二、未开刀刃且刀尖倒角半径 R 大于 2.5 毫米的各类武术、工艺、礼品等刀具不属于管制刀具范畴。

三、少数民族使用的藏刀、腰刀、靴刀、马刀等刀具的管制范围认定标准,由少数民族自治区(自治州、自治县)人民政府公安机关参照本标准制定。

四、述语说明:

1.刀柄:是指刀上被用来握持的部分(见图六)。

2.刀格(挡手):是指刀上用来隔离刀柄与刀身的部分(见图六)。

3.刀身:是指刀上用来完成切、削、刺等功能的部分(见图六)。

4.血槽:是指刀身上的专用刻槽(见图六)。

5.刀尖角度:是指刀刃与刀背(或另一侧刀刃)上距离刀尖顶点 10 毫米的点与刀尖顶点形成的角度(见图六)。

6.刀刃(刃口):是指刀身上用来切、削、砍的一边,一般情况下刃口厚度小于 0.5 毫米(见图六)。

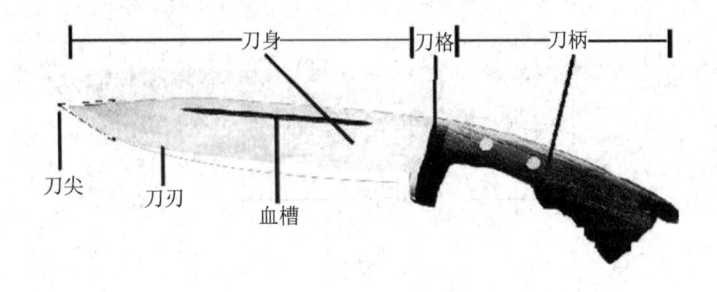

图六

7. 刀尖倒角：是指刀尖部所具有的圆弧度（见图七）。

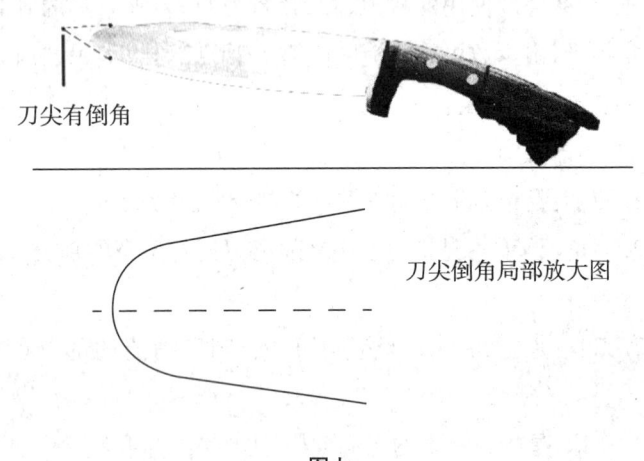

图七

38.21 《典当管理办法》(2005 年 2 月 9 日公布)

第二十七条第四、八项 典当行不得收当下列财物：

（四）管制刀具、枪支、弹药、军、警用标志、制式服装和器械；

（八）法律、法规及国家有关规定禁止流通的自然资源或者其他财物。

【典型案例】

张甲携带管制刀具案[1]

1. 基本事实

2023年3月22日,原告在天津某T2航站楼国内出发大厅办理了前往桂林的GT1030次航班的乘机手续,领取了该航班登机牌。当日12时,原告到国内出发6号安检通道接受安全检查时,安检员查出其随身携带的双肩包内有一把刀具;安检员向机场分局航站区派出所报警,天津市某公安分局治安消防支队根据公安部《管制刀具认定标准》第1条第3项之规定,认定该刀具为管制刀具;被告于2023年3月22日向原告作出津航公(航)行罚决字[2023]21号《行政处罚决定书》,后原告不服,诉至法院。

2. 法院裁判

原告并非首次乘坐飞机且具有大学以上学历,对于管制刀具等禁运物品具备一般的辨认能力和认知能力。在机场设置有醒目警示标识的情况下,不仅未向机场安检人员主动出示或自行处置携带的刀具,反而将刀具存放在随身携带的双肩包内,管制刀具并非其主动交出而是进入安检通道后被安检员在安全检查中发现,足可认定其存在携带刀具的客观事实。《行政处罚决定书》中对事实部分认定准确。根据2012年《中华人民共和国治安管理处罚法》第32条、《中华人民共和国民用航空安全保卫条例》第5条规定,鉴于原告的违法行为尚未构成犯罪,公安机关可以对原告的违法行为作出5000元以下的罚款处罚。被告机场公安分局作出《行政处罚决定书》于法有据。

---

[1] 参见天津市东丽区人民法院行政判决书,(2023)津0110行初168号。

原告称其忘记包中携带刀具,但无法提供有效的证据予以佐证,不能作为其完全免于处罚的依据。即便确实因忘记而携带,亦属于其本人的疏忽,未尽到检查随身物品的基本注意义务,其作为成年人应承担因疏忽大意导致的违法后果。本案中,非法携带管制器具进入公共场所具有罚款、拘留两种不同性质的行政处罚,被告考虑原告行为本身尚未造成严重的违法后果,社会危害性小,且在调查过程中积极配合公安机关查处,决定对其处以1500元罚款,罚过相当,惩教兼具。判决驳回原告张甲的诉讼请求。

> **第三十九条 【对盗窃、损毁公共设施行为的处罚】**有下列行为之一的,处十日以上十五日以下拘留;情节较轻的,处五日以下拘留:
>
> (一)盗窃、损毁油气管道设施、电力电信设施、广播电视设施、水利工程设施、公共供水设施、公路及附属设施或者水文监测、测量、气象测报、生态环境监测、地质监测、地震监测等公共设施,危及公共安全的;
>
> (二)移动、损毁国家边境的界碑、界桩以及其他边境标志、边境设施或者领土、领海基点标志设施的;
>
> (三)非法进行影响国(边)界线走向的活动或者修建有碍国(边)境管理的设施的。

【相关规定索引】

类别	名称	关联条款
法律	《中华人民共和国石油天然气管道保护法》	第8、28、51、55、58条
	《中华人民共和国防洪法》	第35、37、60条

续表

类别	名　称	关联条款
	《中华人民共和国防震减灾法》	第 23、84 条
	《中华人民共和国陆地国界法》	第 13、20、25、32、34、40、57、61 条
	《中华人民共和国领海及毗连区法》	第 3、4 条
	《中华人民共和国电力法》	第 4、52、53 条
	《中华人民共和国气象法》	第 11、35 条
	《中华人民共和国公路法》	第 7、52 条
	《中华人民共和国水法》	第 41、72 条
	《中华人民共和国环境保护法》	第 17 条
行政法规	《电力设施保护条例》	第 2、4、8-10、30 条
	《中华人民共和国水文条例》	第 29、41 条
	《中华人民共和国防汛条例》	第 43 条
	《广播电视设施保护条例》	第 2、4、20、21 条
	《中华人民共和国测量标志保护条例》	第 3、4、14、22、25 条
	《地震监测管理条例》	第 25、26 条
	《地质灾害防治条例》	第 16 条
	《城市供水条例》	第 27、29 条
	《公路安全保护条例》	第 9、16、25、71、74 条
	《气象设施和气象探测环境保护条例》	第 6、10、11、24 条

【关联规定】

39.1 《中华人民共和国石油天然气管道保护法》(2010年6月25日公布)

第八条 任何单位和个人不得实施危害管道安全的行为。

对危害管道安全的行为,任何单位和个人有权向县级以上地方人民政府主管管道保护工作的部门或者其他有关部门举报。接到举报的部门应当在职责范围内及时处理。

第二十八条 禁止下列危害管道安全的行为:

(一)擅自开启、关闭管道阀门;

(二)采用移动、切割、打孔、砸撬、拆卸等手段损坏管道;

(三)移动、毁损、涂改管道标志;

(四)在埋地管道上方巡查便道上行驶重型车辆;

(五)在地面管道线路、架空管道线路和管桥上行走或者放置重物。

第五十一条 采用移动、切割、打孔、砸撬、拆卸等手段损坏管道或者盗窃、哄抢管道输送、泄漏、排放的石油、天然气,尚不构成犯罪的,依法给予治安管理处罚。

第五十五条 违反本法规定,实施危害管道安全的行为,给管道企业造成损害的,依法承担民事责任。

第五十八条 本法所称管道附属设施包括:

(一)管道的加压站、加热站、计量站、集油站、集气站、输油站、输气站、配气站、处理场、清管站、阀室、阀井、放空设施、油库、储气库、装卸栈桥、装卸场;

(二)管道的水工防护设施、防风设施、防雷设施、抗震设施、通信设施、安全监控设施、电力设施、管堤、管桥以及管道专用涵洞、隧道等穿跨越设施;

(三)管道的阴极保护站、阴极保护测试桩、阳极地床、杂散电流排流站等防腐设施；

(四)管道穿越铁路、公路的检漏装置；

(五)管道的其他附属设施。

39.2 《中华人民共和国防洪法》(2016年7月2日公布)

第三十五条 属于国家所有的防洪工程设施，应当按照经批准的设计，在竣工验收前由县级以上人民政府按照国家规定，划定管理和保护范围。

属于集体所有的防洪工程设施，应当按照省、自治区、直辖市人民政府的规定，划定保护范围。

在防洪工程设施保护范围内，禁止进行爆破、打井、采石、取土等危害防洪工程设施安全的活动。

第三十七条 任何单位和个人不得破坏、侵占、毁损水库大坝、堤防、水闸、护岸、抽水站、排水渠系等防洪工程和水文、通信设施以及防汛备用的器材、物料等。

第六十条 违反本法规定，破坏、侵占、毁损堤防、水闸、护岸、抽水站、排水渠系等防洪工程和水文、通信设施以及防汛备用的器材、物料的，责令停止违法行为，采取补救措施，可以处五万元以下的罚款；造成损坏的，依法承担民事责任；应当给予治安管理处罚的，依照治安管理处罚法的规定处罚；构成犯罪的，依法追究刑事责任。

39.3 《中华人民共和国防震减灾法》(2008年12月27日修订)

第二十三条 国家依法保护地震监测设施和地震观测环境。

任何单位和个人不得侵占、毁损、拆除或者擅自移动地震监测设施。地震监测设施遭到破坏的，县级以上地方人民政府负责管理地震工作的部门或者机构应当采取紧急措施组织修复,确保地震监测设施正常运行。

任何单位和个人不得危害地震观测环境。国务院地震工作主管部门和县级以上地方人民政府负责管理地震工作的部门或者机构会同同级有关部门,按照国务院有关规定划定地震观测环境保护范围,并纳入土地利用总体规划和城乡规划。

第八十四条 违反本法规定,有下列行为之一的,由国务院地震工作主管部门或者县级以上地方人民政府负责管理地震工作的部门或者机构责令停止违法行为,恢复原状或者采取其他补救措施;造成损失的,依法承担赔偿责任:

(一)侵占、毁损、拆除或者擅自移动地震监测设施的;

(二)危害地震观测环境的;

(三)破坏典型地震遗址、遗迹的。

单位有前款所列违法行为,情节严重的,处二万元以上二十万元以下的罚款;个人有前款所列违法行为,情节严重的,处二千元以下的罚款。构成违反治安管理行为的,由公安机关依法给予处罚。

39.4 《中华人民共和国陆地国界法》(2021年10月23日公布)

第十三条 公民和组织应当维护陆地国界及边境安全稳定,保护界标和边防基础设施,配合、协助开展陆地国界相关工作。

国家对配合、协助开展陆地国界相关工作的公民和组织给予鼓励和支持,对作出突出贡献的公民和组织按照有关规定给予表彰、奖励。

第二十条 国家设置界标在实地标示陆地国界。

界标的位置、种类、规格、材质及设置方式等,由外交部与陆地邻国相关部门协商确定。

第二十五条 国家根据陆地国界及边境防卫需要,可以在陆地国界内侧建设拦阻、交通、通信、监控、警戒、防卫及辅助设施等边防基础设施,也可以与陆地邻国协商后在陆地国界线上建设拦阻设施。

边防基础设施的建设和维护在保证国家主权、安全和领土完整的前提下,兼顾经济社会发展、自然资源和生态环境保护、野生动物迁徙、居民生产生活的需要,并且不得损害陆地国界与边防基础设施之间领土的有效管控。

边防基础设施的建设规划由国务院和中央军事委员会批准。

第三十二条 界标和边防基础设施受法律保护。

任何组织或者个人不得擅自移动、损毁界标和边防基础设施。

界标被移动、损毁、遗失的,由外交部与陆地邻国相关部门协商后组织恢复、修缮或者重建。

第三十四条 国务院有关部门和边境省、自治区的各级人民政府应当采取措施维护界河(江、湖)走向稳定,并依照有关条约保护和合理利用边界水。

船舶和人员需要进入界河(江、湖)活动的,应当由有关主管部门批准或者备案,向公安机关报告,并接受查验。

第四十条 任何组织或者个人未经有关主管部门批准不得在陆地国界附近修建永久性建筑物。

第五十七条 有违反本法第三十二条第二款行为的,由公安机关依照《中华人民共和国治安管理处罚法》、《中华人民共和国军事设施保护法》有关规定处罚。损毁界标、边防基础设施的,应当责令行为人赔偿损失。

有违反本法第三十四条第二款或者第四十一条规定行为之

一的,由公安机关处警告或者两千元以下罚款;情节严重的,处五日以下拘留或者两千元以上一万元以下罚款。

第六十一条 界标是指竖立在陆地国界上或者陆地国界两侧,在实地标示陆地国界走向,且其地理坐标已测定并记载于勘界条约或者联合检查条约中的标志,包括基本界标、辅助界标、导标和浮标等。

通视道是指为使陆地国界保持通视,在陆地国界两侧一定宽度范围内开辟的通道。

39.5 《中华人民共和国领海及毗连区法》(1992年2月25日公布)

第三条 中华人民共和国领海的宽度从领海基线量起为十二海里。

中华人民共和国领海基线采用直线基线法划定,由各相邻基点之间的直线连线组成。

中华人民共和国领海的外部界限为一条其每一点与领海基线的最近点距离等于十二海里的线。

第四条 中华人民共和国毗连区为领海以外邻接领海的一带海域。毗连区的宽度为十二海里。

中华人民共和国毗连区的外部界限为一条其每一点与领海基线的最近点距离等于二十四海里的线。

39.6 《中华人民共和国电力法》(2018年12月29日修正)

第四条 电力设施受国家保护。

禁止任何单位和个人危害电力设施安全或者非法侵占、使用电能。

第五十二条 任何单位和个人不得危害发电设施、变电设施和电力线路设施及其有关辅助设施。

在电力设施周围进行爆破及其他可能危及电力设施安全的作业的,应当按照国务院有关电力设施保护的规定,经批准并采取确保电力设施安全的措施后,方可进行作业。

第五十三条 电力管理部门应当按照国务院有关电力设施保护的规定,对电力设施保护区设立标志。

任何单位和个人不得在依法划定的电力设施保护区内修建可能危及电力设施安全的建筑物、构筑物,不得种植可能危及电力设施安全的植物,不得堆放可能危及电力设施安全的物品。

在依法划定电力设施保护区前已经种植的植物妨碍电力设施安全的,应当修剪或者砍伐。

39.7 《中华人民共和国气象法》(2016 年 11 月 7 日修正)

第十一条 国家依法保护气象设施,任何组织或者个人不得侵占、损毁或者擅自移动气象设施。

气象设施因不可抗力遭受破坏时,当地人民政府应当采取紧急措施,组织力量修复,确保气象设施正常运行。

第三十五条第一款 违反本法规定,有下列行为之一的,由有关气象主管机构按照权限责令停止违法行为,限期恢复原状或者采取其他补救措施,可以并处五万元以下的罚款;造成损失的,依法承担赔偿责任;构成犯罪的,依法追究刑事责任:

(一)侵占、损毁或者未经批准擅自移动气象设施的;

(二)在气象探测环境保护范围内从事危害气象探测环境活动的。

39.8 《中华人民共和国公路法》(2017 年 11 月 4 日修正)

第七条 公路受国家保护,任何单位和个人不得破坏、损坏或者非法占用公路、公路用地及公路附属设施。

任何单位和个人都有爱护公路、公路用地及公路附属设施的义务,有权检举和控告破坏、损坏公路、公路用地、公路附属设施和影响公路安全的行为。

第五十二条 任何单位和个人不得损坏、擅自移动、涂改公路附属设施。

前款公路附属设施,是指为保护、养护公路和保障公路安全畅通所设置的公路防护、排水、养护、管理、服务、交通安全、渡运、监控、通信、收费等设施、设备以及专用建筑物、构筑物等。

39.9 《中华人民共和国水法》(2016年7月2日修正)

第四十一条 单位和个人有保护水工程的义务,不得侵占、毁坏堤防、护岸、防汛、水文监测、水文地质监测等工程设施。

第七十二条 有下列行为之一,构成犯罪的,依照刑法的有关规定追究刑事责任;尚不够刑事处罚,且防洪法未作规定的,由县级以上地方人民政府水行政主管部门或者流域管理机构依据职权,责令停止违法行为,采取补救措施,处一万元以上五万元以下的罚款;违反治安管理处罚法的,由公安机关依法给予治安管理处罚;给他人造成损失的,依法承担赔偿责任:

(一)侵占、毁坏水工程及堤防、护岸等有关设施,毁坏防汛、水文监测、水文地质监测设施的;

(二)在水工程保护范围内,从事影响水工程运行和危害水工程安全的爆破、打井、采石、取土等活动的。

39.10 《中华人民共和国环境保护法》(2014年4月24日修订)

第十七条 国家建立、健全环境监测制度。国务院环境保护主管部门制定监测规范,会同有关部门组织监测网络,统一规划国家环境质量监测站(点)的设置,建立监测数据共享机制,加强对环境监测的管理。

有关行业、专业等各类环境质量监测站(点)的设置应当符合法律法规规定和监测规范的要求。

监测机构应当使用符合国家标准的监测设备,遵守监测规范。监测机构及其负责人对监测数据的真实性和准确性负责。

39.11 《电力设施保护条例》(2011年1月8日修正)

第二条 本条例适用于中华人民共和国境内已建或在建的电力设施(包括发电设施、变电设施和电力线路设施及其有关辅助设施,下同)。

第四条 电力设施受国家法律保护,禁止任何单位或个人从事危害电力设施的行为。任何单位和个人都有保护电力设施的义务,对危害电力设施的行为,有权制止并向电力管理部门、公安部门报告。

电力企业应加强对电力设施的保护工作,对危害电力设施安全的行为,应采取适当措施,予以制止。

第八条 发电设施、变电设施的保护范围:

(一)发电厂、变电站、换流站、开关站等厂、站内的设施;

(二)发电厂、变电站外各种专用的管道(沟)、储灰场、水井、泵站、冷却水塔、油库、堤坝、铁路、道路、桥梁、码头、燃料装卸设施、避雷装置、消防设施及其有关辅助设施;

(三)水力发电厂使用的水库、大坝、取水口、引水隧洞(含支洞口)、引水渠道、调压井(塔)、露天高压管道、厂房、尾水渠、厂房与大坝间的通信设施及其有关辅助设施。

第九条 电力线路设施的保护范围:

(一)架空电力线路:杆塔、基础、拉线、接地装置、导线、避雷线、金具、绝缘子、登杆塔的爬梯和脚钉,导线跨越航道的保护设施、巡(保)线站、巡视检修专用道路、船舶和桥梁,标志牌及其有

关辅助设施;

(二)电力电缆线路:架空、地下、水底电力电缆和电缆联结装置,电缆管道、电缆隧道、电缆沟、电缆桥,电缆井、盖板、入孔、标石、水线标志牌及其有关辅助设施;

(三)电力线路上的变压器、电容器、电抗器、断路器、隔离开关、避雷器、互感器、熔断器、计量仪表装置、配电室、箱式变电站及其有关辅助设施;

(四)电力调度设施:电力调度场所、电力调度通信设施、电网调度自动化设施、电网运行控制设施。

第十条 电力线路保护区:

(一)架空电力线路保护区:导线边线向外侧水平延伸并垂直于地面所形成的两平行面内的区域,在一般地区各级电压导线的边线延伸距离如下:

1—10 千伏	5 米
35—110 千伏	10 米
154—330 千伏	15 米
500 千伏	20 米

在厂矿、城镇等人口密集地区,架空电力线路保护区的区域可略小于上述规定。但各级电压导线边线延伸的距离,不应小于导线边线在最大计算弧垂及最大计算风偏后的水平距离和风偏后距建筑物的安全距离之和。

(二)电力电缆线路保护区:地下电缆为电缆线路地面标桩两侧各 0.75 米所形成的两平行线内的区域;海底电缆一般为线路两侧各 2 海里(港内为两侧各 100 米),江河电缆一般不小于线路两侧各 100 米(中、小河流一般不小于各 50 米)所形成的两平行线内的水域。

第三十条 凡违反本条例规定而构成违反治安管理行为的单位或个人,由公安部门根据《中华人民共和国治安管理处罚法》予以处罚;构成犯罪的,由司法机关依法追究刑事责任。

39.12 《中华人民共和国水文条例》(2017年3月1日修订)

第二十九条 国家依法保护水文监测设施。任何单位和个人不得侵占、毁坏、擅自移动或者擅自使用水文监测设施,不得干扰水文监测。

国家基本水文测站因不可抗力遭受破坏的,所在地人民政府和有关水行政主管部门应当采取措施,组织力量修复,确保其正常运行。

第四十一条 违反本条例规定,侵占、毁坏水文监测设施或者未经批准擅自移动、擅自使用水文监测设施的,责令停止违法行为,限期恢复原状或者采取其他补救措施,可以处5万元以下罚款;构成违反治安管理行为的,依法给予治安管理处罚;构成犯罪的,依法追究刑事责任。

39.13 《中华人民共和国防汛条例》(2011年1月8日修订)

第四十三条第六项 有下列行为之一者,视情节和危害后果,由其所在单位或者上级主管机关给予行政处分;应当给予治安管理处罚的,依照《中华人民共和国治安管理处罚法》的规定处罚;构成犯罪的,依法追究刑事责任:

(六)盗窃、毁损或者破坏堤防、护岸、闸坝等水工程建筑物和防汛工程设施以及水文监测、测量设施、气象测报设施、河岸地质监测设施、通信照明设施的;

39.14 《广播电视设施保护条例》(2000年11月5日公布)

第二条 在中华人民共和国境内依法设立的广播电视台、站(包括有线广播电视台、站,下同)和广播电视传输网的下列设施的保护,适用本条例:

(一)广播电视信号发射设施,包括天线、馈线、塔桅(杆)、地网、卫星发射天线及其附属设备等;

(二)广播电视信号专用传输设施,包括电缆线路、光缆线路(以下统称传输线路)、塔桅(杆)、微波等空中专用传输通路、微波站、卫星地面接收设施、转播设备及其附属设备等;

(三)广播电视信号监测设施,包括监测接收天线、馈线、塔桅(杆)、测向场强室及其附属设备等。

传输广播电视信号所利用的公用通信等网络设施的保护和管理,依照有关法律、行政法规的规定执行。

第四条 任何单位和个人均有保护广播电视设施的义务。

禁止任何单位和个人侵占、哄抢、私分、截留、破坏广播电视设施。

任何单位和个人对危害广播电视设施的行为,均有权制止并向有关部门报告。

第二十条 违反本条例规定,在广播电视设施保护范围内进行建筑施工、兴建设施或者爆破作业、烧荒等活动的,由县级以上人民政府广播电视行政管理部门或者其授权的广播电视设施管理单位责令改正,限期拆除违章建筑、设施,对个人处1000元以上1万元以下的罚款,对单位处2万元以上10万元以下的罚款;对其直接负责的主管人员及其他直接责任人员依法给予行政处分;违反治安管理规定的,由公安机关依法给予治安管理处罚;构成犯罪的,依法追究刑事责任。

第二十一条　违反本条例规定,损坏广播电视设施的,由县级以上人民政府广播电视行政管理部门或者其授权的广播电视设施管理单位责令改正,对个人处1000元以上1万元以下的罚款,对单位处2万元以上10万元以下的罚款;对其直接负责的主管人员及其他直接责任人员依法给予行政处分;违反治安管理规定的,由公安机关依法给予治安管理处罚;构成犯罪的,依法追究刑事责任。

39.15　《中华人民共和国测量标志保护条例》(2011年1月8日修订)

第三条　测量标志属于国家所有,是国家经济建设和科学研究的基础设施。

第四条　本条例所称测量标志,是指:

(一)建设在地上、地下或者建筑物上的各种等级的三角点、基线点、导线点、军用控制点、重力点、天文点、水准点的木质觇标、钢质觇标和标石标志,全球卫星定位控制点,以及用于地形测图、工程测量和形变测量的固定标志和海底大地点设施等永久性测量标志;

(二)测量中正在使用的临时性测量标志。

第十四条　负责保管测量标志的单位和人员有权制止、检举和控告移动、损毁、盗窃测量标志的行为,任何单位或者个人不得阻止和打击报复。

第二十二条　测量标志受国家保护,禁止下列有损测量标志安全和使测量标志失去使用效能的行为:

(一)损毁或者擅自移动地下或者地上的永久性测量标志以及使用中的临时性测量标志的;

(二)在测量标志占地范围内烧荒、耕作、取土、挖沙或者侵占永久性测量标志用地的；

（三）在距永久性测量标志 50 米范围内采石、爆破、射击、架设高压电线的；

（四）在测量标志的占地范围内，建设影响测量标志使用效能的建筑物的；

（五）在测量标志上架设通讯设施、设置观望台、搭帐篷、拴牲畜或者设置其他有可能损毁测量标志的附着物的；

（六）擅自拆除设有测量标志的建筑物或者拆除建筑物上的测量标志的；

（七）其他有损测量标志安全和使用效能的。

第二十五条 违反本条例规定，应当给予治安管理处罚的，依照治安管理处罚法的有关规定给予处罚；构成犯罪的，依法追究刑事责任。

39.16 《地震监测管理条例》(2024 年 12 月 6 日修订)

第二十五条 国家依法保护地震监测设施和地震观测环境。

地震监测设施所在地的市、县人民政府应当加强对地震监测设施和地震观测环境的保护工作。

任何单位和个人都有依法保护地震监测设施和地震观测环境的义务，对危害、破坏地震监测设施和地震观测环境的行为有权举报。

第二十六条 禁止占用、拆除、损坏下列地震监测设施：

（一）地震监测仪器、设备和装置；

（二）供地震监测使用的山洞、观测井（泉）；

（三）地震监测台网中心、中继站、遥测点的用房；

（四）地震监测标志；

（五）地震监测专用无线通信频段、信道和通信设施；

(六)用于地震监测的供电、供水设施。

39.17 《地质灾害防治条例》(2003年12月24日公布)

第十六条 国家保护地质灾害监测设施。任何单位和个人不得侵占、损毁、损坏地质灾害监测设施。

39.18 《城市供水条例》(2020年3月27日修订)

第二十七条 城市自来水供水企业和自建设施供水的企业对其管理的城市供水的专用水库、引水渠道、取水口、泵站、井群、输(配)水管网、进户总水表、净(配)水厂、公用水站等设施,应当定期检查维修,确保安全运行。

第二十九条 在规定的城市公共供水管道及其附属设施的地面和地下的安全保护范围内,禁止挖坑取土或者修建建筑物、构筑物等危害供水设施安全的活动。

39.19 《公路安全保护条例》(2011年3月7日公布)

第九条 任何单位和个人不得破坏、损坏、非法占用或者非法利用公路、公路用地和公路附属设施。

第十六条 禁止将公路作为检验车辆制动性能的试车场地。

禁止在公路、公路用地范围内摆摊设点、堆放物品、倾倒垃圾、设置障碍、挖沟引水、打场晒粮、种植作物、放养牲畜、采石、取土、采空作业、焚烧物品、利用公路边沟排放污物或者进行其他损坏、污染公路和影响公路畅通的行为。

第二十五条 禁止损坏、擅自移动、涂改、遮挡公路附属设施或者利用公路附属设施架设管道、悬挂物品。

第七十一条 造成公路、公路附属设施损坏的单位和个人应当立即报告公路管理机构,接受公路管理机构的现场调查处理;危及交通安全的,还应当设置警示标志或者采取其他安全防护措施,并迅速报告公安机关交通管理部门。

发生交通事故造成公路、公路附属设施损坏的,公安机关交通管理部门在处理交通事故时应当及时通知有关公路管理机构到场调查处理。

第七十四条 违反本条例的规定,构成违反治安管理行为的,由公安机关依法给予治安管理处罚;构成犯罪的,依法追究刑事责任。

39.20 《气象设施和气象探测环境保护条例》(2016年2月6日修订)

第六条 任何单位和个人都有义务保护气象设施和气象探测环境,并有权对破坏气象设施和气象探测环境的行为进行举报。

第十条 禁止实施下列危害气象设施的行为:

(一)侵占、损毁、擅自移动气象设施或者侵占气象设施用地;

(二)在气象设施周边进行危及气象设施安全的爆破、钻探、采石、挖砂、取土等活动;

(三)挤占、干扰依法设立的气象无线电台(站)、频率;

(四)设置影响大型气象专用技术装备使用功能的干扰源;

(五)法律、行政法规和国务院气象主管机构规定的其他危害气象设施的行为。

第十一条 大气本底站、国家基准气候站、国家基本气象站、国家一般气象站、高空气象观测站、天气雷达站、气象卫星地面站、区域气象观测站等气象台站和单独设立的气象探测设施的探测环境,应当依法予以保护。

第二十四条 违反本条例规定,危害气象设施的,由气象主管机构责令停止违法行为,限期恢复原状或者采取其他补救措施;逾期拒不恢复原状或者采取其他补救措施的,由气象主管机构依法申请人民法院强制执行,并对违法单位处1万元以上5万元以下罚款,对违法个人处100元以上1000元以下罚款;造成损害的,依法承担赔偿责任;构成违反治安管理行为的,由公安机关依法给予治安管理处罚;构成犯罪的,依法追究刑事责任。

挤占、干扰依法设立的气象无线电台(站)、频率的,依照无线电管理相关法律法规的规定处罚。

【典型案例】

黄某某损毁水文监测设备案[1]

1. 基本事实

浮标断面桩属于水文站的配套设施和水文监测必备设备。2019年3月29日19时许,原告黄某某驾驶一辆三轮摩托车来到东兰县绿兰水文站对面的公路边,发现其嫂子覃某某的宗地前面安装有一根水文站设置的浮标断面桩,黄某某便上前将浮标断面桩拔出来,并把浮标断面桩丢下河里。2019年5月5日,东兰县中心水文站工作人员向东兰县公安局东院派出所报案,被告东兰县公安局立即组织民警前往查处,2019年5月6日,原告黄某某到东兰县公安局东院派出所投案,称有一根浮标断面桩侵占了自家宅基地的地皮,即上前将浮标断面桩拔出来,并把浮标断面桩丢下河里。2019年5月21日,原告黄某某将一根浮标断面桩交还给东兰绿兰水文站,2019年5月22日,被告东兰县公安局对原告黄某某作出行政拘留10日处罚。原告黄某某不服,向法院提

---

[1] 参见广西壮族自治区河池市中级人民法院行政判决书;广西壮族自治区高级人民法院,(2019)桂1224行初31号;(2020)桂行申796号。

起诉讼。

2. 法院裁判

根据2012年《中华人民共和国治安管理处罚法》第33条规定,本案中的浮标断面桩是东兰中心水文站设立的,是用来进行水文测验工作,为水文监测和测验提供参照的水文监测设备。原告黄某某将浮标断面桩拔出丢下河里,构成损毁(水文监测)公共设施行为,依法应当受到处罚。被告东兰县公安局依据2012年《中华人民共和国治安管理处罚法》第33条第1项、第19条第4项之规定,决定对原告黄某某作出拘留10日的处罚决定,认定事实清楚,证据充分,适用法律法规正确,处罚程序合法。判决驳回原告黄某某诉讼请求。后原告申请再审,驳回黄某某的再审申请。

第四十条 【对妨碍航空器飞行安全、妨碍公共交通安全的处罚】盗窃、损坏、擅自移动使用中的航空设施,或者强行进入航空器驾驶舱的,处十日以上十五日以下拘留。

在使用中的航空器上使用可能影响导航系统正常功能的器具、工具,不听劝阻的,处五日以下拘留或者一千元以下罚款。

盗窃、损坏、擅自移动使用中的其他公共交通工具设施、设备,或者以抢控驾驶操纵装置、拉扯、殴打驾驶人员等方式,干扰公共交通工具正常行驶的,处五日以下拘留或者一千元以下罚款;情节较重的,处五日以上十日以下拘留。

【相关规定索引】

类别	名　　称	关联条款
法律	《中华人民共和国铁路法》	第 6、55、67 条
	《中华人民共和国民用航空法》	第 192、197、200 条
行政法规	《城市公共交通条例》	第 36 条
	《中华人民共和国民用航空安全保卫条例》	第 25、34 条
	《铁路安全管理条例》	第 7、77、95、105 条
规章	《公共航空旅客运输飞行中安全保卫工作规则》	第 23 条

【关联规定】

40.1 《中华人民共和国铁路法》(2015 年 4 月 24 日修正)

第六条 公民有爱护铁路设施的义务。禁止任何人破坏铁路设施,扰乱铁路运输的正常秩序。

第五十五条 在列车内,寻衅滋事,扰乱公共秩序,危害旅客人身、财产安全的,铁路职工有权制止,铁路公安人员可以予以拘留。

第六十七条 违反本法规定,尚不够刑事处罚,应当给予治安管理处罚的,依照治安管理处罚法的规定处罚。

40.2 《中华人民共和国民用航空法》(2021 年 4 月 29 日修正)

第一百九十二条 对飞行中的民用航空器上的人员使用暴力,危及飞行安全的,依照刑法有关规定追究刑事责任。

第一百九十七条 盗窃或者故意损毁、移动使用中的航行设施,危及飞行安全,足以使民用航空器发生坠落、毁坏危险的,依照刑法有关规定追究刑事责任。

第二百条 违反本法规定,尚不够刑事处罚,应当给予治安管理处罚的,依照治安管理处罚法的规定处罚。

40.3 《城市公共交通条例》(2024年10月17日公布)

第三十六条第一款第五、六、七项,第二款 任何单位和个人不得实施下列危害城市公共交通运营安全的行为:

(五)故意损坏或者擅自移动、遮挡城市公共交通站牌、安全警示标志、监控设备、安全防护设备;

(六)在非紧急状态下擅自操作有安全警示标志的安全设备;

(七)干扰、阻碍城市公共交通车辆驾驶员安全驾驶;

城市公共交通企业发现前款规定行为的,应当及时予以制止,并采取措施消除安全隐患,必要时报请有关部门依法处理。

40.4 《中华人民共和国民用航空安全保卫条例》(2011年1月8日修订)

第二十五条第三、四项 航空器内禁止下列行为:

(三)打架、酗酒、寻衅滋事;

(四)盗窃、故意损坏或者擅自移动救生物品和设备。

第三十四条 违反本条例第十四条的规定或者有本条例第十六条、第二十四条第一项、第二十五条所列行为,构成违反治安管理行为的,由民航公安机关依照《中华人民共和国治安管理处罚法》有关规定予以处罚;有本条例第二十四条第二项所列行为的,由民航公安机关依照《中华人民共和国居民身份证法》有关规定予以处罚。

40.5 《铁路安全管理条例》(2013年8月17日公布)

第七条 禁止扰乱铁路建设、运输秩序。禁止损坏或者非法占用铁路设施设备、铁路标志和铁路用地。

任何单位或者个人发现损坏或者非法占用铁路设施设备、铁路标志、铁路用地以及其他影响铁路安全的行为,有权报告铁路运输企业,或者向铁路监管部门、公安机关或者其他有关部门举报。接到报告的铁路运输企业、接到举报的部门应当根据各自职责及时处理。

对维护铁路安全作出突出贡献的单位或者个人,按照国家有关规定给予表彰奖励。

第七十七条第五、六、九、十、十一项 禁止实施下列危害铁路安全的行为:

(五)擅自移动铁路线路上的机车车辆,或者擅自开启列车车门、违规操纵列车紧急制动设备;

(六)拆盗、损毁或者擅自移动铁路设施设备、机车车辆配件、标桩、防护设施和安全标志;

(九)擅自开启、关闭列车的货车阀、盖或者破坏施封状态;

(十)擅自开启列车中的集装箱箱门,破坏箱体、阀、盖或者施封状态;

(十一)擅自松动、拆解、移动列车中的货物装载加固材料、装置和设备;

第九十五条 违反本条例第五十一条、第五十二条、第五十三条、第七十七条规定的,由公安机关责令改正,对单位处 1 万元以上 5 万元以下的罚款,对个人处 500 元以上 2000 元以下的罚款。

第一百零五条 违反本条例规定,给铁路运输企业或者其他单位、个人财产造成损失的,依法承担民事责任。

违反本条例规定,构成违反治安管理行为的,由公安机关依法给予治安管理处罚;构成犯罪的,依法追究刑事责任。

40.6 《公共航空旅客运输飞行中安全保卫工作规则》
(2017年2月7日公布)

第二十三条　机组成员应当对飞行中的航空器驾驶舱采取保护措施,除下列人员外,任何人不得进入飞行中的航空器驾驶舱:

(一)机组成员;

(二)正在执行任务的民航局或者地区管理局的监察员或委任代表;

(三)得到机长允许并且其进入驾驶舱对于安全运行是必需或者有益的人员;

(四)经机长允许,并经公共航空运输企业特别批准的其他人员。

【典型案例】

张甲使用可能影响导航系统正常功能的器具案[①]

1. 基本事实

2017年7月24日22时许,张甲在石家庄飞往昆明KY8298次航班上非法使用器具(手机),未及时听从机组人员劝阻,以上事实有其本人陈述和辩解、证人证言、机组报警单等证据证实,根据2012年《中华人民共和国治安管理处罚法》第34条第2款之规定,作出云机公(航)行罚决字[2017]0044号《行政处罚决定书》,给予张甲行政罚款500元的处罚。张甲提起诉讼,请求:(1)撤销机场派出所作出的云机公(航)行政处罚决字[2017]

---

① 参见云南省昆明市中级人民法院行政判决书,(2018)云01行终36号。

0044号《行政处罚决定书》;(2)判令由机场派出所退还张甲500元;(3)判令该案诉讼费由机场派出所承担。

2.法院裁判

根据2012年《中华人民共和国治安管理处罚法》第34条以及《中国民用航空局关于维护民用航空秩序保障航空运输安全的通告》的规定,机场派出所获取的证据程序合法,从机场派出所提交的张甲的询问笔录、王乙亲笔情况说明、李某1证人证词、亲笔情况说明及视听资料上均能反映张甲在飞机平飞时有使用手机的行为,且经过机组人员当场劝阻并未及时关闭手机,经其他机组人员再次劝阻后才将手机关闭。张甲自己也陈述其有起飞后使用手机的行为,其行为已经违反了2012年《中华人民共和国治安管理处罚法》及《中国民用航空局关于维护民用航空秩序保障航空运输安全的通告》的规定,一审法院对张甲以不知道在飞机上不能使用手机,以及已经听取劝阻关闭手机,未对飞行造成损害的抗辩理由不予采信,违法事实清楚,证据充分,《行政处罚决定书》认定事实准确。

机场派出所依据法律规定履行了行政处罚前向被处罚人拟告知相关案件事实及其享有陈述、申辩权利的法定程序,其执法程序并无不当。机场派出所作出云机公(航)行罚决字[2017]0044号《行政处罚决定书》适用法律正确。遂判决驳回张甲的全部诉讼请求。二审维持原判。

第四十一条 【对破坏铁路、城市轨道交通设施行为的处罚】有下列行为之一的,处五日以上十日以下拘留,可以并处一千元以下罚款;情节较轻的,处五日以下拘留或者一千元以下罚款:

（一）盗窃、损毁、擅自移动铁路、城市轨道交通设施、设备、机车车辆配件或者安全标志的；

（二）在铁路、城市轨道交通线路上放置障碍物，或者故意向列车投掷物品的；

（三）在铁路、城市轨道交通线路、桥梁、隧道、涵洞处挖掘坑穴、采石取沙的；

（四）在铁路、城市轨道交通线路上私设道口或者平交过道的。

【相关规定索引】

类别	名 称	关联条款
法律	《中华人民共和国铁路法》	第2、6、46、47、49、50、61、62、67、68条
行政法规	《城市公共交通条例》	第36条
	《铁路安全管理条例》	第7、30、38、51－53、77、89、105条

【关联规定】

41.1 《中华人民共和国铁路法》(2015年4月24日修正)

第二条　本法所称铁路，包括国家铁路、地方铁路、专用铁路和铁路专用线。

国家铁路是指由国务院铁路主管部门管理的铁路。

地方铁路是指由地方人民政府管理的铁路。

专用铁路是指由企业或者其他单位管理，专为本企业或者本单位内部提供运输服务的铁路。

铁路专用线是指由企业或者其他单位管理的与国家铁路或

者其他铁路线路接轨的岔线。

第六条 公民有爱护铁路设施的义务。禁止任何人破坏铁路设施,扰乱铁路运输的正常秩序。

第四十六条 在铁路线路和铁路桥梁、涵洞两侧一定距离内,修建山塘、水库、堤坝,开挖河道、干渠,采石挖砂,打井取水,影响铁路路基稳定或者危害铁路桥梁、涵洞安全的,由县级以上地方人民政府责令停止建设或者采挖、打井等活动,限期恢复原状或者责令采取必要的安全防护措施。

在铁路线路上架设电力、通讯线路,埋置电缆、管道设施,穿凿通过铁路路基的地下坑道,必须经铁路运输企业同意,并采取安全防护措施。

在铁路弯道内侧、平交道口和人行过道附近,不得修建妨碍行车瞭望的建筑物和种植妨碍行车瞭望的树木。修建妨碍行车瞭望的建筑物的,由县级以上地方人民政府责令限期拆除。种植妨碍行车瞭望的树木的,由县级以上地方人民政府责令有关单位或者个人限期迁移或者修剪、砍伐。

违反前三款的规定,给铁路运输企业造成损失的单位或者个人,应当赔偿损失。

第四十七条 禁止擅自在铁路线路上铺设平交道口和人行过道。

平交道口和人行过道必须按照规定设置必要的标志和防护设施。

行人和车辆通过铁路平交道口和人行过道时,必须遵守有关通行的规定。

第四十九条 对损毁、移动铁路信号装置及其他行车设施或者在铁路线路上放置障碍物的,铁路职工有权制止,可以扭送公安机关处理。

第五十条 禁止偷乘货车、攀附行进中的列车或者击打列车。对偷乘货车、攀附行进中的列车或者击打列车的，铁路职工有权制止。

第六十一条 故意损毁、移动铁路行车信号装置或者在铁路线路上放置足以使列车倾覆的障碍物的，依照刑法有关规定追究刑事责任。

第六十二条 盗窃铁路线路上行车设施的零件、部件或者铁路线路上的器材，危及行车安全的，依照刑法有关规定追究刑事责任。

第六十七条 违反本法规定，尚不够刑事处罚，应当给予治安管理处罚的，依照治安管理处罚法的规定处罚。

第六十八条 擅自在铁路线路上铺设平交道口、人行过道的，由铁路公安机关或者地方公安机关责令限期拆除，可以并处罚款。

41.2 《城市公共交通条例》(2024 年 10 月 17 日公布)

第三十六条第一款第四、五、六项，第二款 任何单位和个人不得实施下列危害城市公共交通运营安全的行为：

（四）向城市公共交通车辆投掷物品或者在城市轨道交通线路上放置障碍物；

（五）故意损坏或者擅自移动、遮挡城市公共交通站牌、安全警示标志、监控设备、安全防护设备；

（六）在非紧急状态下擅自操作有安全警示标志的安全设备；

城市公共交通企业发现前款规定行为的，应当及时予以制止，并采取措施消除安全隐患，必要时报请有关部门依法处理。

41.3 《铁路安全管理条例》(2013 年 8 月 17 日公布)

第七条 禁止扰乱铁路建设、运输秩序。禁止损坏或者非法占用铁路设施设备、铁路标志和铁路用地。

任何单位或者个人发现损坏或者非法占用铁路设施设备、铁路标志、铁路用地以及其他影响铁路安全的行为,有权报告铁路运输企业,或者向铁路监管部门、公安机关或者其他有关部门举报。接到报告的铁路运输企业、接到举报的部门应当根据各自职责及时处理。

对维护铁路安全作出突出贡献的单位或者个人,按照国家有关规定给予表彰奖励。

第三十条 在铁路线路安全保护区内建造建筑物、构筑物等设施,取土、挖砂、挖沟、采空作业或者堆放、悬挂物品,应当征得铁路运输企业同意并签订安全协议,遵守保证铁路安全的国家标准、行业标准和施工安全规范,采取措施防止影响铁路运输安全。铁路运输企业应当派员对施工现场实行安全监督。

第三十八条 禁止在铁路桥梁跨越处河道上下游的下列范围内采砂、淘金:

(一)跨河桥长500米以上的铁路桥梁,河道上游500米,下游3000米;

(二)跨河桥长100米以上不足500米的铁路桥梁,河道上游500米,下游2000米;

(三)跨河桥长不足100米的铁路桥梁,河道上游500米,下游1000米。

有关部门依法在铁路桥梁跨越处河道上下游划定的禁采范围大于前款规定的禁采范围的,按照划定的禁采范围执行。

县级以上地方人民政府水行政主管部门、国土资源主管部门应当按照各自职责划定禁采区域、设置禁采标志,制止非法采砂、淘金行为。

第五十一条　禁止毁坏铁路线路、站台等设施设备和铁路路基、护坡、排水沟、防护林木、护坡草坪、铁路线路封闭网及其他铁路防护设施。

第五十二条　禁止实施下列危及铁路通信、信号设施安全的行为：

（一）在埋有地下光（电）缆设施的地面上方进行钻探，堆放重物、垃圾，焚烧物品，倾倒腐蚀性物质；

（二）在地下光（电）缆两侧各1米的范围内建造、搭建建筑物、构筑物等设施；

（三）在地下光（电）缆两侧各1米的范围内挖砂、取土；

（四）在过河光（电）缆两侧各100米的范围内挖砂、抛锚或者进行其他危及光（电）缆安全的作业。

第五十三条　禁止实施下列危害电气化铁路设施的行为：

（一）向电气化铁路接触网抛掷物品；

（二）在铁路电力线路导线两侧各500米的范围内升放风筝、气球等低空飘浮物体；

（三）攀登铁路电力线路杆塔或者在杆塔上架设、安装其他设施设备；

（四）在铁路电力线路杆塔、拉线周围20米范围内取土、打桩、钻探或者倾倒有害化学物品；

（五）触碰电气化铁路接触网。

第七十七条第三、四、六项　禁止实施下列危害铁路安全的行为：

（三）在铁路线路上放置、遗弃障碍物；

（四）击打列车；

（六）拆盗、损毁或者擅自移动铁路设施设备、机车车辆配

件、标桩、防护设施和安全标志;

第八十九条 未经铁路运输企业同意或者未签订安全协议,在铁路线路安全保护区内建造建筑物、构筑物等设施,取土、挖砂、挖沟、采空作业或者堆放、悬挂物品,或者违反保证铁路安全的国家标准、行业标准和施工安全规范,影响铁路运输安全的,由铁路监督管理机构责令改正,可以处10万元以下的罚款。

铁路运输企业未派员对铁路线路安全保护区内施工现场进行安全监督的,由铁路监督管理机构责令改正,可以处3万元以下的罚款。

第一百零五条 违反本条例规定,给铁路运输企业或者其他单位、个人财产造成损失的,依法承担民事责任。

违反本条例规定,构成违反治安管理行为的,由公安机关依法给予治安管理处罚;构成犯罪的,依法追究刑事责任。

【典型案例】

黄某采砂取石案[1]

1. 基本事实

原告驾驶琼01-B40××号牌大中型拖拉机在南桥镇南林居猛进队一小桥附近的河边采砂。万宁市公安局旅环大队执法人员发现后,走上前去并对原告表明其身份,要求原告停车接受检查,但原告没有停车,驾驶涉案车辆往猛进队方向行驶。原告驾驶涉案车辆不慎掉到路沟里,撞到路旁的树上,造成其脚受伤。原告从车里爬出来后,执法人员叫其不要逃跑,配合检查,但原告不接受检查,弃车逃离了现场。同日,万宁市公安局旅环大队作

---

[1] 参见海南省第一中级人民法院行政判决书,(2022)琼96行终62号。

出万公(旅环)证保决字(2020)B12号《证据保全决定书》,决定扣留涉案车辆30日。万宁市公安局据此于当天作出万公(旅环)行罚决字(2021)0376号《行政处罚决定书》,对原告行政拘留10日并处罚款500元,原告对该处罚决定不服,向法院提起行政诉讼。

2. 法院裁判

根据《海南省河道采砂管理规定》第9条第1款规定,河砂属于国家所有,任何单位和个人未经许可不得开采。本案中,根据查明的事实,原告在未经政府主管部门审批许可的情况下,擅自于2020年12月18日凌晨驾驶涉案车辆在万宁市南桥镇南林居猛进队一桥梁附近的河边采砂。被告在查清原告在桥梁附近的河边非法采砂的事实后立案受理,并依法履行了调查取证、告知、送达等程序,依据2012年《中华人民共和国治安管理处罚法》第35条第3项的规定作出0376号《行政处罚决定书》,该处罚决定认定事实清楚、程序合法、适用法律正确、处罚适当,应予维持。综上所述,原告诉请撤销被告对其作出的0376号《行政处罚决定书》没有事实和法律依据,原审法院不予支持。依照《中华人民共和国行政诉讼法》第69条的规定,判决驳回原告的诉讼请求。案件受理费50元,由原告负担。二审维持原判。

第四十二条　【对违规侵入轨道交通危险区域的处罚】
擅自进入铁路、城市轨道交通防护网或者火车、城市轨道交通列车来临时在铁路、城市轨道交通线路上行走坐卧,抢越铁路、城市轨道,影响行车安全的,处警告或者五百元以下罚款。

【相关规定索引】

类别	名　　称	关联条款
法律	《中华人民共和国铁路法》	第6、51、67条
行政法规	《铁路安全管理条例》	第7、51、77、105条
	《城市公共交通条例》	第36条

【关联规定】

42.1　《中华人民共和国铁路法》(2015年4月24日修正)

第六条　公民有爱护铁路设施的义务。禁止任何人破坏铁路设施,扰乱铁路运输的正常秩序。

第五十一条　禁止在铁路线路上行走、坐卧。对在铁路线路上行走、坐卧的,铁路职工有权制止。

第六十七条　违反本法规定,尚不够刑事处罚,应当给予治安管理处罚的,依照治安管理处罚法的规定处罚。

42.2　《铁路安全管理条例》(2013年8月17日公布)

第七条　禁止扰乱铁路建设、运输秩序。禁止损坏或者非法占用铁路设施设备、铁路标志和铁路用地。

任何单位或者个人发现损坏或者非法占用铁路设施设备、铁路标志、铁路用地以及其他影响铁路安全的行为,有权报告铁路运输企业,或者向铁路监管部门、公安机关或者其他有关部门举报。接到报告的铁路运输企业、接到举报的部门应当根据各自职责及时处理。

对维护铁路安全作出突出贡献的单位或者个人,按照国家有关规定给予表彰奖励。

第五十一条　禁止毁坏铁路线路、站台等设施设备和铁路路基、护坡、排水沟、防护林木、护坡草坪、铁路线路封闭网及其他铁

第七十七条第七、八项　禁止实施下列危害铁路安全的行为：

（七）在铁路线路上行走、坐卧或者在未设道口、人行过道的铁路线路上通过；

（八）擅自进入铁路线路封闭区域或者在未设置行人通道的铁路桥梁、隧道通行；

第一百零五条　违反本条例规定，给铁路运输企业或者其他单位、个人财产造成损失的，依法承担民事责任。

违反本条例规定，构成违反治安管理行为的，由公安机关依法给予治安管理处罚；构成犯罪的，依法追究刑事责任。

42.3　《城市公共交通条例》（2024年10月17日公布）

第三十六条第一款第三项，第二款　任何单位和个人不得实施下列危害城市公共交通运营安全的行为：

（三）擅自进入城市轨道交通线路、车辆基地、控制中心、列车驾驶室或者其他禁止非工作人员进入的区域；

城市公共交通企业发现前款规定行为的，应当及时予以制止，并采取措施消除安全隐患，必要时报请有关部门依法处理。

第四十三条　【对违法安装、使用电网等危害公共安全行为的处罚】有下列行为之一的，处五日以下拘留或者一千元以下罚款；情节严重的，处十日以上十五日以下拘留，可以并处一千元以下罚款：

（一）未经批准，安装、使用电网的，或者安装、使用电网不符合安全规定的；

（二）在车辆、行人通行的地方施工，对沟井坎穴不设覆

盖物、防围和警示标志的,或者故意损毁、移动覆盖物、防围和警示标志的;

(三)盗窃、损毁路面井盖、照明等公共设施的;

(四)违反有关法律法规规定,升放携带明火的升空物体,有发生火灾事故危险,不听劝阻的;

(五)从建筑物或者其他高空抛掷物品,有危害他人人身安全、公私财产安全或者公共安全危险的。

【相关规定索引】

类别	名称	关联条款
法律	《中华人民共和国民法典》	第1240、1254、1258条
	《中华人民共和国道路交通安全法》	第30-32、105条
	《中华人民共和国消防法》	第21、63、64条
行政法规	《公路安全保护条例》	第9、16、25条
	《城市道路管理条例》	第23、24、35、43条
	《长江三峡水利枢纽安全保卫条例》	第23条

【关联规定】

43.1 《中华人民共和国民法典》(2020年5月28日公布)

第一千二百四十条 从事高空、高压、地下挖掘活动或者使用高速轨道运输工具造成他人损害的,经营者应当承担侵权责任;但是,能够证明损害是因受害人故意或者不可抗力造成的,不承担责任。被侵权人对损害的发生有重大过失的,可以减轻经营者的责任。

第一千二百五十四条 禁止从建筑物中抛掷物品。从建筑物中抛掷物品或者从建筑物上坠落的物品造成他人损害的,由侵权人依法承担侵权责任;经调查难以确定具体侵权人的,除能够证明自己不是侵权人的外,由可能加害的建筑物使用人给予补偿。可能加害的建筑物使用人补偿后,有权向侵权人追偿。

物业服务企业等建筑物管理人应当采取必要的安全保障措施防止前款规定情形的发生;未采取必要的安全保障措施的,应当依法承担未履行安全保障义务的侵权责任。

发生本条第一款规定的情形的,公安等机关应当依法及时调查,查清责任人。

第一千二百五十八条 在公共场所或者道路上挖掘、修缮安装地下设施等造成他人损害,施工人不能证明已经设置明显标志和采取安全措施的,应当承担侵权责任。

窨井等地下设施造成他人损害,管理人不能证明尽到管理职责的,应当承担侵权责任。

43.2 《中华人民共和国道路交通安全法》(2021年4月29日修正)

第三十条 道路出现坍塌、坑漕、水毁、隆起等损毁或者交通信号灯、交通标志、交通标线等交通设施损毁、灭失的,道路、交通设施的养护部门或者管理部门应当设置警示标志并及时修复。

公安机关交通管理部门发现前款情形,危及交通安全,尚未设置警示标志的,应当及时采取安全措施,疏导交通,并通知道路、交通设施的养护部门或者管理部门。

第三十一条 未经许可,任何单位和个人不得占用道路从事非交通活动。

第三十二条 因工程建设需要占用、挖掘道路,或者跨越、穿越道路架设、增设管线设施,应当事先征得道路主管部门的同意;

影响交通安全的,还应当征得公安机关交通管理部门的同意。

施工作业单位应当在经批准的路段和时间内施工作业,并在距离施工作业地点来车方向安全距离处设置明显的安全警示标志,采取防护措施;施工作业完毕,应当迅速清除道路上的障碍物,消除安全隐患,经道路主管部门和公安机关交通管理部门验收合格,符合通行要求后,方可恢复通行。

对未中断交通的施工作业道路,公安机关交通管理部门应当加强交通安全监督检查,维护道路交通秩序。

第一百零五条 道路施工作业或者道路出现损毁,未及时设置警示标志、未采取防护措施,或者应当设置交通信号灯、交通标志、交通标线而没有设置或者应当及时变更交通信号灯、交通标志、交通标线而没有及时变更,致使通行的人员、车辆及其他财产遭受损失的,负有相关职责的单位应当依法承担赔偿责任。

43.3 《中华人民共和国消防法》(2021年4月29日修正)

第二十一条 禁止在具有火灾、爆炸危险的场所吸烟、使用明火。因施工等特殊情况需要使用明火作业的,应当按照规定事先办理审批手续,采取相应的消防安全措施;作业人员应当遵守消防安全规定。

进行电焊、气焊等具有火灾危险作业的人员和自动消防系统的操作人员,必须持证上岗,并遵守消防安全操作规程。

第六十三条第二项 违反本法规定,有下列行为之一的,处警告或者五百元以下罚款;情节严重的,处五日以下拘留:

(二)违反规定使用明火作业或者在具有火灾、爆炸危险的场所吸烟、使用明火的。

第六十四条第二项 违反本法规定,有下列行为之一,尚不构成犯罪的,处十日以上十五日以下拘留,可以并处五百元以下

罚款;情节较轻的,处警告或者五百元以下罚款:

(二)过失引起火灾的;

43.4 《公路安全保护条例》(2011年3月7日公布)

第九条 任何单位和个人不得破坏、损坏、非法占用或者非法利用公路、公路用地和公路附属设施。

第十六条 禁止将公路作为检验车辆制动性能的试车场地。

禁止在公路、公路用地范围内摆摊设点、堆放物品、倾倒垃圾、设置障碍、挖沟引水、打场晒粮、种植作物、放养牲畜、采石、取土、采空作业、焚烧物品、利用公路边沟排放污物或者进行其他损坏、污染公路和影响公路畅通的行为。

第二十五条 禁止损坏、擅自移动、涂改、遮挡公路附属设施或者利用公路附属设施架设管道、悬挂物品。

43.5 《城市道路管理条例》(2019年3月24日修订)

第二十三条 设在城市道路上的各类管线的检查井、箱盖或者城市道路附属设施,应当符合城市道路养护规范。因缺损影响交通和安全时,有关产权单位应当及时补缺或者修复。

第二十四条 城市道路的养护、维修工程应当按照规定的期限修复竣工,并在养护、维修工程施工现场设置明显标志和安全防围设施,保障行人和交通车辆安全。

第三十五条 经批准挖掘城市道路的,应当在施工现场设置明显标志和安全防围设施;竣工后,应当及时清理现场,通知市政工程行政主管部门检查验收。

第四十三条 违反本条例,构成犯罪的,由司法机关依法追究刑事责任;尚不构成犯罪,应当给予治安管理处罚的,依照治安管理处罚法的规定给予处罚。

43.6 《长江三峡水利枢纽安全保卫条例》(2013 年 9 月 9 日公布)

第二十三条 禁止在空域安全保卫区进行风筝、孔明灯、热气球、飞艇、动力伞、滑翔伞、三角翼、无人机、轻型直升机、航模等升放或者飞行活动。

【典型案例】

张甲损毁公共照明设施案①

1. 基本事实

2017 年 12 月 22 日 10 时,案外人葛乙至芜湖市公安局鸠江分局沈巷派出所(以下简称沈巷派出所)报案,称张甲夫妇将本村公共照明设施损坏。民警出警后,现场发现葛乙家后门口旁路边的照明电线被剪断,后查看监控录像发现张甲夫妻涉嫌损毁该照明设施。当日沈巷派出所受理该案件,经现场勘查、调取案发当日视频资料、询问当事人及相关证人等程序后,认定张甲损毁公共照明设施,事实清楚。芜湖市公安局鸠江分局(以下简称鸠江公安分局)于 2018 年 4 月 16 日作出芜鸠公(沈)行罚决字[2018]553 号《行政处罚决定书》,予以张甲行政拘留 4 日的处罚。张甲不服,提起诉讼。

2. 法院裁判

从案发当时的监控录像来看,张甲确实携带梯子到小葛村葛乙家后门道路电线杆旁,并用梯子爬上电线杆,一分钟左右后从电线杆上下来,并携带梯子离开,而现场出警照片可以看出电线确实出现断裂。张甲在 2018 年 4 月 16 日的两次询问笔录中均

---

① 参见安徽省芜湖市中级人民法院行政判决书,(2019)皖 02 行终 34 号。

认可其搬着梯子爬上电线杆意图毁损电线,但在第二次笔录中陈述当时电线并没有弄断,当天晚上依然可正常使用,与其第一次陈述相矛盾,且与报案人葛乙及证人葛某1的陈述及现场实际情况不符,故对第二次询问笔录中的该点陈述不予采信。因此,鸠江公安分局认定张甲损毁公共照明设施,事实清楚。张甲主张案涉路灯并非公共照明设施,系葛乙私自安装为自己使用,鸠江公安分局认定张甲毁坏公共照明设施错误。从三位证人的证言来看,案涉线路系村民集体出资架设,且从现场位置来看,案涉照明设施位于村民进出道路上,鸠江公安分局认定张甲毁坏的电线属于公共照明设施并无不当。张甲该项主张,法院不予支持。综上,张甲请求撤销芜鸠公(沈)行罚决字[2018]553号《行政处罚决定书》的理由不能成立,应予驳回。二审维持原判。

> **第四十四条** 【对违规举办大型群众性活动行为的处罚】举办体育、文化等大型群众性活动,违反有关规定,有发生安全事故危险,经公安机关责令改正而拒不改正或者无法改正的,责令停止活动,立即疏散;对其直接负责的主管人员和其他直接责任人员处五日以上十日以下拘留,并处一千元以上三千元以下罚款;情节较重的,处十日以上十五日以下拘留,并处三千元以上五千元以下罚款,可以同时责令六个月至一年以内不得举办大型群众性活动。

【相关规定索引】

类别	名称	关联条款
法律	《中华人民共和国民法典》	第1198条

续表

类别	名 称	关联条款
行政法规	《大型群众性活动安全管理条例》	第 2 - 9、11 - 13、15、18、19、21、23 条

【关联规定】

44.1 《中华人民共和国民法典》(2020 年 5 月 28 日公布)

第一千一百九十八条　宾馆、商场、银行、车站、机场、体育场馆、娱乐场所等经营场所、公共场所的经营者、管理者或者群众性活动的组织者,未尽到安全保障义务,造成他人损害的,应当承担侵权责任。

因第三人的行为造成他人损害的,由第三人承担侵权责任;经营者、管理者或者组织者未尽到安全保障义务的,承担相应的补充责任。经营者、管理者或者组织者承担补充责任后,可以向第三人追偿。

44.2 《大型群众性活动安全管理条例》(2007 年 9 月 14 日公布)

第二条　本条例所称大型群众性活动,是指法人或者其他组织面向社会公众举办的每场次预计参加人数达到 1000 人以上的下列活动:

(一)体育比赛活动;

(二)演唱会、音乐会等文艺演出活动;

(三)展览、展销等活动;

(四)游园、灯会、庙会、花会、焰火晚会等活动;

(五)人才招聘会、现场开奖的彩票销售等活动。

影剧院、音乐厅、公园、娱乐场所等在其日常业务范围内举办的活动,不适用本条例的规定。

第三条 大型群众性活动的安全管理应当遵循安全第一、预防为主的方针,坚持承办者负责、政府监管的原则。

第四条 县级以上人民政府公安机关负责大型群众性活动的安全管理工作。

县级以上人民政府其他有关主管部门按照各自的职责,负责大型群众性活动的有关安全工作。

第五条 大型群众性活动的承办者(以下简称承办者)对其承办活动的安全负责,承办者的主要负责人为大型群众性活动的安全责任人。

第六条 举办大型群众性活动,承办者应当制订大型群众性活动安全工作方案。

大型群众性活动安全工作方案包括下列内容:

(一)活动的时间、地点、内容及组织方式;

(二)安全工作人员的数量、任务分配和识别标志;

(三)活动场所消防安全措施;

(四)活动场所可容纳的人员数量以及活动预计参加人数;

(五)治安缓冲区域的设定及其标识;

(六)入场人员的票证查验和安全检查措施;

(七)车辆停放、疏导措施;

(八)现场秩序维护、人员疏导措施;

(九)应急救援预案。

第七条 承办者具体负责下列安全事项:

(一)落实大型群众性活动安全工作方案和安全责任制度,明确安全措施、安全工作人员岗位职责,开展大型群众性活动安全宣传教育;

(二)保障临时搭建的设施、建筑物的安全,消除安全隐患;

(三)按照负责许可的公安机关的要求,配备必要的安全检查设备,对参加大型群众性活动的人员进行安全检查,对拒不接受安全检查的,承办者有权拒绝其进入;

(四)按照核准的活动场所容纳人员数量、划定的区域发放或者出售门票;

(五)落实医疗救护、灭火、应急疏散等应急救援措施并组织演练;

(六)对妨碍大型群众性活动安全的行为及时予以制止,发现违法犯罪行为及时向公安机关报告;

(七)配备与大型群众性活动安全工作需要相适应的专业保安人员以及其他安全工作人员;

(八)为大型群众性活动的安全工作提供必要的保障。

第八条 大型群众性活动的场所管理者具体负责下列安全事项:

(一)保障活动场所、设施符合国家安全标准和安全规定;

(二)保障疏散通道、安全出口、消防车通道、应急广播、应急照明、疏散指示标志符合法律、法规、技术标准的规定;

(三)保障监控设备和消防设施、器材配置齐全、完好有效;

(四)提供必要的停车场地,并维护安全秩序。

第九条 参加大型群众性活动的人员应当遵守下列规定:

(一)遵守法律、法规和社会公德,不得妨碍社会治安、影响社会秩序;

(二)遵守大型群众性活动场所治安、消防等管理制度,接受安全检查,不得携带爆炸性、易燃性、放射性、毒害性、腐蚀性等危险物质或者非法携带枪支、弹药、管制器具;

(三)服从安全管理,不得展示侮辱性标语、条幅等物品,不得围攻裁判员、运动员或者其他工作人员,不得投掷杂物。

第十一条 公安机关对大型群众性活动实行安全许可制度。《营业性演出管理条例》对演出活动的安全管理另有规定的,从其规定。

举办大型群众性活动应当符合下列条件:

(一)承办者是依照法定程序成立的法人或者其他组织;

(二)大型群众性活动的内容不得违反宪法、法律、法规的规定,不得违反社会公德;

(三)具有符合本条例规定的安全工作方案,安全责任明确、措施有效;

(四)活动场所、设施符合安全要求。

第十二条 大型群众性活动的预计参加人数在1000人以上5000人以下的,由活动所在地县级人民政府公安机关实施安全许可;预计参加人数在5000人以上的,由活动所在地设区的市级人民政府公安机关或者直辖市人民政府公安机关实施安全许可;跨省、自治区、直辖市举办大型群众性活动的,由国务院公安部门实施安全许可。

第十三条 承办者应当在活动举办日的20日前提出安全许可申请,申请时,应当提交下列材料:

(一)承办者合法成立的证明以及安全责任人的身份证明;

(二)大型群众性活动方案及其说明,2个或者2个以上承办者共同承办大型群众性活动的,还应当提交联合承办的协议;

(三)大型群众性活动安全工作方案;

(四)活动场所管理者同意提供活动场所的证明。

依照法律、行政法规的规定,有关主管部门对大型群众性活动的承办者有资质、资格要求的,还应当提交有关资质、资格证明。

第十五条 对经安全许可的大型群众性活动,承办者不得擅自变更活动的时间、地点、内容或者扩大大型群众性活动的举办规模。

承办者变更大型群众性活动时间的,应当在原定举办活动时间之前向做出许可决定的公安机关申请变更,经公安机关同意方可变更。

承办者变更大型群众性活动地点、内容以及扩大大型群众性活动举办规模的,应当依照本条例的规定重新申请安全许可。

承办者取消举办大型群众性活动的,应当在原定举办活动时间之前书面告知做出安全许可决定的公安机关,并交回公安机关颁发的准予举办大型群众性活动的安全许可证件。

第十八条 承办者发现进入活动场所的人员达到核准数量时,应当立即停止验票;发现持有划定区域以外的门票或者持假票的人员,应当拒绝其入场并向活动现场的公安机关工作人员报告。

第十九条 在大型群众性活动举办过程中发生公共安全事故、治安案件的,安全责任人应当立即启动应急救援预案,并立即报告公安机关。

第二十一条 承办者或者大型群众性活动场所管理者违反本条例规定致使发生重大伤亡事故、治安案件或者造成其他严重后果构成犯罪的,依法追究刑事责任;尚不构成犯罪的,对安全责任人和其他直接责任人员依法给予处分、治安管理处罚,对单位处1万元以上5万元以下罚款。

第二十三条 参加大型群众性活动的人员有违反本条例第

九条规定行为的,由公安机关给予批评教育;有危害社会治安秩序、威胁公共安全行为的,公安机关可以将其强行带离现场,依法给予治安管理处罚;构成犯罪的,依法追究刑事责任。

【典型案例】

未获许可举办演唱会案①

1. 基本事实

2016年7月21日,福建华娱文化传媒有限公司作为"2016伍佰&ChinaBlue巡回演唱会(莆田站)"承办方,委托其公司员工刘某某向被告莆田公安局荔城分局递交申请材料申请行政许可。2016年7月27日,被告莆田公安局荔城分局作出荔公许可不字(2016)第001号《不予行政许可决定书》。2016年7月30日,承办方福建华娱文化传媒有限公司及主办方福建天翔文化传媒有限公司,在公安机关不予许可的情况下,如期举办演唱会。同日,被告莆田公安局荔城分局作出莆公荔(治安)行罚决字(2016)00040号《行政处罚决定书》,决定对原告处以行政拘留5日。原告不服,提起复议。决定被维持,原告仍不服,向法院提起诉讼。

2. 法院裁判

根据2012年《中华人民共和国治安管理处罚法》第38条规定,本案中,根据主办方与承办方签订的《世界巡回演唱会——莆田站安全协议书》,明确"谁主办、谁负责"的原则,由主办方对活动期间出现的非承办方原因发生的各类安全问题及事故承担全部责任;主办方组织实施现场安全工作。且根据詹某某、刘某

---

① 参见福建省莆田市城厢区人民法院行政判决书,(2017)闽0302行初7号。

某询问笔录,可确认演出当晚主办方法定代表人詹某某在演出现场负责现场指挥和统筹,综上认定詹某某为本次演唱会组织者之一。主办方福建天翔文化传媒有限公司及承办方福建华娱文化传媒有限公司在公安机关不予许可情况下仍然举办演唱会,违反了公安机关对大型群众性活动实行安全许可制度的规定,存在发生安全事故的危险。被告莆田公安局荔城分局作出莆公荔(治安)行罚决字(2016)00040号《行政处罚决定书》,事实清楚,适用法律正确。《行政复议决定书》,证据确凿充分,程序合法。判决如下:驳回原告詹某某的诉讼请求。

第四十五条 【对违反公众活动场所安全规定行为的处罚】旅馆、饭店、影剧院、娱乐场、体育场馆、展览馆或者其他供社会公众活动的场所违反安全规定,致使该场所有发生安全事故危险,经公安机关责令改正而拒不改正的,对其直接负责的主管人员和其他直接责任人员处五日以下拘留;情节较重的,处五日以上十日以下拘留。

【相关规定索引】

类别	名 称	关联条款
法律	《中华人民共和国公共文化服务保障法》	第14、19、22、26、44、63条
	《中华人民共和国民法典》	第1198条
	《中华人民共和国消防法》	第15-18、20、21、28、29、53、54条
	《中华人民共和国电影产业促进法》	第33条

续表

类别	名称	关联条款
行政法规	《旅馆业治安管理办法》	第 3、5-7、11、12、17 条
	《娱乐场所管理条例》	第 13-17、20-22、25、26、28、31 条
	《公共文化体育设施条例》	第 1-3 条
	《营业性演出管理条例》	第 18-23、51 条
	《民用爆炸物品安全管理条例》	第 30、51 条

【关联规定】

45.1 《中华人民共和国公共文化服务保障法》(2016 年 12 月 25 日公布)

第十四条 本法所称公共文化设施是指用于提供公共文化服务的建筑物、场地和设备,主要包括图书馆、博物馆、文化馆(站)、美术馆、科技馆、纪念馆、体育场馆、工人文化宫、青少年宫、妇女儿童活动中心、老年人活动中心、乡镇(街道)和村(社区)基层综合性文化服务中心、农家(职工)书屋、公共阅报栏(屏)、广播电视播出传输覆盖设施、公共数字文化服务点等。

县级以上地方人民政府应当将本行政区域内的公共文化设施目录及有关信息予以公布。

第十九条 任何单位和个人不得擅自拆除公共文化设施,不得擅自改变公共文化设施的功能、用途或者妨碍其正常运行,不得侵占、挪用公共文化设施,不得将公共文化设施用于与公共文化服务无关的商业经营活动。

第二十二条 公共文化设施管理单位应当建立健全安全管

理制度,开展公共文化设施及公众活动的安全评价,依法配备安全保护设备和人员,保障公共文化设施和公众活动安全。

第二十六条 公众在使用公共文化设施时,应当遵守公共秩序,爱护公共设施,不得损坏公共设施设备和物品。

第四十四条 任何组织和个人不得利用公共文化设施、文化产品、文化活动以及其他相关服务,从事危害国家安全、损害社会公共利益和其他违反法律法规的活动。

第六十三条 违反本法规定,损害他人民事权益的,依法承担民事责任;构成违反治安管理行为的,由公安机关依法给予治安管理处罚;构成犯罪的,依法追究刑事责任。

45.2 《中华人民共和国民法典》(2020年5月28日公布)

第一千一百九十八条 宾馆、商场、银行、车站、机场、体育场馆、娱乐场所等经营场所、公共场所的经营者、管理者或者群众性活动的组织者,未尽到安全保障义务,造成他人损害的,应当承担侵权责任。

因第三人的行为造成他人损害的,由第三人承担侵权责任;经营者、管理者或者组织者未尽到安全保障义务的,承担相应的补充责任。经营者、管理者或者组织者承担补充责任后,可以向第三人追偿。

45.3 《中华人民共和国消防法》(2021年4月29日修正)

第十五条 公众聚集场所投入使用、营业前消防安全检查实行告知承诺管理。公众聚集场所在投入使用、营业前,建设单位或者使用单位应当向场所所在地的县级以上地方人民政府消防救援机构申请消防安全检查,作出场所符合消防技术标准和管理规定的承诺,提交规定的材料,并对其承诺和材料的真实性负责。

消防救援机构对申请人提交的材料进行审查;申请材料齐

全、符合法定形式的,应当予以许可。消防救援机构应当根据消防技术标准和管理规定,及时对作出承诺的公众聚集场所进行核查。

申请人选择不采用告知承诺方式办理的,消防救援机构应当自受理申请之日起十个工作日内,根据消防技术标准和管理规定,对该场所进行检查。经检查符合消防安全要求的,应当予以许可。

公众聚集场所未经消防救援机构许可的,不得投入使用、营业。消防安全检查的具体办法,由国务院应急管理部门制定。

第十六条 机关、团体、企业、事业等单位应当履行下列消防安全职责:

(一)落实消防安全责任制,制定本单位的消防安全制度、消防安全操作规程,制定灭火和应急疏散预案;

(二)按照国家标准、行业标准配置消防设施、器材,设置消防安全标志,并定期组织检验、维修,确保完好有效;

(三)对建筑消防设施每年至少进行一次全面检测,确保完好有效,检测记录应当完整准确,存档备查;

(四)保障疏散通道、安全出口、消防车通道畅通,保证防火防烟分区、防火间距符合消防技术标准;

(五)组织防火检查,及时消除火灾隐患;

(六)组织进行有针对性的消防演练;

(七)法律、法规规定的其他消防安全职责。

单位的主要负责人是本单位的消防安全责任人。

第十七条 县级以上地方人民政府消防救援机构应当将发生火灾可能性较大以及发生火灾可能造成重大的人身伤亡或者财产损失的单位,确定为本行政区域内的消防安全重点单位,并由应急管理部门报本级人民政府备案。

消防安全重点单位除应当履行本法第十六条规定的职责外，还应当履行下列消防安全职责：

（一）确定消防安全管理人，组织实施本单位的消防安全管理工作；

（二）建立消防档案，确定消防安全重点部位，设置防火标志，实行严格管理；

（三）实行每日防火巡查，并建立巡查记录；

（四）对职工进行岗前消防安全培训，定期组织消防安全培训和消防演练。

第十八条 同一建筑物由两个以上单位管理或者使用的，应当明确各方的消防安全责任，并确定责任人对共用的疏散通道、安全出口、建筑消防设施和消防车通道进行统一管理。

住宅区的物业服务企业应当对管理区域内的共用消防设施进行维护管理，提供消防安全防范服务。

第二十条 举办大型群众性活动，承办人应当依法向公安机关申请安全许可，制定灭火和应急疏散预案并组织演练，明确消防安全责任分工，确定消防安全管理人员，保持消防设施和消防器材配置齐全、完好有效，保证疏散通道、安全出口、疏散指示标志、应急照明和消防车通道符合消防技术标准和管理规定。

第二十一条 禁止在具有火灾、爆炸危险的场所吸烟、使用明火。因施工等特殊情况需要使用明火作业的，应当按照规定事先办理审批手续，采取相应的消防安全措施；作业人员应当遵守消防安全规定。

进行电焊、气焊等具有火灾危险作业的人员和自动消防系统的操作人员，必须持证上岗，并遵守消防安全操作规程。

第二十八条　任何单位、个人不得损坏、挪用或者擅自拆除、停用消防设施、器材,不得埋压、圈占、遮挡消火栓或者占用防火间距,不得占用、堵塞、封闭疏散通道、安全出口、消防车通道。人员密集场所的门窗不得设置影响逃生和灭火救援的障碍物。

第二十九条　负责公共消防设施维护管理的单位,应当保持消防供水、消防通信、消防车通道等公共消防设施的完好有效。在修建道路以及停电、停水、截断通信线路时有可能影响消防队灭火救援的,有关单位必须事先通知当地消防救援机构。

第五十三条　消防救援机构应当对机关、团体、企业、事业等单位遵守消防法律、法规的情况依法进行监督检查。公安派出所可以负责日常消防监督检查、开展消防宣传教育,具体办法由国务院公安部门规定。

消防救援机构、公安派出所的工作人员进行消防监督检查,应当出示证件。

第五十四条　消防救援机构在消防监督检查中发现火灾隐患的,应当通知有关单位或者个人立即采取措施消除隐患;不及时消除隐患可能严重威胁公共安全的,消防救援机构应当依照规定对危险部位或者场所采取临时查封措施。

45.4　《中华人民共和国电影产业促进法》(2016年11月7日公布)

第三十三条第一款　电影院应当遵守治安、消防、公共场所卫生等法律、行政法规,维护放映场所的公共秩序和环境卫生,保障观众的安全与健康。

45.5　《旅馆业治安管理办法》(2022年3月29日修订)

第三条　开办旅馆,要具备必要的防盗等安全设施。

第五条　经营旅馆,必须遵守国家的法律,建立各项安全管理制度,设置治安保卫组织或者指定安全保卫人员。

第六条　旅馆接待旅客住宿必须登记。登记时,应当查验旅客的身份证件,按规定的项目如实登记。

接待境外旅客住宿,还应当在24小时内向当地公安机关报送住宿登记表。

第七条　旅馆应当设置旅客财物保管箱、柜或者保管室、保险柜,指定专人负责保管工作。对旅客寄存的财物,要建立登记、领取和交接制度。

第十一条　严禁旅客将易燃、易爆、剧毒、腐蚀性和放射性等危险物品带入旅馆。

第十二条　旅馆内,严禁卖淫、嫖宿、赌博、吸毒、传播淫秽物品等违法犯罪活动。

第十七条　违反本办法第六、十一、十二条规定的,依照《中华人民共和国治安管理处罚法》有关条款的规定,处罚有关人员;发生重大事故、造成严重后果构成犯罪的,依法追究刑事责任。

45.6　《娱乐场所管理条例》(2020年11月29日修订)

第十三条　国家倡导弘扬民族优秀文化,禁止娱乐场所内的娱乐活动含有下列内容:

(一)违反宪法确定的基本原则的;

(二)危害国家统一、主权或者领土完整的;

(三)危害国家安全,或者损害国家荣誉、利益的;

(四)煽动民族仇恨、民族歧视,伤害民族感情或者侵害民族风俗、习惯,破坏民族团结的;

(五)违反国家宗教政策,宣扬邪教、迷信的;

(六)宣扬淫秽、赌博、暴力以及与毒品有关的违法犯罪活

动,或者教唆犯罪的;

(七)违背社会公德或者民族优秀文化传统的;

(八)侮辱、诽谤他人,侵害他人合法权益的;

(九)法律、行政法规禁止的其他内容。

第十四条 娱乐场所及其从业人员不得实施下列行为,不得为进入娱乐场所的人员实施下列行为提供条件:

(一)贩卖、提供毒品,或者组织、强迫、教唆、引诱、欺骗、容留他人吸食、注射毒品;

(二)组织、强迫、引诱、容留、介绍他人卖淫、嫖娼;

(三)制作、贩卖、传播淫秽物品;

(四)提供或者从事以营利为目的的陪侍;

(五)赌博;

(六)从事邪教、迷信活动;

(七)其他违法犯罪行为。

娱乐场所的从业人员不得吸食、注射毒品,不得卖淫、嫖娼;娱乐场所及其从业人员不得为进入娱乐场所的人员实施上述行为提供条件。

第十五条 歌舞娱乐场所应当按照国务院公安部门的规定在营业场所的出入口、主要通道安装闭路电视监控设备,并应当保证闭路电视监控设备在营业期间正常运行,不得中断。

歌舞娱乐场所应当将闭路电视监控录像资料留存30日备查,不得删改或者挪作他用。

第十六条 歌舞娱乐场所的包厢、包间内不得设置隔断,并应当安装展现室内整体环境的透明门窗。包厢、包间的门不得有内锁装置。

第十七条 营业期间,歌舞娱乐场所内亮度不得低于国家规定的标准。

第二十条 娱乐场所的法定代表人或者主要负责人应当对娱乐场所的消防安全和其他安全负责。

娱乐场所应当确保其建筑、设施符合国家安全标准和消防技术规范,定期检查消防设施状况,并及时维护、更新。

娱乐场所应当制定安全工作方案和应急疏散预案。

第二十一条 营业期间,娱乐场所应当保证疏散通道和安全出口畅通,不得封堵、锁闭疏散通道和安全出口,不得在疏散通道和安全出口设置栅栏等影响疏散的障碍物。

娱乐场所应当在疏散通道和安全出口设置明显指示标志,不得遮挡、覆盖指示标志。

第二十二条 任何人不得非法携带枪支、弹药、管制器具或者携带爆炸性、易燃性、毒害性、放射性、腐蚀性等危险物品和传染病病原体进入娱乐场所。

迪斯科舞厅应当配备安全检查设备,对进入营业场所的人员进行安全检查。

第二十五条 娱乐场所应当与从业人员签订文明服务责任书,并建立从业人员名簿;从业人员名簿应当包括从业人员的真实姓名、居民身份证复印件、外国人就业许可证复印件等内容。

娱乐场所应当建立营业日志,记载营业期间从业人员的工作职责、工作时间、工作地点;营业日志不得删改,并应当留存60日备查。

第二十六条 娱乐场所应当与保安服务企业签订保安服务合同,配备专业保安人员;不得聘用其他人员从事保安工作。

第二十八条 每日凌晨2时至上午8时,娱乐场所不得营业。

第三十一条　娱乐场所应当建立巡查制度,发现娱乐场所内有违法犯罪活动的,应当立即向所在地县级公安部门、县级人民政府文化主管部门报告。

45.7　《公共文化体育设施条例》(2003年6月26日公布)

第一条　为了促进公共文化体育设施的建设,加强对公共文化体育设施的管理和保护,充分发挥公共文化体育设施的功能,繁荣文化体育事业,满足人民群众开展文化体育活动的基本需求,制定本条例。

第二条　本条例所称公共文化体育设施,是指由各级人民政府举办或者社会力量举办的,向公众开放用于开展文化体育活动的公益性的图书馆、博物馆、纪念馆、美术馆、文化馆(站)、体育场(馆)、青少年宫、工人文化宫等的建筑物、场地和设备。

本条例所称公共文化体育设施管理单位,是指负责公共文化体育设施的维护,为公众开展文化体育活动提供服务的社会公共文化体育机构。

第三条　公共文化体育设施管理单位必须坚持为人民服务、为社会主义服务的方向,充分利用公共文化体育设施,传播有益于提高民族素质、有益于经济发展和社会进步的科学技术和文化知识,开展文明、健康的文化体育活动。

任何单位和个人不得利用公共文化体育设施从事危害公共利益的活动。

45.8　《营业性演出管理条例》(2020年11月29日修订)

第十八条　演出场所经营单位应当确保演出场所的建筑、设施符合国家安全标准和消防安全规范,定期检查消防安全设施状况,并及时维护、更新。

演出场所经营单位应当制定安全保卫工作方案和灭火、应急疏散预案。

演出举办单位在演出场所进行营业性演出，应当核验演出场所经营单位的消防安全设施检查记录、安全保卫工作方案和灭火、应急疏散预案，并与演出场所经营单位就演出活动中突发安全事件的防范、处理等事项签订安全责任协议。

第十九条 在公共场所举办营业性演出，演出举办单位应当依照有关安全、消防的法律、行政法规和国家有关规定办理审批手续，并制定安全保卫工作方案和灭火、应急疏散预案。演出场所应当配备应急广播、照明设施，在安全出入口设置明显标识，保证安全出入口畅通；需要临时搭建舞台、看台的，演出举办单位应当按照国家有关安全标准搭建舞台、看台，确保安全。

第二十条 审批临时搭建舞台、看台的营业性演出时，文化主管部门应当核验演出举办单位的下列文件：

（一）依法验收后取得的演出场所合格证明；

（二）安全保卫工作方案和灭火、应急疏散预案；

（三）依法取得的安全、消防批准文件。

第二十一条 演出场所容纳的观众数量应当报公安部门核准；观众区域与缓冲区域应当由公安部门划定，缓冲区域应当有明显标识。

演出举办单位应当按照公安部门核准的观众数量、划定的观众区域印制和出售门票。

验票时，发现进入演出场所的观众达到核准数量仍有观众等待入场的，应当立即终止验票并同时向演出所在地县级人民政府公安部门报告；发现观众持有观众区域以外的门票或者假票的，应当拒绝其入场并同时向演出所在地县级人民政府公安部门报告。

第二十二条 任何人不得携带传染病病原体和爆炸性、易燃性、放射性、腐蚀性等危险物质或者非法携带枪支、弹药、管制器具进入营业性演出现场。

演出场所经营单位应当根据公安部门的要求,配备安全检查设施,并对进入营业性演出现场的观众进行必要的安全检查;观众不接受安全检查或者有前款禁止行为的,演出场所经营单位有权拒绝其进入。

第二十三条 演出举办单位应当组织人员落实营业性演出时的安全、消防措施,维护营业性演出现场秩序。

演出举办单位和演出场所经营单位发现营业性演出现场秩序混乱,应当立即采取措施并同时向演出所在地县级人民政府公安部门报告。

第五十一条 有下列行为之一的,由公安部门或者公安消防机构依据法定职权依法予以处罚;构成犯罪的,依法追究刑事责任:

(一)违反本条例安全、消防管理规定的;

(二)伪造、变造营业性演出门票或者倒卖伪造、变造的营业性演出门票的。

演出举办单位印制、出售超过核准观众数量的或者观众区域以外的营业性演出门票的,由县级以上人民政府公安部门依据各自职权责令改正,没收违法所得,并处违法所得3倍以上5倍以下的罚款;没有违法所得或者违法所得不足1万元的,并处3万元以上5万元以下的罚款;造成严重后果的,由原发证机关吊销营业性演出许可证;构成犯罪的,依法追究刑事责任。

45.9 《民用爆炸物品安全管理条例》(2014年7月29日修订)

第三十条 禁止携带民用爆炸物品搭乘公共交通工具或者

进入公共场所。

禁止邮寄民用爆炸物品,禁止在托运的货物、行李、包裹、邮件中夹带民用爆炸物品。

第五十一条 违反本条例规定,携带民用爆炸物品搭乘公共交通工具或者进入公共场所,邮寄或者在托运的货物、行李、包裹、邮件中夹带民用爆炸物品,构成犯罪的,依法追究刑事责任;尚不构成犯罪的,由公安机关依法给予治安管理处罚,没收非法的民用爆炸物品,处1000元以上1万元以下的罚款。

【典型案例】

代甲违反公共场所安全规定案[①]

1. 基本事实

2017年,被告翠屏区分局长江大道派出所民警齐乙等人佩戴执法证件来到辖区内宜宾市翠屏区通天塔网吧处,发现网吧上网消费人员李丙有吸烟行为,当场询问李丙并通知其到派出所接受调查。通天塔网吧现场负责人原告代甲见状,上前为李丙开脱并阻止民警带李丙回派出所调查。民警齐乙在查明代甲系网吧现场负责人的情况下,告知代甲网吧涉嫌违反《互联网上网服务营业场所管理条例》网吧经营者应当制止吸烟的规定,依照2012年《中华人民共和国治安管理处罚法》第82条第1款的规定口头传唤代甲到派出所接受调查。代甲屡次予以拒绝。

2. 法院裁判

根据2016年《互联网上网服务营业场所管理条例》第4条、第33条的规定,公安机关具有监督管理互联网上网服务营业场

---

① 参见四川省宜宾市中级人民法院行政裁定书,(2017)川1502行初65号。

所经营单位履行消防安全职责的法定职权。根据第 24 条的规定，互联网上网服务营业场所经营单位应当依法履行信息网络安全、治安和消防安全职责。被告发现通天塔网吧不制止上网消费人员吸烟，该网吧的行为违反《互联网上网服务营业场所管理条例》规定的网吧应当履行的消防安全职责。根据《公安机关办理行政案件程序规定》第 53 条第 1 款、第 2 款、第 3 款，被告民警口头传唤网吧现场负责人原告代甲的行为符合上述规定。被告多次口头传唤时，告知代甲传唤的原因和依据，遭代甲拒绝。被告 110 指挥中心接到指令，派增援民警到达现场，代甲无正当理由仍不接受传唤，被告实施强制传唤符合法律规定。根据《公安机关办理行政案件程序规定》第 53 条第 4 款规定，公安机关应当将传唤的原因和依据告知被传唤人……因 2012 年《中华人民共和国治安管理处罚法》未将违反消防安全管理的行为纳入违反治安管理行为，该法第 82 条是针对违反治安管理行为人实施传唤的依据，因此，被告对通天塔网吧违反消防安全管理行为实施传唤告知的依据(2012 年《中华人民共和国治安管理处罚法第》第 82 条)不当，法院予以指正。由于消防安全管理属于公安机关行政管理范畴，被告民警实施传唤应告知的传唤依据是上述《公安机关办理行政案件程序规定》第 53 条第 1 款、第 2 款、第 3 款的规定。原告以网吧内没有违反治安管理的行为，不具备传唤条件，《互联网上网服务营业场所管理条例》中没有传唤的规定以及传唤时没有告知传唤原因和依据，认为被告的行为违法的理由，与事实不符，于法无据，不能成立。

第四十六条 【对违规操控升空物体行为的处罚】违反有关法律法规关于飞行空域管理规定，飞行民用无人驾驶航空器、航空运动器材,或者升放无人驾驶自由气球、系留气球等升空物体,情节较重的,处五日以上十日以下拘留。

飞行、升放前款规定的物体非法穿越国(边)境的,处十日以上十五日以下拘留。

【相关规定索引】

类别	名 称	关联条款
法律	《中华人民共和国陆地国界法》	第 39 条
	《中华人民共和国民用航空法》	第 58 条
行政法规	《通用航空飞行管制条例》	第 6、7、12、14、15、22 - 24、33、36 - 39 条
	《无人驾驶航空器飞行管理暂行条例》	第 19 - 22、26、30、32 - 36 条
	《长江三峡水利枢纽安全保卫条例》	第 22 - 24 条
	《铁路安全管理条例》	第 53 条
	《民用机场管理条例》	第 49、50 条
规章	《升放气球管理办法》	第 2、5、16、17 条
	《航空体育运动管理办法》	第 14 条

【关联规定】

46.1 《中华人民共和国陆地国界法》(2021 年 10 月 23 日公布)

第三十九条 航空器飞越陆地国界,应当经有关主管机关批准并且遵守我国法律法规规定。未经批准飞越陆地国界的,有关主管机关应当采取必要措施进行处置。

任何组织或者个人未经有关主管机关批准不得在陆地国界附近操控无人驾驶航空器飞行。模型航空器、三角翼、无人驾驶自由气球等的飞行活动,参照无人驾驶航空器管理。

46.2 《中华人民共和国民用航空法》(2021年4月29日修正)

第五十八条第一款第六项 禁止在依法划定的民用机场范围内和按照国家规定划定的机场净空保护区域内从事下列活动:

(六)饲养、放飞影响飞行安全的鸟类动物和其他物体;

46.3 《通用航空飞行管制条例》(2003年1月10日公布)

第六条 从事通用航空飞行活动的单位、个人使用机场飞行空域、航路、航线,应当按照国家有关规定向飞行管制部门提出申请,经批准后方可实施。

第七条 从事通用航空飞行活动的单位、个人,根据飞行活动要求,需要划设临时飞行空域的,应当向有关飞行管制部门提出划设临时飞行空域的申请。

划设临时飞行空域的申请应当包括下列内容:

(一)临时飞行空域的水平范围、高度;

(二)飞入和飞出临时飞行空域的方法;

(三)使用临时飞行空域的时间;

(四)飞行活动性质;

(五)其他有关事项。

第十二条 从事通用航空飞行活动的单位、个人实施飞行前,应当向当地飞行管制部门提出飞行计划申请,按照批准权限,经批准后方可实施。

第十四条 从事通用航空飞行活动的单位、个人有下列情形之一的,必须在提出飞行计划申请时,提交有效的任务批准文件:

(一)飞出或者飞入我国领空的(公务飞行除外);

(二)进入空中禁区或者国(边)界线至我方一侧10公里之间地带上空飞行的;

(三)在我国境内进行航空物探或者航空摄影活动的;

(四)超出领海(海岸)线飞行的;

(五)外国航空器或者外国人使用我国航空器在我国境内进行通用航空飞行活动的。

第十五条 使用机场飞行空域、航路、航线进行通用航空飞行活动,其飞行计划申请由当地飞行管制部门批准或者由当地飞行管制部门报经上级飞行管制部门批准。

使用临时飞行空域、临时航线进行通用航空飞行活动,其飞行计划申请按照下列规定的权限批准:

(一)在机场区域内的,由负责该机场飞行管制的部门批准;

(二)超出机场区域在飞行管制分区内的,由负责该分区飞行管制的部门批准;

(三)超出飞行管制分区在飞行管制区内的,由负责该区域飞行管制的部门批准;

(四)超出飞行管制区的,由中国人民解放军空军批准。

第二十二条 从事通用航空飞行活动的单位、个人组织各类飞行活动,应当制定安全保障措施,严格按照批准的飞行计划组织实施,并按照要求报告飞行动态。

第二十三条 从事通用航空飞行活动的单位、个人,应当与有关飞行管制部门建立可靠的通信联络。

在划设的临时飞行空域内从事通用航空飞行活动时,应当保持空地联络畅通。

第二十四条 在临时飞行空域内进行通用航空飞行活动,通常由从事通用航空飞行活动的单位、个人负责组织实施,并对其安全负责。

第三十三条 进行升放无人驾驶自由气球或者系留气球活动,必须经设区的市级以上气象主管机构会同有关部门批准。具体办法由国务院气象主管机构制定。

第三十六条 升放无人驾驶自由气球,应当按照批准的申请升放,并及时向有关飞行管制部门报告升放动态;取消升放时,应当及时报告有关飞行管制部门。

第三十七条 升放系留气球,应当确保系留牢固,不得擅自释放。

系留气球升放的高度不得高于地面150米,但是低于距其水平距离50米范围内建筑物顶部的除外。

系留气球升放的高度超过地面50米的,必须加装快速放气装置,并设置识别标志。

第三十八条 升放的无人驾驶自由气球或者系留气球中发生下列可能危及飞行安全的情况时,升放单位、个人应当及时报告有关飞行管制部门和当地气象主管机构:

(一)无人驾驶自由气球非正常运行的;

(二)系留气球意外脱离系留的;

(三)其他可能影响飞行安全的异常情况。

加装快速放气装置的系留气球意外脱离系留时,升放系留气球的单位、个人应当在保证地面人员、财产安全的条件下,快速启动放气装置。

第三十九条 禁止在依法划设的机场范围内和机场净空保护区域内升放无人驾驶自由气球或者系留气球,但是国家另有规定的除外。

46.4 《无人驾驶航空器飞行管理暂行条例》(2023 年 5 月 31 日公布)

第十九条 国家根据需要划设无人驾驶航空器管制空域(以下简称管制空域)。

真高 120 米以上空域,空中禁区、空中限制区以及周边空域,军用航空超低空飞行空域,以及下列区域上方的空域应当划设为管制空域:

(一)机场以及周边一定范围的区域;

(二)国界线、实际控制线、边境线向我方一侧一定范围的区域;

(三)军事禁区、军事管理区、监管场所等涉密单位以及周边一定范围的区域;

(四)重要军工设施保护区域、核设施控制区域、易燃易爆等危险品的生产和仓储区域,以及可燃重要物资的大型仓储区域;

(五)发电厂、变电站、加油(气)站、供水厂、公共交通枢纽、航电枢纽、重大水利设施、港口、高速公路、铁路电气化线路等公共基础设施以及周边一定范围的区域和饮用水水源保护区;

(六)射电天文台、卫星测控(导航)站、航空无线电导航台、雷达站等需要电磁环境特殊保护的设施以及周边一定范围的区域;

(七)重要革命纪念地、重要不可移动文物以及周边一定范围的区域;

(八)国家空中交通管理领导机构规定的其他区域。

管制空域的具体范围由各级空中交通管理机构按照国家空中交通管理领导机构的规定确定,由设区的市级以上人民政府公布,民用航空管理部门和承担相应职责的单位发布航行情报。

未经空中交通管理机构批准,不得在管制空域内实施无人驾驶航空器飞行活动。

管制空域范围以外的空域为微型、轻型、小型无人驾驶航空器的适飞空域(以下简称适飞空域)。

第二十条 遇有特殊情况,可以临时增加管制空域,由空中交通管理机构按照国家有关规定确定有关空域的水平、垂直范围和使用时间。

保障国家重大活动以及其他大型活动的,在临时增加的管制空域生效24小时前,由设区的市级以上地方人民政府发布公告,民用航空管理部门和承担相应职责的单位发布航行情报。

保障执行军事任务或者反恐维稳、抢险救灾、医疗救护等其他紧急任务的,在临时增加的管制空域生效30分钟前,由设区的市级以上地方人民政府发布紧急公告,民用航空管理部门和承担相应职责的单位发布航行情报。

第二十一条 按照国家空中交通管理领导机构的规定需要设置管制空域的地面警示标志的,设区的市级人民政府应当组织设置并加强日常巡查。

第二十二条 无人驾驶航空器通常应当与有人驾驶航空器隔离飞行。

属于下列情形之一的,经空中交通管理机构批准,可以进行融合飞行:

(一)根据任务或者飞行课目需要,警察、海关、应急管理部门辖有的无人驾驶航空器与本部门、本单位使用的有人驾驶航空器在同一空域或者同一机场区域的飞行;

(二)取得适航许可的大型无人驾驶航空器的飞行;

(三)取得适航许可的中型无人驾驶航空器不超过真高300

米的飞行；

（四）小型无人驾驶航空器不超过真高300米的飞行；

（五）轻型无人驾驶航空器在适飞空域上方不超过真高300米的飞行。

属于下列情形之一的，进行融合飞行无需经空中交通管理机构批准：

（一）微型、轻型无人驾驶航空器在适飞空域内的飞行；

（二）常规农用无人驾驶航空器作业飞行活动。

第二十六条 除本条例第三十一条另有规定外，组织无人驾驶航空器飞行活动的单位或者个人应当在拟飞行前1日12时前向空中交通管理机构提出飞行活动申请。空中交通管理机构应当在飞行前1日21时前作出批准或者不予批准的决定。

按照国家空中交通管理领导机构的规定在固定空域内实施常态飞行活动的，可以提出长期飞行活动申请，经批准后实施，并应当在拟飞行前1日12时前将飞行计划报空中交通管理机构备案。

第三十条 飞行活动已获得批准的单位或者个人组织无人驾驶航空器飞行活动的，应当在计划起飞1小时前向空中交通管理机构报告预计起飞时刻和准备情况，经空中交通管理机构确认后方可起飞。

第三十二条 操控无人驾驶航空器实施飞行活动，应当遵守下列行为规范：

（一）依法取得有关许可证书、证件，并在实施飞行活动时随身携带备查；

（二）实施飞行活动前做好安全飞行准备，检查无人驾驶航空器状态，并及时更新电子围栏等信息；

（三）实时掌握无人驾驶航空器飞行动态,实施需经批准的飞行活动应当与空中交通管理机构保持通信联络畅通,服从空中交通管理,飞行结束后及时报告;

（四）按照国家空中交通管理领导机构的规定保持必要的安全间隔;

（五）操控微型无人驾驶航空器的,应当保持视距内飞行;

（六）操控小型无人驾驶航空器在适飞空域内飞行的,应当遵守国家空中交通管理领导机构关于限速、通信、导航等方面的规定;

（七）在夜间或者低能见度气象条件下飞行的,应当开启灯光系统并确保其处于良好工作状态;

（八）实施超视距飞行的,应当掌握飞行空域内其他航空器的飞行动态,采取避免相撞的措施;

（九）受到酒精类饮料、麻醉剂或者其他药物影响时,不得操控无人驾驶航空器;

（十）国家空中交通管理领导机构规定的其他飞行活动行为规范。

第三十三条 操控无人驾驶航空器实施飞行活动,应当遵守下列避让规则:

（一）避让有人驾驶航空器、无动力装置的航空器以及地面、水上交通工具;

（二）单架飞行避让集群飞行;

（三）微型无人驾驶航空器避让其他无人驾驶航空器;

（四）国家空中交通管理领导机构规定的其他避让规则。

第三十四条 禁止利用无人驾驶航空器实施下列行为:

（一）违法拍摄军事设施、军工设施或者其他涉密场所;

(二)扰乱机关、团体、企业、事业单位工作秩序或者公共场所秩序;

(三)妨碍国家机关工作人员依法执行职务;

(四)投放含有违反法律法规规定内容的宣传品或者其他物品;

(五)危及公共设施、单位或者个人财产安全;

(六)危及他人生命健康,非法采集信息,或者侵犯他人其他人身权益;

(七)非法获取、泄露国家秘密,或者违法向境外提供数据信息;

(八)法律法规禁止的其他行为。

第三十五条 使用民用无人驾驶航空器从事测绘活动的单位依法取得测绘资质证书后,方可从事测绘活动。

外国无人驾驶航空器或者由外国人员操控的无人驾驶航空器不得在我国境内实施测绘、电波参数测试等飞行活动。

第三十六条 模型航空器应当在空中交通管理机构为航空飞行营地划定的空域内飞行,但国家空中交通管理领导机构另有规定的除外。

46.5 《长江三峡水利枢纽安全保卫条例》(2013年9月9日公布)

第二十二条 在空域安全保卫区飞行的航空器,应当严格按照飞行管制部门批准的计划飞行。

第二十三条 禁止在空域安全保卫区进行风筝、孔明灯、热气球、飞艇、动力伞、滑翔伞、三角翼、无人机、轻型直升机、航模等升放或者飞行活动。

第二十四条 负有三峡枢纽安全保卫职责的部门和单位,应当加强对空域安全保卫区安全情况的动态监控,发现违反三峡枢纽空域安全保卫规定的升放或者飞行活动,应当立即协调有关部门查明情况,依法采取必要的处置措施。

46.6 《铁路安全管理条例》(2013 年 8 月 17 日公布)

第五十三条第二项 禁止实施下列危害电气化铁路设施的行为:

(二)在铁路电力线路导线两侧各 500 米的范围内升放风筝、气球等低空飘浮物体;

46.7 《民用机场管理条例》(2019 年 3 月 2 日修订)

第四十九条第五、六项 禁止在民用机场净空保护区域内从事下列活动:

(五)放飞影响飞行安全的鸟类,升放无人驾驶的自由气球、系留气球和其他升空物体;

(六)焚烧产生大量烟雾的农作物秸秆、垃圾等物质,或者燃放烟花、焰火;

第五十条 在民用机场净空保护区域外从事本条例第四十九条所列活动的,不得影响民用机场净空保护。

46.8 《升放气球管理办法》(2020 年 11 月 29 日公布)

第二条 本办法所称气球,包括无人驾驶自由气球和系留气球。

无人驾驶自由气球,是指无动力驱动、无人操纵、轻于空气、总质量大于 4 千克自由漂移的充气物体。

系留气球,是指系留于地面物体上、直径大于 1.8 米或者体积容量大于 3.2 立方米、轻于空气的充气物体。

前述气球不包括热气球、系留式观光气球等载人气球。

第五条 从事升放气球活动,应当坚持安全第一的原则,严格执行国家制定的有关技术规范、标准和规程。

第十六条 升放无人驾驶自由气球,应当在拟升放两日前持本办法第十五条规定的批准文件向当地飞行管制部门提出升放申请。

第十七条 升放气球活动必须在许可机构批准的范围内进行。

禁止在依法划设的机场范围内和机场净空保护区域内升放无人驾驶自由气球或者系留气球,但是国家另有规定的除外。

46.9 《航空体育运动管理办法》(2024年8月23日公布)

第十四条 从事航空体育运动的单位和人员开展飞行活动,应当按照规定向空中交通管理部门申请空域,获准后方可实施飞行。

【典型案例】

龚甲升放无人机案[1]

1. 基本事实

2021年7月24日18时41分至20时22分,原告在所在村子附近使用大疆T30牌无人机给玉米喷洒农药,无人机的飞行范围属于机场净空保护区,且未按规定申报飞行活动。根据2012年《中华人民共和国治安管理处罚法》第23条第1款第2项的规定,决定对原告行政拘留5日。原告不服该处罚决定诉至法院,经审理,法院作出(2022)甘7101行初22号行政判决,认定被告作出的被诉行政处罚决定认定事实不清,证据不足,程序违法,予以撤销,并责令被告在30日内重新作出处理。现对原告重新作

---

[1] 参见兰州铁路运输法院行政判决书,(2023)甘7101行初15号。

出的行政拘留5日不再执行。行政处罚决定书宣告送达后，原告仍然不服，诉至法院。

2. 法院裁判

关于原告提出依据《民用机场管理条例》第79条的规定，原告的违法行为应当由地方人民政府责令改正，被告作出处罚主体不当的意见，法院认为，该条例并未规定公安机关不得依据《中华人民共和国治安管理处罚法》对此类违法行为进行处罚，再结合《甘肃民用机场净空保护公告》的相关规定，被告作出被诉行政处罚决定主体适格，故原告的该意见不能成立，法院不予采纳。关于原告提出原办案民警应当回避的意见，没有法律依据，故法院对该意见不予采纳。关于原告提出其询问笔录和传唤证时间相矛盾，存在重大且明显违法的意见，虽然询问笔录上原告到达和离开的时间与传唤证的时间不完全一致，但并未超过法定最长传唤时间，故原告的该意见不能成立，法院不予采纳。判决如下：驳回原告龚某的诉讼请求。

第三节 侵犯人身权利、财产权利的行为和处罚

第四十七条 【对强迫性侵害人身自由行为的处罚】有下列行为之一的，处十日以上十五日以下拘留，并处一千元以上二千元以下罚款；情节较轻的，处五日以上十日以下拘留，并处一千元以下罚款：

（一）组织、胁迫、诱骗不满十六周岁的人或者残疾人进行恐怖、残忍表演的；

（二）以暴力、威胁或者其他手段强迫他人劳动的；

(三)非法限制他人人身自由、非法侵入他人住宅或者非法搜查他人身体的。

【相关规定索引】

类别	名 称	关联条款
法律	《中华人民共和国宪法》	第37、39条
	《中华人民共和国民法典》	第109、110、207、1003、1004、1011条
	《中华人民共和国劳动法》	第3、15、32、96条
	《中华人民共和国妇女权益保障法》	第19条
	《中华人民共和国未成年人保护法》	第2-4、17、54、61、129条
	《中华人民共和国残疾人保障法》	第2、3、40、65、67条
行政法规	《营业性演出管理条例》	第2、3、25、26、46条

【关联规定】

47.1 《中华人民共和国宪法》(2018年3月11日修正)

第三十七条 中华人民共和国公民的人身自由不受侵犯。

任何公民,非经人民检察院批准或者决定或者人民法院决定,并由公安机关执行,不受逮捕。

禁止非法拘禁和以其他方法非法剥夺或者限制公民的人身自由,禁止非法搜查公民的身体。

第三十九条 中华人民共和国公民的住宅不受侵犯。禁止非法搜查或者非法侵入公民的住宅。

47.2 《中华人民共和国民法典》(2020 年 5 月 28 日公布)

第一百零九条 自然人的人身自由、人格尊严受法律保护。

第一百一十条 自然人享有生命权、身体权、健康权、姓名权、肖像权、名誉权、荣誉权、隐私权、婚姻自主权等权利。

第二百零七条 国家、集体、私人的物权和其他权利人的物权受法律平等保护,任何组织或者个人不得侵犯。

第一千零三条 自然人享有身体权。自然人的身体完整和行动自由受法律保护。任何组织或者个人不得侵害他人的身体权。

第一千零四条 自然人享有健康权。自然人的身心健康受法律保护。任何组织或者个人不得侵害他人的健康权。

第一千零一十一条 以非法拘禁等方式剥夺、限制他人的行动自由,或者非法搜查他人身体的,受害人有权依法请求行为人承担民事责任。

47.3 《中华人民共和国劳动法》(2018 年 12 月 29 日修正)

第三条 劳动者享有平等就业和选择职业的权利、取得劳动报酬的权利、休息休假的权利、获得劳动安全卫生保护的权利、接受职业技能培训的权利、享受社会保险和福利的权利、提请劳动争议处理的权利以及法律规定的其他劳动权利。

劳动者应当完成劳动任务,提高职业技能,执行劳动安全卫生规程,遵守劳动纪律和职业道德。

第十五条 禁止用人单位招用未满十六周岁的未成年人。

文艺、体育和特种工艺单位招用未满十六周岁的未成年人,必须遵守国家有关规定,并保障其接受义务教育的权利。

第三十二条第二项 有下列情形之一的,劳动者可以随时通知用人单位解除劳动合同:

(二)用人单位以暴力、威胁或者非法限制人身自由的手段强迫劳动的；

第九十六条 用人单位有下列行为之一，由公安机关对责任人员处以十五日以下拘留、罚款或者警告；构成犯罪的，对责任人员依法追究刑事责任：

(一)以暴力、威胁或者非法限制人身自由的手段强迫劳动的；

(二)侮辱、体罚、殴打、非法搜查和拘禁劳动者的。

47.4《中华人民共和国妇女权益保障法》(2022年10月30日修订)

第十九条 妇女的人身自由不受侵犯。禁止非法拘禁和以其他非法手段剥夺或者限制妇女的人身自由；禁止非法搜查妇女的身体。

47.5《中华人民共和国未成年人保护法》(2024年4月26日修正)

第二条 本法所称未成年人是指未满十八周岁的公民。

第三条 国家保障未成年人的生存权、发展权、受保护权、参与权等权利。

未成年人依法平等地享有各项权利，不因本人及其父母或者其他监护人的民族、种族、性别、户籍、职业、宗教信仰、教育程度、家庭状况、身心健康状况等受到歧视。

第四条 保护未成年人，应当坚持最有利于未成年人的原则。处理涉及未成年人事项，应当符合下列要求：

(一)给予未成年人特殊、优先保护；

(二)尊重未成年人人格尊严；

(三)保护未成年人隐私权和个人信息；

(四)适应未成年人身心健康发展的规律和特点;

(五)听取未成年人的意见;

(六)保护与教育相结合。

第十七条第八、十一项 未成年人的父母或者其他监护人不得实施下列行为:

(八)允许或者迫使未成年人从事国家规定以外的劳动;

(十一)其他侵犯未成年人身心健康、财产权益或者不依法履行未成年人保护义务的行为。

第五十四条 禁止拐卖、绑架、虐待、非法收养未成年人,禁止对未成年人实施性侵害、性骚扰。

禁止胁迫、引诱、教唆未成年人参加黑社会性质组织或者从事违法犯罪活动。

禁止胁迫、诱骗、利用未成年人乞讨。

第六十一条 任何组织或者个人不得招用未满十六周岁未成年人,国家另有规定的除外。

营业性娱乐场所、酒吧、互联网上网服务营业场所等不适宜未成年人活动的场所不得招用已满十六周岁的未成年人。

招用已满十六周岁未成年人的单位和个人应当执行国家在工种、劳动时间、劳动强度和保护措施等方面的规定,不得安排其从事过重、有毒、有害等危害未成年人身心健康的劳动或者危险作业。

任何组织或者个人不得组织未成年人进行危害其身心健康的表演等活动。经未成年人的父母或者其他监护人同意,未成年人参与演出、节目制作等活动,活动组织方应当根据国家有关规定,保障未成年人合法权益。

第一百二十九条 违反本法规定,侵犯未成年人合法权益,造成人身、财产或者其他损害的,依法承担民事责任。

违反本法规定,构成违反治安管理行为的,依法给予治安管理处罚;构成犯罪的,依法追究刑事责任。

47.6 **《中华人民共和国残疾人保障法》**(2018 年 10 月 26 日修正)

第二条 残疾人是指在心理、生理、人体结构上,某种组织、功能丧失或者不正常,全部或者部分丧失以正常方式从事某种活动能力的人。

残疾人包括视力残疾、听力残疾、言语残疾、肢体残疾、智力残疾、精神残疾、多重残疾和其他残疾的人。

残疾标准由国务院规定。

第三条 残疾人在政治、经济、文化、社会和家庭生活等方面享有同其他公民平等的权利。

残疾人的公民权利和人格尊严受法律保护。

禁止基于残疾的歧视。禁止侮辱、侵害残疾人。禁止通过大众传播媒介或者其他方式贬低损害残疾人人格。

第四十条 任何单位和个人不得以暴力、威胁或者非法限制人身自由的手段强迫残疾人劳动。

第六十五条 违反本法规定,供养、托养机构及其工作人员侮辱、虐待、遗弃残疾人的,对直接负责的主管人员和其他直接责任人员依法给予处分;构成违反治安管理行为的,依法给予行政处罚。

第六十七条 违反本法规定,侵害残疾人的合法权益,其他法律、法规规定行政处罚的,从其规定;造成财产损失或者其他损害的,依法承担民事责任;构成犯罪的,依法追究刑事责任。

47.7 《营业性演出管理条例》(2020年11月29日修订)

第二条 本条例所称营业性演出,是指以营利为目的为公众举办的现场文艺表演活动。

第三条 营业性演出必须坚持为人民服务、为社会主义服务的方向,把社会效益放在首位、实现社会效益和经济效益的统一,丰富人民群众的文化生活。

第二十五条第八、九、十项 营业性演出不得有下列情形:

(八)表演方式恐怖、残忍,摧残演员身心健康的;

(九)利用人体缺陷或者以展示人体变异等方式招徕观众的;

(十)法律、行政法规禁止的其他情形。

第二十六条 演出场所经营单位、演出举办单位发现营业性演出有本条例第二十五条禁止情形的,应当立即采取措施予以制止并同时向演出所在地县级人民政府文化主管部门、公安部门报告。

第四十六条 营业性演出有本条例第二十五条禁止情形的,由县级人民政府文化主管部门责令停止演出,没收违法所得,并处违法所得8倍以上10倍以下的罚款;没有违法所得或者违法所得不足1万元的,并处5万元以上10万元以下的罚款;情节严重的,由原发证机关吊销营业性演出许可证;违反治安管理规定的,由公安部门依法予以处罚;构成犯罪的,依法追究刑事责任。

演出场所经营单位、演出举办单位发现营业性演出有本条例第二十五条禁止情形未采取措施予以制止的,由县级人民政府文化主管部门、公安部门依据法定职权给予警告,并处5万元以上10万元以下的罚款;未依照本条例第二十六条规定报告的,由县级人民政府文化主管部门、公安部门依据法定职权给予警告,并处 5000 元以上 1 万元以下的罚款。

【典型案例】

王某非法侵入他人住宅案[①]

1. 基本事实

2020 年 4 月 12 日 0 时许,王某、张某、朱某、王某某、于某、张某、徐某某、王某 1 为取得吴某某婚内出轨的"证据",到东台市××镇××小区××号楼××室"抓奸",王某指使张某冒充楼下邻居骗得张某某打开房门后,王某等八人在张某某阻止后仍强行进入屋内。王某、王某某、王某 1 对张某某实施殴打,王某与张某某互相揪扭、抱摔,期间王某对吴某某进行了殴打。当日东台市公安局接到报警后依法受理了上述案件,经鉴定,2020 年 4 月 20 日,东台市公安局物证鉴定室出具的东公物鉴(临床)字[2020]98 号、99 号《法医学人体损伤程度鉴定书》,认为吴某某、张某某的损伤程度构成轻微伤。2020 年 7 月 7 日作出东公(北)行罚决字[2020]1197 号《行政处罚决定书》,分别作出处罚,其中王某某认为东台市公安局作出的处罚决定事实不清,诉至法院。

2. 法院裁判

该案中,××小区××号楼××室的买受人为吴某某,承租人为张某某。张某某为该房屋的实际居住人,退一步讲,该房屋即使认定吴某某为实际出资人,但王某并没有实际居住该房屋,并不实际控制该房屋。案发当日系张某某和吴某某居住在屋内,张某等八人进入房屋的方式是骗取张某某开门后,又强行进入屋

[①] 参见江苏省盐城市盐都区人民法院行政判决书,(2020)苏 0903 行初 489 号。

内,王某、王某某、王某1并对张某某实施殴打。原告王某某在未经实际居住人同意强行进入××小区××号楼××室,侵犯了他人的居住权,构成非法侵入他人住宅。王某某对张某某实施殴打行为违反了2012年《中华人民共和国治安管理处罚法》第43条的规定。被告东台公安局在对该案于2020年6月10日调解不成后,于2020年7月7日依法作出的案涉行政处罚事实清楚、程序合法、适用法律正确,处罚适当。原告的诉讼请求法院不予支持。综上,依据《中华人民共和国行政诉讼法》第69条之规定,驳回原告王某某的诉讼请求。

第四十八条 【对组织、胁迫未成年人有偿陪侍的处罚】组织、胁迫未成年人在不适宜未成年人活动的经营场所从事陪酒、陪唱等有偿陪侍活动的,处十日以上十五日以下拘留,并处五千元以下罚款;情节较轻的,处五日以下拘留或者五千元以下罚款。

【相关规定索引】

类别	名称	关联条款
法律	《中华人民共和国未成年人保护法》	第4、17、58、61条
	《中华人民共和国预防未成年人犯罪法》	第28、65条

【关联规定】

48.1 《中华人民共和国未成年人保护法》(2024年4月26日修正)

第四条 保护未成年人,应当坚持最有利于未成年人的原则。处理涉及未成年人事项,应当符合下列要求:

(一)给予未成年人特殊、优先保护；
(二)尊重未成年人人格尊严；
(三)保护未成年人隐私权和个人信息；
(四)适应未成年人身心健康发展的规律和特点；
(五)听取未成年人的意见；
(六)保护与教育相结合。

第十七条第四、六、七、十一项 未成年人的父母或者其他监护人不得实施下列行为：

(四)放任、唆使未成年人吸烟(含电子烟,下同)、饮酒、赌博、流浪乞讨或者欺凌他人；

(六)放任未成年人沉迷网络,接触危害或者可能影响其身心健康的图书、报刊、电影、广播电视节目、音像制品、电子出版物和网络信息等；

(七)放任未成年人进入营业性娱乐场所、酒吧、互联网上网服务营业场所等不适宜未成年人活动的场所；

(十一)其他侵犯未成年人身心健康、财产权益或者不依法履行未成年人保护义务的行为。

第五十八条 学校、幼儿园周边不得设置营业性娱乐场所、酒吧、互联网上网服务营业场所等不适宜未成年人活动的场所。营业性歌舞娱乐场所、酒吧、互联网上网服务营业场所等不适宜未成年人活动场所的经营者,不得允许未成年人进入；游艺娱乐场所设置的电子游戏设备,除国家法定节假日外,不得向未成年人提供。经营者应当在显著位置设置未成年人禁入、限入标志；对难以判明是否是未成年人的,应当要求其出示身份证件。

第六十一条 任何组织或者个人不得招用未满十六周岁未成年人,国家另有规定的除外。

营业性娱乐场所、酒吧、互联网上网服务营业场所等不适宜未成年人活动的场所不得招用已满十六周岁的未成年人。

招用已满十六周岁未成年人的单位和个人应当执行国家在工种、劳动时间、劳动强度和保护措施等方面的规定,不得安排其从事过重、有毒、有害等危害未成年人身心健康的劳动或者危险作业。

任何组织或者个人不得组织未成年人进行危害其身心健康的表演等活动。经未成年人的父母或者其他监护人同意,未成年人参与演出、节目制作等活动,活动组织方应当根据国家有关规定,保障未成年人合法权益。

48.2 《中华人民共和国预防未成年人犯罪法》(2020年12月26日修订)

第二十八条第一、六、九项 本法所称不良行为,是指未成年人实施的不利于其健康成长的下列行为:

(一)吸烟、饮酒;

(六)进入法律法规规定未成年人不宜进入的场所;

(九)其他不利于未成年人身心健康成长的不良行为。

第六十五条 教唆、胁迫、引诱未成年人实施不良行为或者严重不良行为,构成违反治安管理行为的,由公安机关依法予以治安管理处罚。

第四十九条 【对违法乞讨行为的处罚】胁迫、诱骗或者利用他人乞讨的,处十日以上十五日以下拘留,可以并处二千元以下罚款。

反复纠缠、强行讨要或者以其他滋扰他人的方式乞讨的,处五日以下拘留或者警告。

【相关规定索引】

类别	名　　称	关联条款
法律	《中华人民共和国宪法》	第 37 条
	《中华人民共和国未成年人保护法》	第 17、54、92、129 条
	《中华人民共和国老年人权益保障法》	第 31 条
	《中华人民共和国精神卫生法》	第 28 条

【关联规定】

49.1　《中华人民共和国宪法》(2018 年 3 月 11 日修正)

第三十七条　中华人民共和国公民的人身自由不受侵犯。

任何公民,非经人民检察院批准或者决定或者人民法院决定,并由公安机关执行,不受逮捕。

禁止非法拘禁和以其他方法非法剥夺或者限制公民的人身自由,禁止非法搜查公民的身体。

49.2　《中华人民共和国未成年人保护法》(2024 年 4 月 26 日修正)

第十七条第四项　未成年人的父母或者其他监护人不得实施下列行为:

(四)放任、唆使未成年人吸烟(含电子烟,下同)、饮酒、赌博、流浪乞讨或者欺凌他人;

第五十四条　禁止拐卖、绑架、虐待、非法收养未成年人,禁止对未成年人实施性侵害、性骚扰。

禁止胁迫、引诱、教唆未成年人参加黑社会性质组织或者从事违法犯罪活动。禁止胁迫、诱骗、利用未成年人乞讨。

第九十二条第一项　具有下列情形之一的,民政部门应当依法对未成年人进行临时监护:

（一）未成年人流浪乞讨或者身份不明，暂时查找不到父母或者其他监护人；

第一百二十九条　违反本法规定，侵犯未成年人合法权益，造成人身、财产或者其他损害的，依法承担民事责任。

违反本法规定，构成违反治安管理行为的，依法给予治安管理处罚；构成犯罪的，依法追究刑事责任。

49.3　《中华人民共和国老年人权益保障法》(2018 年 12 月 29 日修正)

第三十一条　国家对经济困难的老年人给予基本生活、医疗、居住或者其他救助。

老年人无劳动能力、无生活来源、无赡养人和扶养人，或者其赡养人和扶养人确无赡养能力或者扶养能力的，由地方各级人民政府依照有关规定给予供养或者救助。

对流浪乞讨、遭受遗弃等生活无着的老年人，由地方各级人民政府依照有关规定给予救助。

49.4　《中华人民共和国精神卫生法》(2018 年 4 月 27 日修正)

第二十八条　除个人自行到医疗机构进行精神障碍诊断外，疑似精神障碍患者的近亲属可以将其送往医疗机构进行精神障碍诊断。对查找不到近亲属的流浪乞讨疑似精神障碍患者，由当地民政等有关部门按照职责分工，帮助送往医疗机构进行精神障碍诊断。

疑似精神障碍患者发生伤害自身、危害他人安全的行为，或者有伤害自身、危害他人安全的危险的，其近亲属、所在单位、当地公安机关应当立即采取措施予以制止，并将其送往医疗机构进行精神障碍诊断。

医疗机构接到送诊的疑似精神障碍患者,不得拒绝为其作出诊断。

【典型案例】

奚某某以滋扰他人的方式乞讨案[1]

1. 基本事实

2018年10月14日12时50分许,奚某某在铁路上海虹桥站B1层北通道地铁自助售票处主动搭识正在购票的旅客李某,向其讨要零钱,李某未予理睬,奚某某仍继续纠缠李某讨要零钱,在实施过程中被上海铁路公安处执勤民警查获。铁路公安机关经调查认为奚某某犯有以滋扰他人的方式乞讨的违法行为,且系6个月内再次违反治安管理。之后经复核审批,上海铁路公安处于当日根据2012年《中华人民共和国治安管理处罚法》第41条第2款、第20条第4项之规定,对奚某某作出沪铁公(治)行罚决字〔2018〕613号《行政处罚决定书》(以下简称被诉处罚决定),决定给予奚某某行政拘留3日的处罚。现奚某某不服,诉至原审法院。

2. 法院裁判

根据2012年《中华人民共和国治安管理处罚法》第41条第2款和第20条第4项的规定,该案中,铁路公安机关对旅客李某、徐某所作询问笔录以及民警朱某某所作归案情况说明等证据材料能够相互印证,可以证明2018年10月14日12时50分许,奚某某在上海虹桥站B1层北通道地铁自助售票处主动搭识、纠缠正在购票的旅客试图讨要钱款,已对他人造成滋扰。上海铁路

---

[1] 参见上海市第三中级人民法院行政判决书,(2020)沪03行终326号。

公安处据此认定奚某某犯有以滋扰他人的方式乞讨的违法行为,认定事实清楚,定性并无不当。鉴于奚某某此前在上海虹桥站B1层因扰乱公共场所秩序已被铁路公安机关给予行政处罚,此次违法系6个月内再次违反治安管理,上海铁路公安处依照上述法律规定,对奚某某作出被诉处罚决定,适用法律正确,量罚亦属适当。执法程序方面,上海铁路公安处执法程序合法。综上,奚某某的诉讼请求缺乏事实和法律依据,原审法院不予支持。判决驳回奚某某的诉讼请求。二审维持原判。

第五十条 【对侵犯人身权利六项行为的处罚】有下列行为之一的,处五日以下拘留或者一千元以下罚款;情节较重的,处五日以上十日以下拘留,可以并处一千元以下罚款:

(一)写恐吓信或者以其他方法威胁他人人身安全的;

(二)公然侮辱他人或者捏造事实诽谤他人的;

(三)捏造事实诬告陷害他人,企图使他人受到刑事追究或者受到治安管理处罚的;

(四)对证人及其近亲属进行威胁、侮辱、殴打或者打击报复的;

(五)多次发送淫秽、侮辱、恐吓等信息或者采取滋扰、纠缠、跟踪等方法,干扰他人正常生活的;

(六)偷窥、偷拍、窃听、散布他人隐私的。

有前款第五项规定的滋扰、纠缠、跟踪行为的,除依照前款规定给予处罚外,经公安机关负责人批准,可以责令其一定期限内禁止接触被侵害人。对违反禁止接触规定的,处五日以上十日以下拘留,可以并处一千元以下罚款。

【相关规定索引】

类别	名称	关联条款
法律	《中华人民共和国宪法》	第 38 条
	《中华人民共和国刑事诉讼法》	第 63 条
	《中华人民共和国民事诉讼法》	第 114 条
	《中华人民共和国行政诉讼法》	第 59 条
	《中华人民共和国网络安全法》	第 12、74 条
	《中华人民共和国监察法》	第 43、73、74 条
	《中华人民共和国民法典》	第 990、991、995、999、1000、1002 - 1005、1010、1024 - 1034 条
	《中华人民共和国妇女权益保障法》	第 18 - 21、23 - 29、80 - 82、85 条
监察法规	《中华人民共和国监察法实施条例》	第 71、72、97、325 条
行政法规	《互联网上网服务营业场所管理条例》	第 14 条
	《互联网信息服务管理办法》	第 15、16 条
	《音像制品管理条例》	第 3 条
	《出版管理条例》	第 25 条
	《公共安全视频图像信息系统管理条例》	第 8、13、15、16、21 - 23 条
规章	《网络暴力信息治理规定》	第 10、32 条

【关联规定】

50.1 《中华人民共和国宪法》(2018年3月11日修正)

第三十八条 中华人民共和国公民的人格尊严不受侵犯。禁止用任何方法对公民进行侮辱、诽谤和诬告陷害。

50.2 《中华人民共和国刑事诉讼法》(2018年10月26日修正)

第六十三条 人民法院、人民检察院和公安机关应当保障证人及其近亲属的安全。

对证人及其近亲属进行威胁、侮辱、殴打或者打击报复,构成犯罪的,依法追究刑事责任;尚不够刑事处罚的,依法给予治安管理处罚。

50.3 《中华人民共和国民事诉讼法》(2023年9月1日修正)

第一百一十四条第一款第二、四项,第二款 诉讼参与人或者其他人有下列行为之一的,人民法院可以根据情节轻重予以罚款、拘留;构成犯罪的,依法追究刑事责任:

(二)以暴力、威胁、贿买方法阻止证人作证或者指使、贿买、胁迫他人作伪证的;

(四)对司法工作人员、诉讼参加人、证人、翻译人员、鉴定人、勘验人、协助执行的人,进行侮辱、诽谤、诬陷、殴打或者打击报复的;

人民法院对有前款规定的行为之一的单位,可以对其主要负责人或者直接责任人员予以罚款、拘留;构成犯罪的,依法追究刑事责任。

50.4 《中华人民共和国行政诉讼法》(2017年6月27日修正)

第五十九条第一款第三项、第二款、第三款 诉讼参与人或者其他人有下列行为之一的,人民法院可以根据情节轻重,予以训诫、责令具结悔过或者处一万元以下的罚款、十五日以下的拘留;构成犯罪的,依法追究刑事责任:

(三)指使、贿买、胁迫他人作伪证或者威胁、阻止证人作证的;

人民法院对有前款规定的行为之一的单位,可以对其主要负责人或者直接责任人员依照前款规定予以罚款、拘留;构成犯罪的,依法追究刑事责任。

罚款、拘留须经人民法院院长批准。当事人不服的,可以向上一级人民法院申请复议一次。复议期间不停止执行。

50.5《中华人民共和国网络安全法》(2016年11月7日公布)

第十二条 国家保护公民、法人和其他组织依法使用网络的权利,促进网络接入普及,提升网络服务水平,为社会提供安全、便利的网络服务,保障网络信息依法有序自由流动。

任何个人和组织使用网络应当遵守宪法法律,遵守公共秩序,尊重社会公德,不得危害网络安全,不得利用网络从事危害国家安全、荣誉和利益、煽动颠覆国家政权、推翻社会主义制度,煽动分裂国家、破坏国家统一,宣扬恐怖主义、极端主义,宣扬民族仇恨、民族歧视,传播暴力、淫秽色情信息,编造、传播虚假信息扰乱经济秩序和社会秩序,以及侵害他人名誉、隐私、知识产权和其他合法权益等活动。

第七十四条 违反本法规定,给他人造成损害的,依法承担民事责任。

违反本法规定,构成违反治安管理行为的,依法给予治安管理处罚;构成犯罪的,依法追究刑事责任。

50.6 《中华人民共和国监察法》(2024 年 12 月 25 日修正)

第四十三条 监察机关对职务违法和职务犯罪案件,应当进行调查,收集被调查人有无违法犯罪以及情节轻重的证据,查明违法犯罪事实,形成相互印证、完整稳定的证据链。

调查人员应当依法文明规范开展调查工作。严禁以暴力、威胁、引诱、欺骗及其他非法方式收集证据,严禁侮辱、打骂、虐待、体罚或者变相体罚被调查人和涉案人员。

监察机关及其工作人员在履行职责过程中应当依法保护企业产权和自主经营权,严禁利用职权非法干扰企业生产经营。需要企业经营者协助调查的,应当保障其人身权利、财产权利和其他合法权益,避免或者尽量减少对企业正常生产经营活动的影响。

第七十三条 监察对象对控告人、检举人、证人或者监察人员进行报复陷害的;控告人、检举人、证人捏造事实诬告陷害监察对象的,依法给予处理。

第七十四条第四项 监察机关及其工作人员有下列行为之一的,对负有责任的领导人员和直接责任人员依法给予处理:

(四)对被调查人或者涉案人员逼供、诱供,或者侮辱、打骂、虐待、体罚或者变相体罚的;

50.7 《中华人民共和国民法典》(2020 年 5 月 28 日公布)

第九百九十条 人格权是民事主体享有的生命权、身体权、健康权、姓名权、名称权、肖像权、名誉权、荣誉权、隐私权等权利。

除前款规定的人格权外,自然人享有基于人身自由、人格尊严产生的其他人格权益。

第九百九十一条 民事主体的人格权受法律保护,任何组织或者个人不得侵害。

第九百九十五条 人格权受到侵害的,受害人有权依照本法和其他法律的规定请求行为人承担民事责任。受害人的停止侵害、排除妨碍、消除危险、消除影响、恢复名誉、赔礼道歉请求权,不适用诉讼时效的规定。

第九百九十九条 为公共利益实施新闻报道、舆论监督等行为的,可以合理使用民事主体的姓名、名称、肖像、个人信息等;使用不合理侵害民事主体人格权的,应当依法承担民事责任。

第一千条 行为人因侵害人格权承担消除影响、恢复名誉、赔礼道歉等民事责任的,应当与行为的具体方式和造成的影响范围相当。

行为人拒不承担前款规定的民事责任的,人民法院可以采取在报刊、网络等媒体上发布公告或者公布生效裁判文书等方式执行,产生的费用由行为人负担。

第一千零二条 自然人享有生命权。自然人的生命安全和生命尊严受法律保护。任何组织或者个人不得侵害他人的生命权。

第一千零三条 自然人享有身体权。自然人的身体完整和行动自由受法律保护。任何组织或者个人不得侵害他人的身体权。

第一千零四条 自然人享有健康权。自然人的身心健康受法律保护。任何组织或者个人不得侵害他人的健康权。

第一千零五条 自然人的生命权、身体权、健康权受到侵害或者处于其他危难情形的,负有法定救助义务的组织或者个人应当及时施救。

第一千零一十条 违背他人意愿,以言语、文字、图像、肢体行为等方式对他人实施性骚扰的,受害人有权依法请求行为人承担民事责任。

机关、企业、学校等单位应当采取合理的预防、受理投诉、调查处置等措施,防止和制止利用职权、从属关系等实施性骚扰。

第一千零二十四条 民事主体享有名誉权。任何组织或者个人不得以侮辱、诽谤等方式侵害他人的名誉权。

名誉是对民事主体的品德、声望、才能、信用等的社会评价。

第一千零二十五条 行为人为公共利益实施新闻报道、舆论监督等行为,影响他人名誉的,不承担民事责任,但是有下列情形之一的除外:

(一)捏造、歪曲事实;

(二)对他人提供的严重失实内容未尽到合理核实义务;

(三)使用侮辱性言辞等贬损他人名誉。

第一千零二十六条 认定行为人是否尽到前条第二项规定的合理核实义务,应当考虑下列因素:

(一)内容来源的可信度;

(二)对明显可能引发争议的内容是否进行了必要的调查;

(三)内容的时限性;

(四)内容与公序良俗的关联性;

(五)受害人名誉受贬损的可能性;

(六)核实能力和核实成本。

第一千零二十七条 行为人发表的文学、艺术作品以真人真事或者特定人为描述对象,含有侮辱、诽谤内容,侵害他人名誉权的,受害人有权依法请求该行为人承担民事责任。

行为人发表的文学、艺术作品不以特定人为描述对象,仅其中的情节与该特定人的情况相似的,不承担民事责任。

第一千零二十八条 民事主体有证据证明报刊、网络等媒体报道的内容失实，侵害其名誉权的，有权请求该媒体及时采取更正或者删除等必要措施。

第一千零二十九条 民事主体可以依法查询自己的信用评价；发现信用评价不当的，有权提出异议并请求采取更正、删除等必要措施。信用评价人应当及时核查，经核查属实的，应当及时采取必要措施。

第一千零三十条 民事主体与征信机构等信用信息处理者之间的关系，适用本编有关个人信息保护的规定和其他法律、行政法规的有关规定。

第一千零三十一条 民事主体享有荣誉权。任何组织或者个人不得非法剥夺他人的荣誉称号，不得诋毁、贬损他人的荣誉。

获得的荣誉称号应当记载而没有记载的，民事主体可以请求记载；获得的荣誉称号记载错误的，民事主体可以请求更正。

第一千零三十二条 自然人享有隐私权。任何组织或者个人不得以刺探、侵扰、泄露、公开等方式侵害他人的隐私权。

隐私是自然人的私人生活安宁和不愿为他人知晓的私密空间、私密活动、私密信息。

第一千零三十三条第二、三、四项 除法律另有规定或者权利人明确同意外，任何组织或者个人不得实施下列行为：

（二）进入、拍摄、窥视他人的住宅、宾馆房间等私密空间；

（三）拍摄、窥视、窃听、公开他人的私密活动；

（四）拍摄、窥视他人身体的私密部位；

第一千零三十四条 自然人的个人信息受法律保护。

个人信息是以电子或者其他方式记录的能够单独或者与其他信息结合识别特定自然人的各种信息，包括自然人的姓名、出生日期、身份证件号码、生物识别信息、住址、电话号码、电子邮箱、健康信息、行踪信息等。

个人信息中的私密信息,适用有关隐私权的规定;没有规定的,适用有关个人信息保护的规定。

50.8《中华人民共和国妇女权益保障法》(2022年10月30日修订)

第十八条　国家保障妇女享有与男子平等的人身和人格权益。

第十九条　妇女的人身自由不受侵犯。禁止非法拘禁和以其他非法手段剥夺或者限制妇女的人身自由;禁止非法搜查妇女的身体。

第二十条　妇女的人格尊严不受侵犯。禁止用侮辱、诽谤等方式损害妇女的人格尊严。

第二十一条　妇女的生命权、身体权、健康权不受侵犯。禁止虐待、遗弃、残害、买卖以及其他侵害女性生命健康权益的行为。

禁止进行非医学需要的胎儿性别鉴定和选择性别的人工终止妊娠。

医疗机构施行生育手术、特殊检查或者特殊治疗时,应当征得妇女本人同意;在妇女与其家属或者关系人意见不一致时,应当尊重妇女本人意愿。

第二十三条　禁止违背妇女意愿,以言语、文字、图像、肢体行为等方式对其实施性骚扰。

受害妇女可以向有关单位和国家机关投诉。接到投诉的有关单位和国家机关应当及时处理,并书面告知处理结果。

受害妇女可以向公安机关报案,也可以向人民法院提起民事诉讼,依法请求行为人承担民事责任。

第二十四条 学校应当根据女学生的年龄阶段,进行生理卫生、心理健康和自我保护教育,在教育、管理、设施等方面采取措施,提高其防范性侵害、性骚扰的自我保护意识和能力,保障女学生的人身安全和身心健康发展。

学校应当建立有效预防和科学处置性侵害、性骚扰的工作制度。对性侵害、性骚扰女学生的违法犯罪行为,学校不得隐瞒,应当及时通知受害未成年女学生的父母或者其他监护人,向公安机关、教育行政部门报告,并配合相关部门依法处理。

对遭受性侵害、性骚扰的女学生,学校、公安机关、教育行政部门等相关单位和人员应当保护其隐私和个人信息,并提供必要的保护措施。

第二十五条 用人单位应当采取下列措施预防和制止对妇女的性骚扰:

(一)制定禁止性骚扰的规章制度;

(二)明确负责机构或者人员;

(三)开展预防和制止性骚扰的教育培训活动;

(四)采取必要的安全保卫措施;

(五)设置投诉电话、信箱等,畅通投诉渠道;

(六)建立和完善调查处置程序,及时处置纠纷并保护当事人隐私和个人信息;

(七)支持、协助受害妇女依法维权,必要时为受害妇女提供心理疏导;

(八)其他合理的预防和制止性骚扰措施。

第二十六条 住宿经营者应当及时准确登记住宿人员信息,健全住宿服务规章制度,加强安全保障措施;发现可能侵害妇女权益的违法犯罪行为,应当及时向公安机关报告。

第二十七条 禁止卖淫、嫖娼；禁止组织、强迫、引诱、容留、介绍妇女卖淫或者对妇女进行猥亵活动；禁止组织、强迫、引诱、容留、介绍妇女在任何场所或者利用网络进行淫秽表演活动。

第二十八条 妇女的姓名权、肖像权、名誉权、荣誉权、隐私权和个人信息等人格权益受法律保护。

媒体报道涉及妇女事件应当客观、适度，不得通过夸大事实、过度渲染等方式侵害妇女的人格权益。

禁止通过大众传播媒介或者其他方式贬低损害妇女人格。未经本人同意，不得通过广告、商标、展览橱窗、报纸、期刊、图书、音像制品、电子出版物、网络等形式使用妇女肖像，但法律另有规定的除外。

第二十九条 禁止以恋爱、交友为由或者在终止恋爱关系、离婚之后，纠缠、骚扰妇女，泄露、传播妇女隐私和个人信息。

妇女遭受上述侵害或者面临上述侵害现实危险的，可以向人民法院申请人身安全保护令。

第八十条 违反本法规定，对妇女实施性骚扰的，由公安机关给予批评教育或者出具告诫书，并由所在单位依法给予处分。

学校、用人单位违反本法规定，未采取必要措施预防和制止性骚扰，造成妇女权益受到侵害或者社会影响恶劣的，由上级机关或者主管部门责令改正；拒不改正或者情节严重的，依法对直接负责的主管人员和其他直接责任人员给予处分。

第八十一条 违反本法第二十六条规定，未履行报告等义务的，依法给予警告、责令停业整顿或者吊销营业执照、吊销相关许可证，并处一万元以上五万元以下罚款。

第八十二条 违反本法规定，通过大众传播媒介或者其他方式贬低损害妇女人格的，由公安、网信、文化旅游、广播电视、新闻出版或者其他有关部门依据各自的职权责令改正,并依法给予行政处罚。

第八十五条 违反本法规定,侵害妇女的合法权益,其他法律、法规规定行政处罚的,从其规定;造成财产损失或者人身损害的,依法承担民事责任;构成犯罪的,依法追究刑事责任。

50.9 《中华人民共和国监察法实施条例》(2025年6月1日修订)

第七十一条 调查人员应当依法文明规范开展调查工作。严禁以暴力、威胁、引诱、欺骗以及非法限制人身自由等非法方法收集证据,严禁侮辱、打骂、虐待、体罚或者变相体罚被调查人、涉案人员和证人。

监察机关应当保障被强制到案人员、被管护人员、被留置人员以及被禁闭人员的合法权益,尊重其人格和民族习俗,保障饮食、休息和安全,提供医疗服务。

第七十二条 对于调查人员采用暴力、威胁以及非法限制人身自由等非法方法收集的被调查人供述、证人证言、被害人陈述,应当依法予以排除。

前款所称暴力的方法,是指采用殴打、违法使用戒具等方法或者变相肉刑的恶劣手段,使人遭受难以忍受的痛苦而违背意愿作出供述、证言、陈述;威胁的方法,是指采用以暴力或者严重损害本人及其近亲属合法权益等进行威胁的方法,使人遭受难以忍受的痛苦而违背意愿作出供述、证言、陈述。

收集物证、书证不符合法定程序,可能严重影响案件公正处理的,应当予以补正或者作出合理解释;不能补正或者作出合理解释的,对该证据应当予以排除。

第九十七条 证人、鉴定人、被害人因作证,本人或者近亲属人身安全面临危险，向监察机关请求保护的，监察机关应当受理并及时进行审查；对于确实存在人身安全危险的，监察机关应当采取必要的保护措施。监察机关发现存在上述情形的，应当主动采取保护措施。

监察机关可以采取下列一项或者多项保护措施：

（一）不公开真实姓名、住址和工作单位等个人信息；

（二）禁止特定的人员接触证人、鉴定人、被害人及其近亲属；

（三）对人身和住宅采取专门性保护措施；

（四）其他必要的保护措施。

依法决定不公开证人、鉴定人、被害人的真实姓名、住址和工作单位等个人信息的，可以在询问笔录等法律文书、证据材料中使用化名。但是应当另行书面说明使用化名的情况并标明密级，单独成卷。

监察机关采取保护措施需要协助的，可以提请公安机关等有关单位和要求有关个人依法予以协助。

第三百二十五条 本条例所称近亲属，是指夫、妻、父、母、子、女、同胞兄弟姊妹。

50.10 《互联网上网服务营业场所管理条例》（2024 年 12 月 6 日修订）

第十四条第七、八项 互联网上网服务营业场所经营单位和上网消费者不得利用互联网上网服务营业场所制作、下载、复制、查阅、发布、传播或者以其他方式使用含有下列内容的信息：

（七）宣传淫秽、赌博、暴力或者教唆犯罪的；

（八）侮辱或者诽谤他人，侵害他人合法权益的；

50.11　《互联网信息服务管理办法》(2024 年 12 月 6 日修订)

第十五条第八、九项　互联网信息服务提供者不得制作、复制、发布、传播含有下列内容的信息:

(八)侮辱或者诽谤他人,侵害他人合法权益的;

(九)含有法律、行政法规禁止的其他内容的。

第十六条　互联网信息服务提供者发现其网站传输的信息明显属于本办法第十五条所列内容之一的,应当立即停止传输,保存有关记录,并向国家有关机关报告。

50.12　《音像制品管理条例》(2024 年 12 月 6 日修订)

第三条第一款,第二款第八、十项　出版、制作、复制、进口、批发、零售、出租音像制品,应当遵守宪法和有关法律、法规,坚持为人民服务和为社会主义服务的方向,传播有益于经济发展和社会进步的思想、道德、科学技术和文化知识。

音像制品禁止载有下列内容:

(八)侮辱或者诽谤他人,侵害他人合法权益的;

(十)有法律、行政法规和国家规定禁止的其他内容的。

50.13　《出版管理条例》(2024 年 12 月 6 日修订)

第二十五条第八、十项　任何出版物不得含有下列内容:

(八)侮辱或者诽谤他人,侵害他人合法权益的;

(十)有法律、行政法规和国家规定禁止的其他内容的。

50.14　《公共安全视频图像信息系统管理条例》(2025 年 1 月 13 日公布)

第八条第一款　禁止在公共场所的下列区域、部位安装图像采集设备及相关设施:

(一)旅馆、饭店、宾馆、招待所、民宿等经营接待食宿场所的

客房或者包间内部;

(二)学生宿舍的房间内部,或者单位为内部人员提供住宿、休息服务的房间内部;

(三)公共的浴室、卫生间、更衣室、哺乳室、试衣间的内部;

(四)安装图像采集设备后能够拍摄、窥视、窃听他人隐私的其他区域、部位。

第十三条 公共安全视频系统管理单位应当按照维护公共安全所必需、注重保护个人隐私和个人信息权益的要求,合理确定图像采集设备的安装位置、角度和采集范围,并设置显著的提示标识。未设置显著提示标识的,由公安机关责令改正。

第十五条 公共安全视频系统管理单位应当履行系统运行安全管理职责,履行网络安全、数据安全和个人信息保护义务,建立健全管理制度,完善防攻击、防入侵、防病毒、防篡改、防泄露等安全技术措施,定期维护设备设施,保障系统连续、稳定、安全运行,确保视频图像信息的原始完整。

公共安全视频系统管理单位委托他人运营的,应当通过签订安全保密协议等方式,约定前款规定的网络安全、数据安全和个人信息保护义务并监督受托方履行。

第十六条第一款 公共安全视频系统管理单位使用视频图像信息,应当遵守法律法规,依法保护国家秘密、商业秘密、个人隐私和个人信息,不得滥用、泄露。

第二十一条 为了保护自然人的生命健康、财产安全,经公共安全视频系统管理单位同意,本人、近亲属或者其他负有监护、看护、代管责任的人可以查阅关联的视频图像信息;对获悉的涉及公共安全、个人隐私和个人信息的视频图像信息,不得非法对外提供或者公开传播。

第二十二条　公共安全视频系统收集的视频图像信息被依法用于公开传播,可能损害个人、组织合法权益的,应当对涉及的人脸、机动车号牌等敏感个人信息,以及法人、非法人组织的名称、营业执照等信息采取严格保护措施。

第二十三条第一、六项　任何单位或者个人不得实施下列行为:

(一)违反法律法规规定,对外提供或者公开传播公共安全视频系统收集的视频图像信息;

(六)其他妨碍公共安全视频系统正常运行,危害网络安全、数据安全、个人信息安全的行为。

50.15　《网络暴力信息治理规定》(2024年6月12日公布)

第十条　任何组织和个人不得制作、复制、发布、传播涉网络暴力违法信息,应当防范和抵制制作、复制、发布、传播涉网络暴力不良信息。

任何组织和个人不得利用网络暴力事件实施蹭炒热度、推广引流等营销炒作行为,不得通过批量注册或者操纵用户账号等形式组织制作、复制、发布、传播网络暴力信息。

明知他人从事涉网络暴力信息违法犯罪活动的,任何组织和个人不得为其提供数据、技术、流量、资金等支持和协助。

第三十二条　本规定所称网络暴力信息,是指通过网络以文本、图像、音频、视频等形式对个人集中发布的,含有侮辱谩骂、造谣诽谤、煽动仇恨、威逼胁迫、侵犯隐私,以及影响身心健康的指责嘲讽、贬低歧视等内容的违法和不良信息。

【典型案例】

某甲偷窥偷拍他人隐私案[①]

1. 基本事实

2023年7月30日21时许,在北票市毓水蓬莱一期小区16号楼5单元楼外,某甲将一个黑色定位器安装在一辆福田牌货车尾部,并于2023年7月31日早上驾驶奥迪牌轿车对福田牌货车的行车轨迹进行跟踪。2023年8月28日,北票市××局城关派出所作出处罚决定书,依照2012年《中华人民共和国治安管理处罚法》第42条第6项、《辽宁省××机关××处罚裁量权细化标准》之规定,决定给予某甲罚款500元的处罚。某甲于2023年8月28日缴纳了500元罚款。某乙不服该处罚决定,向法院提起诉讼。

2. 法院裁判

一审法院认为,2012年《中华人民共和国治安管理处罚法》第91条规定:"治安管理处罚由县级以上人民政府公安机关决定;其中警告、五百元以下的罚款可以由公安派出所决定。"被告北票市××局城关派出所具有作出本案处罚行为的职权。本案,根据北票市××局城关派出所提供的对某甲、某乙的询问笔录、视频资料等证据,足以证明某甲对某乙的货车安装定位器并对某乙的行车轨迹进行跟踪的事实存在,故被告北票市××局认定案件事实清楚,证据确凿充分。被告北票市××局城关派出所依据查明的事实和情节,根据2012年《中华人民共和国治安管理处罚法》第42条第6项、《辽宁省××机关××处罚裁量权细化标准》的规定作出处罚决定书,决定给予某甲罚款500元的处罚,适

[①] 参见辽宁省朝阳市中级人民法院行政判决书,(2024)辽13行终23号。

用法律正确,量罚适当。依照《中华人民共和国行政诉讼法》第69条之规定,判决如下:驳回原告某乙的诉讼请求。案件受理费50元,由原告某乙负担。

> **第五十一条 【对殴打或故意伤害他人身体行为的处罚】** 殴打他人的,或者故意伤害他人身体的,处五日以上十日以下拘留,并处五百元以上一千元以下罚款;情节较轻的,处五日以下拘留或者一千元以下罚款。
>
> 有下列情形之一的,处十日以上十五日以下拘留,并处一千元以上二千元以下罚款:
>
> (一)结伙殴打、伤害他人的;
>
> (二)殴打、伤害残疾人、孕妇、不满十四周岁的人或者七十周岁以上的人的;
>
> (三)多次殴打、伤害他人或者一次殴打、伤害多人的。

【相关规定索引】

类别	名 称	关联条款
法律	《中华人民共和国民法典》	第1002-1005、1042条
	《中华人民共和国残疾人保障法》	第2、3、65条
	《中华人民共和国妇女权益保障法》	第18、21、65条
	《中华人民共和国未成年人保护法》	第2、17、27、39、54、98、118、130、131条
	《中华人民共和国老年人权益保障法》	第2、3、25条

【关联规定】

51.1 《中华人民共和国民法典》(2020年5月28日公布)

第一千零二条 自然人享有生命权。自然人的生命安全和生命尊严受法律保护。任何组织或者个人不得侵害他人的生命权。

第一千零三条 自然人享有身体权。自然人的身体完整和行动自由受法律保护。任何组织或者个人不得侵害他人的身体权。

第一千零四条 自然人享有健康权。自然人的身心健康受法律保护。任何组织或者个人不得侵害他人的健康权。

第一千零五条 自然人的生命权、身体权、健康权受到侵害或者处于其他危难情形的,负有法定救助义务的组织或者个人应当及时施救。

第一千零四十二条 禁止包办、买卖婚姻和其他干涉婚姻自由的行为。禁止借婚姻索取财物。

禁止重婚。禁止有配偶者与他人同居。

禁止家庭暴力。禁止家庭成员间的虐待和遗弃。

51.2 《中华人民共和国残疾人保障法》(2018年10月26日修正)

第二条 残疾人是指在心理、生理、人体结构上,某种组织、功能丧失或者不正常,全部或者部分丧失以正常方式从事某种活动能力的人。

残疾人包括视力残疾、听力残疾、言语残疾、肢体残疾、智力残疾、精神残疾、多重残疾和其他残疾的人。

残疾标准由国务院规定。

第三条 残疾人在政治、经济、文化、社会和家庭生活等方面享有同其他公民平等的权利。

残疾人的公民权利和人格尊严受法律保护。

禁止基于残疾的歧视。禁止侮辱、侵害残疾人。禁止通过大众传播媒介或者其他方式贬低损害残疾人人格。

第六十五条 违反本法规定,供养、托养机构及其工作人员侮辱、虐待、遗弃残疾人的,对直接负责的主管人员和其他直接责任人员依法给予处分;构成违反治安管理行为的,依法给予行政处罚。

51.3 《中华人民共和国妇女权益保障法》(2022年10月30日修订)

第十八条 国家保障妇女享有与男子平等的人身和人格权益。

第二十一条 妇女的生命权、身体权、健康权不受侵犯。禁止虐待、遗弃、残害、买卖以及其他侵害女性生命健康权益的行为。

禁止进行非医学需要的胎儿性别鉴定和选择性别的人工终止妊娠。

医疗机构施行生育手术、特殊检查或者特殊治疗时,应当征得妇女本人同意;在妇女与其家属或者关系人意见不一致时,应当尊重妇女本人意愿。

第六十五条 禁止对妇女实施家庭暴力。

县级以上人民政府有关部门、司法机关、社会团体、企业事业单位、基层群众性自治组织以及其他组织,应当在各自的职责范围内预防和制止家庭暴力,依法为受害妇女提供救助。

51.4 《中华人民共和国未成年人保护法》(2024年4月26日修正)

第二条 本法所称未成年人是指未满十八周岁的公民。

第十七条第一、二、四、十一项 未成年人的父母或者其他监护人不得实施下列行为:

(一)虐待、遗弃、非法送养未成年人或者对未成年人实施家庭暴力;

(二)放任、教唆或者利用未成年人实施违法犯罪行为;

(四)放任、唆使未成年人吸烟(含电子烟,下同)、饮酒、赌博、流浪乞讨或者欺凌他人;

(十一)其他侵犯未成年人身心健康、财产权益或者不依法履行未成年人保护义务的行为。

第二十七条 学校、幼儿园的教职员工应当尊重未成年人人格尊严,不得对未成年人实施体罚、变相体罚或者其他侮辱人格尊严的行为。

第三十九条 学校应当建立学生欺凌防控工作制度,对教职员工、学生等开展防治学生欺凌的教育和培训。

学校对学生欺凌行为应当立即制止,通知实施欺凌和被欺凌未成年学生的父母或者其他监护人参与欺凌行为的认定和处理;对相关未成年学生及时给予心理辅导、教育和引导;对相关未成年学生的父母或者其他监护人给予必要的家庭教育指导。

对实施欺凌的未成年学生,学校应当根据欺凌行为的性质和程度,依法加强管教。对严重的欺凌行为,学校不得隐瞒,应当及时向公安机关、教育行政部门报告,并配合相关部门依法处理。

第五十四条 禁止拐卖、绑架、虐待、非法收养未成年人,禁止对未成年人实施性侵害、性骚扰。

禁止胁迫、引诱、教唆未成年人参加黑社会性质组织或者从事违法犯罪活动。

禁止胁迫、诱骗、利用未成年人乞讨。

第九十八条　国家建立性侵害、虐待、拐卖、暴力伤害等违法犯罪人员信息查询系统,向密切接触未成年人的单位提供免费查询服务。

第一百一十八条　未成年人的父母或者其他监护人不依法履行监护职责或者侵犯未成年人合法权益的,由其居住地的居民委员会、村民委员会予以劝诫、制止;情节严重的,居民委员会、村民委员会应当及时向公安机关报告。

公安机关接到报告或者公安机关、人民检察院、人民法院在办理案件过程中发现未成年人的父母或者其他监护人存在上述情形的,应当予以训诫,并可以责令其接受家庭教育指导。

第一百三十条第三项　本法中下列用语的含义:

(三)学生欺凌,是指发生在学生之间,一方蓄意或者恶意通过肢体、语言及网络等手段实施欺压、侮辱,造成另一方人身伤害、财产损失或者精神损害的行为。

第一百三十一条　对中国境内未满十八周岁的外国人、无国籍人,依照本法有关规定予以保护。

51.5　《中华人民共和国老年人权益保障法》(2018 年 12 月 29 日修正)

第二条　本法所称老年人是指六十周岁以上的公民。

第三条　国家保障老年人依法享有的权益。

老年人有从国家和社会获得物质帮助的权利,有享受社会服务和社会优待的权利,有参与社会发展和共享发展成果的权利。

禁止歧视、侮辱、虐待或者遗弃老年人。

第二十五条　禁止对老年人实施家庭暴力。

第五十二条 【对猥亵及在公共场所公然裸露身体隐私部位行为的处罚】猥亵他人的,处五日以上十日以下拘留;猥亵精神病人、智力残疾人、不满十四周岁的人或者有其他严重情节的,处十日以上十五日以下拘留。

在公共场所故意裸露身体隐私部位的,处警告或者五百元以下罚款;情节恶劣的,处五日以上十日以下拘留。

【相关规定索引】

类别	名称	关联条款
法律	《中华人民共和国宪法》	第38条
	《中华人民共和国民法典》	第8、109、110、990、991、994、995、1003、1004、1010条
	《中华人民共和国未成年人保护法》	第4、11、27、40、41、50、52、54、62、98、111、112、119、126、129、131条
	《中华人民共和国残疾人保障法》	第2、3、49、65、67条
	《中华人民共和国精神卫生法》	第4、5、78、83条
	《中华人民共和国妇女权益保障法》	第23-25、80条

【关联规定】

52.1 《中华人民共和国宪法》(2018年3月11日修正)

第三十八条 中华人民共和国公民的人格尊严不受侵犯。禁止用任何方法对公民进行侮辱、诽谤和诬告陷害。

52.2 《中华人民共和国民法典》(2020 年 5 月 28 日公布)

第八条 民事主体从事民事活动,不得违反法律,不得违背公序良俗。

第一百零九条 自然人的人身自由、人格尊严受法律保护。

第一百一十条 自然人享有生命权、身体权、健康权、姓名权、肖像权、名誉权、荣誉权、隐私权、婚姻自主权等权利。

法人、非法人组织享有名称权、名誉权和荣誉权。

第九百九十条 人格权是民事主体享有的生命权、身体权、健康权、姓名权、名称权、肖像权、名誉权、荣誉权、隐私权等权利。

除前款规定的人格权外,自然人享有基于人身自由、人格尊严产生的其他人格权益。

第九百九十一条 民事主体的人格权受法律保护,任何组织或者个人不得侵害。

第九百九十四条 死者的姓名、肖像、名誉、荣誉、隐私、遗体等受到侵害的,其配偶、子女、父母有权依法请求行为人承担民事责任;死者没有配偶、子女且父母已经死亡的,其他近亲属有权依法请求行为人承担民事责任。

第九百九十五条 人格权受到侵害的,受害人有权依照本法和其他法律的规定请求行为人承担民事责任。受害人的停止侵害、排除妨碍、消除危险、消除影响、恢复名誉、赔礼道歉请求权,不适用诉讼时效的规定。

第一千零三条 自然人享有身体权。自然人的身体完整和行动自由受法律保护。任何组织或者个人不得侵害他人的身体权。

第一千零四条 自然人享有健康权。自然人的身心健康受法律保护。任何组织或者个人不得侵害他人的健康权。

第一千零一十条 违背他人意愿,以言语、文字、图像、肢体行为等方式对他人实施性骚扰的,受害人有权依法请求行为人承担民事责任。

机关、企业、学校等单位应当采取合理的预防、受理投诉、调查处置等措施,防止和制止利用职权、从属关系等实施性骚扰。

52.3 《中华人民共和国未成年人保护法》(2024年4月26日修正)

第四条 保护未成年人,应当坚持最有利于未成年人的原则。处理涉及未成年人事项,应当符合下列要求:

(一)给予未成年人特殊、优先保护;

(二)尊重未成年人人格尊严;

(三)保护未成年人隐私权和个人信息;

(四)适应未成年人身心健康发展的规律和特点;

(五)听取未成年人的意见;

(六)保护与教育相结合。

第十一条 任何组织或者个人发现不利于未成年人身心健康或者侵犯未成年人合法权益的情形,都有权劝阻、制止或者向公安、民政、教育等有关部门提出检举、控告。

国家机关、居民委员会、村民委员会、密切接触未成年人的单位及其工作人员,在工作中发现未成年人身心健康受到侵害、疑似受到侵害或者面临其他危险情形的,应当立即向公安、民政、教育等有关部门报告。

有关部门接到涉及未成年人的检举、控告或者报告,应当依法及时受理、处置,并以适当方式将处理结果告知相关单位和人员。

第二十七条 学校、幼儿园的教职员工应当尊重未成年人人格尊严,不得对未成年人实施体罚、变相体罚或者其他侮辱人格尊严的行为。

第四十条 学校、幼儿园应当建立预防性侵害、性骚扰未成年人工作制度。对性侵害、性骚扰未成年人等违法犯罪行为，学校、幼儿园不得隐瞒，应当及时向公安机关、教育行政部门报告，并配合相关部门依法处理。

学校、幼儿园应当对未成年人开展适合其年龄的性教育，提高未成年人防范性侵害、性骚扰的自我保护意识和能力。对遭受性侵害、性骚扰的未成年人，学校、幼儿园应当及时采取相关的保护措施。

第四十一条 婴幼儿照护服务机构、早期教育服务机构、校外培训机构、校外托管机构等应当参照本章有关规定，根据不同年龄阶段未成年人的成长特点和规律，做好未成年人保护工作。

第五十条 禁止制作、复制、出版、发布、传播含有宣扬淫秽、色情、暴力、邪教、迷信、赌博、引诱自杀、恐怖主义、分裂主义、极端主义等危害未成年人身心健康内容的图书、报刊、电影、广播电视节目、舞台艺术作品、音像制品、电子出版物和网络信息等。

第五十二条 禁止制作、复制、发布、传播或者持有有关未成年人的淫秽色情物品和网络信息。

第五十四条 禁止拐卖、绑架、虐待、非法收养未成年人，禁止对未成年人实施性侵害、性骚扰。

禁止胁迫、引诱、教唆未成年人参加黑社会性质组织或者从事违法犯罪活动。

禁止胁迫、诱骗、利用未成年人乞讨。

第六十二条 密切接触未成年人的单位招聘工作人员时，应当向公安机关、人民检察院查询应聘者是否具有性侵害、虐待、拐卖、暴力伤害等违法犯罪记录；发现其具有前述行为记录的，不得录用。

密切接触未成年人的单位应当每年定期对工作人员是否具有上述违法犯罪记录进行查询。通过查询或者其他方式发现其工作人员具有上述行为的，应当及时解聘。

第九十八条 国家建立性侵害、虐待、拐卖、暴力伤害等违法犯罪人员信息查询系统，向密切接触未成年人的单位提供免费查询服务。

第一百一十一条 公安机关、人民检察院、人民法院应当与其他有关政府部门、人民团体、社会组织互相配合，对遭受性侵害或者暴力伤害的未成年被害人及其家庭实施必要的心理干预、经济救助、法律援助、转学安置等保护措施。

第一百一十二条 公安机关、人民检察院、人民法院办理未成年人遭受性侵害或者暴力伤害案件，在询问未成年被害人、证人时，应当采取同步录音录像等措施，尽量一次完成；未成年被害人、证人是女性的，应当由女性工作人员进行。

第一百一十九条 学校、幼儿园、婴幼儿照护服务等机构及其教职员工违反本法第二十七条、第二十八条、第三十九条规定的，由公安、教育、卫生健康、市场监督管理等部门按照职责分工责令改正；拒不改正或者情节严重的，对直接负责的主管人员和其他直接责任人员依法给予处分。

第一百二十六条 密切接触未成年人的单位违反本法第六十二条规定，未履行查询义务，或者招用、继续聘用具有相关违法犯罪记录人员的，由教育、人力资源和社会保障、市场监督管理等部门按照职责分工责令限期改正，给予警告，并处五万元以下罚款；拒不改正或者造成严重后果的，责令停业整顿或者吊销营业执照、吊销相关许可证，并处五万元以上五十万元以下罚款，对直接负责的主管人员和其他直接责任人员依法给予处分。

第一百二十九条 违反本法规定,侵犯未成年人合法权益,造成人身、财产或者其他损害的,依法承担民事责任。

违反本法规定,构成违反治安管理行为的,依法给予治安管理处罚;构成犯罪的,依法追究刑事责任。

第一百三十一条 对中国境内未满十八周岁的外国人、无国籍人,依照本法有关规定予以保护。

52.4 《中华人民共和国残疾人保障法》(2018年10月26日修正)

第二条 残疾人是指在心理、生理、人体结构上,某种组织、功能丧失或者不正常,全部或者部分丧失以正常方式从事某种活动能力的人。

残疾人包括视力残疾、听力残疾、言语残疾、肢体残疾、智力残疾、精神残疾、多重残疾和其他残疾的人。

残疾标准由国务院规定。

第三条 残疾人在政治、经济、文化、社会和家庭生活等方面享有同其他公民平等的权利。

残疾人的公民权利和人格尊严受法律保护。

禁止基于残疾的歧视。禁止侮辱、侵害残疾人。禁止通过大众传播媒介或者其他方式贬低损害残疾人人格。

第四十九条 地方各级人民政府对无劳动能力、无扶养人或者扶养人不具有扶养能力、无生活来源的残疾人,按照规定予以供养。

国家鼓励和扶持社会力量举办残疾人供养、托养机构。

残疾人供养、托养机构及其工作人员不得侮辱、虐待、遗弃残疾人。

第六十五条 违反本法规定,供养、托养机构及其工作人员侮辱、虐待、遗弃残疾人的,对直接负责的主管人员和其他直接责任人员依法给予处分;构成违反治安管理行为的,依法给予行政处罚。

第六十七条 违反本法规定,侵害残疾人的合法权益,其他法律、法规规定行政处罚的,从其规定;造成财产损失或者其他损害的,依法承担民事责任;构成犯罪的,依法追究刑事责任。

52.5 《中华人民共和国精神卫生法》(2018年4月27日修正)

第四条 精神障碍患者的人格尊严、人身和财产安全不受侵犯。

精神障碍患者的教育、劳动、医疗以及从国家和社会获得物质帮助等方面的合法权益受法律保护。

有关单位和个人应当对精神障碍患者的姓名、肖像、住址、工作单位、病历资料以及其他可能推断出其身份的信息予以保密;但是,依法履行职责需要公开的除外。

第五条 全社会应当尊重、理解、关爱精神障碍患者。

任何组织或者个人不得歧视、侮辱、虐待精神障碍患者,不得非法限制精神障碍患者的人身自由。

新闻报道和文学艺术作品等不得含有歧视、侮辱精神障碍患者的内容。

第七十八条第三、五项 违反本法规定,有下列情形之一,给精神障碍患者或者其他公民造成人身、财产或者其他损害的,依法承担赔偿责任:

(三)歧视、侮辱、虐待精神障碍患者,侵害患者的人格尊严、人身安全的;

(五)其他侵害精神障碍患者合法权益的情形。

第八十三条 本法所称精神障碍,是指由各种原因引起的感知、情感和思维等精神活动的紊乱或者异常,导致患者明显的心理痛苦或者社会适应等功能损害。

本法所称严重精神障碍,是指疾病症状严重,导致患者社会适应等功能严重损害、对自身健康状况或者客观现实不能完整认识,或者不能处理自身事务的精神障碍。

本法所称精神障碍患者的监护人,是指依照民法通则的有关规定可以担任监护人的人。

52.6 《中华人民共和国妇女权益保障法》(2022 年 10 月 30 日修订)

第二十三条 禁止违背妇女意愿,以言语、文字、图像、肢体行为等方式对其实施性骚扰。

受害妇女可以向有关单位和国家机关投诉。接到投诉的有关单位和国家机关应当及时处理,并书面告知处理结果。

受害妇女可以向公安机关报案,也可以向人民法院提起民事诉讼,依法请求行为人承担民事责任。

第二十四条 学校应当根据女学生的年龄阶段,进行生理卫生、心理健康和自我保护教育,在教育、管理、设施等方面采取措施,提高其防范性侵害、性骚扰的自我保护意识和能力,保障女学生的人身安全和身心健康发展。

学校应当建立有效预防和科学处置性侵害、性骚扰的工作制度。对性侵害、性骚扰女学生的违法犯罪行为,学校不得隐瞒,应当及时通知受害未成年女学生的父母或者其他监护人,向公安机关、教育行政部门报告,并配合相关部门依法处理。

对遭受性侵害、性骚扰的女学生,学校、公安机关、教育行政部门等相关单位和人员应当保护其隐私和个人信息,并提供必要的保护措施。

第二十五条 用人单位应当采取下列措施预防和制止对妇女的性骚扰:

(一)制定禁止性骚扰的规章制度;

(二)明确负责机构或者人员;

(三)开展预防和制止性骚扰的教育培训活动;

(四)采取必要的安全保卫措施;

(五)设置投诉电话、信箱等,畅通投诉渠道;

(六)建立和完善调查处置程序,及时处置纠纷并保护当事人隐私和个人信息;

(七)支持、协助受害妇女依法维权,必要时为受害妇女提供心理疏导;

(八)其他合理的预防和制止性骚扰措施。

第八十条 违反本法规定,对妇女实施性骚扰的,由公安机关给予批评教育或者出具告诫书,并由所在单位依法给予处分。

学校、用人单位违反本法规定,未采取必要措施预防和制止性骚扰,造成妇女权益受到侵害或者社会影响恶劣的,由上级机关或者主管部门责令改正;拒不改正或者情节严重的,依法对直接负责的主管人员和其他直接责任人员给予处分。

【典型案例】

张甲猥亵他人案[1]

1. 基本事实

2020年1月12日22时40分许,违法行为人张甲在海淀区

---

[1] 参见北京市第一中级人民法院行政判决书,(2020)京01行终796号。

西北旺镇唐家岭涉案房屋内,以搂抱的方式对他人进行猥亵,后被民警抓获。根据2012年《中华人民共和国治安管理处罚法》第44条之规定,决定给予张甲行政拘留5日的行政处罚。张甲不服,向北京市海淀区人民政府申请行政复议。2020年4月20日,海淀区人民政府作出《行政复议决定书》,决定维持海淀公安分局作出的被诉处罚决定。张甲不服,向一审法院提起行政诉讼。

2. 法院裁判

2012年《中华人民共和国治安管理处罚法》第44条规定,张甲在涉案房屋仅有两人在场的私密空间内,违背杨乙的意志,从杨乙的身后用双手对其进行搂抱,产生相应的身体接触,构成猥亵,存在违反上述法律规定的行为,海淀公安分局对张甲的违法行为定性并无不当。海淀公安分局对其作出被诉处罚决定,处罚幅度适当,适用法律正确。张甲主张其想追求杨乙,与杨乙存在暧昧关系,与杨乙之间有互动,不存在猥亵意图及猥亵行为。对此,现有证据能够证明张甲对杨乙实施了猥亵行为,张甲的上述主张缺乏事实及法律依据,法院不予支持。处罚过程中,海淀公安分局程序合法。海淀区人民政府在行政复议过程中,亦履行了行政复议的相应程序,《行政复议决定书》亦无不当。鉴于此,一审法院依据《中华人民共和国行政诉讼法》第69条、第79条的规定,判决驳回张甲的全部诉讼请求。二审维持原判。

第五十三条 【对虐待家庭成员、监护对象及遗弃被扶养人行为的处罚】 有下列行为之一的,处五日以下拘留或者警告;情节较重的,处五日以上十日以下拘留,可以并处一千元以下罚款:

(一)虐待家庭成员,被虐待人或者其监护人要求处

理的;

(二)对未成年人、老年人、患病的人、残疾人等负有监护、看护职责的人虐待被监护、看护的人的;

(三)遗弃没有独立生活能力的被扶养人的。

【相关规定索引】

类别	名称	关联条款
法律	《中华人民共和国宪法》	第45、49条
	《中华人民共和国民法典》	第1002－1005、1041－1043、1045、1059、1075、1079、1091、1111、1114、1117、1118、1130条
	《中华人民共和国未成年人保护法》	第2－4、7、17、22、27、54、62、98、112、118、129、131条
	《中华人民共和国老年人权益保障法》	第2、3、13－15、25、76、79条
	《中华人民共和国残疾人保障法》	第2、3、9、49、65、67条
	《中华人民共和国妇女权益保障法》	第21、65、85条
	《中华人民共和国反家庭暴力法》	第2、3、13－23、33条

【关联规定】

53.1《中华人民共和国宪法》(2018年3月11日修正)

第四十五条 中华人民共和国公民在年老、疾病或者丧失劳动能力的情况下,有从国家和社会获得物质帮助的权利。国家发展为公民享受这些权利所需要的社会保险、社会救济和医疗卫生事业。

国家和社会保障残废军人的生活,抚恤烈士家属,优待军人家属。

国家和社会帮助安排盲、聋、哑和其他有残疾的公民的劳动、生活和教育。

第四十九条 婚姻、家庭、母亲和儿童受国家的保护。

夫妻双方有实行计划生育的义务。

父母有抚养教育未成年子女的义务,成年子女有赡养扶助父母的义务。

禁止破坏婚姻自由,禁止虐待老人、妇女和儿童。

53.2 《中华人民共和国民法典》(2020年5月28日公布)

第一千零二条 自然人享有生命权。自然人的生命安全和生命尊严受法律保护。任何组织或者个人不得侵害他人的生命权。

第一千零三条 自然人享有身体权。自然人的身体完整和行动自由受法律保护。任何组织或者个人不得侵害他人的身体权。

第一千零四条 自然人享有健康权。自然人的身心健康受法律保护。任何组织或者个人不得侵害他人的健康权。

第一千零五条 自然人的生命权、身体权、健康权受到侵害或者处于其他危难情形的,负有法定救助义务的组织或者个人应当及时施救。

第一千零四十一条 婚姻家庭受国家保护。

实行婚姻自由、一夫一妻、男女平等的婚姻制度。

保护妇女、未成年人、老年人、残疾人的合法权益。

第一千零四十二条 禁止包办、买卖婚姻和其他干涉婚姻自由的行为。禁止借婚姻索取财物。

禁止重婚。禁止有配偶者与他人同居。

禁止家庭暴力。禁止家庭成员间的虐待和遗弃。

第一千零四十三条 家庭应当树立优良家风，弘扬家庭美德，重视家庭文明建设。

夫妻应当互相忠实，互相尊重，互相关爱；家庭成员应当敬老爱幼，互相帮助，维护平等、和睦、文明的婚姻家庭关系。

第一千零四十五条 亲属包括配偶、血亲和姻亲。

配偶、父母、子女、兄弟姐妹、祖父母、外祖父母、孙子女、外孙子女为近亲属。

配偶、父母、子女和其他共同生活的近亲属为家庭成员。

第一千零五十九条 夫妻有相互扶养的义务。

需要扶养的一方，在另一方不履行扶养义务时，有要求其给付扶养费的权利。

第一千零七十五条 有负担能力的兄、姐，对于父母已经死亡或者父母无力抚养的未成年弟、妹，有扶养的义务。

由兄、姐扶养长大的有负担能力的弟、妹，对于缺乏劳动能力又缺乏生活来源的兄、姐，有扶养的义务。

第一千零七十九条第一款、第二款、第三款第二项、第四款、第五款 夫妻一方要求离婚的，可以由有关组织进行调解或者直接向人民法院提起离婚诉讼。

人民法院审理离婚案件，应当进行调解；如果感情确已破裂，调解无效的，应当准予离婚。

有下列情形之一，调解无效的，应当准予离婚：

（二）实施家庭暴力或者虐待、遗弃家庭成员；

一方被宣告失踪,另一方提起离婚诉讼的,应当准予离婚。

经人民法院判决不准离婚后,双方又分居满一年,一方再次提起离婚诉讼的,应当准予离婚。

第一千零九十一条第三、四项 有下列情形之一,导致离婚的,无过错方有权请求损害赔偿:

(三)实施家庭暴力;

(四)虐待、遗弃家庭成员;

第一千一百一十一条 自收养关系成立之日起,养父母与养子女间的权利义务关系,适用本法关于父母子女关系的规定;养子女与养父母的近亲属间的权利义务关系,适用本法关于子女与父母的近亲属关系的规定。

养子女与生父母以及其他近亲属间的权利义务关系,因收养关系的成立而消除。

第一千一百一十四条 收养人在被收养人成年以前,不得解除收养关系,但是收养人、送养人双方协议解除的除外。养子女八周岁以上的,应当征得本人同意。

收养人不履行抚养义务,有虐待、遗弃等侵害未成年养子女合法权益行为的,送养人有权要求解除养父母与养子女间的收养关系。送养人、收养人不能达成解除收养关系协议的,可以向人民法院提起诉讼。

第一千一百一十七条 收养关系解除后,养子女与养父母以及其他近亲属间的权利义务关系即行消除,与生父母以及其他近亲属间的权利义务关系自行恢复。但是,成年养子女与生父母以及其他近亲属间的权利义务关系是否恢复,可以协商确定。

第一千一百一十八条 收养关系解除后,经养父母抚养的成年养子女,对缺乏劳动能力又缺乏生活来源的养父母,应当给付生活费。因养子女成年后虐待、遗弃养父母而解除收养关系的，养父母可以要求养子女补偿收养期间支出的抚养费。

生父母要求解除收养关系的，养父母可以要求生父母适当补偿收养期间支出的抚养费；但是，因养父母虐待、遗弃养子女而解除收养关系的除外。

第一千一百三十条 同一顺序继承人继承遗产的份额，一般应当均等。

对生活有特殊困难又缺乏劳动能力的继承人，分配遗产时，应当予以照顾。

对被继承人尽了主要扶养义务或者与被继承人共同生活的继承人，分配遗产时，可以多分。

有扶养能力和有扶养条件的继承人，不尽扶养义务的，分配遗产时，应当不分或者少分。

继承人协商同意的，也可以不均等。

53.3 《中华人民共和国未成年人保护法》(2024年4月26日修正)

第二条 本法所称未成年人是指未满十八周岁的公民。

第三条 国家保障未成年人的生存权、发展权、受保护权、参与权等权利。

未成年人依法平等地享有各项权利，不因本人及其父母或者其他监护人的民族、种族、性别、户籍、职业、宗教信仰、教育程度、家庭状况、身心健康状况等受到歧视。

第四条 保护未成年人，应当坚持最有利于未成年人的原则。处理涉及未成年人事项，应当符合下列要求：

（一）给予未成年人特殊、优先保护；

（二）尊重未成年人人格尊严；

(三)保护未成年人隐私权和个人信息;

(四)适应未成年人身心健康发展的规律和特点;

(五)听取未成年人的意见;

(六)保护与教育相结合。

第七条 未成年人的父母或者其他监护人依法对未成年人承担监护职责。

国家采取措施指导、支持、帮助和监督未成年人的父母或者其他监护人履行监护职责。

第十七条第一项 未成年人的父母或者其他监护人不得实施下列行为:

(一)虐待、遗弃、非法送养未成年人或者对未成年人实施家庭暴力;

第二十二条 未成年人的父母或者其他监护人因外出务工等原因在一定期限内不能完全履行监护职责的,应当委托具有照护能力的完全民事行为能力人代为照护;无正当理由的,不得委托他人代为照护。

未成年人的父母或者其他监护人在确定被委托人时,应当综合考虑其道德品质、家庭状况、身心健康状况、与未成年人生活情感上的联系等情况,并听取有表达意愿能力未成年人的意见。

具有下列情形之一的,不得作为被委托人:

(一)曾实施性侵害、虐待、遗弃、拐卖、暴力伤害等违法犯罪行为;

(二)有吸毒、酗酒、赌博等恶习;

(三)曾拒不履行或者长期怠于履行监护、照护职责;

(四)其他不适宜担任被委托人的情形。

第二十七条 学校、幼儿园的教职员工应当尊重未成年人人格尊严，不得对未成年人实施体罚、变相体罚或者其他侮辱人格尊严的行为。

第五十四条 禁止拐卖、绑架、虐待、非法收养未成年人，禁止对未成年人实施性侵害、性骚扰。

禁止胁迫、引诱、教唆未成年人参加黑社会性质组织或者从事违法犯罪活动。

禁止胁迫、诱骗、利用未成年人乞讨。

第六十二条 密切接触未成年人的单位招聘工作人员时，应当向公安机关、人民检察院查询应聘者是否具有性侵害、虐待、拐卖、暴力伤害等违法犯罪记录；发现其具有前述行为记录的，不得录用。

密切接触未成年人的单位应当每年定期对工作人员是否具有上述违法犯罪记录进行查询。通过查询或者其他方式发现其工作人员具有上述行为的，应当及时解聘。

第九十八条 国家建立性侵害、虐待、拐卖、暴力伤害等违法犯罪人员信息查询系统，向密切接触未成年人的单位提供免费查询服务。

第一百一十二条 公安机关、人民检察院、人民法院办理未成年人遭受性侵害或者暴力伤害案件，在询问未成年被害人、证人时，应当采取同步录音录像等措施，尽量一次完成；未成年被害人、证人是女性的，应当由女性工作人员进行。

第一百一十八条 未成年人的父母或者其他监护人不依法履行监护职责或者侵犯未成年人合法权益的，由其居住地的居民委员会、村民委员会予以劝诫、制止；情节严重的，居民委员会、村民委员会应当及时向公安机关报告。

公安机关接到报告或者公安机关、人民检察院、人民法院在办理案件过程中发现未成年人的父母或者其他监护人存在上述情形的,应当予以训诫,并可以责令其接受家庭教育指导。

第一百二十九条 违反本法规定,侵犯未成年人合法权益,造成人身、财产或者其他损害的,依法承担民事责任。

违反本法规定,构成违反治安管理行为的,依法给予治安管理处罚;构成犯罪的,依法追究刑事责任。

第一百三十一条 对中国境内未满十八周岁的外国人、无国籍人,依照本法有关规定予以保护。

53.4 《中华人民共和国老年人权益保障法》(2018年12月29日修正)

第二条 本法所称老年人是指六十周岁以上的公民。

第三条 国家保障老年人依法享有的权益。

老年人有从国家和社会获得物质帮助的权利,有享受社会服务和社会优待的权利,有参与社会发展和共享发展成果的权利。

禁止歧视、侮辱、虐待或者遗弃老年人。

第十三条 老年人养老以居家为基础,家庭成员应当尊重、关心和照料老年人。

第十四条 赡养人应当履行对老年人经济上供养、生活上照料和精神上慰藉的义务,照顾老年人的特殊需要。

赡养人是指老年人的子女以及其他依法负有赡养义务的人。

赡养人的配偶应当协助赡养人履行赡养义务。

第十五条 赡养人应当使患病的老年人及时得到治疗和护理;对经济困难的老年人,应当提供医疗费用。

对生活不能自理的老年人,赡养人应当承担照料责任;不能亲自照料的,可以按照老年人的意愿委托他人或者养老机构等照料。

第二十五条 禁止对老年人实施家庭暴力。

第七十六条 干涉老年人婚姻自由,对老年人负有赡养义务、扶养义务而拒绝赡养、扶养,虐待老年人或者对老年人实施家庭暴力的,由有关单位给予批评教育;构成违反治安管理行为的,依法给予治安管理处罚;构成犯罪的,依法追究刑事责任。

第七十九条 养老机构及其工作人员侵害老年人人身和财产权益,或者未按照约定提供服务的,依法承担民事责任;有关主管部门依法给予行政处罚;构成犯罪的,依法追究刑事责任。

53.5 《中华人民共和国残疾人保障法》(2018 年 10 月 26 日修正)

第二条 残疾人是指在心理、生理、人体结构上,某种组织、功能丧失或者不正常,全部或者部分丧失以正常方式从事某种活动能力的人。

残疾人包括视力残疾、听力残疾、言语残疾、肢体残疾、智力残疾、精神残疾、多重残疾和其他残疾的人。

残疾标准由国务院规定。

第三条 残疾人在政治、经济、文化、社会和家庭生活等方面享有同其他公民平等的权利。

残疾人的公民权利和人格尊严受法律保护。

禁止基于残疾的歧视。禁止侮辱、侵害残疾人。禁止通过大众传播媒介或者其他方式贬低损害残疾人人格。

第九条 残疾人的扶养人必须对残疾人履行扶养义务。

残疾人的监护人必须履行监护职责,尊重被监护人的意愿,维护被监护人的合法权益。

残疾人的亲属、监护人应当鼓励和帮助残疾人增强自立能力。

禁止对残疾人实施家庭暴力,禁止虐待、遗弃残疾人。

第四十九条 地方各级人民政府对无劳动能力、无扶养人或者扶养人不具有扶养能力、无生活来源的残疾人,按照规定予以供养。

国家鼓励和扶持社会力量举办残疾人供养、托养机构。

残疾人供养、托养机构及其工作人员不得侮辱、虐待、遗弃残疾人。

第六十五条 违反本法规定,供养、托养机构及其工作人员侮辱、虐待、遗弃残疾人的,对直接负责的主管人员和其他直接责任人员依法给予处分;构成违反治安管理行为的,依法给予行政处罚。

第六十七条 违反本法规定,侵害残疾人的合法权益,其他法律、法规规定行政处罚的,从其规定;造成财产损失或者其他损害的,依法承担民事责任;构成犯罪的,依法追究刑事责任。

53.6 《中华人民共和国妇女权益保障法》(2022年10月30日修订)

第二十一条 妇女的生命权、身体权、健康权不受侵犯。禁止虐待、遗弃、残害、买卖以及其他侵害女性生命健康权益的行为。

禁止进行非医学需要的胎儿性别鉴定和选择性别的人工终止妊娠。

医疗机构施行生育手术、特殊检查或者特殊治疗时,应当征得妇女本人同意;在妇女与其家属或者关系人意见不一致时,应当尊重妇女本人意愿。

第六十五条 禁止对妇女实施家庭暴力。

县级以上人民政府有关部门、司法机关、社会团体、企业事业单位、基层群众性自治组织以及其他组织,应当在各自的职责范围内预防和制止家庭暴力,依法为受害妇女提供救助。

第八十五条 违反本法规定,侵害妇女的合法权益,其他法律、法规规定行政处罚的,从其规定;造成财产损失或者人身损害的,依法承担民事责任;构成犯罪的,依法追究刑事责任。

53.7 《中华人民共和国反家庭暴力法》(2015 年 12 月 27 日公布)

第二条 本法所称家庭暴力,是指家庭成员之间以殴打、捆绑、残害、限制人身自由以及经常性谩骂、恐吓等方式实施的身体、精神等侵害行为。

第三条 家庭成员之间应当互相帮助,互相关爱,和睦相处,履行家庭义务。

反家庭暴力是国家、社会和每个家庭的共同责任。

国家禁止任何形式的家庭暴力。

第十三条 家庭暴力受害人及其法定代理人、近亲属可以向加害人或者受害人所在单位、居民委员会、村民委员会、妇女联合会等单位投诉、反映或者求助。有关单位接到家庭暴力投诉、反映或求助后,应当给予帮助、处理。

家庭暴力受害人及其法定代理人、近亲属也可以向公安机关报案或者依法向人民法院起诉。

单位、个人发现正在发生的家庭暴力行为,有权及时劝阻。

第十四条 学校、幼儿园、医疗机构、居民委员会、村民委员会、社会工作服务机构、救助管理机构、福利机构及其工作人员在工作中发现无民事行为能力人、限制民事行为能力人遭受或者疑似遭受家庭暴力的,应当及时向公安机关报案。公安机关应当对报案人的信息予以保密。

第十五条　公安机关接到家庭暴力报案后应当及时出警,制止家庭暴力,按照有关规定调查取证,协助受害人就医、鉴定伤情。

无民事行为能力人、限制民事行为能力人因家庭暴力身体受到严重伤害、面临人身安全威胁或者处于无人照料等危险状态的,公安机关应当通知并协助民政部门将其安置到临时庇护场所、救助管理机构或者福利机构。

第十六条　家庭暴力情节较轻,依法不给予治安管理处罚的,由公安机关对加害人给予批评教育或者出具告诫书。

告诫书应当包括加害人的身份信息、家庭暴力的事实陈述、禁止加害人实施家庭暴力等内容。

第十七条　公安机关应当将告诫书送交加害人、受害人,并通知居民委员会、村民委员会。

居民委员会、村民委员会、公安派出所应当对收到告诫书的加害人、受害人进行查访,监督加害人不再实施家庭暴力。

第十八条　县级或者设区的市级人民政府可以单独或者依托救助管理机构设立临时庇护场所,为家庭暴力受害人提供临时生活帮助。

第十九条　法律援助机构应当依法为家庭暴力受害人提供法律援助。

人民法院应当依法对家庭暴力受害人缓收、减收或者免收诉讼费用。

第二十条　人民法院审理涉及家庭暴力的案件,可以根据公安机关出警记录、告诫书、伤情鉴定意见等证据,认定家庭暴力事实。

第二十一条　监护人实施家庭暴力严重侵害被监护人合法

权益的，人民法院可以根据被监护人的近亲属、居民委员会、村民委员会、县级人民政府民政部门等有关人员或者单位的申请，依法撤销其监护人资格，另行指定监护人。

被撤销监护人资格的加害人，应当继续负担相应的赡养、扶养、抚养费用。

第二十二条 工会、共产主义青年团、妇女联合会、残疾人联合会、居民委员会、村民委员会等应当对实施家庭暴力的加害人进行法治教育，必要时可以对加害人、受害人进行心理辅导。

第二十三条 当事人因遭受家庭暴力或者面临家庭暴力的现实危险，向人民法院申请人身安全保护令的，人民法院应当受理。

当事人是无民事行为能力人、限制民事行为能力人，或者因受到强制、威吓等原因无法申请人身安全保护令的，其近亲属、公安机关、妇女联合会、居民委员会、村民委员会、救助管理机构可以代为申请。

第三十三条 加害人实施家庭暴力，构成违反治安管理行为的，依法给予治安管理处罚；构成犯罪的，依法追究刑事责任。

【典型案例】

李某某虐待家庭成员案[①]

1. 基本事实

2018年11月19日，原告江某1到被告邯郸市公安局丛台区分局人民路派出所递交报案材料，称继母李某某未照顾患病父亲江某2等行为触犯《中华人民共和国治安管理处罚法》第45条，

[①] 参见河北省邯郸市中级人民法院行政判决书，(2020)冀04行终110号。

构成虐待家庭成员、遗弃没有生活能力的被扶养人。要求公安机关依据《中华人民共和国治安管理处罚法》第45条规定对李某某给予治安管理处罚。2019年4月11日,邯郸市公安局丛台区分局人民路派出所受理了江某1报案并于当日向江某1出具了受案回执。受理报案后,邯郸市公安局丛台区分局人民路派出所再次对相关人员进行询问。后作出终止案件调查决定书,对江某1报称的其父被遗弃终止调查。原告江某1不服,诉至法院。

2. 法院裁判

该案中,江某1认为李某某有遗弃其父江某2的行为,但是依据邯郸市公安局丛台区分局人民路派出所对相关人员的调查内容,只是证实江某2患病期间主要由其女儿照顾等,不能证实李某某有遗弃行为。原告提交的证据,亦不能证实李某某有遗弃行为。故法院认为,邯郸市公安局丛台区分局人民路派出所认为江某1的报案没有违法事实,认定事实清楚。但是,邯郸市公安局丛台区分局人民路派出所在2018年11月19日接到江某1报案材料后,2019年4月11日才予以受案,违反了《公安机关办理行政案件程序规定》第61条规定,属于程序违法。被告邯郸市公安局丛台区分局人民路派出所应加以注意,在今后工作中杜绝此类现象发生。综上,邯郸市公安局丛台区分局人民路派出所2019年6月11日作出的丛公(人民)行终止决(2019)第0008号终止案件调查决定书,认定事实清楚,但程序违法。判决如下:确认被告邯郸市公安局丛台区分局人民路派出所2019年6月11日作出的丛公(人民)行终止决(2019)第0008号终止案件调查决定书违法。二审维持原判。

第五十四条 【对强迫交易行为的处罚】强买强卖商品,强迫他人提供服务或者强迫他人接受服务的,处五日以上十日以下拘留,并处三千元以上五千元以下罚款;情节较轻的,处五日以下拘留或者一千元以下罚款。

【相关规定索引】

类别	名 称	关联条款
法律	《中华人民共和国民法典》	第4—8、128、130、131、150条
	《中华人民共和国消费者权益保护法》	第4、5、7、9—11、16、57条
行政法规	《中华人民共和国消费者权益保护法实施条例》	第11条

【关联规定】

54.1 《中华人民共和国民法典》(2020年5月28日公布)

第四条 民事主体在民事活动中的法律地位一律平等。

第五条 民事主体从事民事活动,应当遵循自愿原则,按照自己的意思设立、变更、终止民事法律关系。

第六条 民事主体从事民事活动,应当遵循公平原则,合理确定各方的权利和义务。

第七条 民事主体从事民事活动,应当遵循诚信原则,秉持诚实,恪守承诺。

第八条 民事主体从事民事活动,不得违反法律,不得违背公序良俗。

第一百二十八条 法律对未成年人、老年人、残疾人、妇女、消费者等的民事权利保护有特别规定的,依照其规定。

第一百三十条 民事主体按照自己的意愿依法行使民事权利,不受干涉。

第一百三十一条 民事主体行使权利时,应当履行法律规定的和当事人约定的义务。

第一百五十条 一方或者第三人以胁迫手段,使对方在违背真实意思的情况下实施的民事法律行为,受胁迫方有权请求人民法院或者仲裁机构予以撤销。

54.2 《中华人民共和国消费者权益保护法》(2013年10月25日修正)

第四条 经营者与消费者进行交易,应当遵循自愿、平等、公平、诚实信用的原则。

第五条 国家保护消费者的合法权益不受侵害。

国家采取措施,保障消费者依法行使权利,维护消费者的合法权益。

国家倡导文明、健康、节约资源和保护环境的消费方式,反对浪费。

第七条 消费者在购买、使用商品和接受服务时享有人身、财产安全不受损害的权利。

消费者有权要求经营者提供的商品和服务,符合保障人身、财产安全的要求。

第九条 消费者享有自主选择商品或者服务的权利。

消费者有权自主选择提供商品或者服务的经营者,自主选择商品品种或者服务方式,自主决定购买或者不购买任何一种商品、接受或者不接受任何一项服务。

消费者在自主选择商品或者服务时,有权进行比较、鉴别和挑选。

第十条 消费者享有公平交易的权利。

消费者在购买商品或者接受服务时,有权获得质量保障、价格合理、计量正确等公平交易条件,有权拒绝经营者的强制交易行为。

第十一条 消费者因购买、使用商品或者接受服务受到人身、财产损害的,享有依法获得赔偿的权利。

第十六条 经营者向消费者提供商品或者服务,应当依照本法和其他有关法律、法规的规定履行义务。

经营者和消费者有约定的,应当按照约定履行义务,但双方的约定不得违背法律、法规的规定。

经营者向消费者提供商品或者服务,应当恪守社会公德,诚信经营,保障消费者的合法权益;不得设定不公平、不合理的交易条件,不得强制交易。

第五十七条 经营者违反本法规定提供商品或者服务,侵害消费者合法权益,构成犯罪的,依法追究刑事责任。

54.3 《中华人民共和国消费者权益保护法实施条例》(2024年3月15日公布)

第十一条 消费者享有自主选择商品或者服务的权利。经营者不得以暴力、胁迫、限制人身自由等方式或者利用技术手段,强制或者变相强制消费者购买商品或者接受服务,或者排除、限制消费者选择其他经营者提供的商品或者服务。经营者通过搭配、组合等方式提供商品或者服务的,应当以显著方式提请消费者注意。

第五十五条 【对煽动民族仇恨、民族歧视行为的处罚】煽动民族仇恨、民族歧视，或者在出版物、信息网络中刊载民族歧视、侮辱内容的，处十日以上十五日以下拘留，可以并处三千元以下罚款；情节较轻的，处五日以下拘留或者三千元以下罚款。

【相关规定索引】

类别	名 称	关联条款
法律	《中华人民共和国宪法》	第4、52条
	《中华人民共和国民族区域自治法》	第9、11条
	《中华人民共和国反恐怖主义法》	第6、81条
	《中华人民共和国集会游行示威法》	第12条
	《中华人民共和国网络安全法》	第12条
	《中华人民共和国邮政法》	第37条
行政法规	《营业性演出管理条例》	第25条
	《出版管理条例》	第25条
	《中华人民共和国电信条例》	第56条
	《广播电视管理条例》	第32条
	《互联网上网服务营业场所管理条例》	第14条
	《音像制品管理条例》	第3条
	《印刷业管理条例》	第3条
	《互联网信息服务管理办法》	第15、16条
规章	《网络信息内容生态治理规定》	第6条

【关联规定】

55.1 《中华人民共和国宪法》(2018年3月11日修正)

第四条 中华人民共和国各民族一律平等。国家保障各少数民族的合法的权利和利益,维护和发展各民族的平等团结互助和谐关系。禁止对任何民族的歧视和压迫,禁止破坏民族团结和制造民族分裂的行为。

国家根据各少数民族的特点和需要,帮助各少数民族地区加速经济和文化的发展。

各少数民族聚居的地方实行区域自治,设立自治机关,行使自治权。各民族自治地方都是中华人民共和国不可分离的部分。

各民族都有使用和发展自己的语言文字的自由,都有保持或者改革自己的风俗习惯的自由。

第五十二条 中华人民共和国公民有维护国家统一和全国各民族团结的义务。

55.2 《中华人民共和国民族区域自治法》(2001年2月28日修正)

第九条 上级国家机关和民族自治地方的自治机关维护和发展各民族的平等、团结、互助的社会主义民族关系。禁止对任何民族的歧视和压迫,禁止破坏民族团结和制造民族分裂的行为。

第十一条 民族自治地方的自治机关保障各民族公民有宗教信仰自由。

任何国家机关、社会团体和个人不得强制公民信仰宗教或者不信仰宗教,不得歧视信仰宗教的公民和不信仰宗教的公民。

国家保护正常的宗教活动。

任何人不得利用宗教进行破坏社会秩序、损害公民身体健康、妨碍国家教育制度的活动。

宗教团体和宗教事务不受外国势力的支配。

55.3 《中华人民共和国反恐怖主义法》(2018 年 4 月 27 日修正)

第六条 反恐怖主义工作应当依法进行,尊重和保障人权,维护公民和组织的合法权益。

在反恐怖主义工作中,应当尊重公民的宗教信仰自由和民族风俗习惯,禁止任何基于地域、民族、宗教等理由的歧视性做法。

第八十一条第二、三项 利用极端主义,实施下列行为之一,情节轻微,尚不构成犯罪的,由公安机关处五日以上十五日以下拘留,可以并处一万元以下罚款:

(二)以恐吓、骚扰等方式驱赶其他民族或者有其他信仰的人员离开居住地的;

(三)以恐吓、骚扰等方式干涉他人与其他民族或者有其他信仰的人员交往、共同生活的;

55.4 《中华人民共和国集会游行示威法》(2009 年 8 月 27 日修正)

第十二条第三、四项 申请举行的集会、游行、示威,有下列情形之一的,不予许可:

(三)煽动民族分裂的;

(四)有充分根据认定申请举行的集会、游行、示威将直接危害公共安全或者严重破坏社会秩序的。

55.5 《中华人民共和国网络安全法》(2016 年 11 月 7 日公布)

第十二条 国家保护公民、法人和其他组织依法使用网络的权利,促进网络接入普及,提升网络服务水平,为社会提供安全、便利的网络服务,保障网络信息依法有序自由流动。

任何个人和组织使用网络应当遵守宪法法律,遵守公共秩序,尊重社会公德,不得危害网络安全,不得利用网络从事危害国家安全、荣誉和利益,煽动颠覆国家政权、推翻社会主义制度,煽动分裂国家、破坏国家统一,宣扬恐怖主义、极端主义,宣扬民族仇恨、民族歧视,传播暴力、淫秽色情信息,编造、传播虚假信息扰乱经济秩序和社会秩序,以及侵害他人名誉、隐私、知识产权和其他合法权益等活动。

55.6 《中华人民共和国邮政法》(2015年4月24日修正)

第三十七条第四项　任何单位和个人不得利用邮件寄递含有下列内容的物品:

(四)煽动民族仇恨、民族歧视,破坏民族团结的;

55.7 《营业性演出管理条例》(2020年11月29日修订)

第二十五条第三项　营业性演出不得有下列情形:

(三)煽动民族仇恨、民族歧视,侵害民族风俗习惯,伤害民族感情,破坏民族团结,违反宗教政策的;

55.8 《出版管理条例》(2024年12月6日修订)

第二十五条第四项　任何出版物不得含有下列内容:

(四)煽动民族仇恨、民族歧视,破坏民族团结,或者侵害民族风俗、习惯的;

55.9 《中华人民共和国电信条例》(2016年2月6日修订)

第五十六条第四项　任何组织或者个人不得利用电信网络制作、复制、发布、传播含有下列内容的信息:

(四)煽动民族仇恨、民族歧视,破坏民族团结的;

55.10 《广播电视管理条例》(2024年12月6日修订)

第三十二条第三项　广播电台、电视台应当提高广播电视节

目质量,增加国产优秀节目数量,禁止制作、播放载有下列内容的节目:

(三)煽动民族分裂,破坏民族团结的;

55.11 《互联网上网服务营业场所管理条例》(2024年12月6日修订)

第十四条第四项　互联网上网服务营业场所经营单位和上网消费者不得利用互联网上网服务营业场所制作、下载、复制、查阅、发布、传播或者以其他方式使用含有下列内容的信息:

(四)煽动民族仇恨、民族歧视,破坏民族团结,或者侵害民族风俗、习惯的;

55.12 《音像制品管理条例》(2024年12月6日修订)

第三条第一款,第二款第四、十项　出版、制作、复制、进口、批发、零售、出租音像制品,应当遵守宪法和有关法律、法规,坚持为人民服务和为社会主义服务的方向,传播有益于经济发展和社会进步的思想、道德、科学技术和文化知识。

音像制品禁止载有下列内容:

(四)煽动民族仇恨、民族歧视,破坏民族团结,或者侵害民族风俗、习惯的;

(十)有法律、行政法规和国家规定禁止的其他内容的。

55.13 《印刷业管理条例》(2024年12月6日修订)

第三条　印刷业经营者必须遵守有关法律、法规和规章,讲求社会效益。

禁止印刷含有反动、淫秽、迷信内容和国家明令禁止印刷的其他内容的出版物、包装装潢印刷品和其他印刷品。

55.14 《互联网信息服务管理办法》(2024年12月6日修订)

第十五条第四、九项　互联网信息服务提供者不得制作、复制、发布、传播含有下列内容的信息：

（四）煽动民族仇恨、民族歧视，破坏民族团结的；

（九）含有法律、行政法规禁止的其他内容的。

第十六条 互联网信息服务提供者发现其网站传输的信息明显属于本办法第十五条所列内容之一的，应当立即停止传输，保存有关记录，并向国家有关机关报告。

55.15 《网络信息内容生态治理规定》(2019年12月15日公布)

第六条第六项 网络信息内容生产者不得制作、复制、发布含有下列内容的违法信息：

（六）煽动民族仇恨、民族歧视，破坏民族团结的；

> **第五十六条 【对侵犯公民个人信息行为的处罚】**违反国家有关规定，向他人出售或者提供个人信息的，处十日以上十五日以下拘留；情节较轻的，处五日以下拘留。
>
> 窃取或者以其他方法非法获取个人信息的，依照前款的规定处罚。

【相关规定索引】

类别	名 称	关联条款
法律	《中华人民共和国民法典》	第111、1032－1039条
	《中华人民共和国个人信息保护法》	第2、5－11、13－32、34－42条
	《中华人民共和国消费者权益保护法》	第29条

续表

类别	名　称	关联条款
	《中华人民共和国未成年人保护法》	第72、73、103条
	《中华人民共和国居民身份证法》	第13、19条
	《中华人民共和国反间谍法》	第11条
	《中华人民共和国妇女权益保障法》	第29条
	《中华人民共和国医师法》	第23条
	《中华人民共和国网络安全法》	第40－45条
行政法规	《铁路安全管理条例》	第64、102条
	《戒毒条例》	第7、43条
	《无人驾驶航空器飞行管理暂行条例》	第34条
	《关键信息基础设施安全保护条例》	第2、15、30、46条
	《公共安全视频图像信息系统管理条例》	第8、13、15、16、21－23条
规章	《个人信息保护合规审计管理办法》	第2、4、5条

【关联规定】

56.1　《中华人民共和国民法典》(2020年5月28日公布)

第一百一十一条　自然人的个人信息受法律保护。任何组织或者个人需要获取他人个人信息的,应当依法取得并确保信息安全,不得非法收集、使用、加工、传输他人个人信息,不得非法买卖、提供或者公开他人个人信息。

第一千零三十二条　自然人享有隐私权。任何组织或者个人不得以刺探、侵扰、泄露、公开等方式侵害他人的隐私权。

隐私是自然人的私人生活安宁和不愿为他人知晓的私密空

间、私密活动、私密信息。

第一千零三十三条 除法律另有规定或者权利人明确同意外,任何组织或者个人不得实施下列行为:

(一)以电话、短信、即时通讯工具、电子邮件、传单等方式侵扰他人的私人生活安宁;

(二)进入、拍摄、窥视他人的住宅、宾馆房间等私密空间;

(三)拍摄、窥视、窃听、公开他人的私密活动;

(四)拍摄、窥视他人身体的私密部位;

(五)处理他人的私密信息;

(六)以其他方式侵害他人的隐私权。

第一千零三十四条 自然人的个人信息受法律保护。

个人信息是以电子或者其他方式记录的能够单独或者与其他信息结合识别特定自然人的各种信息,包括自然人的姓名、出生日期、身份证件号码、生物识别信息、住址、电话号码、电子邮箱、健康信息、行踪信息等。

个人信息中的私密信息,适用有关隐私权的规定;没有规定的,适用有关个人信息保护的规定。

第一千零三十五条 处理个人信息的,应当遵循合法、正当、必要原则,不得过度处理,并符合下列条件:

(一)征得该自然人或者其监护人同意,但是法律、行政法规另有规定的除外;

(二)公开处理信息的规则;

(三)明示处理信息的目的、方式和范围;

(四)不违反法律、行政法规的规定和双方的约定。

个人信息的处理包括个人信息的收集、存储、使用、加工、传输、提供、公开等。

第一千零三十六条 处理个人信息,有下列情形之一的,行为人不承担民事责任:

(一)在该自然人或者其监护人同意的范围内合理实施的行为;

(二)合理处理该自然人自行公开的或者其他已经合法公开的信息,但是该自然人明确拒绝或者处理该信息侵害其重大利益的除外;

(三)为维护公共利益或者该自然人合法权益,合理实施的其他行为。

第一千零三十七条 自然人可以依法向信息处理者查阅或者复制其个人信息;发现信息有错误的,有权提出异议并请求及时采取更正等必要措施。

自然人发现信息处理者违反法律、行政法规的规定或者双方的约定处理其个人信息的,有权请求信息处理者及时删除。

第一千零三十八条 信息处理者不得泄露或者篡改其收集、存储的个人信息;未经自然人同意,不得向他人非法提供其个人信息,但是经过加工无法识别特定个人且不能复原的除外。

信息处理者应当采取技术措施和其他必要措施,确保其收集、存储的个人信息安全,防止信息泄露、篡改、丢失;发生或者可能发生个人信息泄露、篡改、丢失的,应当及时采取补救措施,按照规定告知自然人并向有关主管部门报告。

第一千零三十九条 国家机关、承担行政职能的法定机构及其工作人员对于履行职责过程中知悉的自然人的隐私和个人信息,应当予以保密,不得泄露或者向他人非法提供。

56.2 《中华人民共和国个人信息保护法》(2021年8月20日公布)

第二条 自然人的个人信息受法律保护,任何组织、个人不得侵害自然人的个人信息权益。

第五条 处理个人信息应当遵循合法、正当、必要和诚信原则,不得通过误导、欺诈、胁迫等方式处理个人信息。

第六条 处理个人信息应当具有明确、合理的目的,并应当与处理目的直接相关,采取对个人权益影响最小的方式。

收集个人信息,应当限于实现处理目的的最小范围,不得过度收集个人信息。

第七条 处理个人信息应当遵循公开、透明原则,公开个人信息处理规则,明示处理的目的、方式和范围。

第八条 处理个人信息应当保证个人信息的质量,避免因个人信息不准确、不完整对个人权益造成不利影响。

第九条 个人信息处理者应当对其个人信息处理活动负责,并采取必要措施保障所处理的个人信息的安全。

第十条 任何组织、个人不得非法收集、使用、加工、传输他人个人信息,不得非法买卖、提供或者公开他人个人信息;不得从事危害国家安全、公共利益的个人信息处理活动。

第十一条 国家建立健全个人信息保护制度,预防和惩治侵害个人信息权益的行为,加强个人信息保护宣传教育,推动形成政府、企业、相关社会组织、公众共同参与个人信息保护的良好环境。

第十三条 符合下列情形之一的,个人信息处理者方可处理个人信息:

(一)取得个人的同意;

（二）为订立、履行个人作为一方当事人的合同所必需，或者按照依法制定的劳动规章制度和依法签订的集体合同实施人力资源管理所必需；

（三）为履行法定职责或者法定义务所必需；

（四）为应对突发公共卫生事件，或者紧急情况下为保护自然人的生命健康和财产安全所必需；

（五）为公共利益实施新闻报道、舆论监督等行为，在合理的范围内处理个人信息；

（六）依照本法规定在合理的范围内处理个人自行公开或者其他已经合法公开的个人信息；

（七）法律、行政法规规定的其他情形。

依照本法其他有关规定，处理个人信息应当取得个人同意，但是有前款第二项至第七项规定情形的，不需取得个人同意。

第十四条　基于个人同意处理个人信息的，该同意应当由个人在充分知情的前提下自愿、明确作出。法律、行政法规规定处理个人信息应当取得个人单独同意或者书面同意的，从其规定。

个人信息的处理目的、处理方式和处理的个人信息种类发生变更的，应当重新取得个人同意。

第十五条　基于个人同意处理个人信息的，个人有权撤回其同意。个人信息处理者应当提供便捷的撤回同意的方式。

个人撤回同意，不影响撤回前基于个人同意已进行的个人信息处理活动的效力。

第十六条　个人信息处理者不得以个人不同意处理其个人信息或者撤回同意为由，拒绝提供产品或者服务；处理个人信息属于提供产品或者服务所必需的除外。

第十七条　个人信息处理者在处理个人信息前，应当以显著方式、清晰易懂的语言真实、准确、完整地向个人告知下列事项：

（一）个人信息处理者的名称或者姓名和联系方式；

（二）个人信息的处理目的、处理方式，处理的个人信息种类、保存期限；

（三）个人行使本法规定权利的方式和程序；

（四）法律、行政法规规定应当告知的其他事项。

前款规定事项发生变更的，应当将变更部分告知个人。

个人信息处理者通过制定个人信息处理规则的方式告知第一款规定事项的，处理规则应当公开，并且便于查阅和保存。

第十八条 个人信息处理者处理个人信息，有法律、行政法规规定应当保密或者不需要告知的情形的，可以不向个人告知前条第一款规定的事项。

紧急情况下为保护自然人的生命健康和财产安全无法及时向个人告知的，个人信息处理者应当在紧急情况消除后及时告知。

第十九条 除法律、行政法规另有规定外，个人信息的保存期限应当为实现处理目的所必要的最短时间。

第二十条 两个以上的个人信息处理者共同决定个人信息的处理目的和处理方式的，应当约定各自的权利和义务。但是，该约定不影响个人向其中任何一个个人信息处理者要求行使本法规定的权利。

个人信息处理者共同处理个人信息，侵害个人信息权益造成损害的，应当依法承担连带责任。

第二十一条 个人信息处理者委托处理个人信息的，应当与受托人约定委托处理的目的、期限、处理方式、个人信息的种类、保护措施以及双方的权利和义务等，并对受托人的个人信息处理活动进行监督。

受托人应当按照约定处理个人信息,不得超出约定的处理目的、处理方式等处理个人信息;委托合同不生效、无效、被撤销或者终止的,受托人应当将个人信息返还个人信息处理者或者予以删除,不得保留。

未经个人信息处理者同意,受托人不得转委托他人处理个人信息。

第二十二条　个人信息处理者因合并、分立、解散、被宣告破产等原因需要转移个人信息的,应当向个人告知接收方的名称或者姓名和联系方式。接收方应当继续履行个人信息处理者的义务。接收方变更原先的处理目的、处理方式的,应当依照本法规定重新取得个人同意。

第二十三条　个人信息处理者向其他个人信息处理者提供其处理的个人信息的,应当向个人告知接收方的名称或者姓名、联系方式、处理目的、处理方式和个人信息的种类,并取得个人的单独同意。接收方应当在上述处理目的、处理方式和个人信息的种类等范围内处理个人信息。接收方变更原先的处理目的、处理方式的,应当依照本法规定重新取得个人同意。

第二十四条　个人信息处理者利用个人信息进行自动化决策,应当保证决策的透明度和结果公平、公正,不得对个人在交易价格等交易条件上实行不合理的差别待遇。

通过自动化决策方式向个人进行信息推送、商业营销,应当同时提供不针对其个人特征的选项,或者向个人提供便捷的拒绝方式。

通过自动化决策方式作出对个人权益有重大影响的决定,个人有权要求个人信息处理者予以说明,并有权拒绝个人信息处理者仅通过自动化决策的方式作出决定。

第二十五条 个人信息处理者不得公开其处理的个人信息，取得个人单独同意的除外。

第二十六条 在公共场所安装图像采集、个人身份识别设备，应当为维护公共安全所必需，遵守国家有关规定，并设置显著的提示标识。所收集的个人图像、身份识别信息只能用于维护公共安全的目的，不得用于其他目的；取得个人单独同意的除外。

第二十七条 个人信息处理者可以在合理的范围内处理个人自行公开或者其他已经合法公开的个人信息；个人明确拒绝的除外。个人信息处理者处理已公开的个人信息，对个人权益有重大影响的，应当依照本法规定取得个人同意。

第二十八条 敏感个人信息是一旦泄露或者非法使用，容易导致自然人的人格尊严受到侵害或者人身、财产安全受到危害的个人信息，包括生物识别、宗教信仰、特定身份、医疗健康、金融账户、行踪轨迹等信息，以及不满十四周岁未成年人的个人信息。

只有在具有特定的目的和充分的必要性，并采取严格保护措施的情形下，个人信息处理者方可处理敏感个人信息。

第二十九条 处理敏感个人信息应当取得个人的单独同意；法律、行政法规规定处理敏感个人信息应当取得书面同意的，从其规定。

第三十条 个人信息处理者处理敏感个人信息的，除本法第十七条第一款规定的事项外，还应当向个人告知处理敏感个人信息的必要性以及对个人权益的影响；依照本法规定可以不向个人告知的除外。

第三十一条 个人信息处理者处理不满十四周岁未成年人个人信息的，应当取得未成年人的父母或者其他监护人的同意。

个人信息处理者处理不满十四周岁未成年人个人信息的,应当制定专门的个人信息处理规则。

第三十二条 法律、行政法规对处理敏感个人信息规定应当取得相关行政许可或者作出其他限制的,从其规定。

第三十四条 国家机关为履行法定职责处理个人信息,应当依照法律、行政法规规定的权限、程序进行,不得超出履行法定职责所必需的范围和限度。

第三十五条 国家机关为履行法定职责处理个人信息,应当依照本法规定履行告知义务;有本法第十八条第一款规定的情形,或者告知将妨碍国家机关履行法定职责的除外。

第三十六条 国家机关处理的个人信息应当在中华人民共和国境内存储;确需向境外提供的,应当进行安全评估。安全评估可以要求有关部门提供支持与协助。

第三十七条 法律、法规授权的具有管理公共事务职能的组织为履行法定职责处理个人信息,适用本法关于国家机关处理个人信息的规定。

第三十八条 个人信息处理者因业务等需要,确需向中华人民共和国境外提供个人信息的,应当具备下列条件之一:

(一)依照本法第四十条的规定通过国家网信部门组织的安全评估;

(二)按照国家网信部门的规定经专业机构进行个人信息保护认证;

(三)按照国家网信部门制定的标准合同与境外接收方订立合同,约定双方的权利和义务;

(四)法律、行政法规或者国家网信部门规定的其他条件。

中华人民共和国缔结或者参加的国际条约、协定对向中华人民共和国境外提供个人信息的条件等有规定的,可以按照其规定执行。

个人信息处理者应当采取必要措施,保障境外接收方处理个人信息的活动达到本法规定的个人信息保护标准。

第三十九条 个人信息处理者向中华人民共和国境外提供个人信息的,应当向个人告知境外接收方的名称或者姓名、联系方式、处理目的、处理方式、个人信息的种类以及个人向境外接收方行使本法规定权利的方式和程序等事项,并取得个人的单独同意。

第四十条 关键信息基础设施运营者和处理个人信息达到国家网信部门规定数量的个人信息处理者,应当将在中华人民共和国境内收集和产生的个人信息存储在境内。确需向境外提供的,应当通过国家网信部门组织的安全评估;法律、行政法规和国家网信部门规定可以不进行安全评估的,从其规定。

第四十一条 中华人民共和国主管机关根据有关法律和中华人民共和国缔结或者参加的国际条约、协定,或者按照平等互惠原则,处理外国司法或者执法机构关于提供存储于境内个人信息的请求。非经中华人民共和国主管机关批准,个人信息处理者不得向外国司法或者执法机构提供存储于中华人民共和国境内的个人信息。

第四十二条 境外的组织、个人从事侵害中华人民共和国公民的个人信息权益,或者危害中华人民共和国国家安全、公共利益的个人信息处理活动的,国家网信部门可以将其列入限制或者禁止个人信息提供清单,予以公告,并采取限制或者禁止向其提供个人信息等措施。

56.3 《中华人民共和国消费者权益保护法》(2013年10月25日修正)

第二十九条 经营者收集、使用消费者个人信息,应当遵循合法、正当、必要的原则,明示收集、使用信息的目的、方式和范围,并经消费者同意。经营者收集、使用消费者个人信息,应当公开其收集、使用规则,不得违反法律、法规的规定和双方的约定收集、使用信息。

经营者及其工作人员对收集的消费者个人信息必须严格保密,不得泄露、出售或者非法向他人提供。经营者应当采取技术措施和其他必要措施,确保信息安全,防止消费者个人信息泄露、丢失。在发生或者可能发生信息泄露、丢失的情况时,应当立即采取补救措施。

经营者未经消费者同意或者请求,或者消费者明确表示拒绝的,不得向其发送商业性信息。

56.4 《中华人民共和国未成年人保护法》(2024年4月26日修正)

第七十二条 信息处理者通过网络处理未成年人个人信息的,应当遵循合法、正当和必要的原则。处理不满十四周岁未成年人个人信息的,应当征得未成年人的父母或者其他监护人同意,但法律、行政法规另有规定的除外。

未成年人、父母或者其他监护人要求信息处理者更正、删除未成年人个人信息的,信息处理者应当及时采取措施予以更正、删除,但法律、行政法规另有规定的除外。

第七十三条 网络服务提供者发现未成年人通过网络发布私密信息的,应当及时提示,并采取必要的保护措施。

第一百零三条 公安机关、人民检察院、人民法院、司法行政部门以及其他组织和个人不得披露有关案件中未成年人的姓名、影像、住所、就读学校以及其他可能识别出其身份的信息,但查找失踪、被拐卖未成年人等情形除外。

56.5 《中华人民共和国居民身份证法》(2011年10月29日修正)

第十三条 公民从事有关活动,需要证明身份的,有权使用居民身份证证明身份,有关单位及其工作人员不得拒绝。

有关单位及其工作人员对履行职责或者提供服务过程中获得的居民身份证记载的公民个人信息,应当予以保密。

第十九条 国家机关或者金融、电信、交通、教育、医疗等单位的工作人员泄露在履行职责或者提供服务过程中获得的居民身份证记载的公民个人信息,构成犯罪的,依法追究刑事责任;尚不构成犯罪的,由公安机关处十日以上十五日以下拘留,并处五千元罚款,有违法所得的,没收违法所得。

单位有前款行为,构成犯罪的,依法追究刑事责任;尚不构成犯罪的,由公安机关对其直接负责的主管人员和其他直接责任人员,处十日以上十五日以下拘留,并处十万元以上五十万元以下罚款,有违法所得的,没收违法所得。

有前两款行为,对他人造成损害的,依法承担民事责任。

56.6 《中华人民共和国反间谍法》(2023年4月26日修订)

第十一条 国家安全机关及其工作人员在工作中,应当严格依法办事,不得超越职权、滥用职权,不得侵犯个人和组织的合法权益。

国家安全机关及其工作人员依法履行反间谍工作职责获取的个人和组织的信息,只能用于反间谍工作。对属于国家秘密、工作秘密、商业秘密和个人隐私、个人信息的,应当保密。

56.7 《中华人民共和国妇女权益保障法》(2022年10月30日修订)

第二十九条 禁止以恋爱、交友为由或者在终止恋爱关系、离婚之后,纠缠、骚扰妇女,泄露、传播妇女隐私和个人信息。

妇女遭受上述侵害或者面临上述侵害现实危险的,可以向人民法院申请人身安全保护令。

56.8 《中华人民共和国医师法》(2021年8月20日公布)

第二十三条第三项 医师在执业活动中履行下列义务:

(三)尊重、关心、爱护患者,依法保护患者隐私和个人信息;

56.9 《中华人民共和国网络安全法》(2016年11月7日公布)

第四十条 网络运营者应当对其收集的用户信息严格保密,并建立健全用户信息保护制度。

第四十一条 网络运营者收集、使用个人信息,应当遵循合法、正当、必要的原则,公开收集、使用规则,明示收集、使用信息的目的、方式和范围,并经被收集者同意。

网络运营者不得收集与其提供的服务无关的个人信息,不得违反法律、行政法规的规定和双方的约定收集、使用个人信息,并应当依照法律、行政法规的规定和与用户的约定,处理其保存的个人信息。

第四十二条 网络运营者不得泄露、篡改、毁损其收集的个人信息;未经被收集者同意,不得向他人提供个人信息。但是,经过处理无法识别特定个人且不能复原的除外。

网络运营者应当采取技术措施和其他必要措施,确保其收集的个人信息安全,防止信息泄露、毁损、丢失。在发生或者可能发生个人信息泄露、毁损、丢失的情况时,应当立即采取补救措施,按照规定及时告知用户并向有关主管部门报告。

第四十三条 个人发现网络运营者违反法律、行政法规的规定或者双方的约定收集、使用其个人信息的,有权要求网络运营者删除其个人信息;发现网络运营者收集、存储的其个人信息有错误的,有权要求网络运营者予以更正。网络运营者应当采取措施予以删除或者更正。

第四十四条 任何个人和组织不得窃取或者以其他非法方式获取个人信息,不得非法出售或者非法向他人提供个人信息。

第四十五条 依法负有网络安全监督管理职责的部门及其工作人员,必须对在履行职责中知悉的个人信息、隐私和商业秘密严格保密,不得泄露、出售或者非法向他人提供。

56.10 《铁路安全管理条例》(2013年8月17日公布)

第六十四条 铁路运输企业应当按照国务院铁路行业监督管理部门的规定实施火车票实名购买、查验制度。

实施火车票实名购买、查验制度的,旅客应当凭有效身份证件购票乘车;对车票所记载身份信息与所持身份证件或者真实身份不符的持票人,铁路运输企业有权拒绝其进站乘车。

铁路运输企业应当采取有效措施为旅客实名购票、乘车提供便利,并加强对旅客身份信息的保护。铁路运输企业工作人员不得窃取、泄露旅客身份信息。

第一百零二条 铁路运输企业工作人员窃取、泄露旅客身份信息的,由公安机关依法处罚。

56.11 《戒毒条例》(2018年9月18日修订)

第七条 戒毒人员在入学、就业、享受社会保障等方面不受歧视。

对戒毒人员戒毒的个人信息应当依法予以保密。对戒断3

年未复吸的人员,不再实行动态管控。

第四十三条 公安、司法行政、卫生行政等有关部门工作人员泄露戒毒人员个人信息的,依法给予处分;构成犯罪的,依法追究刑事责任。

56.12 《无人驾驶航空器飞行管理暂行条例》(2023年5月31日公布)

第三十四条第六项 禁止利用无人驾驶航空器实施下列行为:

(六)危及他人生命健康,非法采集信息,或者侵犯他人其他人身权益;

56.13 《关键信息基础设施安全保护条例》(2021年7月30日公布)

第二条 本条例所称关键信息基础设施,是指公共通信和信息服务、能源、交通、水利、金融、公共服务、电子政务、国防科技工业等重要行业和领域的,以及其他一旦遭到破坏、丧失功能或者数据泄露,可能严重危害国家安全、国计民生、公共利益的重要网络设施、信息系统等。

第十五条第六项 专门安全管理机构具体负责本单位的关键信息基础设施安全保护工作,履行下列职责:

(六)履行个人信息和数据安全保护责任,建立健全个人信息和数据安全保护制度;

第三十条 网信部门、公安机关、保护工作部门等有关部门,网络安全服务机构及其工作人员对于在关键信息基础设施安全保护工作中获取的信息,只能用于维护网络安全,并严格按照有关法律、行政法规的要求确保信息安全,不得泄露、出售或者非法向他人提供。

第四十六条 网信部门、公安机关、保护工作部门等有关部门、网络安全服务机构及其工作人员将在关键信息基础设施安全保护工作中获取的信息用于其他用途,或者泄露、出售、非法向他人提供的,依法对直接负责的主管人员和其他直接责任人员给予处分。

56.14 《公共安全视频图像信息系统管理条例》(2025年1月13日公布)

第八条第一款 禁止在公共场所的下列区域、部位安装图像采集设备及相关设施:

(一)旅馆、饭店、宾馆、招待所、民宿等经营接待食宿场所的客房或者包间内部;

(二)学生宿舍的房间内部,或者单位为内部人员提供住宿、休息服务的房间内部;

(三)公共的浴室、卫生间、更衣室、哺乳室、试衣间的内部;

(四)安装图像采集设备后能够拍摄、窥视、窃听他人隐私的其他区域、部位。

第十三条 公共安全视频系统管理单位应当按照维护公共安全所必需、注重保护个人隐私和个人信息权益的要求,合理确定图像采集设备的安装位置、角度和采集范围,并设置显著的提示标识。未设置显著提示标识的,由公安机关责令改正。

第十五条 公共安全视频系统管理单位应当履行系统运行安全管理职责,履行网络安全、数据安全和个人信息保护义务,建立健全管理制度,完善防攻击、防入侵、防病毒、防篡改、防泄露等安全技术措施,定期维护设备设施,保障系统连续、稳定、安全运行,确保视频图像信息的原始完整。

公共安全视频系统管理单位委托他人运营的,应当通过签订安全保密协议等方式,约定前款规定的网络安全、数据安全和个人信息保护义务并监督受托方履行。

第十六条 公共安全视频系统管理单位使用视频图像信息,应当遵守法律法规,依法保护国家秘密、商业秘密、个人隐私和个人信息,不得滥用、泄露。

公共安全视频系统管理单位应当采取下列措施,防止滥用、泄露视频图像信息:

(一)建立系统监看、管理等重要岗位人员的入职审查、保密教育、岗位培训等管理制度;

(二)采取授权管理、访问控制等技术措施,严格规范内部人员对视频图像信息的查阅、处理;

(三)建立信息调用登记制度,如实记录查阅、调取视频图像信息的事由、内容及调用人员的单位、姓名等信息;

(四)其他防止滥用、泄露视频图像信息的措施。

第二十一条 为了保护自然人的生命健康、财产安全,经公共安全视频系统管理单位同意,本人、近亲属或者其他负有监护、看护、代管责任的人可以查阅关联的视频图像信息;对获悉的涉及公共安全、个人隐私和个人信息的视频图像信息,不得非法对外提供或者公开传播。

第二十二条 公共安全视频系统收集的视频图像信息被依法用于公开传播,可能损害个人、组织合法权益的,应当对涉及的人脸、机动车号牌等敏感个人信息,以及法人、非法人组织的名称、营业执照等信息采取严格保护措施。

第二十三条 任何单位或者个人不得实施下列行为:

(一)违反法律法规规定,对外提供或者公开传播公共安全视频系统收集的视频图像信息;

（二）擅自改动、迁移、拆除依据本条例第七条规定安装的图像采集设备及相关设施，或者以喷涂、遮挡等方式妨碍其正常运行；

（三）非法侵入、控制公共安全视频系统；

（四）非法获取公共安全视频系统中的数据；

（五）非法删除、隐匿、修改、增加公共安全视频系统中的数据或者应用程序；

（六）其他妨碍公共安全视频系统正常运行，危害网络安全、数据安全、个人信息安全的行为。

56.15 《个人信息保护合规审计管理办法》(2025年2月12日公布)

第二条 在中华人民共和国境内开展个人信息保护合规审计，适用本办法。

本办法所称个人信息保护合规审计，是指对个人信息处理者的个人信息处理活动是否遵守法律、行政法规的情况进行审查和评价的监督活动。

第四条 处理超过1000万人个人信息的个人信息处理者，应当每两年至少开展一次个人信息保护合规审计。

第五条 个人信息处理者有以下情形之一的，国家网信部门和其他履行个人信息保护职责的部门（以下统称为保护部门）可以要求个人信息处理者委托专业机构对个人信息处理活动进行合规审计：

（一）发现个人信息处理活动存在严重影响个人权益或者严重缺乏安全措施等较大风险的；

（二）个人信息处理活动可能侵害众多个人的权益的；

（三）发生个人信息安全事件，导致100万人以上个人信息或者 10 万人以上敏感个人信息泄露、篡改、丢失、毁损的。

对同一个人信息安全事件或者风险,不得重复要求个人信息处理者委托专业机构开展个人信息保护合规审计。

> **第五十七条** 【对侵犯公民通信自由行为的处罚】冒领、隐匿、毁弃、倒卖、私自开拆或者非法检查他人邮件、快件的,处警告或者一千元以下罚款;情节较重的,处五日以上十日以下拘留。

【相关规定索引】

类别	名　称	关联条款
法律	《中华人民共和国宪法》	第 40 条
	《中华人民共和国邮政法》	第 3、35、36、59、71、84 条
	《中华人民共和国未成年人保护法》	第 63 条
	《中华人民共和国刑事诉讼法》	第 143 条
行政法规	《中华人民共和国邮政法实施细则》	第 7、11 条
	《快递暂行条例》	第 5 条

【关联规定】

57.1 《中华人民共和国宪法》(2018 年 3 月 11 日修正)

第四十条　中华人民共和国公民的通信自由和通信秘密受法律的保护。除因国家安全或者追查刑事犯罪的需要,由公安机关或者检察机关依照法律规定的程序对通信进行检查外,任何组织或者个人不得以任何理由侵犯公民的通信自由和通信秘密。

57.2 《中华人民共和国邮政法》(2015 年 4 月 24 日修正)

第三条 公民的通信自由和通信秘密受法律保护。除因国家安全或者追查刑事犯罪的需要,由公安机关、国家安全机关或者检察机关依照法律规定的程序对通信进行检查外,任何组织或者个人不得以任何理由侵犯公民的通信自由和通信秘密。

除法律另有规定外,任何组织或者个人不得检查、扣留邮件、汇款。

第三十五条 任何单位和个人不得私自开拆、隐匿、毁弃他人邮件。

除法律另有规定外,邮政企业及其从业人员不得向任何单位或者个人泄露用户使用邮政服务的信息。

第三十六条 因国家安全或者追查刑事犯罪的需要,公安机关、国家安全机关或者检察机关可以依法检查、扣留有关邮件,并可以要求邮政企业提供相关用户使用邮政服务的信息。邮政企业和有关单位应当配合,并对有关情况予以保密。

第五十九条 本法第六条、第二十一条、第二十二条、第二十四条、第二十五条、第二十六条第一款、第三十五条第二款、第三十六条关于邮政企业及其从业人员的规定,适用于快递企业及其从业人员;第十一条关于邮件处理场所的规定,适用于快件处理场所;第三条第二款、第二十六条第二款、第三十五条第一款、第三十六条、第三十七条关于邮件的规定,适用于快件;第四十五条第二款关于邮件的损失赔偿的规定,适用于快件的损失赔偿。

第七十一条 冒领、私自开拆、隐匿、毁弃或者非法检查他人邮件、快件,尚不构成犯罪的,依法给予治安管理处罚。

第八十四条第四、五项 本法下列用语的含义:

邮件,是指邮政企业寄递的信件、包裹、汇款通知、报刊和其他印刷品等。

快件，是指快递企业递送的信件、包裹、印刷品等。

57.3 《中华人民共和国未成年人保护法》(2024年4月26日修正)

第六十三条 任何组织或者个人不得隐匿、毁弃、非法删除未成年人的信件、日记、电子邮件或者其他网络通讯内容。

除下列情形外，任何组织或者个人不得开拆、查阅未成年人的信件、日记、电子邮件或者其他网络通讯内容：

（一）无民事行为能力未成年人的父母或者其他监护人代未成年人开拆、查阅；

（二）因国家安全或者追查刑事犯罪依法进行检查；

（三）紧急情况下为了保护未成年人本人的人身安全。

57.4 《中华人民共和国刑事诉讼法》(2018年10月26日修正)

第一百四十三条 侦查人员认为需要扣押犯罪嫌疑人的邮件、电报的时候，经公安机关或者人民检察院批准，即可通知邮电机关将有关的邮件、电报检交扣押。

不需要继续扣押的时候，应即通知邮电机关。

57.5 《中华人民共和国邮政法实施细则》(1990年11月12日公布)

第七条 邮政企业应当为用户提供迅速、准确、安全、方便的邮政服务，保障用户使用邮政的合法权益。

任何单位或者个人均负有保护通信自由、通信秘密和邮件安全的责任；任何单位或者个人不得利用邮政业务进行法律、法规和政策所禁止的活动。

除因国家安全或者追查刑事犯罪需要，由公安机关、国家安全机关或者检察机关依法对通信进行检查外,邮件在运输、传递过程中,任何单位或者个人不得以任何理由检查、扣留。

第十一条第六项 任何单位或者个人不得从事下列行为妨害邮政工作的正常进行:

(六)非法检查或者截留邮件;

57.6 《快递暂行条例》(2025年4月13日修订)

第五条 任何单位或者个人不得利用信件、包裹、印刷品以及其他寄递物品(以下统称快件)从事危害国家安全、社会公共利益或者他人合法权益的活动。

除有关部门依照法律对快件进行检查外,任何单位或者个人不得非法检查他人快件。任何单位或者个人不得私自开拆、隐匿、毁弃、倒卖他人快件。

【典型案例】

陈甲私拆他人快递案[①]

1. 基本事实

2018年12月16日,原告杨某通过"110"报警电话向巢湖市公安局报警,称其一件韵达快递在其不知情的情况下被巢湖市望城快递代办点签收,因此发生纠纷。接警后,巢湖市公安局所属朝阳派出所民警立即出警至现场,经了解系原告的一件韵达快递邮件在巢湖市望城快递代办点被该代办点负责人周某代为签收,双方发生纠纷。出警民警现场了解相关情况后,认为属民事纠纷,不属治安管理处罚范围,遂现场予以调解,并告知原告若对快递代办点的做法不满可通过正当途径投诉或者诉讼处理。原告

---

① 参见安徽省合肥市中级人民法院行政裁定书,(2019)皖01行终376号。

认为巢湖市公安局未履行法定职责,申请行政复议,后被驳回。杨某提起诉讼。

2. 法院裁判

该案中,韵达快递望城代办点工作人员代为签收原告邮件后,通过电子信息方式通知了原告,主观上不具有非法占用原告邮件或财物的故意,不属冒领行为。原告报警所称警情应为原告与快递投递人之间因履行邮件投递服务合同而发生的争议,该争议为民事争议,不属《中华人民共和国治安管理处罚法》的调整范围。2012年《中华人民共和国治安管理处罚法》第9条规定,对于因民间纠纷引起的打架斗殴或者损毁他人财物等违反治安管理行为,情节较轻的,公安机关可以调解。被告巢湖市公安局对该民事争议现场予以调解,不违反法律规定,且该调解行为对原告的权利义务不产生影响,原告诉请无效,无法律依据,法院不予支持。综上,巢湖市公安局在接到原告杨某的报警后,及时指派民警出警,因杨某报警所称警情系民事纠纷,出警民警对该警情予以调解,并告知了原告纠纷的解决途径,处置并无不当,已履行法定职责。原告要求巢湖市公安局按照《中华人民共和国治安管理处罚法》第48条规定,对韵达快递望城代办点工作人员予以治安处罚,没有事实和法律依据,应不予支持。合肥市公安局作出的合公行复驳[2019]11号《驳回行政复议申请决定书》,认定事实清楚,证据确凿,程序合法,原告要求撤销,理由不能成立,依法应予驳回。依照《中华人民共和国行政诉讼法》第69条之规定,判决驳回原告杨某的诉讼请求。

第五十八条 【对盗窃、诈骗、哄抢、抢夺、敲诈勒索行为的处罚】盗窃、诈骗、哄抢、抢夺或者敲诈勒索的,处五日以上十日以下拘留或者二千元以下罚款;情节较重的,处十日以上十五日以下拘留,可以并处三千元以下罚款。

【相关规定索引】

类别	名称	关联条款
法律	《中华人民共和国宪法》	第12、13条
	《中华人民共和国民法典》	第113、114、117、258、265-267、270、324条
	《中华人民共和国铁路法》	第54、64、65、67条
	《中华人民共和国未成年人保护法》	第17、129条
	《中华人民共和国老年人权益保障法》	第77条
	《中华人民共和国反电信网络诈骗法》	第2条

【关联规定】

58.1《中华人民共和国宪法》(2018年3月11日修正)

第十二条 社会主义的公共财产神圣不可侵犯。

国家保护社会主义的公共财产。禁止任何组织或者个人用任何手段侵占或者破坏国家的和集体的财产。

第十三条 公民的合法的私有财产不受侵犯。

国家依照法律规定保护公民的私有财产权和继承权。

国家为了公共利益的需要,可以依照法律规定对公民的私有财产实行征收或者征用并给予补偿。

58.2《中华人民共和国民法典》(2020年5月28日公布)

第一百一十三条 民事主体的财产权利受法律平等保护。

第一百一十四条 民事主体依法享有物权。

物权是权利人依法对特定的物享有直接支配和排他的权利,包括所有权、用益物权和担保物权。

第一百一十七条 为了公共利益的需要,依照法律规定的权限和程序征收、征用不动产或者动产的,应当给予公平、合理的补偿。

第二百五十八条 国家所有的财产受法律保护,禁止任何组织或者个人侵占、哄抢、私分、截留、破坏。

第二百六十五条 集体所有的财产受法律保护,禁止任何组织或者个人侵占、哄抢、私分、破坏。

农村集体经济组织、村民委员会或者其负责人作出的决定侵害集体成员合法权益的,受侵害的集体成员可以请求人民法院予以撤销。

第二百六十六条 私人对其合法的收入、房屋、生活用品、生产工具、原材料等不动产和动产享有所有权。

第二百六十七条 私人的合法财产受法律保护,禁止任何组织或者个人侵占、哄抢、破坏。

第二百七十条 社会团体法人、捐助法人依法所有的不动产和动产,受法律保护。

第三百二十四条 国家所有或者国家所有由集体使用以及法律规定属于集体所有的自然资源,组织、个人依法可以占有、使用和收益。

58.3 《中华人民共和国铁路法》(2015年4月24日修正)

第五十四条 对哄抢铁路运输物资的,铁路职工有权制止,可以扭送公安机关处理;现场公安人员可以予以拘留。

第六十四条 聚众哄抢铁路运输物资的,对首要分子和骨干分子依照刑法有关规定追究刑事责任。

铁路职工与其他人员勾结犯前款罪的,从重处罚。

第六十五条 在列车内,抢劫旅客财物,伤害旅客的,依照刑法有关规定从重处罚。

在列车内,寻衅滋事,侮辱妇女,情节恶劣的,依照刑法有关规定追究刑事责任;敲诈勒索旅客财物的,依照刑法有关规定追究刑事责任。

第六十七条 违反本法规定,尚不够刑事处罚,应当给予治安管理处罚的,依照治安管理处罚法的规定处罚。

58.4 《中华人民共和国未成年人保护法》(2024年4月26日修正)

第十七条第十、十一项 未成年人的父母或者其他监护人不得实施下列行为:

(十)违法处分、侵吞未成年人的财产或者利用未成年人牟取不正当利益;

(十一)其他侵犯未成年人身心健康、财产权益或者不依法履行未成年人保护义务的行为。

第一百二十九条 违反本法规定,侵犯未成年人合法权益,造成人身、财产或者其他损害的,依法承担民事责任。

违反本法规定,构成违反治安管理行为的,依法给予治安管理处罚;构成犯罪的,依法追究刑事责任。

58.5 《中华人民共和国老年人权益保障法》(2018年12月29日修正)

第七十七条 家庭成员盗窃、诈骗、抢夺、侵占、勒索、故意损毁老年人财物,构成违反治安管理行为的,依法给予治安管理处罚;构成犯罪的,依法追究刑事责任。

58.6 《中华人民共和国反电信网络诈骗法》(2022年9月2日公布)

第二条 本法所称电信网络诈骗,是指以非法占有为目的,利用电信网络技术手段,通过远程、非接触等方式,诈骗公私财物的行为。

> **第五十九条 【对故意损毁公私财物行为的处罚】**故意损毁公私财物的,处五日以下拘留或者一千元以下罚款;情节较重的,处五日以上十日以下拘留,可以并处三千元以下罚款。

【相关规定索引】

类别	名称	关联条款
法律	《中华人民共和国宪法》	第12、13条
	《中华人民共和国刑法》	第91、92条
	《中华人民共和国民法典》	第258-260、265-267条

【关联规定】

59.1 《中华人民共和国宪法》(2018年3月11日修正)

第十二条 社会主义的公共财产神圣不可侵犯。

国家保护社会主义的公共财产。禁止任何组织或者个人用任何手段侵占或者破坏国家的和集体的财产。

第十三条 公民的合法的私有财产不受侵犯。

国家依照法律规定保护公民的私有财产权和继承权。

国家为了公共利益的需要,可以依照法律规定对公民的私有财产实行征收或者征用并给予补偿。

59.2 《中华人民共和国刑法》(2023年12月29日修正)

第九十一条　本法所称公共财产,是指下列财产:

(一)国有财产;

(二)劳动群众集体所有的财产;

(三)用于扶贫和其他公益事业的社会捐助或者专项基金的财产。

在国家机关、国有公司、企业、集体企业和人民团体管理、使用或者运输中的私人财产,以公共财产论。

第九十二条　本法所称公民私人所有的财产,是指下列财产:

(一)公民的合法收入、储蓄、房屋和其他生活资料;

(二)依法归个人、家庭所有的生产资料;

(三)个体户和私营企业的合法财产;

(四)依法归个人所有的股份、股票、债券和其他财产。

59.3 《中华人民共和国民法典》(2020年5月28日公布)

第二百五十八条　国家所有的财产受法律保护,禁止任何组织或者个人侵占、哄抢、私分、截留、破坏。

第二百五十九条　履行国有财产管理、监督职责的机构及其工作人员,应当依法加强对国有财产的管理、监督,促进国有财产保值增值,防止国有财产损失;滥用职权,玩忽职守,造成国有财产损失的,应当依法承担法律责任。

违反国有财产管理规定,在企业改制、合并分立、关联交易等过程中,低价转让、合谋私分、擅自担保或者以其他方式造成国有财产损失的,应当依法承担法律责任。

第二百六十条　集体所有的不动产和动产包括:

(一)法律规定属于集体所有的土地和森林、山岭、草原、荒地、滩涂；

（二）集体所有的建筑物、生产设施、农田水利设施；

（三）集体所有的教育、科学、文化、卫生、体育等设施；

（四）集体所有的其他不动产和动产。

第二百六十五条　集体所有的财产受法律保护，禁止任何组织或者个人侵占、哄抢、私分、破坏。

农村集体经济组织、村民委员会或者其负责人作出的决定侵害集体成员合法权益的，受侵害的集体成员可以请求人民法院予以撤销。

第二百六十六条　私人对其合法的收入、房屋、生活用品、生产工具、原材料等不动产和动产享有所有权。

第二百六十七条　私人的合法财产受法律保护，禁止任何组织或者个人侵占、哄抢、破坏。

【典型案例】

陈某岱故意损毁财物案[1]

1. 基本事实

2023年4月17日，陈某岱在陈某鲁住宅前堆放的空心砖，民警与黄流镇政府执法中队先后赶到现场，执法中队以陈某岱堆放的砖头影响他人为由，已将上述空心砖转移存放保管。2023年7月19日，陈某岱及李某姬（陈某岱母亲）、陈某逸（陈某岱父亲）到黄流镇镇远村陈某鲁住宅院子前，李某姬持锄头、陈某岱持铁耙，将陈某鲁院子的84平方米铁网围栏、2株槟榔苗、1株荔枝苗打砸损毁，乐东县公安局黄流海岸派出所于同日立案受理进行调

---

[1] 参见海南省第二中级人民法院行政判决书，(2024)琼97行终241号。

查,对被损毁的42平方米铁网围栏、2株槟榔苗、1株荔枝苗进行价格认定,乐东县价格认中心认定被损毁财物价格1788元。乐东县公安局于2023年9月27日对陈某岱作出1623号处罚决定,陈某岱不服1623号处罚决定于2024年1月29日向一审法院提出行政诉讼。

2.法院裁判

关于1623号处罚决定的合法性。首先,从事实和证据看,陈某岱承认与李某姬一起用锄头、铁耙将争议地上陈某鲁的围栏推倒的事实,现场照片显示了陈某鲁的42平方米铁网围栏、2株槟榔苗、1株荔枝苗受打砸损毁的事实,乐东县价格认中心出具乐价证认字[2023]251号价格认定书确认了陈某鲁财物损失的具体数额,足以证明2023年7月19日陈某岱与李某姬共同违法的行为及造成的违法后果,乐东县公安局作出的1623号处罚决定认定事实清楚,证据充分。其次,从适用法律上来看,陈某岱与陈某鲁存在的土地权属纠纷应通过合法途径进行处理,陈某岱及其家人无视法律后果,公然故意毁坏陈某鲁财物,根据2012年《中华人民共和国治安管理处罚法》第49条规定,应承担法律责任。乐东县公安局在处罚中已考虑了陈某岱违法的事实及情节,对陈某岱处5日行政拘留合法合理,作出的1623号处罚决定适用法律正确。最后,在程序方面,根据《中华人民共和国行政处罚法》第44条规定,本案中,乐东县公安局对案件的发生进行了调查取证,告知陈某岱将拟作出行政处罚内容及事实、理由依据,并告知陈某岱享有听证陈述申辩等权利,保障了陈某岱的合法权利,乐东县公安局作出的1623号处罚决定程序合法。综上所述,乐东县公安局作出的1623号处罚决定认定事实清楚,证据确实、充分,适用法律、法规正确,程序合法,陈某岱请求国家赔偿没有法律依据。判决驳回陈某岱的诉讼请求。二审维持原判。

第六十条 【学生欺凌行为的处罚及学校责任】以殴打、侮辱、恐吓等方式实施学生欺凌,违反治安管理的,公安机关应当依照本法、《中华人民共和国预防未成年人犯罪法》的规定,给予治安管理处罚、采取相应矫治教育等措施。

学校违反有关法律法规规定,明知发生严重的学生欺凌或者明知发生其他侵害未成年学生的犯罪,不按规定报告或者处置的,责令改正,对其直接负责的主管人员和其他直接责任人员,建议有关部门依法予以处分。

【相关规定索引】

类别	名 称	关联条款
法律	《中华人民共和国未成年人保护法》	第 2、3、6、11、25、39、40、77、112、114、119、130、131 条
	《中华人民共和国预防未成年人犯罪法》	第 17、20、31-33、37-41、45、59、62 条
规章	《未成年人学校保护规定》	第 3、18-23、41、47、48 条

【关联规定】

60.1 《中华人民共和国未成年人保护法》(2024 年 4 月 26 日修正)

第二条 本法所称未成年人是指未满十八周岁的公民。

第三条 国家保障未成年人的生存权、发展权、受保护权、参与权等权利。

未成年人依法平等地享有各项权利,不因本人及其父母或者其他监护人的民族、种族、性别、户籍、职业、宗教信仰、教育程度、家庭状况、身心健康状况等受到歧视。

第六条 保护未成年人,是国家机关、武装力量、政党、人民团体、企业事业单位、社会组织、城乡基层群众性自治组织、未成年人的监护人以及其他成年人的共同责任。

国家、社会、学校和家庭应当教育和帮助未成年人维护自身合法权益,增强自我保护的意识和能力。

第十一条 任何组织或者个人发现不利于未成年人身心健康或者侵犯未成年人合法权益的情形,都有权劝阻、制止或者向公安、民政、教育等有关部门提出检举、控告。

国家机关、居民委员会、村民委员会、密切接触未成年人的单位及其工作人员,在工作中发现未成年人身心健康受到侵害、疑似受到侵害或者面临其他危险情形的,应当立即向公安、民政、教育等有关部门报告。

有关部门接到涉及未成年人的检举、控告或者报告,应当依法及时受理、处置,并以适当方式将处理结果告知相关单位和人员。

第二十五条 学校应当全面贯彻国家教育方针,坚持立德树人,实施素质教育,提高教育质量,注重培养未成年学生认知能力、合作能力、创新能力和实践能力,促进未成年学生全面发展。

学校应当建立未成年学生保护工作制度,健全学生行为规范,培养未成年学生遵纪守法的良好行为习惯。

第三十九条 学校应当建立学生欺凌防控工作制度,对教职员工、学生等开展防治学生欺凌的教育和培训。

学校对学生欺凌行为应当立即制止,通知实施欺凌和被欺凌未成年学生的父母或者其他监护人参与欺凌行为的认定和处理;对相关未成年学生及时给予心理辅导、教育和引导;对相关未成年学生的父母或者其他监护人给予必要的家庭教育指导。

对实施欺凌的未成年学生,学校应当根据欺凌行为的性质和程度,依法加强管教。对严重的欺凌行为,学校不得隐瞒,应当及时向公安机关、教育行政部门报告,并配合相关部门依法处理。

第四十条 学校、幼儿园应当建立预防性侵害、性骚扰未成年人工作制度。对性侵害、性骚扰未成年人等违法犯罪行为,学校、幼儿园不得隐瞒,应当及时向公安机关、教育行政部门报告,并配合相关部门依法处理。

学校、幼儿园应当对未成年人开展适合其年龄的性教育,提高未成年人防范性侵害、性骚扰的自我保护意识和能力。对遭受性侵害、性骚扰的未成年人,学校、幼儿园应当及时采取相关的保护措施。

第七十七条 任何组织或者个人不得通过网络以文字、图片、音视频等形式,对未成年人实施侮辱、诽谤、威胁或者恶意损害形象等网络欺凌行为。

遭受网络欺凌的未成年人及其父母或者其他监护人有权通知网络服务提供者采取删除、屏蔽、断开链接等措施。网络服务提供者接到通知后,应当及时采取必要的措施制止网络欺凌行为,防止信息扩散。

第一百一十二条 公安机关、人民检察院、人民法院办理未成年人遭受性侵害或者暴力伤害案件,在询问未成年被害人、证人时,应当采取同步录音录像等措施,尽量一次完成;未成年被害人、证人是女性的,应当由女性工作人员进行。

第一百一十四条 公安机关、人民检察院、人民法院和司法行政部门发现有关单位未尽到未成年人教育、管理、救助、看护等保护职责的,应当向该单位提出建议。被建议单位应当在一个月内作出书面回复。

第一百一十九条 学校、幼儿园、婴幼儿照护服务等机构及其教职员工违反本法第二十七条、第二十八条、第三十九条规定的,由公安、教育、卫生健康、市场监督管理等部门按照职责分工责令改正;拒不改正或者情节严重的,对直接负责的主管人员和其他直接责任人员依法给予处分。

第一百三十条 本法中下列用语的含义:

(一)密切接触未成年人的单位,是指学校、幼儿园等教育机构;校外培训机构;未成年人救助保护机构、儿童福利机构等未成年人安置、救助机构;婴幼儿照护服务机构、早期教育服务机构;校外托管、临时看护机构;家政服务机构;为未成年人提供医疗服务的医疗机构;其他对未成年人负有教育、培训、监护、救助、看护、医疗等职责的企业事业单位、社会组织等。

(二)学校,是指普通中小学、特殊教育学校、中等职业学校、专门学校。

(三)学生欺凌,是指发生在学生之间,一方蓄意或者恶意通过肢体、语言及网络等手段实施欺压、侮辱,造成另一方人身伤害、财产损失或者精神损害的行为。

第一百三十一条 对中国境内未满十八周岁的外国人、无国籍人,依照本法有关规定予以保护。

60.2 《中华人民共和国预防未成年人犯罪法》(2021年12月26日修订)

第十七条 教育行政部门、学校应当将预防犯罪教育纳入学校教学计划,指导教职员工结合未成年人的特点,采取多种方式对未成年学生进行有针对性的预防犯罪教育。

第二十条 教育行政部门应当会同有关部门建立学生欺凌防控制度。学校应当加强日常安全管理,完善学生欺凌发现和处置的工作流程,严格排查并及时消除可能导致学生欺凌行为的各种隐患。

第三十一条 学校对有不良行为的未成年学生,应当加强管理教育,不得歧视;对拒不改正或者情节严重的,学校可以根据情况予以处分或者采取以下管理教育措施:

(一)予以训导;

(二)要求遵守特定的行为规范;

(三)要求参加特定的专题教育;

(四)要求参加校内服务活动;

(五)要求接受社会工作者或者其他专业人员的心理辅导和行为干预;

(六)其他适当的管理教育措施。

第三十二条 学校和家庭应当加强沟通,建立家校合作机制。学校决定对未成年学生采取管理教育措施的,应当及时告知其父母或者其他监护人;未成年学生的父母或者其他监护人应当支持、配合学校进行管理教育。

第三十三条 未成年学生偷窃少量财物,或者有殴打、辱骂、恐吓、强行索要财物等学生欺凌行为,情节轻微的,可以由学校依照本法第三十一条规定采取相应的管理教育措施。

第三十七条 未成年人的父母或者其他监护人、学校发现未成年人组织或者参加实施不良行为的团伙,应当及时制止;发现该团伙有违法犯罪嫌疑的,应当立即向公安机关报告。

第三十八条第一、三、九项 本法所称严重不良行为,是指未成年人实施的有刑法规定、因不满法定刑事责任年龄不予刑事处罚的行为,以及严重危害社会的下列行为:

(一)结伙斗殴,追逐、拦截他人,强拿硬要或者任意损毁、占用公私财物等寻衅滋事行为;

(三)殴打、辱骂、恐吓,或者故意伤害他人身体;

(九)其他严重危害社会的行为。

第三十九条 未成年人的父母或者其他监护人、学校、居民委员会、村民委员会发现有人教唆、胁迫、引诱未成年人实施严重不良行为的,应当立即向公安机关报告。公安机关接到报告或者发现有上述情形的,应当及时依法查处;对人身安全受到威胁的未成年人,应当立即采取有效保护措施。

第四十条 公安机关接到举报或者发现未成年人有严重不良行为的,应当及时制止,依法调查处理,并可以责令其父母或者其他监护人消除或者减轻违法后果,采取措施严加管教。

第四十一条 对有严重不良行为的未成年人,公安机关可以根据具体情况,采取以下矫治教育措施:

(一)予以训诫;

(二)责令赔礼道歉、赔偿损失;

(三)责令具结悔过;

(四)责令定期报告活动情况;

(五)责令遵守特定的行为规范,不得实施特定行为、接触特定人员或者进入特定场所;

(六)责令接受心理辅导、行为矫治;

(七)责令参加社会服务活动;

(八)责令接受社会观护,由社会组织、有关机构在适当场所

对未成年人进行教育、监督和管束;

(九)其他适当的矫治教育措施。

第四十五条 未成年人实施刑法规定的行为、因不满法定刑事责任年龄不予刑事处罚的,经专门教育指导委员会评估同意,教育行政部门会同公安机关可以决定对其进行专门矫治教育。

省级人民政府应当结合本地的实际情况,至少确定一所专门学校按照分校区、分班级等方式设置专门场所,对前款规定的未成年人进行专门矫治教育。

前款规定的专门场所实行闭环管理,公安机关、司法行政部门负责未成年人的矫治工作,教育行政部门承担未成年人的教育工作。

第五十九条 未成年人的犯罪记录依法被封存的,公安机关、人民检察院、人民法院和司法行政部门不得向任何单位或者个人提供,但司法机关因办案需要或者有关单位根据国家有关规定进行查询的除外。依法进行查询的单位和个人应当对相关记录信息予以保密。

未成年人接受专门矫治教育、专门教育的记录,以及被行政处罚、采取刑事强制措施和不起诉的记录,适用前款规定。

第六十二条 学校及其教职员工违反本法规定,不履行预防未成年人犯罪工作职责,或者虐待、歧视相关未成年人的,由教育行政等部门责令改正,通报批评;情节严重的,对直接负责的主管人员和其他直接责任人员依法给予处分。构成违反治安管理行为的,由公安机关依法予以治安管理处罚。

教职员工教唆、胁迫、引诱未成年人实施不良行为或者严重不良行为,以及品行不良、影响恶劣的,教育行政部门、学校应当依法予以解聘或者辞退。

60.3 《未成年人学校保护规定》(2021年6月1日公布)

第三条 学校应当全面贯彻国家教育方针,落实立德树人根本任务,弘扬社会主义核心价值观,依法办学、依法治校,履行学生权益保护法定职责,健全保护制度,完善保护机制。

第十八条 学校应当落实法律规定建立学生欺凌防控和预防性侵害、性骚扰等专项制度,建立对学生欺凌、性侵害、性骚扰行为的零容忍处理机制和受伤害学生的关爱、帮扶机制。

第十九条 学校应当成立由校内相关人员、法治副校长、法律顾问、有关专家、家长代表、学生代表等参与的学生欺凌治理组织,负责学生欺凌行为的预防和宣传教育、组织认定、实施矫治、提供援助等。

学校应当定期针对全体学生开展防治欺凌专项调查,对学校是否存在欺凌等情形进行评估。

第二十条 学校应当教育、引导学生建立平等、友善、互助的同学关系,组织教职工学习预防、处理学生欺凌的相关政策、措施和方法,对学生开展相应的专题教育,并且应当根据情况给予相关学生家长必要的家庭教育指导。

第二十一条 教职工发现学生实施下列行为的,应当及时制止:

(一)殴打、脚踢、掌掴、抓咬、推撞、拉扯等侵犯他人身体或者恐吓威胁他人;

(二)以辱骂、讥讽、嘲弄、挖苦、起侮辱性绰号等方式侵犯他人人格尊严;

(三)抢夺、强拿硬要或者故意毁坏他人财物;

(四)恶意排斥、孤立他人,影响他人参加学校活动或者社会交往;

(五)通过网络或者其他信息传播方式捏造事实诽谤他人、散布谣言或者错误信息诋毁他人、恶意传播他人隐私。

学生之间,在年龄、身体或者人数等方面占优势的一方蓄意或者恶意对另一方实施前款行为,或者以其他方式欺压、侮辱另一方,造成人身伤害、财产损失或者精神损害的,可以认定为构成欺凌。

第二十二条 教职工应当关注因身体条件、家庭背景或者学习成绩等可能处于弱势或者特殊地位的学生,发现学生存在被孤立、排挤等情形的,应当及时干预。

教职工发现学生有明显的情绪反常、身体损伤等情形,应当及时沟通了解情况,可能存在被欺凌情形的,应当及时向学校报告。

学校应当教育、支持学生主动、及时报告所发现的欺凌情形,保护自身和他人的合法权益。

第二十三条 学校接到关于学生欺凌报告的,应当立即开展调查,认为可能构成欺凌的,应当及时提交学生欺凌治理组织认定和处置,并通知相关学生的家长参与欺凌行为的认定和处理。认定构成欺凌的,应当对实施或者参与欺凌行为的学生作出教育惩戒或者纪律处分,并对其家长提出加强管教的要求,必要时,可以由法治副校长、辅导员对学生及其家长进行训导、教育。

对违反治安管理或者涉嫌犯罪等严重欺凌行为,学校不得隐瞒,应当及时向公安机关、教育行政部门报告,并配合相关部门依法处理。

不同学校学生之间发生的学生欺凌事件,应当在主管教育行政部门的指导下建立联合调查机制,进行认定和处理。

第四十一条 校长是学生学校保护的第一责任人。学校应当指定一名校领导直接负责学生保护工作，并明确具体的工作机构，有条件的，可以设立学生保护专员开展学生保护工作。学校应当为从事学生保护工作的人员接受相关法律、理论和技能的培训提供条件和支持，对教职工开展未成年人保护专项培训。

有条件的学校可以整合欺凌防治、纪律处分等组织、工作机制，组建学生保护委员会，统筹负责学生权益保护及相关制度建设。

第四十七条 学校和教职工发现学生遭受或疑似遭受家庭暴力、虐待、遗弃、长期无人照料、失踪等不法侵害以及面临不法侵害危险的，应当依照规定及时向公安、民政、教育等有关部门报告。学校应当积极参与、配合有关部门做好侵害学生权利案件的调查处理工作。

第四十八条 教职员工发现学生权益受到侵害，属于本职工作范围的，应当及时处理；不属于本职工作范围或者不能处理的，应当及时报告班主任或学校负责人；必要时可以直接向主管教育行政部门或者公安机关报告。

第四节 妨害社会管理的行为和处罚

第六十一条 【对拒不执行紧急状态决定、命令及阻碍执行公务行为的处罚】 有下列行为之一的，处警告或者五百元以下罚款；情节严重的，处五日以上十日以下拘留，可以并处一千元以下罚款：

（一）拒不执行人民政府在紧急状态情况下依法发布的决定、命令的；

(二)阻碍国家机关工作人员依法执行职务的;

(三)阻碍执行紧急任务的消防车、救护车、工程抢险车、警车或者执行上述紧急任务的专用船舶通行的;

(四)强行冲闯公安机关设置的警戒带、警戒区或者检查点的。

阻碍人民警察依法执行职务的,从重处罚。

【相关规定索引】

类别	名　称	关联条款
法律	《中华人民共和国宪法》	第67、80、89条
	《中华人民共和国突发事件应对法》	第103条
	《中华人民共和国反恐怖主义法》	第57、61、92条
	《中华人民共和国戒严法》	第2-6、8、9、13-23、31条
	《中华人民共和国消防法》	第45、47、62条
	《中华人民共和国传染病防治法》	第14、17、94条
	《中华人民共和国道路交通安全法》	第53条
	《中华人民共和国人民警察法》	第34、35条
	《中华人民共和国集会游行示威法》	第22、23、27条
	《中华人民共和国澳门特别行政区驻军法》	第7条
	《中华人民共和国香港特别行政区驻军法》	第6条

续表

类别	名称	关联条款
	《中华人民共和国海上交通安全法》	第88、116条
	《中华人民共和国防洪法》	第61条
	《中华人民共和国国家安全法》	第35-37、64、65条
	《中华人民共和国海警法》	第6、25、73条
	《中华人民共和国国防法》	第12、13、47、52条
	《中华人民共和国国防动员法》	第8、64、65条
行政法规	《破坏性地震应急条例》	第5、20、21、37条
	《中华人民共和国内河交通安全管理条例》	第62条
	《中华人民共和国渔港水域交通安全管理条例》	第6、26条
	《核电厂核事故应急管理条例》	第38条
	《突发公共卫生事件应急条例》	第2、3、44、51条
	《无人驾驶航空器飞行管理暂行条例》	第34条

【关联规定】

61.1 《中华人民共和国宪法》(2018年3月11日修正)

第六十七条第十九、二十、二十一项 全国人民代表大会常务委员会行使下列职权：

(十九)在全国人民代表大会闭会期间,如果遇到国家遭受武装侵犯或者必须履行国际间共同防止侵略的条约的情况,决定战争状态的宣布;

(二十)决定全国总动员或者局部动员;

(二十一)决定全国或者个别省、自治区、直辖市进入紧急状态;

第八十条 中华人民共和国主席根据全国人民代表大会的决定和全国人民代表大会常务委员会的决定,公布法律,任免国务院总理、副总理、国务委员、各部部长、各委员会主任、审计长、秘书长,授予国家的勋章和荣誉称号,发布特赦令,宣布进入紧急状态,宣布战争状态,发布动员令。

第八十九条第十六项 国务院行使下列职权:

(十六)依照法律规定决定省、自治区、直辖市的范围内部分地区进入紧急状态;

61.2 《中华人民共和国突发事件应对法》(2024年6月28日修订)

第一百零三条 发生特别重大突发事件,对人民生命财产安全、国家安全、公共安全、生态环境安全或者社会秩序构成重大威胁,采取本法和其他有关法律、法规、规章规定的应急处置措施不能消除或者有效控制、减轻其严重社会危害,需要进入紧急状态的,由全国人民代表大会常务委员会或者国务院依照宪法和其他有关法律规定的权限和程序决定。

紧急状态期间采取的非常措施,依照有关法律规定执行或者由全国人民代表大会常务委员会另行规定。

61.3 《中华人民共和国反恐怖主义法》(2018年4月27日修正)

第五十七条 恐怖事件发生后,发生地反恐怖主义工作领导机构应当立即启动恐怖事件应对处置预案,确定指挥长。有关部门和中国人民解放军、中国人民武装警察部队、民兵组织,按照反恐怖主义工作领导机构和指挥长的统一领导、指挥，协同开展打击、控制、救援、救护等现场应对处置工作。

上级反恐怖主义工作领导机构可以对应对处置工作进行指导，必要时调动有关反恐怖主义力量进行支援。

需要进入紧急状态的，由全国人民代表大会常务委员会或者国务院依照宪法和其他有关法律规定的权限和程序决定。

第六十一条 恐怖事件发生后，负责应对处置的反恐怖主义工作领导机构可以决定由有关部门和单位采取下列一项或者多项应对处置措施：

（一）组织营救和救治受害人员，疏散、撤离并妥善安置受到威胁的人员以及采取其他救助措施；

（二）封锁现场和周边道路，查验现场人员的身份证件，在有关场所附近设置临时警戒线；

（三）在特定区域内实施空域、海（水）域管制，对特定区域内的交通运输工具进行检查；

（四）在特定区域内实施互联网、无线电、通讯管制；

（五）在特定区域内或者针对特定人员实施出境入境管制；

（六）禁止或者限制使用有关设备、设施，关闭或者限制使用有关场所，中止人员密集的活动或者可能导致危害扩大的生产经营活动；

（七）抢修被损坏的交通、电信、互联网、广播电视、供水、排水、供电、供气、供热等公共设施；

（八）组织志愿人员参加反恐怖主义救援工作，要求具有特定专长的人员提供服务；

（九）其他必要的应对处置措施。

采取前款第三项至第五项规定的应对处置措施，由省级以上反恐怖主义工作领导机构决定或者批准;采取前款第六项规定的应对处置措施,由设区的市级以上反恐怖主义工作领导机构决定。应对处置措施应当明确适用的时间和空间范围,并向社会公布。

第九十二条 阻碍有关部门开展反恐怖主义工作的,由公安机关处五日以上十五日以下拘留,可以并处五万元以下罚款。

单位有前款规定行为的,由公安机关处二十万元以下罚款,并对其直接负责的主管人员和其他直接责任人员依照前款规定处罚。

阻碍人民警察、人民解放军、人民武装警察依法执行职务的,从重处罚。

61.4 《中华人民共和国戒严法》(1996年3月1日公布)

第二条 在发生严重危及国家的统一、安全或者社会公共安全的动乱、暴乱或者严重骚乱,不采取非常措施不足以维护社会秩序、保护人民的生命和财产安全的紧急状态时,国家可以决定实行戒严。

第三条 全国或者个别省、自治区、直辖市的戒严,由国务院提请全国人民代表大会常务委员会决定;中华人民共和国主席根据全国人民代表大会常务委员会的决定,发布戒严令。

省、自治区、直辖市的范围内部分地区的戒严,由国务院决定,国务院总理发布戒严令。

第四条 戒严期间,为保证戒严的实施和维护社会治安秩序,国家可以依照本法在戒严地区内,对宪法、法律规定的公民权利和自由的行使作出特别规定。

第五条 戒严地区内的人民政府应当依照本法采取必要的措施,尽快恢复正常社会秩序,保障人民的生命和财产安全以及基本生活必需品的供应。

第六条 戒严地区内的一切组织和个人,必须严格遵守戒严令和实施戒严令的规定,积极协助人民政府恢复正常社会秩序。

第八条 戒严任务由人民警察、人民武装警察执行;必要时,国务院可以向中央军事委员会提出,由中央军事委员会决定派出人民解放军协助执行戒严任务。

第九条 全国或者个别省、自治区、直辖市的戒严,由国务院组织实施。

省、自治区、直辖市的范围内部分地区的戒严,由省、自治区、直辖市人民政府组织实施;必要时,国务院可以直接组织实施。

组织实施戒严的机关称为戒严实施机关。

第十三条 戒严期间,戒严实施机关可以决定在戒严地区采取下列措施,并可以制定具体实施办法:

(一)禁止或者限制集会、游行、示威、街头讲演以及其他聚众活动;

(二)禁止罢工、罢市、罢课;

(三)实行新闻管制;

(四)实行通讯、邮政、电信管制;

(五)实行出境入境管制;

(六)禁止任何反对戒严的活动。

第十四条 戒严期间,戒严实施机关可以决定在戒严地区采取交通管制措施,限制人员进出交通管制区域,并对进出交通管制区域人员的证件、车辆、物品进行检查。

第十五条 戒严期间,戒严实施机关可以决定在戒严地区采取宵禁措施。宵禁期间,在实行宵禁地区的街道或者其他公共场所通行,必须持有本人身份证件和戒严实施机关制发的特别通行证。

第十六条　戒严期间,戒严实施机关或者戒严指挥机构可以在戒严地区对下列物品采取特别管理措施：

（一）武器、弹药；

（二）管制刀具；

（三）易燃易爆物品；

（四）化学危险物品、放射性物品、剧毒物品等。

第十七条　根据执行戒严任务的需要,戒严地区的县级以上人民政府可以临时征用国家机关、企业事业组织、社会团体以及公民个人的房屋、场所、设施、运输工具、工程机械等。在非常紧急的情况下,执行戒严任务的人民警察、人民武装警察、人民解放军的现场指挥员可以直接决定临时征用,地方人民政府应当给予协助。实施征用应当开具征用单据。

前款规定的临时征用物,在使用完毕或者戒严解除后应当及时归还；因征用造成损坏的,由县级以上人民政府按照国家有关规定给予相应补偿。

第十八条　戒严期间,对戒严地区的下列单位、场所,采取措施,加强警卫：

（一）首脑机关；

（二）军事机关和重要军事设施；

（三）外国驻华使领馆、国际组织驻华代表机构和国宾下榻处；

（四）广播电台、电视台、国家通讯社等重要新闻单位及其重要设施；

（五）与国计民生有重大关系的公用企业和公共设施；

（六）机场、火车站和港口；

（七）监狱、劳教场所、看守所；

（八）其他需要加强警卫的单位和场所。

第十九条 为保障戒严地区内的人民基本生活必需品的供应，戒严实施机关可以对基本生活必需品的生产、运输、供应、价格，采取特别管理措施。

第二十条 戒严实施机关依照本法采取的实施戒严令的措施和办法，需要公众遵守的，应当公布；在实施过程中，根据情况，对于不需要继续实施的措施和办法，应当及时公布停止实施。

第二十一条 执行戒严任务的人民警察、人民武装警察和人民解放军是戒严执勤人员。

戒严执勤人员执行戒严任务时，应当佩带由戒严实施机关统一规定的标志。

第二十二条 戒严执勤人员依照戒严实施机关的规定，有权对戒严地区公共道路上或者其他公共场所内的人员的证件、车辆、物品进行检查。

第二十三条 戒严执勤人员依照戒严实施机关的规定，有权对违反宵禁规定的人予以扣留，直至清晨宵禁结束；并有权对被扣留者的人身进行搜查，对其携带的物品进行检查。

第三十一条 在个别县、市的局部范围内突然发生严重骚乱，严重危及国家安全、社会公共安全和人民的生命财产安全，国家没有作出戒严决定时，当地省级人民政府报经国务院批准，可以决定并组织人民警察、人民武装警察实施交通管制和现场管制，限制人员进出管制区域，对进出管制区域人员的证件、车辆、物品进行检查，对参与骚乱的人可以强行予以驱散、强行带离现场、搜查，对组织者和拒不服从的人员可以立即予以拘留；在人民警察、人民武装警察力量还不足以维持社会秩序时，可以报请国务院向中央军事委员会提出,由中央军事委员会决定派出人民解放军协助当地人民政府恢复和维持正常社会秩序。

61.5 《中华人民共和国消防法》(2021年4月29日修正)

第四十五条 消防救援机构统一组织和指挥火灾现场扑救,应当优先保障遇险人员的生命安全。

火灾现场总指挥根据扑救火灾的需要,有权决定下列事项:

(一)使用各种水源;

(二)截断电力、可燃气体和可燃液体的输送,限制用火用电;

(三)划定警戒区,实行局部交通管制;

(四)利用临近建筑物和有关设施;

(五)为了抢救人员和重要物资,防止火势蔓延,拆除或者破损毗邻火灾现场的建筑物、构筑物或者设施等;

(六)调动供水、供电、供气、通信、医疗救护、交通运输、环境保护等有关单位协助灭火救援。

根据扑救火灾的紧急需要,有关地方人民政府应当组织人员、调集所需物资支援灭火。

第四十七条 消防车、消防艇前往执行火灾扑救或者应急救援任务,在确保安全的前提下,不受行驶速度、行驶路线、行驶方向和指挥信号的限制,其他车辆、船舶以及行人应当让行,不得穿插超越;收费公路、桥梁免收车辆通行费。交通管理指挥人员应当保证消防车、消防艇迅速通行。

赶赴火灾现场或者应急救援现场的消防人员和调集的消防装备、物资,需要铁路、水路或者航空运输的,有关单位应当优先运输。

第六十二条第四、五项 有下列行为之一的,依照《中华人民共和国治安管理处罚法》的规定处罚：

（四）阻碍消防车、消防艇执行任务的；

（五）阻碍消防救援机构的工作人员依法执行职务的。

61.6《中华人民共和国传染病防治法》（2025年4月30日修订）

第十四条 中华人民共和国领域内的一切单位和个人应当支持传染病防治工作，接受和配合为预防、控制、消除传染病危害依法采取的调查、采集样本、检验检测、隔离治疗、医学观察等措施，根据传染病预防、控制需要采取必要的防护措施。

国家支持和鼓励单位和个人参与传染病防治工作。各级人民政府应当完善有关制度，提供便利措施，引导单位和个人参与传染病防治的宣传教育、疫情报告、志愿服务和捐赠等活动。

第十七条 采取传染病预防、控制措施，应当依照法定权限和程序，与传染病暴发、流行和可能造成危害的程度、范围等相适应；有多种措施可供选择的，应当选择有利于最大程度保护单位和个人合法权益，且对他人权益损害和生产生活影响较小的措施，并根据情况变化及时调整。

单位和个人认为有关地方人民政府、卫生健康主管部门、疾病预防控制部门和其他有关部门，以及疾病预防控制机构、医疗机构等实施的相关行政行为或者传染病预防、控制措施，侵犯其合法权益的，可以依法申请行政复议、提起诉讼。

第九十四条 县级以上人民政府卫生健康主管部门、疾病预防控制部门在履行监督检查职责时，有权进入传染病疫情发生现场及相关单位，开展查阅或者复制有关资料、采集样本、制作现场笔录等调查取证工作。被检查单位应当予以配合，不得拒绝、阻挠。

61.7 《中华人民共和国道路交通安全法》(2021 年 4 月 29 日修正)

第五十三条 警车、消防车、救护车、工程救险车执行紧急任务时,可以使用警报器、标志灯具;在确保安全的前提下,不受行驶路线、行驶方向、行驶速度和信号灯的限制,其他车辆和行人应当让行。

警车、消防车、救护车、工程救险车非执行紧急任务时,不得使用警报器、标志灯具,不享有前款规定的道路优先通行权。

61.8 《中华人民共和国人民警察法》(2012 年 10 月 26 日修正)

第三十四条 人民警察依法执行职务,公民和组织应当给予支持和协助。公民和组织协助人民警察依法执行职务的行为受法律保护。对协助人民警察执行职务有显著成绩的,给予表彰和奖励。

公民和组织因协助人民警察执行职务,造成人身伤亡或者财产损失的,应当按照国家有关规定给予抚恤或者补偿。

第三十五条 拒绝或者阻碍人民警察依法执行职务,有下列行为之一的,给予治安管理处罚:

(一)公然侮辱正在执行职务的人民警察的;

(二)阻碍人民警察调查取证的;

(三)拒绝或者阻碍人民警察执行追捕、搜查、救险等任务进入有关住所、场所的;

(四)对执行救人、救险、追捕、警卫等紧急任务的警车故意设置障碍的;

(五)有拒绝或者阻碍人民警察执行职务的其他行为的。

以暴力、威胁方法实施前款规定的行为,构成犯罪的,依法追究刑事责任。

61.9《中华人民共和国集会游行示威法》(2009年8月27日修正)

第二十二条 集会、游行、示威在国家机关、军事机关、广播电台、电视台、外国驻华使馆领馆等单位所在地举行或者经过的，主管机关为了维持秩序，可以在附近设置临时警戒线，未经人民警察许可，不得逾越。

第二十三条 在下列场所周边距离十米至三百米内，不得举行集会、游行、示威，经国务院或者省、自治区、直辖市的人民政府批准的除外：

（一）全国人民代表大会常务委员会、国务院、中央军事委员会、最高人民法院、最高人民检察院的所在地；

（二）国宾下榻处；

（三）重要军事设施；

（四）航空港、火车站和港口。

前款所列场所的具体周边距离，由省、自治区、直辖市的人民政府规定。

第二十七条 举行集会、游行、示威，有下列情形之一的，人民警察应当予以制止：

（一）未依照本法规定申请或者申请未获许可的；

（二）未按照主管机关许可的目的、方式、标语、口号、起止时间、地点、路线进行的；

（三）在进行中出现危害公共安全或者严重破坏社会秩序情况的。

有前款所列情形之一，不听制止的，人民警察现场负责人有权命令解散；拒不解散的，人民警察现场负责人有权依照国家有关规定决定采取必要手段强行驱散,并对拒不服从的人员强行带离现场或者立即予以拘留。

参加集会、游行、示威的人员越过依照本法第二十二条规定设置的临时警戒线、进入本法第二十三条所列不得举行集会、游行、示威的特定场所周边一定范围或者有其他违法犯罪行为的,人民警察可以将其强行带离现场或者立即予以拘留。

61.10 《中华人民共和国澳门特别行政区驻军法》(1999年6月28日公布)

第七条 在全国人民代表大会常务委员会决定宣布战争状态或者因澳门特别行政区内发生澳门特别行政区政府不能控制的危及国家统一或者安全的动乱而决定澳门特别行政区进入紧急状态时,澳门驻军根据中央人民政府决定在澳门特别行政区实施的全国性法律的规定履行职责。

61.11 《中华人民共和国香港特别行政区驻军法》(1996年12月30日公布)

第六条 全国人民代表大会常务委员会决定宣布战争状态或者因香港特别行政区内发生香港特别行政区政府不能控制的危及国家统一或者安全的动乱而决定香港特别行政区进入紧急状态时,香港驻军根据中央人民政府决定在香港特别行政区实施的全国性法律的规定履行职责。

61.12 《中华人民共和国海上交通安全法》(2021年4月29日修订)

第八十八条 海事管理机构对在中华人民共和国管辖海域内从事航行、停泊、作业以及其他与海上交通安全相关的活动,依法实施监督检查。

海事管理机构依照中华人民共和国法律、行政法规以及中华人民共和国缔结或者参加的国际条约对外国籍船舶实施港口国、沿岸国监督检查。

海事管理机构工作人员执行公务时,应当按照规定着装,佩戴职衔标志,出示执法证件,并自觉接受监督。

海事管理机构依法履行监督检查职责,有关单位、个人应当予以配合,不得拒绝、阻碍依法实施的监督检查。

第一百一十六条 违反本法规定,构成违反治安管理行为的,依法给予治安管理处罚;造成人身、财产损害的,依法承担民事责任;构成犯罪的,依法追究刑事责任。

61.13 《中华人民共和国防洪法》(2016年7月2日修正)

第六十一条 阻碍、威胁防汛指挥机构、水行政主管部门或者流域管理机构的工作人员依法执行职务,构成犯罪的,依法追究刑事责任;尚不构成犯罪,应当给予治安管理处罚的,依照治安管理处罚法的规定处罚。

61.14 《中华人民共和国国家安全法》(2015年7月1日公布)

第三十五条 全国人民代表大会依照宪法规定,决定战争和和平的问题,行使宪法规定的涉及国家安全的其他职权。

全国人民代表大会常务委员会依照宪法规定,决定战争状态的宣布,决定全国总动员或者局部动员,决定全国或者个别省、自治区、直辖市进入紧急状态,行使宪法规定的和全国人民代表大会授予的涉及国家安全的其他职权。

第三十六条 中华人民共和国主席根据全国人民代表大会的决定和全国人民代表大会常务委员会的决定,宣布进入紧急状态,宣布战争状态,发布动员令,行使宪法规定的涉及国家安全的其他职权。

第三十七条 国务院根据宪法和法律,制定涉及国家安全的行政法规,规定有关行政措施,发布有关决定和命令;实施国家安全法律法规和政策;依照法律规定决定省、自治区、直辖市的范围内部分地区进入紧急状态;行使宪法法律规定的和全国人民代表大会及其常务委员会授予的涉及国家安全的其他职权。

第六十四条 发生危及国家安全的特别重大事件,需要进入紧急状态、战争状态或者进行全国总动员、局部动员的,由全国人民代表大会、全国人民代表大会常务委员会或者国务院依照宪法和有关法律规定的权限和程序决定。

第六十五条 国家决定进入紧急状态、战争状态或者实施国防动员后,履行国家安全危机管控职责的有关机关依照法律规定或者全国人民代表大会常务委员会规定,有权采取限制公民和组织权利、增加公民和组织义务的特别措施。

61.15 《中华人民共和国海警法》(2021年1月22日公布)

第六条 海警机构及其工作人员依法执行职务受法律保护,任何组织和个人不得非法干涉、拒绝和阻碍。

第二十五条 有下列情形之一,省级海警局以上海警机构可以在我国管辖海域划定海上临时警戒区,限制或者禁止船舶、人员通行、停留:

(一)执行海上安全保卫任务需要的;

(二)打击海上违法犯罪活动需要的;

(三)处置海上突发事件需要的;

(四)保护海洋资源和生态环境需要的;

(五)其他需要划定海上临时警戒区的情形。

划定海上临时警戒区,应当明确海上临时警戒区的区域范围、警戒期限、管理措施等事项并予以公告。其中,可能影响海上交通安全的,应当在划定前征求海事管理机构的意见,并按照相关规定向海事管理机构申请发布航行通告、航行警告;涉及军事用海或者可能影响海上军事设施安全和使用的,应当依法征得军队有关部门的同意。

对于不需要继续限制或者禁止船舶、人员通行、停留的,海警机构应当及时解除警戒,并予公告。

第七十三条 有下列阻碍海警机构及其工作人员依法执行职务的行为之一,由公安机关或者海警机构依照《中华人民共和国治安管理处罚法》关于阻碍人民警察依法执行职务的规定予以处罚:

(一)侮辱、威胁、围堵、拦截、袭击海警机构工作人员的;

(二)阻碍调查取证的;

(三)强行冲闯海上临时警戒区的;

(四)阻碍执行追捕、检查、搜查、救险、警卫等任务的;

(五)阻碍执法船舶、航空器、车辆和人员通行的;

(六)采取危险驾驶、设置障碍等方法驾驶船舶逃窜,危及执法船舶、人员安全的;

(七)其他严重阻碍海警机构及其工作人员执行职务的行为。

61.16 《中华人民共和国国防法》(2020年12月26日修订)

第十二条 全国人民代表大会依照宪法规定,决定战争和和平的问题,并行使宪法规定的国防方面的其他职权。

全国人民代表大会常务委员会依照宪法规定,决定战争状态的宣布,决定全国总动员或者局部动员,并行使宪法规定的国防方面的其他职权。

第十三条 中华人民共和国主席根据全国人民代表大会的决定和全国人民代表大会常务委员会的决定,宣布战争状态,发布动员令,并行使宪法规定的国防方面的其他职权。

第四十七条 中华人民共和国的主权、统一、领土完整、安全和发展利益遭受威胁时,国家依照宪法和法律规定,进行全国总动员或者局部动员。

第五十二条 国家依照宪法规定宣布战争状态,采取各种措施集中人力、物力和财力,领导全体公民保卫祖国、抵抗侵略。

61.17 《中华人民共和国国防动员法》(2010年2月26日公布)

第八条 国家的主权、统一、领土完整和安全遭受威胁时,全国人民代表大会常务委员会依照宪法和有关法律的规定,决定全国总动员或者局部动员。国家主席根据全国人民代表大会常务委员会的决定,发布动员令。

第六十四条 在全国或者部分省、自治区、直辖市实行特别措施,由国务院、中央军事委员会决定并组织实施;在省、自治区、直辖市范围内的部分地区实行特别措施,由国务院、中央军事委员会决定,由特别措施实施区域所在省、自治区、直辖市人民政府和同级军事机关组织实施。

第六十五条 组织实施特别措施的机关应当在规定的权限、区域和时限内实施特别措施。特别措施实施区域内的公民和组织,应当服从组织实施特别措施的机关的管理。

61.18 《破坏性地震应急条例》(2011年1月8日修订)

第五条 任何组织和个人都有参加地震应急活动的义务。

中国人民解放军和中国人民武装警察部队是地震应急工作的重要力量。

第二十条 在临震应急期,有关地方人民政府有权在本行政区域内紧急调用物资、设备、人员和占用场地,任何组织或者个人都不得阻拦；调用物资、设备或者占用场地的，事后应当及时归还或者给予补偿。

第二十一条 在临震应急期，有关部门应当对生命线工程和次生灾害源采取紧急防护措施。

第三十七条第二、三、四、八项 有下列行为之一的，对负有直接责任的主管人员和其他直接责任人员依法给予行政处分；属于违反治安管理行为的，依照治安管理处罚法的规定给予处罚；构成犯罪的，依法追究刑事责任：

（二）不按照破坏性地震应急预案的规定和抗震救灾指挥部的要求实施破坏性地震应急预案的；

（三）违抗抗震救灾指挥部命令，拒不承担地震应急任务的；

（四）阻挠抗震救灾指挥部紧急调用物资、人员或者占用场地的；

（八）阻碍抗震救灾人员执行职务或者进行破坏活动的；

61.19 《中华人民共和国内河交通安全管理条例》(2019年3月2日修订)

第六十二条 海事管理机构的工作人员依法在内河通航水域对船舶、浮动设施进行内河交通安全监督检查，任何单位和个人不得拒绝或者阻挠。

有关单位或者个人应当接受海事管理机构依法实施的安全监督检查，并为其提供方便。

海事管理机构的工作人员依照本条例实施监督检查时，应当出示执法证件，表明身份。

61.20 《中华人民共和国渔港水域交通安全管理条例》(2019年3月2日修订)

第六条 船舶进出渔港必须遵守渔港管理章程以及国际海

上避碰规则,并依照规定向渔政渔港监督管理机关报告,接受安全检查。

渔港内的船舶必须服从渔政渔港监督管理机关对水域交通安全秩序的管理。

第二十六条 拒绝、阻碍渔政渔港监督管理工作人员依法执行公务,应当给予治安管理处罚的,由公安机关依照《中华人民共和国治安管理处罚法》有关规定处罚;构成犯罪的,由司法机关依法追究刑事责任。

61.21 《核电厂核事故应急管理条例》(2011年1月8日修订)

第三十八条第一、四、六项 有下列行为之一的,对有关责任人员视情节和危害后果,由其所在单位或者上级机关给予行政处分;属于违反治安管理行为的,由公安机关依照治安管理处罚法的规定予以处罚;构成犯罪的,由司法机关依法追究刑事责任:

(一)不按照规定制定核事故应急计划,拒绝承担核事故应急准备义务的;

(四)拒不执行核事故应急计划,不服从命令和指挥,或者在核事故应急响应时临阵脱逃的;

(六)阻碍核事故应急工作人员依法执行职务或者进行破坏活动的;

61.22 《突发公共卫生事件应急条例》(2011年1月8日修订)

第二条 本条例所称突发公共卫生事件(以下简称突发事件),是指突然发生,造成或者可能造成社会公众健康严重损害的重大传染病疫情、群体性不明原因疾病、重大食物和职业中毒以及其他严重影响公众健康的事件。

第三条　突发事件发生后,国务院设立全国突发事件应急处理指挥部,由国务院有关部门和军队有关部门组成,国务院主管领导人担任总指挥,负责对全国突发事件应急处理的统一领导、统一指挥。

国务院卫生行政主管部门和其他有关部门,在各自的职责范围内做好突发事件应急处理的有关工作。

第四十四条　在突发事件中需要接受隔离治疗、医学观察措施的病人、疑似病人和传染病病人密切接触者在卫生行政主管部门或者有关机构采取医学措施时应当予以配合;拒绝配合的,由公安机关依法协助强制执行。

第五十一条　在突发事件应急处理工作中,有关单位和个人未依照本条例的规定履行报告职责,隐瞒、缓报或者谎报,阻碍突发事件应急处理工作人员执行职务,拒绝国务院卫生行政主管部门或者其他有关部门指定的专业技术机构进入突发事件现场,或者不配合调查、采样、技术分析和检验的,对有关责任人员依法给予行政处分或者纪律处分;触犯《中华人民共和国治安管理处罚法》,构成违反治安管理行为的,由公安机关依法予以处罚;构成犯罪的,依法追究刑事责任。

61.23　《无人驾驶航空器飞行管理暂行条例》(2023年5月31日公布)

第三十四条第三项　禁止利用无人驾驶航空器实施下列行为:

(三)妨碍国家机关工作人员依法执行职务;

第六十二条 【对招摇撞骗行为的处罚】冒充国家机关工作人员招摇撞骗的,处十日以上十五日以下拘留,可以并处一千元以下罚款;情节较轻的,处五日以上十日以下拘留。

冒充军警人员招摇撞骗的,从重处罚。

盗用、冒用个人、组织的身份、名义或者以其他虚假身份招摇撞骗的,处五日以下拘留或者一千元以下罚款;情节较重的,处五日以上十日以下拘留,可以并处一千元以下罚款。

第六十三条 【对伪造、变造、出租、出借、买卖公文、证件、票证行为的处罚】有下列行为之一的,处十日以上十五日以下拘留,可以并处五千元以下罚款;情节较轻的,处五日以上十日以下拘留,可以并处三千元以下罚款:

(一)伪造、变造或者买卖国家机关、人民团体、企业、事业单位或者其他组织的公文、证件、证明文件、印章的;

(二)出租、出借国家机关、人民团体、企业、事业单位或者其他组织的公文、证件、证明文件、印章供他人非法使用的;

(三)买卖或者使用伪造、变造的国家机关、人民团体、企业、事业单位或者其他组织的公文、证件、证明文件、印章的;

(四)伪造、变造或者倒卖车票、船票、航空客票、文艺演出票、体育比赛入场券或者其他有价票证、凭证的;

(五)伪造、变造船舶户牌,买卖或者使用伪造、变造的船舶户牌,或者涂改船舶发动机号码的。

【相关规定索引】

类别	名称	关联条款
法律	《中华人民共和国医师法》	第24、54条
	《中华人民共和国教育法》	第22、23、82条
	《中华人民共和国邮政法》	第41、80条
	《中华人民共和国道路交通安全法》	第16、96条
	《中华人民共和国药品管理法》	第41、51、122条
	《中华人民共和国居民身份证法》	第6、16-18条
	《中华人民共和国海上交通安全法》	第33条
行政法规	《中华人民共和国户口登记条例》	第20条
	《国务院关于国家行政机关和企业事业单位社会团体印章管理的规定》	第25、26条
	《印铸刻字业暂行管理规则》	第5条
	《中华人民共和国内河交通安全管理条例》	第13条
	《危险化学品安全管理条例》	第14、18、38-40、93条
	《中华人民共和国民用航空安全保卫条例》	第24、34条
	《铁路安全管理条例》	第64条
	《麻醉药品和精神药品管理条例》	第81条
	《报废机动车回收管理办法》	第9、20条
	《社会团体登记管理条例》	第30条
	《营业性演出管理条例》	第31、45、51条

续表

类别	名　称	关联条款
	《民办非企业单位登记管理暂行条例》	第25条
	《大型群众性活动安全管理条例》	第18条

【关联规定】

63.1 《中华人民共和国医师法》(2021年8月20日公布)

第二十四条　医师实施医疗、预防、保健措施,签署有关医学证明文件,必须亲自诊查、调查,并按照规定及时填写病历等医学文书,不得隐匿、伪造、篡改或者擅自销毁病历等医学文书及有关资料。

医师不得出具虚假医学证明文件以及与自己执业范围无关或者与执业类别不相符的医学证明文件。

第五十四条　在医师资格考试中有违反考试纪律等行为,情节严重的,一年至三年内禁止参加医师资格考试。

以不正当手段取得医师资格证书或者医师执业证书的,由发给证书的卫生健康主管部门予以撤销,三年内不受理其相应申请。

伪造、变造、买卖、出租、出借医师执业证书的,由县级以上人民政府卫生健康主管部门责令改正,没收违法所得,并处违法所得二倍以上五倍以下的罚款,违法所得不足一万元的,按一万元计算;情节严重的,吊销医师执业证书。

63.2 《中华人民共和国教育法》(2021年4月29日修正)

第二十二条　国家实行学业证书制度。

经国家批准设立或者认可的学校及其他教育机构按照国家有关规定,颁发学历证书或者其他学业证书。

第二十三条 国家实行学位制度。

学位授予单位依法对达到一定学术水平或者专业技术水平的人员授予相应的学位,颁发学位证书。

第八十二条 学校或者其他教育机构违反本法规定,颁发学位证书、学历证书或者其他学业证书的,由教育行政部门或者其他有关行政部门宣布证书无效,责令收回或者予以没收;有违法所得的,没收违法所得;情节严重的,责令停止相关招生资格一年以上三年以下,直至撤销招生资格、颁发证书资格;对直接负责的主管人员和其他直接责任人员,依法给予处分。

前款规定以外的任何组织或者个人制造、销售、颁发假冒学位证书、学历证书或者其他学业证书,构成违反治安管理行为的,由公安机关依法给予治安管理处罚;构成犯罪的,依法追究刑事责任。

以作弊、剽窃、抄袭等欺诈行为或者其他不正当手段获得学位证书、学历证书或者其他学业证书的,由颁发机构撤销相关证书。购买、使用假冒学位证书、学历证书或者其他学业证书,构成违反治安管理行为的,由公安机关依法给予治安管理处罚。

63.3 《中华人民共和国邮政法》(2015年4月24日修正)

第四十一条 邮件资费的交付,以邮资凭证、证明邮资已付的戳记以及有关业务单据等表示。

邮资凭证包括邮票、邮资符志、邮资信封、邮资明信片、邮资邮简、邮资信卡等。

任何单位和个人不得伪造邮资凭证或者倒卖伪造的邮资凭证,不得擅自仿印邮票和邮资图案。

第八十条第二项 有下列行为之一,尚不构成犯罪的,依法给予治安管理处罚:

（二）伪造邮资凭证或者倒卖伪造的邮资凭证的；

63.4 《中华人民共和国道路交通安全法》(2021年4月29日修正)

第十六条第三、四项 任何单位或者个人不得有下列行为：

（三）伪造、变造或者使用伪造、变造的机动车登记证书、号牌、行驶证、检验合格标志、保险标志；

（四）使用其他机动车的登记证书、号牌、行驶证、检验合格标志、保险标志。

第九十六条 伪造、变造或者使用伪造、变造的机动车登记证书、号牌、行驶证、驾驶证的，由公安机关交通管理部门予以收缴，扣留该机动车，处十五日以下拘留，并处二千元以上五千元以下罚款；构成犯罪的，依法追究刑事责任。

伪造、变造或者使用伪造、变造的检验合格标志、保险标志的，由公安机关交通管理部门予以收缴，扣留该机动车，处十日以下拘留，并处一千元以上三千元以下罚款；构成犯罪的，依法追究刑事责任。

使用其他车辆的机动车登记证书、号牌、行驶证、检验合格标志、保险标志的，由公安机关交通管理部门予以收缴，扣留该机动车，处二千元以上五千元以下罚款。

当事人提供相应的合法证明或者补办相应手续的，应当及时退还机动车。

63.5 《中华人民共和国药品管理法》(2019年8月26日修订)

第四十一条 从事药品生产活动，应当经所在地省、自治区、直辖市人民政府药品监督管理部门批准，取得药品生产许可证。无药品生产许可证的，不得生产药品。

药品生产许可证应当标明有效期和生产范围，到期重新审查发证。

第五十一条 从事药品批发活动,应当经所在地省、自治区、直辖市人民政府药品监督管理部门批准,取得药品经营许可证。从事药品零售活动,应当经所在地县级以上地方人民政府药品监督管理部门批准,取得药品经营许可证。无药品经营许可证的,不得经营药品。

药品经营许可证应当标明有效期和经营范围,到期重新审查发证。

药品监督管理部门实施药品经营许可,除依据本法第五十二条规定的条件外,还应当遵循方便群众购药的原则。

第一百二十二条 伪造、变造、出租、出借、非法买卖许可证或者药品批准证明文件的,没收违法所得,并处违法所得一倍以上五倍以下的罚款;情节严重的,并处违法所得五倍以上十五倍以下的罚款,吊销药品生产许可证、药品经营许可证、医疗机构制剂许可证或者药品批准证明文件,对法定代表人、主要负责人、直接负责的主管人员和其他责任人员,处二万元以上二十万元以下的罚款,十年内禁止从事药品生产经营活动,并可以由公安机关处五日以上十五日以下的拘留;违法所得不足十万元的,按十万元计算。

63.6 《中华人民共和国居民身份证法》(2011年10月29日修正)

第六条 居民身份证式样由国务院公安部门制定。居民身份证由公安机关统一制作、发放。

居民身份证具备视读与机读两种功能,视读、机读的内容限于本法第三条第一款规定的项目。

公安机关及其人民警察对因制作、发放、查验、扣押居民身份证而知悉的公民的个人信息,应当予以保密。

第十六条第一、二项 有下列行为之一的,由公安机关给予警告,并处二百元以下罚款,有违法所得的,没收违法所得:

(一)使用虚假证明材料骗领居民身份证的;

(二)出租、出借、转让居民身份证的;

第十七条 有下列行为之一的,由公安机关处二百元以上一千元以下罚款,或者处十日以下拘留,有违法所得的,没收违法所得:

(一)冒用他人居民身份证或者使用骗领的居民身份证的;

(二)购买、出售、使用伪造、变造的居民身份证的。

伪造、变造的居民身份证和骗领的居民身份证,由公安机关予以收缴。

第十八条 伪造、变造居民身份证的,依法追究刑事责任。

有本法第十六条、第十七条所列行为之一,从事犯罪活动的,依法追究刑事责任。

63.7 《中华人民共和国海上交通安全法》(2021年4月29日修订)

第三十三条 船舶航行、停泊、作业,应当持有有效的船舶国籍证书及其他法定证书、文书,配备依照有关规定出版的航海图书资料,悬挂相关国家、地区或者组织的旗帜,标明船名、船舶识别号、船籍港、载重线标志。

船舶应当满足最低安全配员要求,配备持有合格有效证书的船员。

海上设施停泊、作业,应当持有法定证书、文书,并按规定配备掌握避碰、信号、通信、消防、救生等专业技能的人员。

63.8 《中华人民共和国户口登记条例》(1958年1月9日公布)

第二十条第三、四项 有下列情形之一的,根据情节轻重,依法给予治安管理处罚或者追究刑事责任:

三、伪造、涂改、转让、出借、出卖户口证件的;

四、冒名顶替他人户口的;

63.9 《国务院关于国家行政机关和企业事业单位社会团体印章管理的规定》(1999年10月31日公布)

二十五、国家行政机关和企业事业单位、社会团体必须建立健全印章管理制度,加强用印管理,严格审批手续。未经本单位领导批准,不得擅自使用单位印章。

二十六、对伪造印章或使用伪造印章者,要依照国家有关法规查处。如发现伪造印章或使用伪造印章者,应及时向公安机关或印章所刊名称单位举报。具体的印章社会治安管理办法,由公安部会同有关部门制定。

63.10 《印铸刻字业暂行管理规则》(2024年12月6日修订)

第五条 凡经营印铸刻字业者,均须遵守下列事项:

(一)公章刻制经营者应当核验刻制公章的证明材料,采集用章单位、公章刻制申请人的基本信息,并应当在刻制公章后1日内,将用章单位、公章刻制申请人等基本信息及印模、刻制公章的证明材料报所在地县级人民政府公安机关备案。

(二)凡经营印铸刻字业者,均需备制营业登记簿,以备查验。属本条第一项规定之各印制品,承制者一律不准留样,不准仿制,或私自翻印。

(三)遇有下列情形之一者,须迅速报告当地人民公安机关:

1.伪造或仿造布告、护照、委任状、袖章、符号、胸章、证券及各机关之文件等。

2. 私自定制各机关、团体、学校、公营企业之钢印、火印、徽章、证明、号牌或仿制者。

3. 遇有定制非法之团体、机关戳记、印件、徽章或仿制者。

4. 印制反对人民民主、生产建设及宣传封建等各种反动印刷品者。

（四）凡印刷铸刻本条第三项所规定之各项物品者，除没收其原料及成品外，得按照情节之轻重，予以惩处。

（五）对人民公安机关之执行检查职务人员，应予协助进行。

63.11 《中华人民共和国内河交通安全管理条例》（2019年3月2日修订）

第十三条 禁止伪造、变造、买卖、租借、冒用船舶检验证书、船舶登记证书、船员适任证书或者其他适任证件。

63.12 《危险化学品安全管理条例》（2013年12月7日修订）

第十四条 危险化学品生产企业进行生产前，应当依照《安全生产许可证条例》的规定，取得危险化学品安全生产许可证。

生产列入国家实行生产许可证制度的工业产品目录的危险化学品的企业，应当依照《中华人民共和国工业产品生产许可证管理条例》的规定，取得工业产品生产许可证。

负责颁发危险化学品安全生产许可证、工业产品生产许可证的部门，应当将其颁发许可证的情况及时向同级工业和信息化主管部门、环境保护主管部门和公安机关通报。

第十八条 生产列入国家实行生产许可证制度的工业产品目录的危险化学品包装物、容器的企业，应当依照《中华人民共和国工业产品生产许可证管理条例》的规定，取得工业产品生许可证;其生产的危险化学品包装物、容器经国务院质量监督检验检疫部门认定的检验机构检验合格,方可出厂销售。

运输危险化学品的船舶及其配载的容器,应当按照国家船舶检验规范进行生产,并经海事管理机构认定的船舶检验机构检验合格,方可投入使用。

对重复使用的危险化学品包装物、容器,使用单位在重复使用前应当进行检查;发现存在安全隐患的,应当维修或者更换。使用单位应当对检查情况作出记录,记录的保存期限不得少于2年。

第三十八条 依法取得危险化学品安全生产许可证、危险化学品安全使用许可证、危险化学品经营许可证的企业,凭相应的许可证件购买剧毒化学品、易制爆危险化学品。民用爆炸物品生产企业凭民用爆炸物品生产许可证购买易制爆危险化学品。

前款规定以外的单位购买剧毒化学品的,应当向所在地县级人民政府公安机关申请取得剧毒化学品购买许可证;购买易制爆危险化学品的,应当持本单位出具的合法用途说明。

个人不得购买剧毒化学品(属于剧毒化学品的农药除外)和易制爆危险化学品。

第三十九条 申请取得剧毒化学品购买许可证,申请人应当向所在地县级人民政府公安机关提交下列材料:

(一)营业执照或者法人证书(登记证书)的复印件;

(二)拟购买的剧毒化学品品种、数量的说明;

(三)购买剧毒化学品用途的说明;

(四)经办人的身份证明。

县级人民政府公安机关应当自收到前款规定的材料之日起3日内,作出批准或者不予批准的决定。予以批准的,颁发剧毒化学品购买许可证;不予批准的,书面通知申请人并说明理由。

剧毒化学品购买许可证管理办法由国务院公安部门制定。

第四十条 危险化学品生产企业、经营企业销售剧毒化学品、易制爆危险化学品,应当查验本条例第三十八条第一款、第二款规定的相关许可证件或者证明文件,不得向不具有相关许可证件或者证明文件的单位销售剧毒化学品、易制爆危险化学品。对持剧毒化学品购买许可证购买剧毒化学品的,应当按照许可证载明的品种、数量销售。

禁止向个人销售剧毒化学品(属于剧毒化学品的农药除外)和易制爆危险化学品。

第九十三条 伪造、变造或者出租、出借、转让危险化学品安全生产许可证、工业产品生产许可证,或者使用伪造、变造的危险化学品安全生产许可证、工业产品生产许可证的,分别依照《安全生产许可证条例》《中华人民共和国工业产品生产许可证管理条例》的规定处罚。

伪造、变造或者出租、出借、转让本条例规定的其他许可证,或者使用伪造、变造的本条例规定的其他许可证的,分别由相关许可证的颁发管理机关处10万元以上20万元以下的罚款,有违法所得的,没收违法所得;构成违反治安管理行为的,依法给予治安管理处罚;构成犯罪的,依法追究刑事责任。

63.13《中华人民共和国民用航空安全保卫条例》(2011年1月8日修订)

第二十四条第一、二项 禁止下列扰乱民用航空营运秩序的行为:

(一)倒卖购票证件、客票和航空运输企业的有效订座凭证;

(二)冒用他人身份证件购票、登机;

第三十四条　违反本条例第十四条的规定或者有本条例第十六条、第二十四条第一项、第二十五条所列行为，构成违反治安管理行为的，由民航公安机关依照《中华人民共和国治安管理处罚法》有关规定予以处罚；有本条例第二十四条第二项所列行为的，由民航公安机关依照《中华人民共和国居民身份证法》有关规定予以处罚。

63.14　《铁路安全管理条例》(2013年8月17日公布)

第六十四条　铁路运输企业应当按照国务院铁路行业监督管理部门的规定实施火车票实名购买、查验制度。

实施火车票实名购买、查验制度的，旅客应当凭有效身份证件购票乘车；对车票所记载身份信息与所持身份证件或者真实身份不符的持票人，铁路运输企业有权拒绝其进站乘车。

铁路运输企业应当采取有效措施为旅客实名购票、乘车提供便利，并加强对旅客身份信息的保护。铁路运输企业工作人员不得窃取、泄露旅客身份信息。

63.15　《麻醉药品和精神药品管理条例》(2024年12月6日修订)

第八十一条　依法取得麻醉药品药用原植物种植或者麻醉药品和精神药品实验研究、生产、经营、使用、运输等资格的单位，倒卖、转让、出租、出借、涂改其麻醉药品和精神药品许可证明文件的，由原审批部门吊销相应许可证明文件，没收违法所得；情节严重的，处违法所得2倍以上5倍以下的罚款；没有违法所得的，处2万元以上5万元以下的罚款；构成犯罪的，依法追究刑事责任。

63.16　《报废机动车回收管理办法》(2019年4月22日公布)

第九条　报废机动车回收企业对回收的报废机动车，应当向机动车所有人出具《报废机动车回收证明》,收回机动车登记证书、号牌、行驶证,并按照国家有关规定及时向公安机关交通管理部门办理注销登记,将注销证明转交机动车所有人。

《报废机动车回收证明》样式由国务院负责报废机动车回收管理的部门规定。任何单位或者个人不得买卖或者伪造、变造《报废机动车回收证明》。

第二十条第一款第一项　有下列情形之一的,由公安机关依法给予治安管理处罚:

(一)买卖或者伪造、变造《报废机动车回收证明》;

63.17　**《社会团体登记管理条例》**(2016年2月6日修订)

第三十条第一款第一项、第二款　社会团体有下列情形之一的,由登记管理机关给予警告,责令改正,可以限期停止活动,并可以责令撤换直接负责的主管人员;情节严重的,予以撤销登记;构成犯罪的,依法追究刑事责任:

(一)涂改、出租、出借《社会团体法人登记证书》,或者出租、出借社会团体印章的;

前款规定的行为有违法经营额或者违法所得的,予以没收,可以并处违法经营额1倍以上3倍以下或者违法所得3倍以上5倍以下的罚款。

63.18　**《营业性演出管理条例》**(2020年11月29日修订)

第三十一条　任何单位或者个人不得伪造、变造、出租、出借或者买卖营业性演出许可证、批准文件或者营业执照,不得伪造、变造营业性演出门票或者倒卖伪造、变造的营业性演出门票。

第四十五条　违反本条例第三十一条规定,伪造、变造、出租、出借、买卖营业性演出许可证、批准文件,或者以非法手段取得营业性演出许可证、批准文件的,由县级人民政府文化主管部门没收违法所得,并处违法所得 8 倍以上 10 倍以下的罚款;没有违法所得或者违法所得不足 1 万元的,并处 5 万元以上 10 万元以下的罚款;对原取得的营业性演出许可证、批准文件,予以吊销、撤销;构成犯罪的,依法追究刑事责任。

第五十一条第一款第二项、第二款 有下列行为之一的,由公安部门或者公安消防机构依据法定职权依法予以处罚;构成犯罪的,依法追究刑事责任:

(二)伪造、变造营业性演出门票或者倒卖伪造、变造的营业性演出门票的。

演出举办单位印制、出售超过核准观众数量的或者观众区域以外的营业性演出门票的,由县级以上人民政府公安部门依据各自职权责令改正,没收违法所得,并处违法所得 3 倍以上 5 倍以下的罚款;没有违法所得或者违法所得不足 1 万元的,并处 3 万元以上 5 万元以下的罚款;造成严重后果的,由原发证机关吊销营业性演出许可证;构成犯罪的,依法追究刑事责任。

63.19 《民办非企业单位登记管理暂行条例》(1998 年 10 月 25 日公布)

第二十五条第一款第一项、第二款 民办非企业单位有下列情形之一的,由登记管理机关予以警告,责令改正,可以限期停止活动;情节严重的,予以撤销登记;构成犯罪的,依法追究刑事责任:

(一)涂改、出租、出借民办非企业单位登记证书,或者出租、出借民办非企业单位印章的;

前款规定的行为有违法经营额或者违法所得的,予以没收,可以并处违法经营额 1 倍以上 3 倍以下或者违法所得 3 倍以上 5 倍以下的罚款。

63.20 《大型群众性活动安全管理条例》(2007年9月14日公布)

第十八条 承办者发现进入活动场所的人员达到核准数量时,应当立即停止验票;发现持有划定区域以外的门票或者持假票的人员,应当拒绝其入场并向活动现场的公安机关工作人员报告。

第六十四条 【对船舶擅进禁止、限入水域或岛屿行为的处罚】船舶擅自进入、停靠国家禁止、限制进入的水域或者岛屿的,对船舶负责人及有关责任人员处一千元以上二千元以下罚款;情节严重的,处五日以下拘留,可以并处二千元以下罚款。

【相关规定索引】

类别	名　称	关联条款
法律	《中华人民共和国海上交通安全法》	第19、44条
行政法规	《中华人民共和国内河交通安全管理条例》	第20条
	《长江三峡水利枢纽安全保卫条例》	第16、19、20条
规章	《沿海船舶边防治安管理规定》	第17条

【关联规定】

64.1 《中华人民共和国海上交通安全法》(2021年4月29日修订)

第十九条 海事管理机构根据海域的自然状况、海上交通状况以及海上交通安全管理的需要,划定、调整并及时公布船舶定线区、船舶报告区、交通管制区、禁航区、安全作业区和港外锚地等海上交通功能区域。

海事管理机构划定或者调整船舶定线区、港外锚地以及对其他海洋功能区域或者用海活动造成影响的安全作业区,应当征求渔业渔政、生态环境、自然资源等有关部门的意见。为了军事需要划定、调整禁航区的,由负责划定、调整禁航区的军事机关作出决定,海事管理机构予以公布。

第四十四条 船舶不得违反规定进入或者穿越禁航区。

船舶进出船舶报告区,应当向海事管理机构报告船位和动态信息。

在安全作业区、港外锚地范围内,禁止从事养殖、种植、捕捞以及其他影响海上交通安全的作业或者活动。

64.2 《中华人民共和国内河交通安全管理条例》(2019年3月2日修订)

第二十条 船舶进出港口和通过交通管制区、通航密集区或者航行条件受限制的区域,应当遵守海事管理机构发布的有关通航规定。

任何船舶不得擅自进入或者穿越海事管理机构公布的禁航区。

64.3 《长江三峡水利枢纽安全保卫条例》(2013年9月9日公布)

第十六条 水域安全保卫区划分为管制区、通航区、禁航区。各区的周边界线应当设置警示标志,配备警戒岗哨或者技术防范设施。

第十九条 禁航区是禁止船舶和人员进入的水域。除公务执法船舶以及持有三峡枢纽运行管理单位签发的作业任务书和三峡通航管理机构签发的施工作业许可证的船舶外,任何船舶和人员不得进入禁航区。

禁航区应当设置人民武装警察部队岗哨。

第二十条 对因机械故障等原因失去控制有可能进入水域安全保卫区的船舶,三峡通航管理机构应当立即采取措施使其远离。

对违反规定进入管制区、通航区的船舶,公安机关、三峡通航管理机构应当立即制止并将其带离。

对违反规定进入禁航区的船舶,人民武装警察部队执勤人员应当立即进行拦截并责令驶离;对拒绝驶离的,应当立即依法予以控制并移送公安机关处理。

64.4 《沿海船舶边防治安管理规定》(2000年2月15日公布)

第十七条 出海船舶和人员不得擅自进入国家禁止或者限制进入的海域或岛屿,不得擅自搭靠外国籍或者香港、澳门特别行政区以及台湾地区的船舶。

因避险及其他不可抗力的原因发生前款情形的,应当在原因消除后立即离开,抵港后及时向公安边防部门报告。

第六十五条 【对非法社会组织活动及未获许可擅自经营行为的处罚】有下列行为之一的,处十日以上十五日以下拘留,可以并处五千元以下罚款;情节较轻的,处五日以上十日以下拘留或者一千元以上三千元以下罚款:

(一)违反国家规定,未经注册登记,以社会团体、基金会、社会服务机构等社会组织名义进行活动,被取缔后,仍进行活动的;

(二)被依法撤销登记或者吊销登记证书的社会团体、基金会、社会服务机构等社会组织,仍以原社会组织名义进行活动的;

　　(三)未经许可,擅自经营按照国家规定需要由公安机关许可的行业的。

　　有前款第三项行为的,予以取缔。被取缔一年以内又实施的,处十日以上十五日以下拘留,并处三千元以上五千元以下罚款。

　　取得公安机关许可的经营者,违反国家有关管理规定,情节严重的,公安机关可以吊销许可证件。

【相关规定索引】

类别	名称	关联条款
法律	《中华人民共和国宪法》	第35条
行政法规	《社会团体登记管理条例》	第2、3、9-13、15-17、32条
	《基金会管理条例》	第2、3、8、9、11-19条
	《民办非企业单位登记管理暂行条例》	第2、3、5、8、9、11、12、14-18、24、27条
	《旅馆业治安管理办法》	第4条
	《保安服务管理条例》	第8-12、14、41条
	《公安部对部分刀具实行管制的暂行规定》	第5、6、9、10、13条
规章	《取缔非法社会组织办法》	第2-4条
行业标准	《社会服务机构自身建设指南》	第3.1、4条

【关联规定】

65.1 《中华人民共和国宪法》(2018年3月11日修正)

第三十五条 中华人民共和国公民有言论、出版、集会、结社、游行、示威的自由。

65.2 《社会团体登记管理条例》(2016年2月6日修订)

第二条 本条例所称社会团体,是指中国公民自愿组成,为实现会员共同意愿,按照其章程开展活动的非营利性社会组织。

国家机关以外的组织可以作为单位会员加入社会团体。

第三条 成立社会团体,应当经其业务主管单位审查同意,并依照本条例的规定进行登记。

社会团体应当具备法人条件。

下列团体不属于本条例规定登记的范围:

(一)参加中国人民政治协商会议的人民团体;

(二)由国务院机构编制管理机关核定,并经国务院批准免于登记的团体;

(三)机关、团体、企业事业单位内部经本单位批准成立、在本单位内部活动的团体。

第九条 申请成立社会团体,应当经其业务主管单位审查同意,由发起人向登记管理机关申请登记。

筹备期间不得开展筹备以外的活动。

第十条 成立社会团体,应当具备下列条件:

(一)有50个以上的个人会员或者30个以上的单位会员;个人会员、单位会员混合组成的,会员总数不得少于50个;

(二)有规范的名称和相应的组织机构;

(三)有固定的住所;

(四)有与其业务活动相适应的专职工作人员;

（五）有合法的资产和经费来源，全国性的社会团体有 10 万元以上活动资金，地方性的社会团体和跨行政区域的社会团体有 3 万元以上活动资金；

（六）有独立承担民事责任的能力。

社会团体的名称应当符合法律、法规的规定，不得违背社会道德风尚。社会团体的名称应当与其业务范围、成员分布、活动地域相一致，准确反映其特征。全国性的社会团体的名称冠以"中国"、"全国"、"中华"等字样的，应当按照国家有关规定经过批准，地方性的社会团体的名称不得冠以"中国"、"全国"、"中华"等字样。

第十一条 申请登记社会团体，发起人应当向登记管理机关提交下列文件：

（一）登记申请书；

（二）业务主管单位的批准文件；

（三）验资报告、场所使用权证明；

（四）发起人和拟任负责人的基本情况、身份证明；

（五）章程草案。

第十二条 登记管理机关应当自收到本条例第十一条所列全部有效文件之日起 60 日内，作出准予或者不予登记的决定。准予登记的，发给《社会团体法人登记证书》；不予登记的，应当向发起人说明理由。

社会团体登记事项包括：名称、住所、宗旨、业务范围、活动地域、法定代表人、活动资金和业务主管单位。

社会团体的法定代表人，不得同时担任其他社会团体的法定代表人。

第十三条 有下列情形之一的，登记管理机关不予登记：

（一）有根据证明申请登记的社会团体的宗旨、业务范围不符合本条例第四条的规定的；

（二）在同一行政区域内已有业务范围相同或者相似的社会团体，没有必要成立的；

（三）发起人、拟任负责人正在或者曾经受到剥夺政治权利的刑事处罚，或者不具有完全民事行为能力的；

（四）在申请登记时弄虚作假的；

（五）有法律、行政法规禁止的其他情形的。

第十五条 依照法律规定，自批准成立之日起即具有法人资格的社会团体，应当自批准成立之日起60日内向登记管理机关提交批准文件，申领《社会团体法人登记证书》。登记管理机关自收到文件之日起30日内发给《社会团体法人登记证书》。

第十六条 社会团体凭《社会团体法人登记证书》申请刻制印章，开立银行账户。社会团体应当将印章式样和银行账号报登记管理机关备案。

第十七条 社会团体的分支机构、代表机构是社会团体的组成部分，不具有法人资格，应当按照其所属于的社会团体的章程所规定的宗旨和业务范围，在该社会团体授权的范围内开展活动、发展会员。社会团体的分支机构不得再设立分支机构。

社会团体不得设立地域性的分支机构。

第三十二条 筹备期间开展筹备以外的活动，或者未经登记，擅自以社会团体名义进行活动，以及被撤销登记的社会团体继续以社会团体名义进行活动的，由登记管理机关予以取缔，没收非法财产；构成犯罪的，依法追究刑事责任；尚不构成犯罪的，依法给予治安管理处罚。

65.3 《基金会管理条例》(2004年3月8日公布)

第二条 本条例所称基金会,是指利用自然人、法人或者其他组织捐赠的财产,以从事公益事业为目的,按照本条例的规定成立的非营利性法人。

第三条 基金会分为面向公众募捐的基金会(以下简称公募基金会)和不得面向公众募捐的基金会(以下简称非公募基金会)。公募基金会按照募捐的地域范围,分为全国性公募基金会和地方性公募基金会。

第八条 设立基金会,应当具备下列条件:

(一)为特定的公益目的而设立;

(二)全国性公募基金会的原始基金不低于800万元人民币,地方性公募基金会的原始基金不低于400万元人民币,非公募基金会的原始基金不低于200万元人民币;原始基金必须为到账货币资金;

(三)有规范的名称、章程、组织机构以及与其开展活动相适应的专职工作人员;

(四)有固定的住所;

(五)能够独立承担民事责任。

第九条 申请设立基金会,申请人应当向登记管理机关提交下列文件:

(一)申请书;

(二)章程草案;

(三)验资证明和住所证明;

(四)理事名单、身份证明以及拟任理事长、副理事长、秘书长简历;

(五)业务主管单位同意设立的文件。

第十一条 登记管理机关应当自收到本条例第九条所列全部有效文件之日起60日内,作出准予或者不予登记的决定。准予登记的,发给《基金会法人登记证书》;不予登记的,应当书面说明理由。

基金会设立登记的事项包括:名称、住所、类型、宗旨、公益活动的业务范围、原始基金数额和法定代表人。

第十二条 基金会拟设立分支机构、代表机构的,应当向原登记管理机关提出登记申请,并提交拟设机构的名称、住所和负责人等情况的文件。

登记管理机关应当自收到前款所列全部有效文件之日起60日内作出准予或者不予登记的决定。准予登记的,发给《基金会分支(代表)机构登记证书》;不予登记的,应当书面说明理由。

基金会分支机构、基金会代表机构设立登记的事项包括:名称、住所、公益活动的业务范围和负责人。

基金会分支机构、基金会代表机构依据基金会的授权开展活动,不具有法人资格。

第十三条 境外基金会在中国内地设立代表机构,应当经有关业务主管单位同意后,向登记管理机关提交下列文件:

(一)申请书;

(二)基金会在境外依法登记成立的证明和基金会章程;

(三)拟设代表机构负责人身份证明及简历;

(四)住所证明;

(五)业务主管单位同意在中国内地设立代表机构的文件。

登记管理机关应当自收到前款所列全部有效文件之日起60日内,作出准予或者不予登记的决定。准予登记的,发给《境外基金会代表机构登记证书》;不予登记的,应当书面说明理由。

境外基金会代表机构设立登记的事项包括：名称、住所、公益活动的业务范围和负责人。

境外基金会代表机构应当从事符合中国公益事业性质的公益活动。境外基金会对其在中国内地代表机构的民事行为，依照中国法律承担民事责任。

第十四条 基金会、境外基金会代表机构依照本条例登记后，应当依法办理税务登记。

基金会、境外基金会代表机构，凭登记证书依法申请组织机构代码、刻制印章、开立银行账户。

基金会、境外基金会代表机构应当将组织机构代码、印章式样、银行账号以及税务登记证件复印件报登记管理机关备案。

第十五条 基金会、基金会分支机构、基金会代表机构和境外基金会代表机构的登记事项需要变更的，应当向登记管理机关申请变更登记。

基金会修改章程，应当征得其业务主管单位的同意，并报登记管理机关核准。

第十六条 基金会、境外基金会代表机构有下列情形之一的，应当向登记管理机关申请注销登记：

（一）按照章程规定终止的；

（二）无法按照章程规定的宗旨继续从事公益活动的；

（三）由于其他原因终止的。

第十七条 基金会撤销其分支机构、代表机构的，应当向登记管理机关办理分支机构、代表机构的注销登记。

基金会注销的，其分支机构、代表机构同时注销。

第十八条 基金会在办理注销登记前，应当在登记管理机关、业务主管单位的指导下成立清算组织，完成清算工作。

基金会应当自清算结束之日起 15 日内向登记管理机关办理注销登记；在清算期间不得开展清算以外的活动。

第十九条 基金会、基金会分支机构、基金会代表机构以及境外基金会代表机构的设立、变更、注销登记，由登记管理机关向社会公告。

65.4 《民办非企业单位登记管理暂行条例》(1998 年 10 月 25 日公布)

第二条 本条例所称民办非企业单位，是指企业事业单位、社会团体和其他社会力量以及公民个人利用非国有资产举办的，从事非营利性社会服务活动的社会组织。

第三条 成立民办非企业单位，应当经其业务主管单位审查同意，并依照本条例的规定登记。

第五条 国务院民政部门和县级以上地方各级人民政府民政部门是本级人民政府的民办非企业单位登记管理机关(以下简称登记管理机关)。

国务院有关部门和县级以上地方各级人民政府的有关部门、国务院或者县级以上地方各级人民政府授权的组织，是有关行业、业务范围内民办非企业单位的业务主管单位(以下简称业务主管单位)。

法律、行政法规对民办非企业单位的监督管理另有规定的，依照有关法律、行政法规的规定执行。

第八条 申请登记民办非企业单位，应当具备下列条件：

(一)经业务主管单位审查同意；

(二)有规范的名称、必要的组织机构；

(三)有与其业务活动相适应的从业人员；

(四)有与其业务活动相适应的合法财产；

（五）有必要的场所。

民办非企业单位的名称应当符合国务院民政部门的规定，不得冠以"中国"、"全国"、"中华"等字样。

第九条 申请民办非企业单位登记，举办者应当向登记管理机关提交下列文件：

（一）登记申请书；

（二）业务主管单位的批准文件；

（三）场所使用权证明；

（四）验资报告；

（五）拟任负责人的基本情况、身份证明；

（六）章程草案。

第十一条 登记管理机关应当自收到成立登记申请的全部有效文件之日起 60 日内作出准予登记或者不予登记的决定。

有下列情形之一的，登记管理机关不予登记，并向申请人说明理由：

（一）有根据证明申请登记的民办非企业单位的宗旨、业务范围不符合本条例第四条规定的；

（二）在申请成立时弄虚作假的；

（三）在同一行政区域内已有业务范围相同或者相似的民办非企业单位，没有必要成立的；

（四）拟任负责人正在或者曾经受到剥夺政治权利的刑事处罚，或者不具有完全民事行为能力的；

（五）有法律、行政法规禁止的其他情形的。

第十二条 准予登记的民办非企业单位，由登记管理机关登记民办非企业单位的名称、住所、宗旨和业务范围、法定代表人或者负责人、开办资金、业务主管单位，并根据其依法承担民事责任的不同方式,分别发给《民办非企业单位(法人)登记证书》、《民办非企业单位(合伙)登记证书》、《民办非企业单位(个体)登记证书》。

依照法律、其他行政法规规定,经有关主管部门依法审核或者登记,已经取得相应的执业许可证书的民办非企业单位,登记管理机关应当简化登记手续,凭有关主管部门出具的执业许可证明文件,发给相应的民办非企业单位登记证书。

第十四条 民办非企业单位凭登记证书申请刻制印章,开立银行帐户。民办非企业单位应当将印章式样、银行帐号报登记管理机关备案。

第十五条 民办非企业单位的登记事项需要变更的,应当自业务主管单位审查同意之日起30日内,向登记管理机关申请变更登记。

民办非企业单位修改章程,应当自业务主管单位审查同意之日起30日内,报登记管理机关核准。

第十六条 民办非企业单位自行解散的,分立、合并的,或者由于其他原因需要注销登记的,应当向登记管理机关办理注销登记。

民办非企业单位在办理注销登记前,应当在业务主管单位和其他有关机关的指导下,成立清算组织,完成清算工作。清算期间,民办非企业单位不得开展清算以外的活动。

第十七条 民办非企业单位法定代表人或者负责人应当自完成清算之日起15日内,向登记管理机关办理注销登记。办理注销登记,须提交注销登记申请书、业务主管单位的审查文件和清算报告。

登记管理机关准予注销登记的,发给注销证明文件,收缴登记证书、印章和财务凭证。

第十八条 民办非企业单位成立、注销以及变更名称、住所、法定代表人或者负责人,由登记管理机关予以公告。

第二十四条 民办非企业单位在申请登记时弄虚作假,骗取登记的,或者业务主管单位撤销批准的,由登记管理机关予以撤销登记。

第二十七条 未经登记,擅自以民办非企业单位名义进行活动的,或者被撤销登记的民办非企业单位继续以民办非企业单位名义进行活动的,由登记管理机关予以取缔,没收非法财产;构成犯罪的,依法追究刑事责任;尚不构成犯罪的,依法给予治安管理处罚。

65.5 《旅馆业治安管理办法》(2022年3月29日修订)

第四条 申请开办旅馆,应取得市场监管部门核发的营业执照,向当地公安机关申领特种行业许可证后,方准开业。

经批准开业的旅馆,如有歇业、转业、合并、迁移、改变名称等情况,应当在市场监管部门办理变更登记后3日内,向当地的县、市公安局、公安分局备案。

65.6 《保安服务管理条例》(2022年3月29日修订)

第八条 保安服务公司应当具备下列条件:

(一)有不低于人民币100万元的注册资本;

(二)拟任的保安服务公司法定代表人和主要管理人员应当具备任职所需的专业知识和有关业务工作经验,无被刑事处罚、劳动教养、收容教育、强制隔离戒毒或者被开除公职、开除军籍等不良记录;

(三)有与所提供的保安服务相适应的专业技术人员,其中法律、行政法规有资格要求的专业技术人员,应当取得相应的资格；

（四）有住所和提供保安服务所需的设施、装备；

（五）有健全的组织机构和保安服务管理制度、岗位责任制度、保安员管理制度。

第九条 申请设立保安服务公司，应当向所在地设区的市级人民政府公安机关提交申请书以及能够证明其符合本条例第八条规定条件的材料。

受理的公安机关应当自收到申请材料之日起15日内进行审核，并将审核意见报所在地的省、自治区、直辖市人民政府公安机关。省、自治区、直辖市人民政府公安机关应当自收到审核意见之日起15日内作出决定，对符合条件的，核发保安服务许可证；对不符合条件的，书面通知申请人并说明理由。

第十条 从事武装守护押运服务的保安服务公司，应当符合国务院公安部门对武装守护押运服务的规划、布局要求，具备本条例第八条规定的条件，并符合下列条件：

（一）有不低于人民币1000万元的注册资本；

（二）国有独资或者国有资本占注册资本总额的51%以上；

（三）有符合《专职守护押运人员枪支使用管理条例》规定条件的守护押运人员；

（四）有符合国家标准或者行业标准的专用运输车辆以及通信、报警设备。

第十一条 申请设立从事武装守护押运服务的保安服务公司，应当向所在地设区的市级人民政府公安机关提交申请书以及能够证明其符合本条例第八条、第十条规定条件的材料。保安服务公司申请增设武装守护押运业务的，无需再次提交证明其符合本条例第八条规定条件的材料。

受理的公安机关应当自收到申请材料之日起 15 日内进行审核,并将审核意见报所在地的省、自治区、直辖市人民政府公安机关。省、自治区、直辖市人民政府公安机关应当自收到审核意见之日起 15 日内作出决定,对符合条件的,核发从事武装守护押运业务的保安服务许可证或者在已有的保安服务许可证上增注武装守护押运服务;对不符合条件的,书面通知申请人并说明理由。

第十二条　取得保安服务许可证的申请人,凭保安服务许可证到工商行政管理机关办理工商登记。取得保安服务许可证后超过 6 个月未办理工商登记的,取得的保安服务许可证失效。

保安服务公司设立分公司的,应当向分公司所在地设区的市级人民政府公安机关备案。备案应当提供总公司的保安服务许可证和工商营业执照,总公司法定代表人、分公司负责人和保安员的基本情况。

保安服务公司的法定代表人变更的,应当经原审批公安机关审核,持审核文件到工商行政管理机关办理变更登记。

第十四条　自行招用保安员的单位,应当自开始保安服务之日起 30 日内向所在地设区的市级人民政府公安机关备案,备案应当提供下列材料:

(一)法人资格证明;

(二)法定代表人(主要负责人)、分管负责人和保安员的基本情况;

(三)保安服务区域的基本情况;

(四)建立保安服务管理制度、岗位责任制度、保安员管理制度的情况。

自行招用保安员的单位不再招用保安员进行保安服务的,应当自停止保安服务之日起 30 日内到备案的公安机关撤销备案。

第四十一条 任何组织或者个人未经许可,擅自从事保安服务的,依法给予治安管理处罚,并没收违法所得;构成犯罪的,依法追究刑事责任。

65.7 《公安部对部分刀具实行管制的暂行规定》(1983年3月12日公布)

第五条 制造上述管制范围内刀具的工厂、作坊,必须经县、市以上主管部门审查同意和所在地县、市公安局批准,发给《特种刀具生产许可证》,方准生产。刀具样品及其说明(名称、规格、型号、用途、产量)须送所在地县、市公安局备案。产品须铸刻商标和号码(顺序号或批号)。

第六条 经销上述管制范围内刀具的商店,必须经县、市以上主管部门审查同意和所在地县、市公安局批准。购销要建立登记制度,备公安机关检查。

第九条 严禁任何单位和个人非法制造、销售和贩卖匕首、三棱刀、弹簧刀等属于管制范围内的各种刀具。严禁非法携带上述刀具进入车站、码头、机场、公园、商场、影剧院、展览馆或其它公共场所和乘坐火车、汽车、轮船、飞机。

第十条 本规定下达后,凡制造、销售上述管制范围内各种刀具的单位和持有匕首的专业狩猎人员和地质、勘探等野外作业人员,须向公安机关补办登记许可手续。非因生产、工作需要持有上述刀具的,应一律自动送交当地公安机关。

第十三条 违反本规定,非法制造、销售、携带和私自保存管制范围刀具的,公安机关应予取缔,没收其刀具,并按照《中华人民共和国治安管理处罚条例》有关条款予以治安处罚;有妨害公共安全行为,情节严重,触犯刑律的,依法追究刑事责任。

65.8 《取缔非法社会组织办法》(2025年2月13日公布)

第二条 社会组织登记管理机关(以下简称登记管理机关)取缔非法社会组织,适用本办法。

第三条 具有下列情形之一的,属于非法社会组织:

(一)未经登记,擅自以社会团体、基金会、民办非企业单位名义进行活动;

(二)社会团体筹备期间开展筹备以外活动;

(三)被撤销登记、吊销登记证书后继续以社会团体、基金会、民办非企业单位名义进行活动。

前款所称非法社会组织,不包括由街道办事处(乡镇人民政府)实施管理、尚达不到登记条件的社区社会组织,以及其他依法无需进行登记的组织。

第四条 取缔非法社会组织,由违法行为发生地的县级登记管理机关负责。

违法行为发生地涉及两个以上县级登记管理机关的,由共同上一级登记管理机关负责取缔,或者由其指定相关下级登记管理机关予以取缔。

对跨省(自治区、直辖市)活动的非法社会组织,由国务院民政部门负责取缔,或者指定相关登记管理机关予以取缔。

65.9 《社会服务机构自身建设指南》(2024年4月3日发布)

3.1 社会服务机构

企业、事业单位、社会团体和其他社会力量以及公民个人为了公益目的,利用非国有资产捐助举办,按照其章程从事社会服务活动的非营利法人。

4 总则

4.1 社会服务机构应自觉接受党的领导和国家有关职能部门的监督管理。

4.2 社会服务机构应使用规范的名称,拥有固定的住所和专职工作人员,配备满足业务活动所需要的设备、器材和其他设施,以及合理合法的资产和资金来源,具有独立承担民事责任的能力。

4.3 社会服务机构应有明确的宗旨和业务范围,围绕实现公益目的,根据自身资质和服务能力,服务于社会需求明显或政府重点关注的领域。同时,应主动履行社会责任和义务。

第六十六条 【对煽动、策划非法集会、游行、示威行为的处罚】煽动、策划非法集会、游行、示威,不听劝阻的,处十日以上十五日以下拘留。

【相关规定索引】

类别	名 称	关联条款
法律	《中华人民共和国宪法》	第35条
	《中华人民共和国集会游行示威法》	第2—5、8、12、14—17、21—27条
行政法规	《中华人民共和国集会游行示威法实施条例》	第12、13、21、23条

【关联规定】

66.1 《中华人民共和国宪法》(2018年3月11日修正)

第三十五条 中华人民共和国公民有言论、出版、集会、结社、游行、示威的自由。

66.2 《中华人民共和国集会游行示威法》(2009年8月27日修正)

第二条 在中华人民共和国境内举行集会、游行、示威,均适用本法。

本法所称集会,是指聚集于露天公共场所,发表意见、表达意愿的活动。

本法所称游行,是指在公共道路、露天公共场所列队行进、表达共同意愿的活动。

本法所称示威,是指在露天公共场所或者公共道路上以集会、游行、静坐等方式,表达要求、抗议或者支持、声援等共同意愿的活动。

文娱、体育活动,正常的宗教活动,传统的民间习俗活动,不适用本法。

第三条 公民行使集会、游行、示威的权利,各级人民政府应当依照本法规定,予以保障。

第四条 公民在行使集会、游行、示威的权利的时候,必须遵守宪法和法律,不得反对宪法所确定的基本原则,不得损害国家的、社会的、集体的利益和其他公民的合法的自由和权利。

第五条 集会、游行、示威应当和平地进行,不得携带武器、管制刀具和爆炸物,不得使用暴力或者煽动使用暴力。

第八条 举行集会、游行、示威,必须有负责人。

依照本法规定需要申请的集会、游行、示威,其负责人必须在举行日期的五日前向主管机关递交书面申请。申请书中应当载明集会、游行、示威的目的、方式、标语、口号、人数、车辆数、使用音响设备的种类与数量、起止时间、地点(包括集合地和解散地)、路线和负责人的姓名、职业、住址。

第十二条 申请举行的集会、游行、示威,有下列情形之一的,不予许可：

(一)反对宪法所确定的基本原则的；

(二)危害国家统一、主权和领土完整的；

(三)煽动民族分裂的；

(四)有充分根据认定申请举行的集会、游行、示威将直接危害公共安全或者严重破坏社会秩序的。

第十四条 集会、游行、示威的负责人在提出申请后接到主管机关通知前,可以撤回申请；接到主管机关许可的通知后,决定不举行集会、游行、示威的,应当及时告知主管机关,参加人已经集合的,应当负责解散。

第十五条 公民不得在其居住地以外的城市发动、组织、参加当地公民的集会、游行、示威。

第十六条 国家机关工作人员不得组织或者参加违背有关法律、法规规定的国家机关工作人员职责、义务的集会、游行、示威。

第十七条 以国家机关、社会团体、企业事业组织的名义组织或者参加集会、游行、示威,必须经本单位负责人批准。

第二十一条 游行在行进中遇有不可预料的情况,不能按照许可的路线行进时,人民警察现场负责人有权改变游行队伍的行进路线。

第二十二条 集会、游行、示威在国家机关、军事机关、广播电台、电视台、外国驻华使馆领馆等单位所在地举行或者经过的,主管机关为了维持秩序,可以在附近设置临时警戒线,未经人民警察许可,不得逾越。

第二十三条 在下列场所周边距离十米至三百米内,不得举行集会、游行、示威,经国务院或者省、自治区、直辖市的人民政府批准的除外:

(一)全国人民代表大会常务委员会、国务院、中央军事委员会、最高人民法院、最高人民检察院的所在地;

(二)国宾下榻处;

(三)重要军事设施;

(四)航空港、火车站和港口。

前款所列场所的具体周边距离,由省、自治区、直辖市的人民政府规定。

第二十四条 举行集会、游行、示威的时间限于早六时至晚十时,经当地人民政府决定或者批准的除外。

第二十五条 集会、游行、示威应当按照许可的目的、方式、标语、口号、起止时间、地点、路线及其他事项进行。

集会、游行、示威的负责人必须负责维持集会、游行、示威的秩序,并严格防止其他人加入。

集会、游行、示威的负责人在必要时,应当指定专人协助人民警察维持秩序。负责维持秩序的人员应当佩戴标志。

第二十六条 举行集会、游行、示威,不得违反治安管理法规,不得进行犯罪活动或者煽动犯罪。

第二十七条 举行集会、游行、示威,有下列情形之一的,人民警察应当予以制止:

(一)未依照本法规定申请或者申请未获许可的;

(二)未按照主管机关许可的目的、方式、标语、口号、起止时间、地点、路线进行的;

(三)在进行中出现危害公共安全或者严重破坏社会秩序情

况的。

有前款所列情形之一,不听制止的,人民警察现场负责人有权命令解散;拒不解散的,人民警察现场负责人有权依照国家有关规定决定采取必要手段强行驱散,并对拒不服从的人员强行带离现场或者立即予以拘留。

参加集会、游行、示威的人员越过依照本法第二十二条规定设置的临时警戒线,进入本法第二十三条所列不得举行集会、游行、示威的特定场所周边一定范围或者有其他违法犯罪行为的,人民警察可以将其强行带离现场或者立即予以拘留。

66.3 **《中华人民共和国集会游行示威法实施条例》**(2011年1月8日修订)

第十二条 依照《集会游行示威法》第十五条的规定,公民不得在其居住地以外的城市发动、组织、参加当地公民的集会、游行、示威。本条所称居住地,是指公民常住户口所在地或者向暂住地户口登记机关办理了暂住登记并持续居住半年以上的地方。

第十三条 主管公安机关接到举行集会、游行、示威的申请书后,在决定许可时,有下列情形之一的,可以变更举行集会、游行、示威的时间、地点、路线,并及时通知其负责人:

(一)举行时间在交通高峰期,可能造成交通较长时间严重堵塞的;

(二)举行地或者行经路线正在施工,不能通行的;

(三)举行地为渡口、铁路道口或者是毗邻国(边)境的;

(四)所使用的机动车辆不符合道路养护规定的;

(五)在申请举行集会、游行、示威的同一时间、地点有重大国事活动的;

（六）在申请举行集会、游行、示威的同一时间、地点、路线已经许可他人举行集会、游行、示威的。

主管公安机关在决定许可时，认为需要变更举行集会、游行、示威的时间、地点、路线的，应当在许可决定书中写明。

在决定许可后，申请举行集会、游行、示威的地点、经过的路段发生自然灾害事故、治安灾害事故，尚在进行抢险救灾，举行日前不能恢复正常秩序的，主管公安机关可以变更举行集会、游行、示威的时间、地点、路线，但是应当将《集会游行示威事项变更决定书》于申请举行之日前送达集会、游行、示威的负责人。

第二十一条 《集会游行示威法》第二十三条所列不得举行集会、游行、示威的场所的周边距离，是指自上述场所的建筑物周边向外扩展的距离；有围墙或者栅栏的，从围墙或者栅栏的周边开始计算。不得举行集会、游行、示威的场所具体周边距离，由省、自治区、直辖市人民政府规定并予以公布。

省、自治区、直辖市人民政府规定不得举行集会、游行、示威的场所具体周边距离，应当有利于保护上述场所的安全和秩序，同时便于合法的集会、游行、示威的举行。

第二十三条 依照《集会游行示威法》第二十七条的规定，对非法举行集会、游行、示威或者在集会、游行、示威进行中出现危害公共安全或者严重破坏社会秩序情况的，人民警察有权立即予以制止。对不听制止，需要命令解散的，应当通过广播、喊话等明确方式告知在场人员在限定时间内按照指定通道离开现场。对在限定时间内拒不离去的，人民警察现场负责人有权依照国家有关规定，命令使用警械或者采用其他警用手段强行驱散；对继续滞留现场的人员，可以强行带离现场或者立即予以拘留。

【典型案例】

某甲煽动、策划非法集会、游行、示威案[①]

1. 基本事实

原告因延期交房问题赴省政府维权,在政府工作人员给出答复后,其又在多个微信群内发布信息让业主去浐灞管委会示威。根据 2012 年《中华人民共和国治安管理处罚法》第 55 条之规定,对原告处以行政拘留 10 日的处罚。原告对处罚决定不服,于 2023 年 4 月 24 日向被告某政府提起行政复议,请求撤销该处罚决定。某政府作出案涉复议决定,保留处罚决定的效力、确认处罚决定违法的复议决定。原告不服,诉至法院。

2. 法院裁判

关于二被告作出的程序依据。该案中,被告称系在浐灞管委会信访中心,即非法聚集地点将原告传唤至被告处,原告亦认可系在现场被带至公安派出所,故被告采用的口头传唤而非传唤证传唤方式。根据上述规定,对当事人进行口头传唤的,应当在询问笔录中注明违法嫌疑人到案经过、到案时间和离开时间,而本案公安机关对原告的询问笔录中均未作记载。另外,《被传唤人家属通知书》中办案民警签字时间为 3 月 31 日,显然与实际传唤时间(3 月 30 日)相互矛盾。故被告某分局在办理该治安案件中程序违法。

综上,被告某分局作出的案涉行政处罚决定的事实清楚、证据确凿,但程序违法;被告某政府作出的案涉行政复议决定认定事实清楚、适用法律正确、程序合法。判决如下:(1)确认被告某

---
① 参见西安铁路运输法院行政判决书,(2023)陕 7102 行初 1755 号。

公安分局作出的"沪公(沪水)行罚决字[2023]572号"《行政处罚决定书》违法;(2)驳回原告魏某的其他诉讼请求。

第六十七条 【对旅馆业违反住宿登记管理及安全监管义务行为的处罚】从事旅馆业经营活动不按规定登记住宿人员姓名、有效身份证件种类和号码等信息的,或者为身份不明、拒绝登记身份信息的人提供住宿服务的,对其直接负责的主管人员和其他直接责任人员处五百元以上一千元以下罚款;情节较轻的,处警告或者五百元以下罚款。

实施前款行为,妨害反恐怖主义工作进行,违反《中华人民共和国反恐怖主义法》规定的,依照其规定处罚。

从事旅馆业经营活动有下列行为之一的,对其直接负责的主管人员和其他直接责任人员处一千元以上三千元以下罚款;情节严重的,处五日以下拘留,可以并处三千元以上五千元以下罚款:

(一)明知住宿人员违反规定将危险物质带入住宿区域,不予制止的;

(二)明知住宿人员是犯罪嫌疑人员或者被公安机关通缉的人员,不向公安机关报告的;

(三)明知住宿人员利用旅馆实施犯罪活动,不向公安机关报告的。

【相关规定索引】

类别	名称	关联条款
法律	《中华人民共和国刑事诉讼法》	第110条
	《中华人民共和国妇女权益保障法》	第26条

续表

类别	名　　称	关联条款
行政法规	《中华人民共和国未成年人保护法》	第57、122条
	《中华人民共和国出境入境管理法》	第39、76条
	《中华人民共和国反恐怖主义法》	第9、21、86条
	《中华人民共和国户口登记条例》	第20条
	《旅馆业治安管理办法》	第2、6、9、11、12条

【关联规定】

67.1 《中华人民共和国刑事诉讼法》(2018年10月26日修正)

第一百一十条　任何单位和个人发现有犯罪事实或者犯罪嫌疑人,有权利也有义务向公安机关、人民检察院或者人民法院报案或者举报。

被害人对侵犯其人身、财产权利的犯罪事实或者犯罪嫌疑人,有权向公安机关、人民检察院或者人民法院报案或者控告。

公安机关、人民检察院或者人民法院对于报案、控告、举报,都应当接受。对于不属于自己管辖的,应当移送主管机关处理,并且通知报案人、控告人、举报人;对于不属于自己管辖而又必须采取紧急措施的,应当先采取紧急措施,然后移送主管机关。

犯罪人向公安机关、人民检察院或者人民法院自首的,适用第三款规定。

67.2 《中华人民共和国妇女权益保障法》(2022年10月30日修订)

第二十六条　住宿经营者应当及时准确登记住宿人员信息,健全住宿服务规章制度,加强安全保障措施;发现可能侵害妇女权益的违法犯罪行为,应当及时向公安机关报告。

67.3 《中华人民共和国未成年人保护法》(2024年4月26日修正)

第五十七条 旅馆、宾馆、酒店等住宿经营者接待未成年人入住,或者接待未成年人和成年人共同入住时,应当询问父母或者其他监护人的联系方式、入住人员的身份关系等有关情况;发现有违法犯罪嫌疑的,应当立即向公安机关报告,并及时联系未成年人的父母或者其他监护人。

第一百二十二条 场所运营单位违反本法第五十六条第二款规定、住宿经营者违反本法第五十七条规定的,由市场监督管理、应急管理、公安等部门按照职责分工责令限期改正,给予警告;拒不改正或造成严重后果的,责令停业整顿或者吊销营业执照、吊销相关许可证,并处一万元以上十万元以下罚款。

67.4 《中华人民共和国出境入境管理法》(2012年6月30日公布)

第三十九条 外国人在中国境内旅馆住宿的,旅馆应当按照旅馆业治安管理的有关规定为其办理住宿登记,并向所在地公安机关报送外国人住宿登记信息。

外国人在旅馆以外的其他住所居住或者住宿的,应当在入住后二十四小时内由本人或者留宿人,向居住地的公安机关办理登记。

第七十六条第二款 旅馆未按照规定办理外国人住宿登记的,依照《中华人民共和国治安管理处罚法》的有关规定予以处罚;未按照规定向公安机关报送外国人住宿登记信息的,给予警告;情节严重的,处一千元以上五千元以下罚款。

67.5 《中华人民共和国反恐怖主义法》(2018年4月27日修正)

第九条 任何单位和个人都有协助、配合有关部门开展反恐怖主义工作的义务,发现恐怖活动嫌疑或者恐怖活动嫌疑人员的,应当及时向公安机关或者有关部门报告。

第二十一条 电信、互联网、金融、住宿、长途客运、机动车租赁等业务经营者、服务提供者,应当对客户身份进行查验。对身份不明或者拒绝身份查验的,不得提供服务。

第八十六条 电信、互联网、金融业务经营者、服务提供者未按规定对客户身份进行查验,或者对身份不明、拒绝身份查验的客户提供服务的,主管部门应当责令改正;拒不改正的,处二十万元以上五十万元以下罚款,并对其直接负责的主管人员和其他直接责任人员处十万元以下罚款;情节严重的,处五十万元以上罚款,并对其直接负责的主管人员和其他直接责任人员,处十万元以上五十万元以下罚款。

住宿、长途客运、机动车租赁等业务经营者、服务提供者有前款规定情形的,由主管部门处十万元以上五十万元以下罚款,并对其直接负责的主管人员和其他直接责任人员处十万元以下罚款。

67.6 《中华人民共和国户口登记条例》(1958年1月9日公布)

第二十条第五项 有下列情形之一的,根据情节轻重,依法给予治安管理处罚或者追究刑事责任:

五、旅店管理人不按照规定办理旅客登记的。

67.7 《旅馆业治安管理办法》(2022年3月29日修订)

第二条 凡经营接待旅客住宿的旅馆、饭店、宾馆、招待所、客货栈、车马店、浴池等（以下统称旅馆），不论是国营、集体经营，还是合伙经营、个体经营、外商投资经营，不论是专营还是兼营，不论是常年经营，还是季节性经营，都必须遵守本办法。

第六条　旅馆接待旅客住宿必须登记。登记时，应当查验旅客的身份证件，按规定的项目如实登记。

接待境外旅客住宿，还应当在24小时内向当地公安机关报送住宿登记表。

第九条　旅馆工作人员发现违法犯罪分子，行迹可疑的人员和被公安机关通缉的罪犯，应当立即向当地公安机关报告，不得知情不报或隐瞒包庇。

第十一条　严禁旅客将易燃、易爆、剧毒、腐蚀性和放射性等危险物品带入旅馆。

第十二条　旅馆内，严禁卖淫、嫖宿、赌博、吸毒、传播淫秽物品等违法犯罪活动。

第六十八条　【对违法出租房屋行为的处罚】房屋出租人将房屋出租给身份不明、拒绝登记身份信息的人的，或者不按规定登记承租人姓名、有效身份证件种类和号码等信息的，处五百元以上一千元以下罚款；情节较轻的，处警告或者五百元以下罚款。

房屋出租人明知承租人利用出租房屋实施犯罪活动，不向公安机关报告的，处一千元以上三千元以下罚款；情节严重的，处五日以下拘留，可以并处三千元以上五千元以下罚款。

【相关规定索引】

类别	名　称	关联条款
法律	《中华人民共和国刑事诉讼法》	第110条

【关联规定】

68.1　《中华人民共和国刑事诉讼法》(2018年10月26日修正)

第一百一十条　任何单位和个人发现有犯罪事实或者犯罪嫌疑人,有权利也有义务向公安机关、人民检察院或者人民法院报案或者举报。

被害人对侵犯其人身、财产权利的犯罪事实或者犯罪嫌疑人,有权向公安机关、人民检察院或者人民法院报案或者控告。

公安机关、人民检察院或者人民法院对于报案、控告、举报,都应当接受。对于不属于自己管辖的,应当移送主管机关处理,并且通知报案人、控告人、举报人;对于不属于自己管辖而又必须采取紧急措施的,应当先采取紧急措施,然后移送主管机关。

犯罪人向公安机关、人民检察院或者人民法院自首的,适用第三款规定。

【典型案例】

索某明知承租人实施违法活动不报告案[①]

1. 基本事实

2011年5月20日,原告索某明将其所有的位于吉林市昌邑区九站街道糖厂住宅小区的房屋出租给呼某某,并将两台麻将机

[①] 参见吉林省吉林市昌邑区人民法院行政判决书,(2014)昌行初字第14号。

卖给呼某某。索某明现在居住的房屋与租给呼某某的房屋相邻。2014年5月23日11时许，吉林市公安局吉林经济技术开发区分局九站派出所发现在呼某某承租的该处房屋内有3桌12人正在利用麻将机进行赌博，经调查，呼某某自认经营该麻将馆已经一年有余，且获利1万余元。2014年5月23日公安机关对呼某某涉嫌赌博犯罪立案侦查，现对呼某某采取了取保候审措施。2014年5月23日被告吉林市公安局吉林经济技术开发区分局依据2012年《中华人民共和国治安管理处罚法》第57条2款之规定，对原告作出行政处罚，原告不服，提起行政诉讼。

2. 法院裁判

根据《刑事诉讼法》第107条、第108条，公安机关有权对犯罪事实进行认定，公民也有义务举报犯罪实或犯罪嫌疑人。2012年《中华人民共和国治安管理处罚法》第57条第2款规定，公民有义务向有权机关举报其知道的犯罪事实。索某明在房屋租给呼某某之前在该屋内开过麻将馆，在将房屋出租时将其所有的两台麻将机卖给了呼某某用于开麻将馆，并且索某明现在居住的房屋和租给呼某某的房屋相邻，在公安机关的询问笔录和本院的庭审笔录中索某明均承认知道呼某某在承租屋内开麻将馆并收取费用长达一年多的事实，可以认定索某明明知呼某某利用该出租房进行赌博犯罪活动，却没有依法向公安机关报告。被告对原告索某明作出行政处罚决定并无不当之处，原告索某明诉请法院不予支持。驳回原告索某明的诉讼请求。

第六十九条　【对特定行业经营者不依法登记信息行为的处罚】娱乐场所和公章刻制、机动车修理、报废机动车回收行业经营者违反法律法规关于要求登记信息的规定，不登记信息的,处警告;拒不改正或者造成后果的,对其直接负责的主管人员和其他直接责任人员处五日以下拘留或者三千元以下罚款。

【相关规定索引】

类别	名称	关联条款
行政法规	《娱乐场所管理条例》	第 2、11、12、25、32 条
	《印铸刻字业暂行管理规则》	第 3-5 条
	《报废机动车回收管理办法》	第 10、13 条
规章	《机动车修理业、报废机动车回收业治安管理办法》	第 6-8 条

【关联规定】

69.1 《娱乐场所管理条例》(2020 年 11 月 29 日修订)

第二条 本条例所称娱乐场所,是指以营利为目的,并向公众开放、消费者自娱自乐的歌舞、游艺等场所。

第十一条 娱乐场所依法取得营业执照和相关批准文件、许可证后,应当在 15 日内向所在地县级公安部门备案。

第十二条 娱乐场所改建、扩建营业场所或者变更场地、主要设施设备、投资人员,或者变更娱乐经营许可证载明的事项的,应当向原发证机关申请重新核发娱乐经营许可证,并向公安部门备案;需要办理变更登记的,应当依法向工商行政管理部门办理变更登记。

第二十五条 娱乐场所应当与从业人员签订文明服务责任书,并建立从业人员名簿;从业人员名簿应当包括从业人员的真实姓名、居民身份证复印件、外国人就业许可证复印件等内容。

娱乐场所应当建立营业日志，记载营业期间从业人员的工作职责、工作时间、工作地点；营业日志不得删改，并应当留存60日备查。

第三十二条 文化主管部门、公安部门和其他有关部门的工作人员依法履行监督检查职责时，有权进入娱乐场所。娱乐场所应当予以配合，不得拒绝、阻挠。

文化主管部门、公安部门和其他有关部门的工作人员依法履行监督检查职责时，需要查阅闭路电视监控录像资料、从业人员名簿、营业日志等资料的，娱乐场所应当及时提供。

69.2 《印铸刻字业暂行管理规则》（2024年12月6日修订）

第三条 公章刻制经营者取得市场监管部门核发的营业执照后，应当在5日内将以下信息材料向所在地县级人民政府公安机关备案：

（一）营业执照复印件；

（二）法定代表人、经营负责人及从业人员有效身份证件复印件；

（三）标注安全防范设施的经营场所内部结构平面图；

（四）公章刻制和信息备案设备清单；

（五）内部管理制度和安全制度。

公安机关能够通过部门间信息共享获得的备案信息，不要求当事人提供。

公章刻制经营者上述备案信息发生变化的，应当自有关变化发生之日起15日内向原备案公安机关更新备案信息。

公章刻制经营者终止公章刻制业务的，应当及时向公安机关办理备案注销。

第四条 凡在本规则颁布前,已开业之印铸刻字业,均须补办第三条规定之手续。

第五条 凡经营印铸刻字业者,均须遵守下列事项:

(一)公章刻制经营者应当核验刻制公章的证明材料,采集用章单位、公章刻制申请人的基本信息,并应当在刻制公章后1日内,将用章单位、公章刻制申请人等基本信息及印模、刻制公章的证明材料报所在地县级人民政府公安机关备案。

(二)凡经营印铸刻字业者,均需备制营业登记簿,以备查验。属本条第一项规定之各印制品,承制者一律不准留样,不准仿制,或私自翻印。

(三)遇有下列情形之一者,须迅速报告当地人民公安机关:

1. 伪造或仿造布告、护照、委任状、袖章、符号、胸章、证券及各机关之文件等。

2. 私自定制各机关、团体、学校、公营企业之钢印、火印、徽章、证明、号牌或仿制者。

3. 遇有定制非法之团体、机关戳记、印件、徽章或仿制者。

4. 印制反对人民民主、生产建设及宣传封建等各种反动印刷品者。

(四)凡印刷铸刻本条第三项所规定之各项物品者,除没收其原料及成品外,得按照情节之轻重,予以惩处。

(五)对人民公安机关之执行检查职务人员,应予协助进行。

69.3 《报废机动车回收管理办法》(2019年4月22日公布)

第十条 报废机动车回收企业对回收的报废机动车,应当逐车登记机动车的型号、号牌号码、发动机号码、车辆识别代号等信息;发现回收的报废机动车疑似赃物或者用于盗窃、抢劫等犯罪活动的犯罪工具的,应当及时向公安机关报告。

报废机动车回收企业不得拆解、改装、拼装、倒卖疑似赃物或者犯罪工具的机动车或者其发动机、方向机、变速器、前后桥、车架(以下统称"五大总成")和其他零部件。

第十三条 国务院负责报废机动车回收管理的部门应当建立报废机动车回收信息系统。报废机动车回收企业应当如实记录本企业回收的报废机动车"五大总成"等主要部件的数量、型号、流向等信息,并上传至报废机动车回收信息系统。

负责报废机动车回收管理的部门、公安机关应当通过政务信息系统实现信息共享。

69.4 《机动车修理业、报废机动车回收业治安管理办法》

(1999年3月25日公布)

第六条 机动车修理企业和个体工商户、报废机动车回收企业,必须建立承修登记、查验制度,并接受公安机关的检查。

第七条 机动车修理企业和个体工商户承修机动车应如实登记下列项目:

(一)按照机动车行驶证项目登记送修车辆的号牌、车型、发动机号码、车架号码、厂牌型号、车身颜色;

(二)车主名称或姓名、送修人姓名和居民身份证号码或驾驶证号码;

(三)修理项目(事故车辆应详细登记修理部位);

(四)送修时间、收车人姓名。

第八条 报废机动车回收企业回收报废机动车应如实登记下列项目:

(一)报废机动车车主名称或姓名、送车人姓名、居民身份证号码;

(二)按照公安交通管理部门出具的机动车报废证明登记报废车车牌号码、车型、发动机号码、车架号码、车身颜色;

(三)收车人姓名。

> **第七十条 【对非法安装、使用、提供窃听、窃照专用器材行为的处罚】**非法安装、使用、提供窃听、窃照专用器材的,处五日以下拘留或者一千元以上三千元以下罚款;情节较重的,处五日以上十日以下拘留,并处三千元以上五千元以下罚款。

【相关规定索引】

类别	名　称	关联条款
法律	《中华人民共和国反间谍法》	第15、61、63条
行政法规	《中华人民共和国反间谍法实施细则》	第18条
规章	《禁止非法生产销售使用窃听窃照专用器材和"伪基站"设备的规定》	第2、3条

【关联规定】

70.1 《中华人民共和国反间谍法》(2023年4月26日修订)

第十五条 任何个人和组织都不得非法生产、销售、持有、使用间谍活动特殊需要的专用间谍器材。专用间谍器材由国务院国家安全主管部门依照国家有关规定确认。

第六十一条 非法获取、持有属于国家秘密的文件、数据、资料、物品,以及非法生产、销售、持有、使用专用间谍器材,尚不构成犯罪的,由国家安全机关予以警告或者处十日以下行政拘留。

第六十三条第三项　涉案财物符合下列情形之一的,应当依法予以追缴、没收,或者采取措施消除隐患:

(三)非法生产、销售、持有、使用的专用间谍器材。

70.2　《中华人民共和国反间谍法实施细则》(2017 年 11 月 22 日公布)

第十八条　《反间谍法》第二十五条①所称"专用间谍器材",是指进行间谍活动特殊需要的下列器材:

(一)暗藏式窃听、窃照器材;

(二)突发式收发报机、一次性密码本、密写工具;

(三)用于获取情报的电子监听、截收器材;

(四)其他专用间谍器材。

专用间谍器材的确认,由国务院国家安全主管部门负责。

70.3　《禁止非法生产销售使用窃听窃照专用器材和"伪基站"设备的规定》(2014 年 12 月 23 日公布)

第二条　禁止自然人、法人及其他组织非法生产、销售、使用窃听窃照专用器材和"伪基站"设备。

第三条　本规定所称窃听专用器材,是指以伪装或者隐蔽方式使用,经公安机关依法进行技术检测后作出认定性结论,有以下情形之一的:

(一)具有无线发射、接收语音信号功能的发射、接收器材;

(二)微型语音信号拾取或者录制设备;

(三)能够获取无线通信信息的电子接收器材;

(四)利用搭接、感应等方式获取通讯线路信息的器材;

---

① 2023 年修订《中华人民共和国反间谍法》时,将原《中华人民共和国反间谍法》第二十五条修改为第十五条。

（五）利用固体传声、光纤、微波、激光、红外线等技术获取语音信息的器材；

（六）可遥控语音接收器件或者电子设备中的语音接收功能，获取相关语音信息，且无明显提示的器材（含软件）；

（七）其他具有窃听功能的器材。

第七十一条 【对违法典当、收购行为的处罚】 有下列行为之一的，处一千元以上三千元以下罚款；情节严重的，处五日以上十日以下拘留，并处一千元以上三千元以下罚款：

（一）典当业工作人员承接典当的物品，不查验有关证明、不履行登记手续的，或者违反国家规定对明知是违法犯罪嫌疑人、赃物而不向公安机关报告的；

（二）违反国家规定，收购铁路、油田、供电、电信、矿山、水利、测量和城市公用设施等废旧专用器材的；

（三）收购公安机关通报寻查的赃物或者有赃物嫌疑的物品的；

（四）收购国家禁止收购的其他物品的。

【相关规定索引】

类别	名　　称	关联条款
行政法规	《废旧金属收购业治安管理办法》	第3、6、8、9条
	《报废机动车回收管理办法》	第20条
规章	《典当管理办法》	第9、27、35、51－53条
	《再生资源回收管理办法》	第8－10、25条

【关联规定】

71.1 《废旧金属收购业治安管理办法》(2023年7月20日修订)

第三条 生产性废旧金属,按照国务院有关规定由有权经营生产性废旧金属收购业的企业收购。收购废旧金属的其他企业和个体工商户只能收购非生产性废旧金属,不得收购生产性废旧金属。

第六条 在铁路、矿区、油田、港口、机场、施工工地、军事禁区和金属冶炼加工企业附近,不得设点收购废旧金属。

第八条 收购废旧金属的企业和个体工商户不得收购下列金属物品:

(一)枪支、弹药和爆炸物品;

(二)剧毒、放射性物品及其容器;

(三)铁路、油田、供电、电信通讯、矿山、水利、测量和城市公用设施等专用器材;

(四)公安机关通报寻查的赃物或者有赃物嫌疑的物品。

第九条 收购废旧金属的企业和个体工商户发现有出售公安机关通报寻查的赃物或者有赃物嫌疑的物品的,应当立即报告公安机关。

公安机关对赃物或者有赃物嫌疑的物品应当予以扣留,并开付收据。有赃物嫌疑的物品经查明不是赃物的,应当及时退还;赃物或者有赃物嫌疑的物品经查明确属赃物的,依照国家有关规定处理。

71.2 《报废机动车回收管理办法》(2019年4月22日公布)

第二十条第一款第二项、第二款 有下列情形之一的,由公安机关依法给予治安管理处罚:

（二）报废机动车回收企业明知或者应当知道回收的机动车为赃物或者用于盗窃、抢劫等犯罪活动的犯罪工具，未向公安机关报告，擅自拆解、改装、拼装、倒卖该机动车。

报废机动车回收企业有前款规定情形，情节严重的，由原发证部门吊销资质认定书。

71.3 《典当管理办法》(2005年2月9日公布)

第九条 典当行应当建立、健全以下安全制度：

（一）收当、续当、赎当查验证件（照）制度；

（二）当物查验、保管制度；

（三）通缉协查核对制度；

（四）可疑情况报告制度；

（五）配备保安人员制度。

第二十七条 典当行不得收当下列财物：

（一）依法被查封、扣押或者已经被采取其他保全措施的财产；

（二）赃物和来源不明的物品；

（三）易燃、易爆、剧毒、放射性物品及其容器；

（四）管制刀具，枪支，弹药，军、警用标志、制式服装和器械；

（五）国家机关公文、印章及其管理的财物；

（六）国家机关核发的除物权证书以外的证照及有效身份证件；

（七）当户没有所有权或者未能依法取得处分权的财产；

（八）法律、法规及国家有关规定禁止流通的自然资源或者其他财物。

第三十五条第一、二款 办理出当与赎当，当户均应当出具本人的有效身份证件。当户为单位的，经办人员应当出具单位证明和经办人的有效身份证件;委托典当中,被委托人应当出具典当委托书、本人和委托人的有效身份证件。

除前款所列证件外,出当时,当户应当如实向典当行提供当物的来源及相关证明材料。赎当时,当户应当出示当票。

第五十一条 典当行应当如实记录、统计质押当物和当户信息,并按照所在地县级以上人民政府公安机关的要求报送备查。

第五十二条 典当行发现公安机关通报协查的人员或者赃物以及本办法第二十七条所列其他财物的,应当立即向公安机关报告有关情况。

第五十三条 对属于赃物或者有赃物嫌疑的当物,公安机关应当依法予以扣押,并依照国家有关规定处理。

71.4 《再生资源回收管理办法》(2019年11月30日修订)

第八条 生产企业应当通过与再生资源回收企业签订收购合同的方式交售生产性废旧金属。收购合同中应当约定所回收生产性废旧金属的名称、数量、规格、回收期次,结算方式等。

第九条 再生资源回收企业回收生产性废旧金属时,应当对物品的名称、数量、规格、新旧程度等如实进行登记。

出售人为单位的,应当查验出售单位开具的证明,并如实登记出售单位名称、经办人姓名、住址、身份证号码;出售人为个人的,应当如实登记出售人的姓名、住址、身份证号码。

登记资料保存期限不得少于两年。

第十条 再生资源回收经营者在经营活动中发现有公安机关通报寻查的赃物或有赃物嫌疑的物品时,应当立即报告公安机关。

公安机关对再生资源回收经营者在经营活动中发现的赃物或有赃物嫌疑的物品应当依法予以扣押,并开列扣押清单。有赃物嫌疑的物品经查明不是赃物的,应当依法及时退还;经查明确属赃物的,依照国家有关规定处理。

第二十五条 本办法所称"生产性废旧金属",是指用于建筑、铁路、通讯、电力、水利、油田、市政设施及其他生产领域,已失去原有全部或部分使用价值的金属材料和金属制品。

第七十二条 【对妨害行政执法及司法秩序行为的处罚】有下列行为之一的,处五日以上十日以下拘留,可以并处一千元以下罚款;情节较轻的,处警告或者一千元以下罚款:

(一)隐藏、转移、变卖、擅自使用或者损毁行政执法机关依法扣押、查封、冻结、扣留、先行登记保存的财物的;

(二)伪造、隐匿、毁灭证据或者提供虚假证言、谎报案情,影响行政执法机关依法办案的;

(三)明知是赃物而窝藏、转移或者代为销售的;

(四)被依法执行管制、剥夺政治权利或者在缓刑、暂予监外执行中的罪犯或者被依法采取刑事强制措施的人,有违反法律、行政法规或者国务院有关部门的监督管理规定的行为的。

【相关规定索引】

类别	名 称	关联条款
法律	《中华人民共和国刑法》	第38、39、54、55、58、72、75、77条
	《中华人民共和国刑事诉讼法》	第265、268-270条

续表

类别	名 称	关联条款
	《中华人民共和国行政强制法》	第26、62、63条
	《中华人民共和国社区矫正法》	第2、4、19、23、28、31、32、59条
行政法规	《废旧金属收购业治安管理办法》	第8-10条

【关联规定】

72.1 《中华人民共和国刑法》(2023年12月29日修正)

第三十八条 管制的期限,为三个月以上二年以下。

判处管制,可以根据犯罪情况,同时禁止犯罪分子在执行期间从事特定活动,进入特定区域、场所,接触特定的人。

对判处管制的犯罪分子,依法实行社区矫正。

违反第二款规定的禁止令的,由公安机关依照《中华人民共和国治安管理处罚法》的规定处罚。

第三十九条 被判处管制的犯罪分子,在执行期间,应当遵守下列规定:

(一)遵守法律、行政法规,服从监督;

(二)未经执行机关批准,不得行使言论、出版、集会、结社、游行、示威自由的权利;

(三)按照执行机关规定报告自己的活动情况;

(四)遵守执行机关关于会客的规定;

(五)离开所居住的市、县或者迁居,应当报经执行机关批准。

对于被判处管制的犯罪分子,在劳动中应当同工同酬。

第五十四条 剥夺政治权利是剥夺下列权利：

（一）选举权和被选举权；

（二）言论、出版、集会、结社、游行、示威自由的权利；

（三）担任国家机关职务的权利；

（四）担任国有公司、企业、事业单位和人民团体领导职务的权利。

第五十五条 剥夺政治权利的期限，除本法第五十七条规定外，为一年以上五年以下。

判处管制附加剥夺政治权利的，剥夺政治权利的期限与管制的期限相等，同时执行。

第五十八条 附加剥夺政治权利的刑期，从徒刑、拘役执行完毕之日或者从假释之日起计算；剥夺政治权利的效力当然施用于主刑执行期间。

被剥夺政治权利的犯罪分子，在执行期间，应当遵守法律、行政法规和国务院公安部门有关监督管理的规定，服从监督；不得行使本法第五十四条规定的各项权利。

第七十二条 对于被判处拘役、三年以下有期徒刑的犯罪分子，同时符合下列条件的，可以宣告缓刑，对其中不满十八周岁的人、怀孕的妇女和已满七十五周岁的人，应当宣告缓刑：

（一）犯罪情节较轻；

（二）有悔罪表现；

（三）没有再犯罪的危险；

（四）宣告缓刑对所居住社区没有重大不良影响。

宣告缓刑，可以根据犯罪情况，同时禁止犯罪分子在缓刑考验期限内从事特定活动，进入特定区域、场所，接触特定的人。

被宣告缓刑的犯罪分子，如果被判处附加刑，附加刑仍须执行。

第七十五条 被宣告缓刑的犯罪分子,应当遵守下列规定:

(一)遵守法律、行政法规,服从监督;

(二)按照考察机关的规定报告自己的活动情况;

(三)遵守考察机关关于会客的规定;

(四)离开所居住的市、县或者迁居,应当报经考察机关批准。

第七十七条 被宣告缓刑的犯罪分子,在缓刑考验期限内犯新罪或者发现判决宣告以前还有其他罪没有判决的,应当撤销缓刑,对新犯的罪或者新发现的罪作出判决,把前罪和后罪所判处的刑罚,依照本法第六十九条的规定,决定执行的刑罚。

被宣告缓刑的犯罪分子,在缓刑考验期限内,违反法律、行政法规或者国务院有关部门关于缓刑的监督管理规定,或者违反人民法院判决中的禁止令,情节严重的,应当撤销缓刑,执行原判刑罚。

72.2 《中华人民共和国刑事诉讼法》(2018年10月26日修正)

第二百六十五条 对被判处有期徒刑或者拘役的罪犯,有下列情形之一的,可以暂予监外执行:

(一)有严重疾病需要保外就医的;

(二)怀孕或者正在哺乳自己婴儿的妇女;

(三)生活不能自理,适用暂予监外执行不致危害社会的。

对被判处无期徒刑的罪犯,有前款第二项规定情形的,可以暂予监外执行。

对适用保外就医可能有社会危险性的罪犯,或者自伤自残的罪犯,不得保外就医。

对罪犯确有严重疾病,必须保外就医的,由省级人民政府指定的医院诊断并开具证明文件。

在交付执行前,暂予监外执行由交付执行的人民法院决定;在交付执行后,暂予监外执行由监狱或者看守所提出书面意见,报省级以上监狱管理机关或者设区的市一级以上公安机关批准。

第二百六十八条 对暂予监外执行的罪犯,有下列情形之一的,应当及时收监:

(一)发现不符合暂予监外执行条件的;

(二)严重违反有关暂予监外执行监督管理规定的;

(三)暂予监外执行的情形消失后,罪犯刑期未满的。

对于人民法院决定暂予监外执行的罪犯应当予以收监的,由人民法院作出决定,将有关的法律文书送达公安机关、监狱或者其他执行机关。

不符合暂予监外执行条件的罪犯通过贿赂等非法手段被暂予监外执行的,在监外执行的期间不计入执行刑期。罪犯在暂予监外执行期间脱逃的,脱逃的期间不计入执行刑期。

罪犯在暂予监外执行期间死亡的,执行机关应当及时通知监狱或者看守所。

第二百六十九条 对被判处管制、宣告缓刑、假释或者暂予监外执行的罪犯,依法实行社区矫正,由社区矫正机构负责执行。

第二百七十条 对被判处剥夺政治权利的罪犯,由公安机关执行。执行期满,应当由执行机关书面通知本人及其所在单位、居住地基层组织。

72.3 《中华人民共和国行政强制法》(2011年6月30日公布)

第二十六条 对查封、扣押的场所、设施或者财物,行政机关应当妥善保管,不得使用或者损毁;造成损失的,应当承担赔偿责任。

对查封的场所、设施或者财物,行政机关可以委托第三人保管,第三人不得损毁或者擅自转移、处置。因第三人的原因造成的损失,行政机关先行赔付后,有权向第三人追偿。

因查封、扣押发生的保管费用由行政机关承担。

第六十二条 违反本法规定,行政机关有下列情形之一的,由上级行政机关或者有关部门责令改正,对直接负责的主管人员和其他直接责任人员依法给予处分:

(一)扩大查封、扣押、冻结范围的;

(二)使用或者损毁查封、扣押场所、设施或者财物的;

(三)在查封、扣押法定期间不作出处理决定或者未依法及时解除查封、扣押的;

(四)在冻结存款、汇款法定期间不作出处理决定或者未依法及时解除冻结的。

第六十三条 行政机关将查封、扣押的财物或者划拨的存款、汇款以及拍卖和依法处理所得的款项,截留、私分或者变相私分的,由财政部门或者有关部门予以追缴;对直接负责的主管人员和其他直接责任人员依法给予记大过、降级、撤职或者开除的处分。

行政机关工作人员利用职务上的便利,将查封、扣押的场所、设施或者财物据为己有的,由上级行政机关或者有关部门责令改正,依法给予记大过、降级、撤职或者开除的处分。

72.4 《中华人民共和国社区矫正法》(2019年12月28日公布)

第二条 对被判处管制、宣告缓刑、假释和暂予监外执行的罪犯,依法实行社区矫正。

对社区矫正对象的监督管理、教育帮扶等活动,适用本法。

第四条 社区矫正对象应当依法接受社区矫正,服从监督管理。

社区矫正工作应当依法进行,尊重和保障人权。社区矫正对象依法享有的人身权利、财产权利和其他权利不受侵犯,在就业、就学和享受社会保障等方面不受歧视。

第十九条 社区矫正决定机关判处管制、宣告缓刑、裁定假释、决定或者批准暂予监外执行,应当按照刑法、刑事诉讼法等法律规定的条件和程序进行。

社区矫正决定机关应当对社区矫正对象进行教育,告知其在社区矫正期间应当遵守的规定以及违反规定的法律后果,责令其按时报到。

第二十三条 社区矫正对象在社区矫正期间应当遵守法律、行政法规,履行判决、裁定、暂予监外执行决定等法律文书确定的义务,遵守国务院司法行政部门关于报告、会客、外出、迁居、保外就医等监督管理规定,服从社区矫正机构的管理。

第二十八条 社区矫正机构根据社区矫正对象的表现,依照有关规定对其实施考核奖惩。社区矫正对象认罪悔罪、遵守法律法规、服从监督管理、接受教育表现突出的,应当给予表扬。社区矫正对象违反法律法规或者监督管理规定的,应当视情节依法给予训诫、警告、提请公安机关予以治安管理处罚,或者依法提请撤销缓刑、撤销假释、对暂予监外执行的收监执行。

对社区矫正对象的考核结果,可以作为认定其是否确有悔改表现或者是否严重违反监督管理规定的依据。

第三十一条 社区矫正机构发现社区矫正对象正在实施违

反监督管理规定的行为或者违反人民法院禁止令等违法行为的，应当立即制止；制止无效的，应当立即通知公安机关到场处置。

第三十二条 社区矫正对象有被依法决定拘留、强制隔离戒毒、采取刑事强制措施等限制人身自由情形的，有关机关应当及时通知社区矫正机构。

第五十九条 社区矫正对象在社区矫正期间有违反监督管理规定行为的，由公安机关依照《中华人民共和国治安管理处罚法》的规定给予处罚；具有撤销缓刑、假释或者暂予监外执行收监情形的，应当依法作出处理。

72.5 《废旧金属收购业治安管理办法》(2023 年 7 月 20 日修订)

第八条第四项 收购废旧金属的企业和个体工商户不得收购下列金属物品：

(四)公安机关通报寻查的赃物或者有赃物嫌疑的物品。

第九条 收购废旧金属的企业和个体工商户发现有出售公安机关通报寻查的赃物或者有赃物嫌疑的物品的，应当立即报告公安机关。

公安机关对赃物或者有赃物嫌疑的物品应当予以扣留，并开付收据。有赃物嫌疑的物品经查明不是赃物的，应当及时退还；赃物或者有赃物嫌疑的物品经查明确属赃物的，依照国家有关规定处理。

第十条 公安机关应当对收购废旧金属的企业和个体工商户进行治安业务指导和检查。收购企业和个体工商户应当协助公安人员查处违法犯罪分子，据实反映情况，不得知情不报或者隐瞒包庇。

第七十三条 【对违反禁止令等行为的处罚】有下列行为之一的,处警告或者一千元以下罚款;情节较重的,处五日以上十日以下拘留,可以并处一千元以下罚款:

(一)违反人民法院刑事判决中的禁止令或者职业禁止决定的;

(二)拒不执行公安机关依照《中华人民共和国反家庭暴力法》、《中华人民共和国妇女权益保障法》出具的禁止家庭暴力告诫书、禁止性骚扰告诫书的;

(三)违反监察机关在监察工作中、司法机关在刑事诉讼中依法采取的禁止接触证人、鉴定人、被害人及其近亲属保护措施的。

【相关规定索引】

类别	名称	关联条款
法律	《中华人民共和国刑法》	第37条之一
	《中华人民共和国反恐怖主义法》	第76条
	《中华人民共和国反家庭暴力法》	第16、17条
	《中华人民共和国妇女权益保障法》	第80条
	《中华人民共和国刑事诉讼法》	第64条
监察法规	《中华人民共和国监察法实施条例》	第97、325条

【关联规定】

73.1 《中华人民共和国刑法》(2023年12月29日修正)

第三十七条之一 因利用职业便利实施犯罪,或者实施违背职业要求的特定义务的犯罪被判处刑罚的,人民法院可以根据犯罪情况和预防再犯罪的需要,禁止其自刑罚执行完毕之日或者假释之日起从事相关职业,期限为三年至五年。

被禁止从事相关职业的人违反人民法院依照前款规定作出的决定的,由公安机关依法给予处罚;情节严重的,依照本法第三百一十三条的规定定罪处罚。

其他法律、行政法规对其从事相关职业另有禁止或者限制性规定的,从其规定。

73.2 《中华人民共和国反恐怖主义法》(2018年4月27日修正)

第七十六条 因报告和制止恐怖活动,在恐怖活动犯罪案件中作证,或者从事反恐怖主义工作,本人或者其近亲属的人身安全面临危险的,经本人或者其近亲属提出申请,公安机关、有关部门应当采取下列一项或者多项保护措施:

(一)不公开真实姓名、住址和工作单位等个人信息;

(二)禁止特定的人接触被保护人员;

(三)对人身和住宅采取专门性保护措施;

(四)变更被保护人员的姓名,重新安排住所和工作单位;

(五)其他必要的保护措施。

公安机关、有关部门应当依照前款规定,采取不公开被保护单位的真实名称、地址,禁止特定的人接近被保护单位,对被保护单位办公、经营场所采取专门性保护措施,以及其他必要的保护措施。

73.3 《中华人民共和国反家庭暴力法》(2015年12月27日公布)

第十六条 家庭暴力情节较轻,依法不给予治安管理处罚的,由公安机关对加害人给予批评教育或者出具告诫书。

告诫书应当包括加害人的身份信息、家庭暴力的事实陈述、禁止加害人实施家庭暴力等内容。

第十七条 公安机关应当将告诫书送交加害人、受害人,并通知居民委员会、村民委员会。

居民委员会、村民委员会、公安派出所应当对收到告诫书的加害人、受害人进行查访,监督加害人不再实施家庭暴力。

73.4 《中华人民共和国妇女权益保障法》(2022年10月30日修订)

第八十条 违反本法规定,对妇女实施性骚扰的,由公安机关给予批评教育或者出具告诫书,并由所在单位依法给予处分。

学校、用人单位违反本法规定,未采取必要措施预防和制止性骚扰,造成妇女权益受到侵害或者社会影响恶劣的,由上级机关或者主管部门责令改正;拒不改正或者情节严重的,依法对直接负责的主管人员和其他直接责任人员给予处分。

73.5 《中华人民共和国刑事诉讼法》(2018年10月26日修正)

第六十四条 对于危害国家安全犯罪、恐怖活动犯罪、黑社会性质的组织犯罪、毒品犯罪等案件,证人、鉴定人、被害人因在诉讼中作证,本人或者其近亲属的人身安全面临危险的,人民法院、人民检察院和公安机关应当采取以下一项或者多项保护措施:

(一)不公开真实姓名、住址和工作单位等个人信息;

(二)采取不暴露外貌、真实声音等出庭作证措施;

(三)禁止特定的人员接触证人、鉴定人、被害人及其近亲属;

(四)对人身和住宅采取专门性保护措施;

（五）其他必要的保护措施。

证人、鉴定人、被害人认为因在诉讼中作证，本人或者其近亲属的人身安全面临危险的，可以向人民法院、人民检察院、公安机关请求予以保护。

人民法院、人民检察院、公安机关依法采取保护措施，有关单位和个人应当配合。

73.6 《中华人民共和国监察法实施条例》（2025年6月1日修订）

第九十七条 证人、鉴定人、被害人因作证，本人或者近亲属人身安全面临危险，向监察机关请求保护的，监察机关应当受理并及时进行审查；对于确实存在人身安全危险的，监察机关应当采取必要的保护措施。监察机关发现存在上述情形的，应当主动采取保护措施。

监察机关可以采取下列一项或者多项保护措施：

（一）不公开真实姓名、住址和工作单位等个人信息；

（二）禁止特定的人员接触证人、鉴定人、被害人及其近亲属；

（三）对人身和住宅采取专门性保护措施；

（四）其他必要的保护措施。

依法决定不公开证人、鉴定人、被害人的真实姓名、住址和工作单位等个人信息的，可以在询问笔录等法律文书、证据材料中使用化名。但是应当另行书面说明使用化名的情况并标明密级，单独成卷。

监察机关采取保护措施需要协助的，可以提请公安机关等有关单位和要求有关个人依法予以协助。

第三百二十五条 本条例所称近亲属，是指夫、妻、父、母、子、女、同胞兄弟姊妹。

第七十四条 【对被关押违法行为人脱逃的处罚】依法被关押的违法行为人脱逃的,处十日以上十五日以下拘留;情节较轻的,处五日以上十日以下拘留。

【相关规定索引】

类别	名称	关联条款
行政法规	《拘留所条例》	第2、3、14条

【关联规定】

74.1 《拘留所条例》(2012年2月23日公布)

第二条 对下列人员的拘留在拘留所执行:

(一)被公安机关、国家安全机关依法给予拘留行政处罚的人;

(二)被人民法院依法决定拘留的人。

第三条 拘留所应当依法保障被拘留人的人身安全和合法权益,不得侮辱、体罚、虐待被拘留人或者指使、纵容他人侮辱、体罚、虐待被拘留人。

被拘留人应当遵守法律、行政法规和拘留所的管理规定,服从管理,接受教育。

第十四条 拘留所应当建立值班巡视制度和突发事件应急机制。值班巡视人员应当严守岗位,发现问题及时报告并妥善处理。

拘留所应当安装监控录像设备,对被拘留人进行安全监控。

第七十五条 【对妨害文物管理行为的处罚】有下列行为之一的,处警告或者五百元以下罚款;情节较重的,处五日以上十日以下拘留,并处五百元以上一千元以下罚款:

(一)刻划、涂污或者以其他方式故意损坏国家保护的文物、名胜古迹的;

(二)违反国家规定,在文物保护单位附近进行爆破、钻探、挖掘等活动,危及文物安全的。

【相关规定索引】

类别	名 称	关联条款
法律	《中华人民共和国文物保护法》	第2-8、26-28、41、47、83、96、99条
行政法规	《中华人民共和国水下文物保护管理条例》	第5、7、8、21条
	《风景名胜区条例》	第6、26、44条
	《殡葬管理条例》	第10条

【关联规定】

75.1 《中华人民共和国文物保护法》(2024年11月8日修订)

第二条 文物受国家保护。本法所称文物,是指人类创造的或者与人类活动有关的,具有历史、艺术、科学价值的下列物质遗存:

(一)古文化遗址、古墓葬、古建筑、石窟寺和古石刻、古壁画;

(二)与重大历史事件、革命运动或者著名人物有关的以及

具有重要纪念意义、教育意义或者史料价值的近代现代重要史迹、实物、代表性建筑;

(三)历史上各时代珍贵的艺术品、工艺美术品;

(四)历史上各时代重要的文献资料、手稿和图书资料等;

(五)反映历史上各时代、各民族社会制度、社会生产、社会生活的代表性实物。

文物认定的主体、标准和程序,由国务院规定并公布。

具有科学价值的古脊椎动物化石和古人类化石同文物一样受国家保护。

第三条 文物分为不可移动文物和可移动文物。

古文化遗址、古墓葬、古建筑、石窟寺、古石刻、古壁画、近代现代重要史迹和代表性建筑等不可移动文物,分为文物保护单位和未核定公布为文物保护单位的不可移动文物(以下称未定级不可移动文物);文物保护单位分为全国重点文物保护单位,省级文物保护单位,设区的市级、县级文物保护单位。

历史上各时代重要实物、艺术品、工艺美术品、文献资料、手稿、图书资料、代表性实物等可移动文物,分为珍贵文物和一般文物;珍贵文物分为一级文物、二级文物、三级文物。

第四条 文物工作坚持中国共产党的领导,坚持以社会主义核心价值观为引领,贯彻保护为主、抢救第一、合理利用、加强管理的方针。

第五条 中华人民共和国境内地下、内水和领海中遗存的一切文物,以及中国管辖的其他海域内遗存的起源于中国的和起源国不明的文物,属于国家所有。

古文化遗址、古墓葬、石窟寺属于国家所有。国家指定保护的纪念建筑物、古建筑、古石刻、古壁画、近代现代代表性建筑等不可移动文物,除国家另有规定的以外,属于国家所有。

国有不可移动文物的所有权不因其所依附的土地的所有权或者使用权的改变而改变。

第六条 下列可移动文物,属于国家所有:

(一)中国境内地下、内水和领海以及中国管辖的其他海域内出土、出水的文物,国家另有规定的除外;

(二)国有文物收藏单位以及其他国家机关、部队和国有企业、事业单位等收藏、保管的文物;

(三)国家征集、购买或者依法没收的文物;

(四)公民、组织捐赠给国家的文物;

(五)法律规定属于国家所有的其他文物。

国有可移动文物的所有权不因其收藏、保管单位的终止或者变更而改变。

第七条 国有文物所有权受法律保护,不容侵犯。

属于集体所有和私人所有的纪念建筑物、古建筑和祖传文物以及依法取得的其他文物,其所有权受法律保护。文物的所有者必须遵守国家有关文物保护的法律、法规的规定。

第八条 一切机关、组织和个人都有依法保护文物的义务。

第二十六条 各级文物保护单位,分别由省、自治区、直辖市人民政府和设区的市级、县级人民政府划定公布必要的保护范围,作出标志说明,建立记录档案,并区别情况分别设置专门机构或者专人负责管理。全国重点文物保护单位的保护范围和记录档案,由省、自治区、直辖市人民政府文物行政部门报国务院文物行政部门备案。

未定级不可移动文物,由县级人民政府文物行政部门作出标志说明,建立记录档案,明确管理责任人。

县级以上地方人民政府文物行政部门应当根据不同文物的保护需要,制定文物保护单位和未定级不可移动文物的具体保护措施,向本级人民政府报告,并公告施行。

文物行政部门应当指导、鼓励基层群众性自治组织、志愿者等参与不可移动文物保护工作。

第二十七条 各级人民政府制定有关规划,应当根据文物保护的需要,事先由有关部门会同文物行政部门商定本行政区域内不可移动文物的保护措施,并纳入规划。

县级以上地方人民政府文物行政部门根据文物保护需要,组织编制本行政区域内不可移动文物的保护规划,经本级人民政府批准后公布实施,并报上一级人民政府文物行政部门备案;全国重点文物保护单位的保护规划由省、自治区、直辖市人民政府批准后公布实施,并报国务院文物行政部门备案。

第二十八条 在文物保护单位的保护范围内不得进行文物保护工程以外的其他建设工程或者爆破、钻探、挖掘等作业;因特殊情况需要进行的,必须保证文物保护单位的安全。

因特殊情况需要在省级或者设区的市级、县级文物保护单位的保护范围内进行前款规定的建设工程或者作业的,必须经核定公布该文物保护单位的人民政府批准,在批准前应当征得上一级人民政府文物行政部门同意;在全国重点文物保护单位的保护范围内进行前款规定的建设工程或者作业的,必须经省、自治区、直辖市人民政府批准,在批准前应当征得国务院文物行政部门同意。

第四十一条 一切考古发掘工作,必须履行报批手续;从事考古发掘的单位,应当取得国务院文物行政部门颁发的考古发掘资质证书。地下埋藏和水下遗存的文物,任何单位或者个人都不得私自发掘。

第四十七条 未经国务院文物行政部门报国务院特别许可，任何外国人、外国组织或者国际组织不得在中国境内进行考古调查、勘探、发掘。

第八十三条 有下列行为之一的，由县级以上人民政府文物行政部门责令改正，给予警告；造成文物损坏或者其他严重后果的，对单位处五十万元以上五百万元以下的罚款，对个人处五万元以上五十万元以下的罚款，责令承担相关文物修缮和复原费用，由原发证机关降低资质等级；情节严重的，对单位可以处五百万元以上一千万元以下的罚款，由原发证机关吊销资质证书：

（一）擅自在文物保护单位的保护范围内进行文物保护工程以外的其他建设工程或者爆破、钻探、挖掘等作业；

（二）工程设计方案未经文物行政部门同意，擅自在文物保护单位的建设控制地带内进行建设工程；

（三）未制定不可移动文物原址保护措施，或者不可移动文物原址保护措施未经文物行政部门批准，擅自开工建设；

（四）擅自迁移、拆除不可移动文物；

（五）擅自修缮不可移动文物，明显改变文物原状；

（六）擅自在原址重建已经全部毁坏的不可移动文物；

（七）未取得文物保护工程资质证书，擅自从事文物修缮、迁移、重建；

（八）进行大型基本建设工程，或者在文物保护单位的保护范围、建设控制地带内进行建设工程，未依法进行考古调查、勘探。

损毁依照本法规定设立的不可移动文物保护标志的，由县级以上人民政府文物行政部门给予警告,可以并处五百元以下的罚款。

第九十六条 违反本法规定,损害他人民事权益的,依法承担民事责任;构成违反治安管理行为的,由公安机关依法给予治安管理处罚;构成犯罪的,依法追究刑事责任。

第九十九条 因违反本法规定造成文物严重损害或者存在严重损害风险,致使社会公共利益受到侵害的,人民检察院可以依照有关诉讼法的规定提起公益诉讼。

75.2 《中华人民共和国水下文物保护管理条例》(2022年1月23日修订)

第五条 任何单位和个人都有依法保护水下文物的义务。

各级人民政府应当重视水下文物保护,正确处理经济社会发展与水下文物保护的关系,确保水下文物安全。

第七条第三款 在水下文物保护区内,禁止进行危及水下文物安全的捕捞、爆破等活动。

第八条 严禁破坏、盗捞、哄抢、私分、藏匿、倒卖、走私水下文物等行为。

在中国管辖水域内开展科学考察、资源勘探开发、旅游、潜水、捕捞、养殖、采砂、排污、倾废等活动的,应当遵守有关法律、法规的规定,并不得危及水下文物的安全。

第二十一条 擅自在文物保护单位的保护范围内进行建设工程或者爆破、钻探、挖掘等作业的,依照《中华人民共和国文物保护法》追究法律责任。

75.3 《风景名胜区条例》(2016年2月6日修订)

第六条 任何单位和个人都有保护风景名胜资源的义务,并有权制止、检举破坏风景名胜资源的行为。

第二十六条第一、三项 在风景名胜区内禁止进行下列活动：

（一）开山、采石、开矿、开荒、修坟立碑等破坏景观、植被和地形地貌的活动；

（三）在景物或者设施上刻划、涂污；

第四十四条 违反本条例的规定，在景物、设施上刻划、涂污或者在风景名胜区内乱扔垃圾的，由风景名胜区管理机构责令恢复原状或者采取其他补救措施，处50元的罚款；刻划、涂污或者以其他方式故意损坏国家保护的文物、名胜古迹的，按照治安管理处罚法的有关规定予以处罚；构成犯罪的，依法追究刑事责任。

75.4《殡葬管理条例》(2012年11月9日修订)

第十条第一款第二项、第二款 禁止在下列地区建造坟墓：

（二）城市公园、风景名胜区和文物保护区；

前款规定区域内现有的坟墓，除受国家保护的具有历史、艺术、科学价值的墓地予以保留外，应当限期迁移或者深埋，不留坟头。

第七十六条 【对非法驾驶交通工具行为的处罚】有下列行为之一的，处一千元以上二千元以下罚款；情节严重的，处十日以上十五日以下拘留，可以并处二千元以下罚款：

（一）偷开他人机动车的；

（二）未取得驾驶证驾驶或者偷开他人航空器、机动船舶的。

【相关规定索引】

类别	名　　称	关联条款
法律	《中华人民共和国民法典》	第1212条
	《中华人民共和国民用航空法》	第40条
	《中华人民共和国海商法》	第32条
行政法规	《中华人民共和国内河交通安全管理条例》	第9条
	《中华人民共和国船员条例》	第5条
	《无人驾驶航空器飞行管理暂行条例》	第2、16条

【关联规定】

76.1　《中华人民共和国民法典》(2020年5月28日公布)

第一千二百一十二条　未经允许驾驶他人机动车,发生交通事故造成损害,属于该机动车一方责任的,由机动车使用人承担赔偿责任;机动车所有人、管理人对损害的发生有过错的,承担相应的赔偿责任,但是本章另有规定的除外。

76.2　《中华人民共和国民用航空法》(2021年4月29日修正)

第四十条　航空人员应当接受专门训练,经考核合格,取得国务院民用航空主管部门颁发的执照,方可担任其执照载明的工作。

空勤人员和空中交通管制员在取得执照前,还应当接受国务院民用航空主管部门认可的体格检查单位的检查,并取得国务院民用航空主管部门颁发的体格检查合格证书。

76.3　《中华人民共和国海商法》(1992年11月7日公布)

第三十二条　船长、驾驶员、轮机长、轮机员、电机员、报务员,必须由持有相应适任证书的人担任。

76.4　《中华人民共和国内河交通安全管理条例》(2019年3月2日修订)

第九条　船员经水上交通安全专业培训,其中客船和载运危险货物船舶的船员还应当经相应的特殊培训,并经海事管理机构考试合格,取得相应的适任证书或者其他适任证件,方可担任船员职务。严禁未取得适任证书或者其他适任证件的船员上岗。

船员应当遵守职业道德,提高业务素质,严格依法履行职责。

76.5　《中华人民共和国船员条例》(2023年7月20日修订)

第五条　船员应当依照本条例的规定取得相应的船员适任证书。

申请船员适任证书,应当具备下列条件:

(一)年满18周岁(在船实习、见习人员年满16周岁)且初次申请不超过60周岁;

(二)符合船员任职岗位健康要求;

(三)经过船员基本安全培训。

参加航行和轮机值班的船员还应当经过相应的船员适任培训、特殊培训,具备相应的船员任职资历,并且任职表现和安全记录良好。

国际航行船舶的船员申请适任证书的,还应当通过船员专业外语考试。

76.6　《无人驾驶航空器飞行管理暂行条例》(2023年5月31日公布)

第二条　在中华人民共和国境内从事无人驾驶航空器飞行以及有关活动,应当遵守本条例。

本条例所称无人驾驶航空器,是指没有机载驾驶员、自备动力系统的航空器。

无人驾驶航空器按照性能指标分为微型、轻型、小型、中型和大型。

第十六条 操控小型、中型、大型民用无人驾驶航空器飞行的人员应当具备下列条件,并向国务院民用航空主管部门申请取得相应民用无人驾驶航空器操控员(以下简称操控员)执照:

(一)具备完全民事行为能力;

(二)接受安全操控培训,并经民用航空管理部门考核合格;

(三)无可能影响民用无人驾驶航空器操控行为的疾病病史,无吸毒行为记录;

(四)近5年内无因危害国家安全、公共安全或者侵犯公民人身权利、扰乱公共秩序的故意犯罪受到刑事处罚的记录。

从事常规农用无人驾驶航空器作业飞行活动的人员无需取得操控员执照,但应当由农用无人驾驶航空器系统生产者按照国务院民用航空、农业农村主管部门规定的内容进行培训和考核,合格后取得操作证书。

【典型案例】

沈某偷开他人机动车案[1]

1. 基本事实

蔡甲为苏D×××××小型轿车的所有权人。2017年8月起,蔡甲及其家人因其车辆被偷开多次报警。2018年9月9日,李某报警称:2018年9月9日0时56分13秒,其发现姐姐停在天宁区光华路88号楼前的一辆车号为苏D×××××的白色奔

---

[1] 参见江苏省常州市中级人民法院行政判决书,(2020)苏04行终71号。

驰C180型的轿车被人偷开。民警至现场后,将涉嫌偷开机动车的沈某带至茶山派出所审查。同日,常州市公安局天宁分局(以下简称天宁公安分局)茶山派出所对沈某进行询问并制作笔录。2018年10月8日,茶山派出所作出情况说明,载明:沈某交代自己于2018年7月以来四次偷开他人机动车的事实,后民警调取了涉案的苏D××××汽车在常州市公安局社会治安监控平台内的相关监控视频,仅能查询到该车辆于2018年8月30日及2018年9月9日两天的监控照片。2018年10月30日,天宁公安分局对沈某进行行政处罚事先告知。沈某未提出陈述和申辩。同日,天宁公安分局作出行政处罚决定书,认定沈某在2018年8月30日、2018年9月9日存在偷开机动车的行为,根据2012年《中华人民共和国治安管理处罚法》第64条第1项之规定,对沈某罚款500元。沈某因治安行政处罚决定一案,不服常州市天宁区人民法院行政判决,提起上诉。

2. 法院裁判

根据2012年《中华人民共和国治安管理处罚法》第7条规定,天宁公安分局作为本行政区域内的公安机关,管理本行政区域内的治安案件是其法定职责。根据2012年《中华人民共和国治安管理处罚法》第5条规定,治安管理处罚必须以事实为依据,与违反治安管理行为的性质、情节以及社会危害程度相当。该案中,沈某在2018年9月9日的询问笔录中陈述偷了车子里的空气净化器。天宁公安分局在作出行政处罚决定前对沈某情况应当已经了解、掌握,但未对此次偷开行为进行认定,其在事实认定上存在明显遗漏。沈某提出该次偷开机动车的行为已被较重的盗窃罪予以吸收,故不应在本案涉案处罚中进行处理的意见,本院不予采纳。蔡甲认为沈某自2017年8月即偷开其机动车的意见,无证据予以证明,故不予采纳。综上,蔡甲要求撤销行政处罚决定的诉讼请求,法院予以支持。据此,依照《中华人民共和国行政诉讼法》第 70 条第 6 项的规定,判决撤销常州市公安局天宁分局于 2018 年 10 月 30 日作出的行政处罚决定。案件受理费 50 元,由常州市公安局天宁分局负担。二审维持原判。

第七十七条 【对破坏他人坟墓、毁坏尸骨和非法停放尸体行为的处罚】 有下列行为之一的,处五日以上十日以下拘留;情节严重的,处十日以上十五日以下拘留,可以并处二千元以下罚款:

(一)故意破坏、污损他人坟墓或者毁坏、丢弃他人尸骨、骨灰的;

(二)在公共场所停放尸体或者因停放尸体影响他人正常生活、工作秩序,不听劝阻的。

【相关规定索引】

类别	名 称	关联条款
法律	《中华人民共和国民法典》	第 994 条
行政法规	《殡葬管理条例》	第 14、21 条

【关联规定】

77.1 《中华人民共和国民法典》(2020 年 5 月 28 日公布)

第九百九十四条 死者的姓名、肖像、名誉、荣誉、隐私、遗体等受到侵害的,其配偶、子女、父母有权依法请求行为人承担民事责任;死者没有配偶、子女且父母已经死亡的,其他近亲属有权依法请求行为人承担民事责任。

77.2 《殡葬管理条例》(2012 年 11 月 9 日修订)

第十四条 办理丧事活动,不得妨害公共秩序、危害公共安全,不得侵害他人的合法权益。

第二十一条 办理丧事活动妨害公共秩序、危害公共安全、侵害他人合法权益的,由民政部门予以制止;构成违反治安管理行为的,由公安机关依法给予治安管理处罚;构成犯罪的,依法追究刑事责任。

【典型案例】

宋某破坏他人坟墓案[1]

1. 基本事实

2019 年 2 月,原告宋某沼在宁都县赖村镇邮村村横坝组的一个名叫"丰行"的山头上找了一个地方并在上面立了"印子"("印子"系当地民间叫法,意思是在该地做好了标记,准备以后做坟墓)。第三人也在该山头原告立的"印子"旁立了"印子"。原告称其在 2019 年 9 月将其母亲尸骨用红纸包好放在了其立的"印子"下方。2020 年 5 月 15 日上午 11 时许,原告宋某沼及第三人宋某生、案外人宋某 1、宋某 2 等一同前往"丰行"山头"印子"处,因争"印子"发生争吵。第三人宋某生不相信原告已经把其母亲尸骨埋在其"印子"下,认为原告是想以此种方式来争"印子"。为了证实原告"印子"下方是否确实埋有尸骨,第三人宋某生用锄头进行挖掘,挖掘到可以明确看到红纸包裹的物体后,第三人宋某生便停止了挖掘行为。之后原告和第三人宋某生及案外人等一起离开了该处。案外人宋某 2 对挖掘过程进行了拍摄。

---

[1] 参见江西省赣州市中级人民法院行政判决书,(2021)赣 07 行终 100 号。

2020年5月20日,原告宋某沼向赖村派出所报警称第三人宋某生把其在"丰行"山上立的"印子"挖毁了,并把"印子"下方其母亲的尸骨也挖起来了。被告宁都县公安局受理该案后,依法对宋某生、宋某3、宋某2、宋某1等进行询问,到现场进行了调查取证等,并于2020年6月23日作出《不予行政处罚决定书》。原告对该《不予行政处罚决定书》不服,向赣州市公安局提起复议。赣州市公安局于2020年9月27日作出《行政复议决定书》决定维持原《不予行政处罚决定书》。原告对此不服,后提起诉讼。

2. 法院裁判

原审法院认为,2012年《中华人民共和国治安管理处罚法》第65条、第99条规定,本案系原告与第三人因争抢建坟地盘产生的纠纷,该地并没有明显让人可以识别出为坟墓的标识。第三人宋某生挖原告的"印子"主要目的是确定该处是否确实埋有尸骨,排除原告通过施诈的方式达到占领土地的可能性,而不是明知是原告母亲墓地而进行挖掘。第三人宋某生主观上没有破坏坟墓的故意。原告对这一事实予以否认,但并未提供充分的证据予以反驳,应当承担举证不能的法律后果。同时原告主张第三人故意毁坏、丢弃他人尸骨只是原告的一种猜测,原告并未向法庭提供证据证明这一事实的存在,应当承担举证不能的法律后果。被告宁都县公安局接到原告报警后,及时出警进行调查取证,依法延长办理期限,依法作出案涉《不予行政处罚决定书》并送达。案涉《不予行政处罚决定书》事实清楚,证据确凿,适用法律法规正确,程序合法。被告赣州市公安局受理原告复议申请后,及时向各方当事人送达了行政复议受理通知书、答复通知等,告知了举证等权利,并作出涉案行政复议决定书,复议程序合法。综上,原告要求撤销案涉《不予行政处罚决定书》及《行政复议决定书》

并要求被告重新作出行政行为理由不成立,不予支持。判决:驳回原告宋某沼的诉讼请求。二审维持原判。

> **第七十八条 【对卖淫、嫖娼行为的处罚】**卖淫、嫖娼的,处十日以上十五日以下拘留,可以并处五千元以下罚款;情节较轻的,处五日以下拘留或者一千元以下罚款。
>
> 在公共场所拉客招嫖的,处五日以下拘留或者一千元以下罚款。

【相关规定索引】

类别	名称	关联条款
有关法律问题和重大问题的决定	《全国人民代表大会常务委员会关于严禁卖淫嫖娼的决定》	第4、5、10条
法律	《中华人民共和国妇女权益保障法》	第27条
	《中华人民共和国预防未成年人犯罪法》	第38-41条

【关联规定】

78.1 《全国人民代表大会常务委员会关于严禁卖淫嫖娼的决定》(2019年12月28日修改)

四、卖淫、嫖娼的,依照《中华人民共和国治安管理处罚法》的规定处罚。

因卖淫、嫖娼被公安机关处理后又卖淫、嫖娼的,实行劳动教养,并由公安机关处五千元以下罚款。

五、明知自己患有梅毒、淋病等严重性病卖淫、嫖娼的,处五年以下有期徒刑、拘役或者管制,并处五千元以下罚金。

嫖宿不满十四岁的幼女的,依照刑法关于强奸罪的规定处罚。

十、组织、强迫、引诱、容留、介绍他人卖淫以及卖淫的非法所得予以没收。

罚没收入一律上缴国库。

78.2　《中华人民共和国妇女权益保障法》(2022年10月30日修订)

第二十七条　禁止卖淫、嫖娼;禁止组织、强迫、引诱、容留、介绍妇女卖淫或者对妇女进行猥亵活动;禁止组织、强迫、引诱、容留、介绍妇女在任何场所或者利用网络进行淫秽表演活动。

78.3　《中华人民共和国预防未成年人犯罪法》(2020年12月26日修订)

第三十八条第六项　本法所称严重不良行为,是指未成年人实施的有刑法规定、因不满法定刑事责任年龄不予刑事处罚的行为,以及严重危害社会的下列行为:

(六)卖淫、嫖娼,或者进行淫秽表演;

第三十九条　未成年人的父母或者其他监护人、学校、居民委员会、村民委员会发现有人教唆、胁迫、引诱未成年人实施严重不良行为的,应当立即向公安机关报告。公安机关接到报告或者发现有上述情形的,应当及时依法查处;对人身安全受到威胁的未成年人,应当立即采取有效保护措施。

第四十条　公安机关接到举报或者发现未成年人有严重不良行为的,应当及时制止,依法调查处理,并可以责令其父母或者其他监护人消除或者减轻违法后果,采取措施严加管教。

第四十一条　对有严重不良行为的未成年人,公安机关可以根据具体情况,采取以下矫治教育措施:

（一）予以训诫；

（二）责令赔礼道歉、赔偿损失；

（三）责令具结悔过；

（四）责令定期报告活动情况；

（五）责令遵守特定的行为规范，不得实施特定行为、接触特定人员或者进入特定场所；

（六）责令接受心理辅导、行为矫治；

（七）责令参加社会服务活动；

（八）责令接受社会观护，由社会组织、有关机构在适当场所对未成年人进行教育、监督和管束；

（九）其他适当的矫治教育措施。

【典型案例】

宋某嫖娼案[1]

1. 基本事实

2022年8月18日21时许，平度市公安局同和派出所接到匿名举报：在平度市某小区，有卖淫嫖娼行为，要求查处。同和派出所进行了受案登记，办案过程中，发现宋某有嫖娼嫌疑，于2022年8月23日将宋某传唤至同和派出所接受调查，宋某在询问笔录中主动承认自己的嫖娼行为，并详细陈述了嫖娼过程。当天，宋某准确辨认7号照片就是卖淫女。2022年9月9日，宋某在微信转账记录上签字捺印确认，并标明"这是我转给卖淫女的嫖资"。2022年9月3日，同和派出所民警对卖淫女成某进行了询问，成某陈述了多名嫖客的嫖娼过程，其中陈述嫖客宋某的嫖娼

---

[1] 参见山东省平度市人民法院行政判决书，(2023)鲁0283行初3号。

过程与宋某的陈述基本一致,当日成某准确辨认8号照片是嫖客宋某。2022年9月11日,平度市公安局对宋某进行行政处罚告知及听证告知,宋某在告知笔录及听证告知上签名,并载明"我不陈述和申辩""我不要求听证"。当天,平度市公安局对宋某作出《行政处罚决定书》,给予宋某行政拘留15日并处罚款5000元的行政处罚。宋某不服,提起诉讼。

2. 法院裁判

本案的争议焦点是被告对原告作出的行政处罚决定的事实认定是否正确。本案中,被告于2022年8月23日、9月3日分别对原告及成某进行调查询问,原告与成某陈述的嫖娼的过程基本一致,另外,原告与成某分别相互准确辨认指认,且原告认可嫖资的转账记录,多份证据相互印证,足以证明原告嫖娼的事实。原告主张被告认定的事实只有本人陈述,没有其他证据证明,与事实不符,原告提交的四份证据,系间接证据,不足以否定被告认定的涉案事实。

2012年《中华人民共和国治安管理处罚法》第66条第1款规定,被告根据上述规定,对原告作出行政拘留15日并处罚款5000元的行政处罚,适用法律正确,量罚适当。被告在作出处罚决定之前,对原告进行处罚告知及听证告知,并在法定期限内向原告送达处罚决定书,程序合法。

综上,被告对原告作出的《行政处罚决定书》,事实清楚,证据确凿,适用法律、法规正确,符合法定程序。依照《中华人民共和国行政诉讼法》第69条的规定,判决如下:驳回原告宋某的诉讼请求。

第七十九条 【对引诱、容留、介绍他人卖淫行为的处罚】引诱、容留、介绍他人卖淫的,处十日以上十五日以下拘留,可以并处五千元以下罚款;情节较轻的,处五日以下拘留或者一千元以上二千元以下罚款。

【相关规定索引】

类别	名称	关联条款
有关法律问题和重大问题的决定	《全国人民代表大会常务委员会关于严禁卖淫嫖娼的决定》	第1-3、5、6、10条
法律	《中华人民共和国预防未成年人犯罪法》	第38、39条
	《中华人民共和国妇女权益保障法》	第27条
行政法规	《旅馆业治安管理办法》	第12条

【关联规定】

79.1 《全国人民代表大会常务委员会关于严禁卖淫嫖娼的决定》(2019年12月28日修改)

一、组织他人卖淫的,处十年以上有期徒刑或者无期徒刑,并处一万元以下罚金或者没收财产;情节特别严重的,处死刑,并处没收财产。

协助组织他人卖淫的,处三年以上十年以下有期徒刑,并处一万元以下罚金;情节严重的,处十年以上有期徒刑,并处一万元以下罚金或者没收财产。

二、强迫他人卖淫的,处五年以上十年以下有期徒刑,并处一万元以下罚金;有下列情形之一的,处十年以上有期徒刑或者无

期徒刑,并处一万元以下罚金或者没收财产;情节特别严重的,处死刑,并处没收财产:

(一)强迫不满十四岁的幼女卖淫的;

(二)强迫多人卖淫或者多次强迫他人卖淫的;

(三)强奸后迫使卖淫的;

(四)造成被强迫卖淫的人重伤、死亡或者其他严重后果的。

三、引诱、容留、介绍他人卖淫的,处五年以下有期徒刑或者拘役,并处五千元以下罚金;情节严重的,处五年以上有期徒刑,并处一万元以下罚金;情节较轻的,依照《中华人民共和国治安管理处罚法》的规定处罚。

引诱不满十四岁的幼女卖淫的,依照本决定第二条关于强迫不满十四岁的幼女卖淫的规定处罚。

五、明知自己患有梅毒、淋病等严重性病卖淫、嫖娼的,处五年以下有期徒刑、拘役或者管制,并处五千元以下罚金。

嫖宿不满十四岁的幼女的,依照刑法关于强奸罪的规定处罚。

六、旅馆业、饮食服务业、文化娱乐业、出租汽车业等单位的人员,利用本单位的条件,组织、强迫、引诱、容留、介绍他人卖淫的,依照本决定第一条、第二条、第三条的规定处罚。

前款所列单位的主要负责人,有前款规定的行为的,从重处罚。

十、组织、强迫、引诱、容留、介绍他人卖淫以及卖淫的非法所得予以没收。

罚没收入一律上缴国库。

79.2 《中华人民共和国预防未成年人犯罪法》(2020年12月26日修订)

第三十八条第六项　本法所称严重不良行为,是指未成年人实施的有刑法规定、因不满法定刑事责任年龄不予刑事处罚的行为,以及严重危害社会的下列行为:

(六)卖淫、嫖娼,或者进行淫秽表演;

第三十九条　未成年人的父母或者其他监护人、学校、居民委员会、村民委员会发现有人教唆、胁迫、引诱未成年人实施严重不良行为的,应当立即向公安机关报告。公安机关接到报告或者发现有上述情形的,应当及时依法查处;对人身安全受到威胁的未成年人,应当立即采取有效保护措施。

79.3 《中华人民共和国妇女权益保障法》(2022年10月30日修订)

第二十七条　禁止卖淫、嫖娼;禁止组织、强迫、引诱、容留、介绍妇女卖淫或者对妇女进行猥亵活动;禁止组织、强迫、引诱、容留、介绍妇女在任何场所或者利用网络进行淫秽表演活动。

79.4 《旅馆业治安管理办法》(2022年3月29日修订)

第十二条　旅馆内,严禁卖淫、嫖宿、赌博、吸毒、传播淫秽物品等违法犯罪活动。

第八十条　【对传播淫秽信息行为的处罚】制作、运输、复制、出售、出租淫秽的书刊、图片、影片、音像制品等淫秽物品或者利用信息网络、电话以及其他通讯工具传播淫秽信息的,处十日以上十五日以下拘留,可以并处五千元以下罚款;情节较轻的,处五日以下拘留或者一千元以上三千元以下罚款。

前款规定的淫秽物品或者淫秽信息中涉及未成年人的,从重处罚。

【相关规定索引】

类别	名　称	关联条款
有关法律问题和重大问题的决定	《全国人民代表大会常务委员会关于惩治走私、制作、贩卖、传播淫秽物品的犯罪分子的决定》	第2、3、6-8条
法律	《中华人民共和国未成年人保护法》	第50-52条
	《中华人民共和国预防未成年人犯罪法》	第28、38条
	《中华人民共和国网络安全法》	第12、13条
	《中华人民共和国妇女权益保障法》	第27条
	《中华人民共和国邮政法》	第37条
行政法规	《中华人民共和国计算机信息网络国际联网管理暂行规定》	第13条
	《中华人民共和国电信条例》	第56条
	《广播电视管理条例》	第32条
	《互联网上网服务营业场所管理条例》	第14条
	《中华人民共和国邮政法实施细则》	第33条
	《互联网信息服务管理办法》	第15、16条
	《音像制品管理条例》	第3条
	《出版管理条例》	第25条
	《印刷业管理条例》	第3条
	《未成年人网络保护条例》	第22条

续表

类别	名称	关联条款
规章	《互联网直播服务管理规定》	第9条
	《网络信息内容生态治理规定》	第6条

【关联规定】

80.1 《全国人民代表大会常务委员会关于惩治走私、制作、贩卖、传播淫秽物品的犯罪分子的决定》(2009年8月27日修正)

二、以牟利为目的,制作、复制、出版、贩卖、传播淫秽物品的,处三年以下有期徒刑或者拘役,并处罚金;情节严重的,处三年以上十年以下有期徒刑,并处罚金;情节特别严重的,处十年以上有期徒刑或者无期徒刑,并处罚金或者没收财产。情节较轻的,由公安机关依照治安管理处罚法的有关规定处罚。

为他人提供书号,出版淫秽书刊的,处三年以下有期徒刑或者拘役,并处或者单处罚金;明知他人用于出版淫秽书刊而提供书号的,依照前款的规定处罚。

三、在社会上传播淫秽的书刊、影片、录像带、录音带、图片或者其他淫秽物品,情节严重的,处二年以下有期徒刑或者拘役。情节较轻的,由公安机关依照治安管理处罚法的有关规定处罚。

组织播放淫秽的电影、录像等音像制品的,处三年以下有期徒刑或者拘役,可以并处罚金;情节严重的,处三年以上十年以下有期徒刑,并处罚金。情节较轻的,由公安机关依照治安管理处罚法的有关规定处罚。

制作、复制淫秽的电影、录像等音像制品组织播放的,依照第二款的规定从重处罚。

向不满十八岁的未成年人传播淫秽物品的,从重处罚。

不满十六岁的未成年人传抄、传看淫秽的图片、书刊或者其他淫秽物品的,家长、学校应当加强管教。

六、有下列情节之一的,依照本决定有关规定从重处罚:

(一)犯罪集团的首要分子;

(二)国家工作人员利用工作职务便利,走私、制作、复制、出版、贩卖、传播淫秽物品的;

(三)管理录像、照像、复印等设备的人员,利用所管理的设备,犯有本决定第二条、第三条、第四条规定的违法犯罪行为的;

(四)成年人教唆不满十八岁的未成年人走私、制作、复制、贩卖、传播淫秽物品的。

七、淫秽物品和走私、制作、复制、出版、贩卖、传播淫秽物品的违法所得以及属于本人所有的犯罪工具,予以没收。没收的淫秽物品,按照国家规定销毁。罚没收入一律上缴国库。

八、本决定所称淫秽物品,是指具体描绘性行为或者露骨宣扬色情的诲淫性的书刊、影片、录像带、录音带、图片及其他淫秽物品。

有关人体生理、医学知识的科学著作不是淫秽物品。

包含有色情内容的有艺术价值的文学、艺术作品不视为淫秽物品。

淫秽物品的种类和目录,由国务院有关主管部门规定。

80.2 《中华人民共和国未成年人保护法》(2024年4月26日修正)

第五十条 禁止制作、复制、出版、发布、传播含有宣扬淫秽、色情、暴力、邪教、迷信、赌博、引诱自杀、恐怖主义、分裂主义、极端主义等危害未成年人身心健康内容的图书、报刊、电影、广播电视节目、舞台艺术作品、音像制品、电子出版物和网络信息等。

第五十一条 任何组织或者个人出版、发布、传播的图书、报刊、电影、广播电视节目、舞台艺术作品、音像制品、电子出版物或者网络信息，包含可能影响未成年人身心健康内容的，应当以显著方式作出提示。

第五十二条 禁止制作、复制、发布、传播或者持有有关未成年人的淫秽色情物品和网络信息。

80.3 《中华人民共和国预防未成年人犯罪法》（2020年12月26日修订）

第二十八条第八、九项 本法所称不良行为，是指未成年人实施的不利于其健康成长的下列行为：

（八）阅览、观看或者收听宣扬淫秽、色情、暴力、恐怖、极端等内容的读物、音像制品或者网络信息等；

（九）其他不利于未成年人身心健康成长的不良行为。

第三十八条第五项 本法所称严重不良行为，是指未成年人实施的有刑法规定、因不满法定刑事责任年龄不予刑事处罚的行为，以及严重危害社会的下列行为：

（五）传播淫秽的读物、音像制品或者信息等；

80.4 《中华人民共和国网络安全法》（2016年11月7日公布）

第十二条 国家保护公民、法人和其他组织依法使用网络的权利，促进网络接入普及，提升网络服务水平，为社会提供安全、便利的网络服务，保障网络信息依法有序自由流动。

任何个人和组织使用网络应当遵守宪法法律，遵守公共秩序，尊重社会公德，不得危害网络安全，不得利用网络从事危害国家安全、荣誉和利益，煽动颠覆国家政权、推翻社会主义制度，煽动分裂国家、破坏国家统一,宣扬恐怖主义、极端主义,宣扬民族仇恨、民族歧视,传播暴力、淫秽色情信息,编造、传播虚假信息扰乱经济秩序和社会秩序,以及侵害他人名誉、隐私、知识产权和其他合法权益等活动。

第十三条　国家支持研究开发有利于未成年人健康成长的网络产品和服务,依法惩治利用网络从事危害未成年人身心健康的活动,为未成年人提供安全、健康的网络环境。

80.5　《中华人民共和国妇女权益保障法》(2022年10月30日修订)

第二十七条　禁止卖淫、嫖娼;禁止组织、强迫、引诱、容留、介绍妇女卖淫或者对妇女进行猥亵活动;禁止组织、强迫、引诱、容留、介绍妇女在任何场所或者利用网络进行淫秽表演活动。

80.6　《中华人民共和国邮政法》(2015年4月24日修正)

第三十七条第六项　任何单位和个人不得利用邮件寄递含有下列内容的物品:

(六)散布淫秽、赌博、恐怖信息或者教唆犯罪的;

80.7　《中华人民共和国计算机信息网络国际联网管理暂行规定》(2024年3月10日修订)

第十三条　从事国际联网业务的单位和个人,应当遵守国家有关法律、行政法规,严格执行安全保密制度,不得利用国际联网从事危害国家安全、泄露国家秘密等违法犯罪活动,不得制作、查阅、复制和传播妨碍社会治安的信息和淫秽色情等信息。

80.8　《中华人民共和国电信条例》(2016年2月6日修订)

第五十六条第七项　任何组织或者个人不得利用电信网络制作、复制、发布、传播含有下列内容的信息:

(七)散布淫秽、色情、赌博、暴力、凶杀、恐怖或者教唆犯罪的；

80.9 《广播电视管理条例》(2024年12月6日修订)

第三十二条第六项　广播电台、电视台应当提高广播电视节目质量，增加国产优秀节目数量，禁止制作、播放载有下列内容的节目：

(六)宣扬淫秽、迷信或者渲染暴力的；

80.10 《互联网上网服务营业场所管理条例》(2024年12月6日修订)

第十四条第七项　互联网上网服务营业场所经营单位和上网消费者不得利用互联网上网服务营业场所制作、下载、复制、查阅、发布、传播或者以其他方式使用含有下列内容的信息：

(七)宣传淫秽、赌博、暴力或者教唆犯罪的；

80.11 《中华人民共和国邮政法实施细则》(1990年11月12日公布)

第三十三条第二项　禁止寄递或者在邮件内夹带下列物品：

(二)反动报刊书籍、宣传品或者淫秽物品；

80.12 《互联网信息服务管理办法》(2024年12月6日修订)

第十五条第七、九项　互联网信息服务提供者不得制作、复制、发布、传播含有下列内容的信息：

(七)散布淫秽、色情、赌博、暴力、凶杀、恐怖或者教唆犯罪的；

(九)含有法律、行政法规禁止的其他内容的。

第十六条　互联网信息服务提供者发现其网站传输的信息明显属于本办法第十五条所列内容之一的，应当立即停止传输，保存有关记录，并向国家有关机关报告。

80.13 《音像制品管理条例》(2024年12月6日修订)

第三条第一款,第二款第七、十项 出版、制作、复制、进口、批发、零售、出租音像制品,应当遵守宪法和有关法律、法规,坚持为人民服务和为社会主义服务的方向,传播有益于经济发展和社会进步的思想、道德、科学技术和文化知识。

音像制品禁止载有下列内容:

(七)宣扬淫秽、赌博、暴力或者教唆犯罪的;

(十)有法律、行政法规和国家规定禁止的其他内容的。

80.14 《出版管理条例》(2024年12月6日修订)

第二十五条第七、十项 任何出版物不得含有下列内容:

(七)宣扬淫秽、赌博、暴力或者教唆犯罪的;

(十)有法律、行政法规和国家规定禁止的其他内容的。

80.15 《印刷业管理条例》(2024年12月6日修订)

第三条 印刷业经营者必须遵守有关法律、法规和规章,讲求社会效益。

禁止印刷含有反动、淫秽、迷信内容和国家明令禁止印刷的其他内容的出版物、包装装潢印刷品和其他印刷品。

80.16 《未成年人网络保护条例》(2023年10月16日公布)

第二十二条 任何组织和个人不得制作、复制、发布、传播含有宣扬淫秽、色情、暴力、邪教、迷信、赌博、引诱自残自杀、恐怖主义、分裂主义、极端主义等危害未成年人身心健康内容的网络信息。

任何组织和个人不得制作、复制、发布、传播或者持有有关未成年人的淫秽色情网络信息。

80.17 《互联网直播服务管理规定》(2016年11月4日公布)

第九条 互联网直播服务提供者以及互联网直播服务使用者不得利用互联网直播服务从事危害国家安全、破坏社会稳定、扰乱社会秩序、侵犯他人合法权益、传播淫秽色情等法律法规禁止的活动,不得利用互联网直播服务制作、复制、发布、传播法律法规禁止的信息内容。

80.18 《网络信息内容生态治理规定》(2019年12月15日公布)

第六条第九项 网络信息内容生产者不得制作、复制、发布含有下列内容的违法信息:

(九)散布淫秽、色情、赌博、暴力、凶杀、恐怖或者教唆犯罪的;

【典型案例】

吴某传播淫秽物品案[①]

1. 基本事实

2018年4月20日,如皋市公安局在对嫌疑人蒋某进行调查询问的过程中,发现吴某曾于4月5日21时13分许,使用手机登录微信向蒋某的微信发送了两部淫秽视频。当日,如皋市公安局传唤吴某到该局接受询问,吴某认可将其所在的某一微信群中的两部视频转发给了蒋某,且认可发送的为淫秽视频。4月21日,如皋市公安局对吴某发送的两部视频进行鉴定后作出鉴定书,鉴定意见为案涉两部视频短片为淫秽物品。吴某对该鉴定意

[①] 参见江苏省高级人民法院行政裁定书,(2020)苏行申1803号。

见无异议。同日,如皋市公安局向吴某作出行政处罚告知,告知其行为已构成传播淫秽信息,拟给予行政拘留10日的处罚。吴某表示不陈述申辩。如皋市公安局遂作出631号行政处罚决定书,5月14日,吴某向如皋市人民政府提起行政复议申请,如皋市人民政府于7月11日作出行政复议决定书,维持如皋市公安局作出的行政处罚决定书。吴某不服上述行政处罚决定及复议决定,于7月16日向一审法院提起行政诉讼。

2.法院裁判

一审法院经审理认为如皋市公安局作出的处罚决定量罚不当,于2019年1月10日作出(2018)苏0691行初88号行政判决,撤销631号处罚决定及如皋市人民政府作出的行政复议决定书。之后,如皋市公安局于2019年2月14日作出205号行政处罚决定书,根据2012年《中华人民共和国治安管理处罚法》第68条之规定,决定给予吴某行政拘留5日的处罚。吴某于2019年2月21日向一审法院提起诉讼,请求撤销被诉处罚决定。

本案吴某的行为已经构成传播淫秽信息,吴某的行为违反2012年《中华人民共和国治安管理处罚法》第68条之规定,认定事实清楚、适用法律正确。

针对被诉处罚决定量罚的问题。根据2012年《中华人民共和国治安管理处罚法》第68条,江苏省公安厅《关于正确界定治安管理处罚法有关情节的指导意见》第二部分"具体情节"第(三十一)项,吴某的违法行为情节较轻、社会危害性较小。如皋市公安局已实际对吴某实施行政拘留2日,与惩罚兼教育的目的相契合。而如皋市公安局对吴某给予行政拘留5日的处罚,属于量罚不当。为了减少当事人的讼累,依法直接予以变更。判决改为给予吴某行政拘留2日的处罚。再审驳回吴某的再审申请。

第八十一条 【对组织、参与淫秽活动行为的处罚】有下列行为之一的,处十日以上十五日以下拘留,并处一千元以上二千元以下罚款:

(一)组织播放淫秽音像的;

(二)组织或者进行淫秽表演的;

(三)参与聚众淫乱活动的。

明知他人从事前款活动,为其提供条件的,依照前款的规定处罚。

组织未成年人从事第一款活动的,从重处罚。

【相关规定索引】

类别	名称	关联条款
有关法律问题和重大问题的决定	《全国人民代表大会常务委员会关于惩治走私、制作、贩卖、传播淫秽物品的犯罪分子的决定》	第3、6-8条
法律	《中华人民共和国妇女权益保障法》	第27条
	《中华人民共和国未成年人保护法》	第17、61条
	《中华人民共和国预防未成年人犯罪法》	第10、28、38、65条
行政法规	《娱乐场所管理条例》	第13、14条
	《营业性演出管理条例》	第25、26条
	《互联网信息服务管理办法》	第15、16条
	《音像制品管理条例》	第3条
规章	《互联网直播服务管理规定》	第9条

【关联规定】

81.1 《全国人民代表大会常务委员会关于惩治走私、制作、贩卖、传播淫秽物品的犯罪分子的决定》(2009年8月27日修正)

三、在社会上传播淫秽的书刊、影片、录像带、录音带、图片或者其他淫秽物品,情节严重的,处二年以下有期徒刑或者拘役。情节较轻的,由公安机关依照治安管理处罚法的有关规定处罚。

组织播放淫秽的电影、录像等音像制品的,处三年以下有期徒刑或者拘役,可以并处罚金;情节严重的,处三年以上十年以下有期徒刑,并处罚金。情节较轻的,由公安机关依照治安管理处罚法的有关规定处罚。

制作、复制淫秽的电影、录像等音像制品组织播放的,依照第二款的规定从重处罚。

向不满十八岁的未成年人传播淫秽物品的,从重处罚。

不满十六岁的未成年人传抄、传看淫秽的图片、书刊或者其他淫秽物品的,家长、学校应当加强管教。

六、有下列情节之一的,依照本决定有关规定从重处罚:

(一)犯罪集团的首要分子;

(二)国家工作人员利用工作职务便利,走私、制作、复制、出版、贩卖、传播淫秽物品的;

(三)管理录像、照像、复印等设备的人员,利用所管理的设备,犯有本决定第二条、第三条、第四条规定的违法犯罪行为的;

(四)成年人教唆不满十八岁的未成年人走私、制作、复制、贩卖、传播淫秽物品的。

七、淫秽物品和走私、制作、复制、出版、贩卖、传播淫秽物品的违法所得以及属于本人所有的犯罪工具,予以没收。没收的淫秽物品，按照国家规定销毁。罚没收入一律上缴国库。

八、本决定所称淫秽物品，是指具体描绘性行为或者露骨宣扬色情的诲淫性的书刊、影片、录像带、录音带、图片及其他淫秽物品。

有关人体生理、医学知识的科学著作不是淫秽物品。

包含有色情内容的有艺术价值的文学、艺术作品不视为淫秽物品。

淫秽物品的种类和目录，由国务院有关主管部门规定。

81.2 《中华人民共和国妇女权益保障法》（2022年10月30日修订）

第二十七条 禁止卖淫、嫖娼；禁止组织、强迫、引诱、容留、介绍妇女卖淫或者对妇女进行猥亵活动；禁止组织、强迫、引诱、容留、介绍妇女在任何场所或者利用网络进行淫秽表演活动。

81.3 《中华人民共和国未成年人保护法》（2024年4月26日修正）

第十七条第十一项 未成年人的父母或者其他监护人不得实施下列行为：

（十一）其他侵犯未成年人身心健康、财产权益或者不依法履行未成年人保护义务的行为。

第六十一条 任何组织或者个人不得招用未满十六周岁未成年人，国家另有规定的除外。

营业性娱乐场所、酒吧、互联网上网服务营业场所等不适宜未成年人活动的场所不得招用已满十六周岁的未成年人。

招用已满十六周岁未成年人的单位和个人应当执行国家在工种、劳动时间、劳动强度和保护措施等方面的规定，不得安排其从事过重、有毒、有害等危害未成年人身心健康的劳动或者危险作业。

任何组织或者个人不得组织未成年人进行危害其身心健康的表演等活动。经未成年人的父母或者其他监护人同意,未成年人参与演出、节目制作等活动,活动组织方应当根据国家有关规定,保障未成年人合法权益。

81.4 《中华人民共和国预防未成年人犯罪法》(2020年12月26日修订)

第十条 任何组织或者个人不得教唆、胁迫、引诱未成年人实施不良行为或者严重不良行为,以及为未成年人实施上述行为提供条件。

第二十八条第八、九项 本法所称不良行为,是指未成年人实施的不利于其健康成长的下列行为:

(八)阅览、观看或者收听宣扬淫秽、色情、暴力、恐怖、极端等内容的读物、音像制品或者网络信息等;

(九)其他不利于未成年人身心健康成长的不良行为。

第三十八条第五、六项 本法所称严重不良行为,是指未成年人实施的有刑法规定、因不满法定刑事责任年龄不予刑事处罚的行为,以及严重危害社会的下列行为:

(五)传播淫秽的读物、音像制品或者信息等;

(六)卖淫、嫖娼,或者进行淫秽表演;

第六十五条 教唆、胁迫、引诱未成年人实施不良行为或者严重不良行为,构成违反治安管理行为的,由公安机关依法予以治安管理处罚。

81.5 《娱乐场所管理条例》(2020年11月29日修订)

第十三条第六、九项 国家倡导弘扬民族优秀文化,禁止娱乐场所内的娱乐活动含有下列内容:

(六)宣扬淫秽、赌博、暴力以及与毒品有关的违法犯罪活动,或者教唆犯罪的;

(九)法律、行政法规禁止的其他内容。

第十四条第一款第二、三项,第二款 娱乐场所及其从业人员不得实施下列行为,不得为进入娱乐场所的人员实施下列行为提供条件:

(二)组织、强迫、引诱、容留、介绍他人卖淫、嫖娼;

(三)制作、贩卖、传播淫秽物品;

娱乐场所的从业人员不得吸食、注射毒品,不得卖淫、嫖娼;娱乐场所及其从业人员不得为进入娱乐场所的人员实施上述行为提供条件。

81.6 《营业性演出管理条例》(2020年11月29日修订)

第二十五条第六、十项 营业性演出不得有下列情形:

(六)宣扬淫秽、色情、邪教、迷信或者渲染暴力的;

(十)法律、行政法规禁止的其他情形。

第二十六条 演出场所经营单位、演出举办单位发现营业性演出有本条例第二十五条禁止情形的,应当立即采取措施予以制止并同时向演出所在地县级人民政府文化主管部门、公安部门报告。

81.7 《互联网信息服务管理办法》(2024年12月6日修订)

第十五条第七、九项 互联网信息服务提供者不得制作、复制、发布、传播含有下列内容的信息:

(七)散布淫秽、色情、赌博、暴力、凶杀、恐怖或者教唆犯罪的;

(九)含有法律、行政法规禁止的其他内容的。

第十六条 互联网信息服务提供者发现其网站传输的信息

明显属于本办法第十五条所列内容之一的,应当立即停止传输,保存有关记录,并向国家有关机关报告。

81.8 《音像制品管理条例》(2024年12月6日修订)

第三条第一款,第二款第七、十项 出版、制作、复制、进口、批发、零售、出租音像制品,应当遵守宪法和有关法律、法规,坚持为人民服务和为社会主义服务的方向,传播有益于经济发展和社会进步的思想、道德、科学技术和文化知识。

音像制品禁止载有下列内容:

(七)宣扬淫秽、赌博、暴力或者教唆犯罪的;

(十)有法律、行政法规和国家规定禁止的其他内容的。

81.9 《互联网直播服务管理规定》(2016年11月4日公布)

第九条 互联网直播服务提供者以及互联网直播服务使用者不得利用互联网直播服务从事危害国家安全、破坏社会稳定、扰乱社会秩序、侵犯他人合法权益、传播淫秽色情等法律法规禁止的活动,不得利用互联网直播服务制作、复制、发布、传播法律法规禁止的信息内容。

【典型案例】

巨鹿路168号组织淫秽表演案[1]

1. 基本事实

2021年12月13日,某某局色情淫秽表演节目鉴定小组(以下简称鉴定小组)就"巨鹿路168号组织淫秽表演案"中"案发视频"出具了鉴定书。起诉人陈某对此不服,要求确认某某局受理聘请书行政行为违法。(1)鉴定小组系某某局市场管理处内设

---

[1] 参见上海市浦东新区人民法院行政裁定书,(2023)沪0115行初353号。

机构,某某局的"三定"方案中并无审查淫秽物品、淫秽表演的法定职权,故超越职权接受某某局(以下简称某某局3)"淫秽表演"鉴定聘请书属行政越权行为。(2)某某院起诉书将鉴定小组出具的鉴定书作为确定"淫秽表演"的重要证据,侵犯起诉人合法权益。(3)某某局3根据刑事诉讼法而发的聘请书,某某局1明知不在职权范围还接受聘请。故起诉人向人民法院提起行政诉讼。

2.法院裁判

经审查本院认为,当事人提起行政诉讼应当符合行政诉讼规定的起诉条件。本案中,起诉人要求确认某某局1受理聘请书行政行为违法不属于行政诉讼受案范围。且起诉人曾起诉要求撤销某某局1作出的鉴定书,本院已于2022年9月27日作出不予立案裁定。现起诉人再次起诉,属于重复起诉。根据《中华人民共和国行政诉讼法》第49条之规定,裁定如下:对陈某的起诉,本院不予立案。

> **第八十二条 【对参与赌博行为的处罚】**以营利为目的,为赌博提供条件的,或者参与赌博赌资较大的,处五日以下拘留或者一千元以下罚款;情节严重的,处十日以上十五日以下拘留,并处一千元以上五千元以下罚款。

【相关规定索引】

类别	名称	关联条款
法律	《中华人民共和国预防未成年人犯罪法》	第28、38、65条
	《中华人民共和国体育法》	第51、112条

续表

类别	名 称	关联条款
司法解释	《最高人民法院、最高人民检察院关于办理赌博刑事案件具体应用法律若干问题的解释》	第9条
行政法规	《互联网上网服务营业场所管理条例》	第18条
	《旅馆业治安管理办法》	第12条
	《娱乐场所管理条例》	第13、14条
	《互联网信息服务管理办法》	第15、16条

【关联规定】

82.1 《中华人民共和国预防未成年人犯罪法》(2020年12月26日修订)

第二十八条第七项 本法所称不良行为,是指未成年人实施的不利于其健康成长的下列行为:

(七)参与赌博、变相赌博,或者参加封建迷信、邪教等活动;

第三十八条第八项 本法所称严重不良行为,是指未成年人实施的有刑法规定、因不满法定刑事责任年龄不予刑事处罚的行为,以及严重危害社会的下列行为:

(八)参与赌博赌资较大;

第六十五条 教唆、胁迫、引诱未成年人实施不良行为或者严重不良行为,构成违反治安管理行为的,由公安机关依法予以治安管理处罚。

82.2 《中华人民共和国体育法》(2022年6月24日修订)

第五十一条 体育赛事实行公平竞争的原则。

体育赛事活动组织者和运动员、教练员、裁判员应当遵守体育道德和体育赛事规则,不得弄虚作假、营私舞弊。

严禁任何组织和个人利用体育赛事从事赌博活动。

第一百一十二条 运动员、教练员、裁判员违反本法规定,有违反体育道德和体育赛事规则,弄虚作假、营私舞弊等行为的,由体育组织按照有关规定给予处理;情节严重、社会影响恶劣的,由县级以上人民政府体育行政部门纳入限制、禁止参加竞技体育活动名单;有违法所得的,没收违法所得,并处一万元以上十万元以下的罚款。

利用体育赛事从事赌博活动的,由公安机关依法查处。

82.3《最高人民法院、最高人民检察院关于办理赌博刑事案件具体应用法律若干问题的解释》(2005年5月11日公布)

第九条 不以营利为目的,进行带有少量财物输赢的娱乐活动,以及提供棋牌室等娱乐场所只收取正常的场所和服务费用的经营行为等,不以赌博论处。

82.4《互联网上网服务营业场所管理条例》(2024年12月6日修订)

第十八条 互联网上网服务营业场所经营单位和上网消费者不得利用网络游戏或者其他方式进行赌博或者变相赌博活动。

82.5《旅馆业治安管理办法》(2022年3月29日修订)

第十二条 旅馆内,严禁卖淫、嫖宿、赌博、吸毒、传播淫秽物品等违法犯罪活动。

82.6《娱乐场所管理条例》(2020年11月29日修订)

第十三条第六项 国家倡导弘扬民族优秀文化,禁止娱乐场所内的娱乐活动含有下列内容:

(六)宣扬淫秽、赌博、暴力以及与毒品有关的违法犯罪活动,或者教唆犯罪的;

第十四条第一款第五项、第二款 娱乐场所及其从业人员不得实施下列行为,不得为进入娱乐场所的人员实施下列行为提供条件:

(五)赌博;

娱乐场所的从业人员不得吸食、注射毒品,不得卖淫、嫖娼;娱乐场所及其从业人员不得为进入娱乐场所的人员实施上述行为提供条件。

82.7 《互联网信息服务管理办法》(2024年12月6日修订)

第十五条第七、九项 互联网信息服务提供者不得制作、复制、发布、传播含有下列内容的信息:

(七)散布淫秽、色情、赌博、暴力、凶杀、恐怖或者教唆犯罪的;

(九)含有法律、行政法规禁止的其他内容的。

第十六条 互联网信息服务提供者发现其网站传输的信息明显属于本办法第十五条所列内容之一的,应当立即停止传输,保存有关记录,并向国家有关机关报告。

【典型案例】

徐某赌博案[①]

1. 基本事实

2023年3月8日,某某局下属治安支队通过侦查发现在本区有一赌博团伙,利用"皇冠赌博网站"网络赌博平台开设赌场,该团伙大肆发展下线,非法牟利,涉案金额巨大。次日,某某局下属大华新村派出所根据线索开展侦查,对原告作为涉案赌客予以立

---

① 参见上海市浦东新区人民法院行政判决书,(2023)沪0115行初1756号。

案调查。某某局传唤原告,制作原告询问笔录,调取讯问笔录,并收集相关书证。经查明,某某局认为原告实施了赌博的违法行为,于2023年3月9日将拟作出行政处罚决定的事实、理由、依据告知原告,同时告知其享有陈述和申辩的权利。原告不服,向被告某某政府提起行政复议。被告某某政府于2023年6月2日作出被诉复议决定并送达原告。原告仍不服,诉至本院。

2. 法院裁判

根据2012年《中华人民共和国治安管理处罚法》第70条规定,以营利为目的,为赌博提供条件的,或者参与赌博赌资较大的,处5日以下拘留或者500元以下罚款;情节严重的,处10日以上15日以下拘留,并处500元以上3000元以下罚款。本案中,某某局2立案后进行了调查,对涉案人员进行了询问,在调查的基础上认定原告实施了赌资较大且情节严重的违法行为,综合考量之后,拟作出相应的行政处罚决定。在作出被诉处罚决定前某某局2履行了事先告知的义务,作出被诉处罚决定后依法送达,其认定事实清楚,证据充分,适用法律正确,执法程序并无不当。某某政府受理后,要求某某局2就复议事项进行答复,在调查、审查的基础上,于法定期限内作出被诉复议决定,并依法进行送达,其适用法律正确,复议程序合法,其行为并无不当。原告认为两被告存在事实不清,适用法律错误等观点,缺乏事实根据和法律依据,本院不予支持。

综上,原告的诉讼请求缺乏事实根据和法律依据,本院不予支持。据此,依照《中华人民共和国行政诉讼法》第69条、第79条之规定,判决如下:裁判结果驳回原告徐某的全部诉讼请求。

第八十三条 【对涉及毒品原植物行为的处罚】有下列行为之一的,处十日以上十五日以下拘留,可以并处五千元以下罚款;情节较轻的,处五日以下拘留或者一千元以下罚款:

(一)非法种植罂粟不满五百株或者其他少量毒品原植物的;

(二)非法买卖、运输、携带、持有少量未经灭活的罂粟等毒品原植物种子或者幼苗的;

(三)非法运输、买卖、储存、使用少量罂粟壳的。

有前款第一项行为,在成熟前自行铲除的,不予处罚。

【相关规定索引】

类别	名　称	关联条款
法律	《中华人民共和国禁毒法》	第4、19、20、59、63条
行政法规	《麻醉药品和精神药品管理条例》	第2、4、7-9、46、48、85条

【关联规定】

83.1 《中华人民共和国禁毒法》(2007年12月29日公布)

第四条 禁毒工作实行预防为主,综合治理,禁种、禁制、禁贩、禁吸并举的方针。

禁毒工作实行政府统一领导,有关部门各负其责,社会广泛参与的工作机制。

第十九条 国家对麻醉药品药用原植物种植实行管制。禁止非法种植罂粟、古柯植物、大麻植物以及国家规定管制的可以用于提炼加工毒品的其他原植物。禁止走私或者非法买卖、运输、携带、持有未经灭活的毒品原植物种子或者幼苗。

地方各级人民政府发现非法种植毒品原植物的,应当立即采取措施予以制止、铲除。村民委员会、居民委员会发现非法种植毒品原植物的,应当及时予以制止、铲除,并向当地公安机关报告。

第二十条 国家确定的麻醉药品药用原植物种植企业,必须按照国家有关规定种植麻醉药品药用原植物。

国家确定的麻醉药品药用原植物种植企业的提取加工场所,以及国家设立的麻醉药品储存仓库,列为国家重点警戒目标。

未经许可,擅自进入国家确定的麻醉药品药用原植物种植企业的提取加工场所或者国家设立的麻醉药品储存仓库等警戒区域的,由警戒人员责令其立即离开;拒不离开的,强行带离现场。

第五十九条第三、四项 有下列行为之一,构成犯罪的,依法追究刑事责任;尚不构成犯罪的,依法给予治安管理处罚:

(三)非法种植毒品原植物的;

(四)非法买卖、运输、携带、持有未经灭活的毒品原植物种子或者幼苗的;

第六十三条 在麻醉药品、精神药品的实验研究、生产、经营、使用、储存、运输、进口、出口以及麻醉药品药用原植物种植活动中,违反国家规定,致使麻醉药品、精神药品或者麻醉药品药用原植物流入非法渠道,构成犯罪的,依法追究刑事责任;尚不构成犯罪的,依照有关法律、行政法规的规定给予处罚。

83.2 《麻醉药品和精神药品管理条例》(2024年12月6日修订)

第二条 麻醉药品药用原植物的种植,麻醉药品和精神药品的实验研究、生产、经营、使用、储存、运输等活动以及监督管理,适用本条例。

麻醉药品和精神药品的进出口依照有关法律的规定办理。

第四条 国家对麻醉药品药用原植物以及麻醉药品和精神药品实行管制。除本条例另有规定的外,任何单位、个人不得进行麻醉药品药用原植物的种植以及麻醉药品和精神药品的实验研究、生产、经营、使用、储存、运输等活动。

对药用类麻醉药品和精神药品,可以依照本条例的规定进行实验研究、生产、经营、使用、储存、运输;对非药用类麻醉药品和精神药品,可以依照本条例的规定进行实验研究,不得生产、经营、使用、储存、运输。

国家建立麻醉药品和精神药品追溯管理体系。国务院药品监督管理部门应当制定统一的麻醉药品和精神药品追溯标准和规范,推进麻醉药品和精神药品追溯信息互通互享,实现麻醉药品和精神药品可追溯。

第七条 国家根据麻醉药品和精神药品的医疗、国家储备和企业生产所需原料的需要确定需求总量,对麻醉药品药用原植物的种植、麻醉药品和精神药品的生产实行总量控制。

国务院药品监督管理部门根据麻醉药品和精神药品的需求总量制定年度生产计划。

国务院药品监督管理部门和国务院农业主管部门根据麻醉药品年度生产计划,制定麻醉药品药用原植物年度种植计划。

第八条 麻醉药品药用原植物种植企业应当根据年度种植计划,种植麻醉药品药用原植物。

麻醉药品药用原植物种植企业应当向国务院药品监督管理部门和国务院农业主管部门定期报告种植情况。

第九条　麻醉药品药用原植物种植企业由国务院药品监督管理部门和国务院农业主管部门共同确定，其他单位和个人不得种植麻醉药品药用原植物。

第四十六条　麻醉药品药用原植物种植企业、定点生产企业、全国性批发企业和区域性批发企业以及国家设立的麻醉药品储存单位，应当设置储存麻醉药品和第一类精神药品的专库。该专库应当符合下列要求：

（一）安装专用防盗门，实行双人双锁管理；

（二）具有相应的防火设施；

（三）具有监控设施和报警装置，报警装置应当与公安机关报警系统联网。

全国性批发企业经国务院药品监督管理部门批准设立的药品储存点应当符合前款的规定。

麻醉药品定点生产企业应当将麻醉药品原料药和制剂分别存放。

第四十八条　麻醉药品药用原植物种植企业、定点生产企业、全国性批发企业和区域性批发企业、国家设立的麻醉药品储存单位以及麻醉药品和第一类精神药品的使用单位，应当配备专人负责管理工作，并建立储存麻醉药品和第一类精神药品的专用账册。药品入库双人验收，出库双人复核，做到账物相符。专用账册的保存期限应当自药品有效期期满之日起不少于5年。

第八十五条　药用类麻醉药品中的罂粟壳只能用于中药饮片和中成药的生产以及医疗配方使用。具体管理办法由国务院药品监督管理部门另行制定。

【典型案例】

戴某种植毒品原植物案[①]

1. 基本事实

2013年,戴某在苏滁产业园大王办事处上庄村上庄组二基站桃园播撒种子。2014年春天,该桃园北侧长出罂粟。2014年6月4日15时,滁州市公安局南谯分局大王派出所接到群众匿名举报称,在滁州市苏滁产业园大王办事处上庄村上庄组二基站桃园有人种植罂粟。接警后,该所民警在戴某所属的桃园内侧北侧发现有已成熟的罂粟352株,民警对罂粟进行了铲除,戴某在收缴物品清单中对收缴罂粟的情况签字予以确认。2014年6月23日,滁州市公安局南谯分局对戴某进行了行政处罚告知,并依据2012年《中华人民共和国治安管理处罚法》第11条第1款、第71条第1项之规定,对戴某处以行政拘留10日,并处罚款1000元。戴某在《行政处罚决定书》上签字确认并收取了《行政处罚决定书》。戴某不服,向滁州市公安局提出行政复议。2014年9月24日,滁州市公安局依据《中华人民共和国行政复议法》第28条第1款第1项之规定作出行政复议决定:维持滁州市公安局南谯分局作出的行政处罚决定。该复议决定已经送达给行政复议申请人、被申请人。戴某仍不服,在法定期限内向原审法院提起行政诉讼。

2. 法院裁判

根据2012年《中华人民共和国治安管理处罚法》第71条,本案中戴某在滁州市公安局南谯分局大王派出所对其做的问话笔

[①] 参见安徽省滁州市中级人民法院行政判决书,(2015)滁行终字第00014号。

录中陈述"我是去年撒的种子,当时撒的是菜籽,可能是菜籽中夹杂的有罂粟种子",且戴某在罂粟开花后,在明确知道种植在其所有的桃园中的该植物为罂粟后,并未采取积极措施及时将罂粟予以铲除。滁州市公安局南谯分局大王派出所在接警后,将已成熟结果的 325 株罂粟铲除,并于 2014 年 6 月 23 日对戴某进行了行政处罚告知并对其作出行政处罚决定,该决定认定事实清楚,程序合法,适用法律法规正确,依法予以支持。戴某提供罂粟种植现场系开放空间,且戴某与他方存在矛盾,可能系他人种植罂粟的主张,与事实不符,故不予支持。经原审法院审判委员会讨论决定,依照《中华人民共和国行政诉讼》第 54 条第 1 项之规定,判决:维持被告滁州市公安局南谯分局于 2014 年 6 月 23 日作出的行政处罚决定书。二审维持原判。

第八十四条 【对涉毒违法行为的处罚】有下列行为之一的,处十日以上十五日以下拘留,可以并处三千元以下罚款;情节较轻的,处五日以下拘留或者一千元以下罚款:

(一)非法持有鸦片不满二百克、海洛因或者甲基苯丙胺不满十克或者其他少量毒品的;

(二)向他人提供毒品的;

(三)吸食、注射毒品的;

(四)胁迫、欺骗医务人员开具麻醉药品、精神药品的。

聚众、组织吸食、注射毒品的,对首要分子、组织者依照前款的规定从重处罚。

吸食、注射毒品的,可以同时责令其六个月至一年以内不得进入娱乐场所、不得擅自接触涉及毒品违法犯罪人员。违反规定的,处五日以下拘留或者一千元以下罚款。

【相关规定索引】

类别	名　称	关联条款
法律	《中华人民共和国禁毒法》	第2、4、21、28、59、62条
	《中华人民共和国预防未成年人犯罪法》	第38、65条
行政法规	《麻醉药品和精神药品管理条例》	第4、38-41、44、73条
	《戒毒条例》	第2、4条

【关联规定】

84.1 《中华人民共和国禁毒法》(2007年12月29日公布)

第二条　本法所称毒品,是指鸦片、海洛因、甲基苯丙胺(冰毒)、吗啡、大麻、可卡因,以及国家规定管制的其他能够使人形成瘾癖的麻醉药品和精神药品。

根据医疗、教学、科研的需要,依法可以生产、经营、使用、储存、运输麻醉药品和精神药品。

第四条　禁毒工作实行预防为主,综合治理,禁种、禁制、禁贩、禁吸并举的方针。

禁毒工作实行政府统一领导,有关部门各负其责,社会广泛参与的工作机制。

第二十一条　国家对麻醉药品和精神药品实行管制,对麻醉药品和精神药品的实验研究、生产、经营、使用、储存、运输实行许可和查验制度。

国家对易制毒化学品的生产、经营、购买、运输实行许可制度。

禁止非法生产、买卖、运输、储存、提供、持有、使用麻醉药品、精神药品和易制毒化学品。

第二十八条　对依法查获的毒品、吸食、注射毒品的用具、毒品违法犯罪的非法所得及其收益，以及直接用于实施毒品违法犯罪行为的本人所有的工具、设备、资金，应当收缴，依照规定处理。

第五十九条第二、六、七项　有下列行为之一，构成犯罪的，依法追究刑事责任；尚不构成犯罪的，依法给予治安管理处罚：

（二）非法持有毒品的；

（六）强迫、引诱、教唆、欺骗他人吸食、注射毒品的；

（七）向他人提供毒品的。

第六十二条　吸食、注射毒品的，依法给予治安管理处罚。吸毒人员主动到公安机关登记或者到有资质的医疗机构接受戒毒治疗的，不予处罚。

84.2 《中华人民共和国预防未成年人犯罪法》（2020年12月26日修订）

第三十八条第七项　本法所称严重不良行为，是指未成年人实施的有刑法规定、因不满法定刑事责任年龄不予刑事处罚的行为，以及严重危害社会的下列行为：

（七）吸食、注射毒品，或者向他人提供毒品；

第六十五条　教唆、胁迫、引诱未成年人实施不良行为或者严重不良行为，构成违反治安管理行为的，由公安机关依法予以治安管理处罚。

84.3 《麻醉药品和精神药品管理条例》（2024年12月6日修订）

第四条　国家对麻醉药品药用原植物以及麻醉药品和精神药品实行管制。除本条例另有规定的外，任何单位、个人不得进行麻醉药品药用原植物的种植以及麻醉药品和精神药品的实验研究、生产、经营、使用、储存、运输等活动。

对药用类麻醉药品和精神药品,可以依照本条例的规定进行实验研究、生产、经营、使用、储存、运输;对非药用类麻醉药品和精神药品,可以依照本条例的规定进行实验研究,不得生产、经营、使用、储存、运输。

国家建立麻醉药品和精神药品追溯管理体系。国务院药品监督管理部门应当制定统一的麻醉药品和精神药品追溯标准和规范,推进麻醉药品和精神药品追溯信息互通互享,实现麻醉药品和精神药品可追溯。

第三十八条 医疗机构应当按照国务院卫生主管部门的规定,对本单位执业医师进行有关麻醉药品和精神药品使用知识的培训、考核,经考核合格的,授予麻醉药品和第一类精神药品处方资格。执业医师取得麻醉药品和第一类精神药品的处方资格后,方可在本医疗机构开具麻醉药品和第一类精神药品处方,但不得为自己开具该种处方。

医疗机构应当将具有麻醉药品和第一类精神药品处方资格的执业医师名单及其变更情况,定期报送所在地设区的市级人民政府卫生主管部门,并抄送同级药品监督管理部门。

医务人员应当根据国务院卫生主管部门制定的临床应用指导原则,使用麻醉药品和精神药品。

第三十九条 具有麻醉药品和第一类精神药品处方资格的执业医师,根据临床应用指导原则,对确需使用麻醉药品或者第一类精神药品的患者,应当满足其合理用药需求。在医疗机构就诊的癌症疼痛患者和其他危重患者得不到麻醉药品或者第一类精神药品时,患者或者其亲属可以向执业医师提出申请。具有麻醉药品和第一类精神药品处方资格的执业医师认为要求合理的,应当及时为患者提供所需麻醉药品或者第一类精神药品。

第四十条 执业医师应当使用专用处方开具麻醉药品和精神药品,单张处方的最大用量应当符合国务院卫生主管部门的规定。执业医师开具麻醉药品和精神药品处方,应当对患者的信息进行核对;因抢救患者等紧急情况,无法核对患者信息的,执业医师可以先行开具麻醉药品和精神药品处方。

对麻醉药品和第一类精神药品处方,处方的调配人、核对人应当仔细核对,签署姓名,并予以登记;对不符合本条例规定的,处方的调配人、核对人应当拒绝发药。

麻醉药品和精神药品专用处方的格式由国务院卫生主管部门规定。

第四十一条 医疗机构应当对麻醉药品和精神药品处方进行专册登记,加强管理。麻醉药品处方至少保存3年,精神药品处方至少保存2年。医疗机构应当按照国务院卫生主管部门的规定及时报送麻醉药品和精神药品处方信息。

第四十四条 因治疗疾病需要,个人凭医疗机构出具的医疗诊断书、本人身份证明,可以携带单张处方最大用量以内的麻醉药品和第一类精神药品;携带麻醉药品和第一类精神药品出入境的,由海关根据自用、合理的原则放行。

医务人员为了医疗需要携带少量麻醉药品和精神药品出入境的,应当持有省级以上人民政府药品监督管理部门发放的携带麻醉药品和精神药品证明。海关凭携带麻醉药品和精神药品证明放行。

第七十三条 具有麻醉药品和第一类精神药品处方资格的执业医师,违反本条例的规定开具麻醉药品和第一类精神药品处方,或者未按照临床应用指导原则的要求使用麻醉药品和第一类精神药品的,由其所在医疗机构取消其麻醉药品和第一类精神药品处方资格;造成严重后果的,由原发证部门吊销其执业证书。执业医师未按照临床应用指导原则的要求使用第二类精神药品或者未使用专用处方开具第二类精神药品,造成严重后果的,由原发证部门吊销其执业证书。

未取得麻醉药品和第一类精神药品处方资格的执业医师擅自开具麻醉药品和第一类精神药品处方,由县级以上人民政府卫生主管部门给予警告,暂停其执业活动;造成严重后果的,吊销其执业证书;构成犯罪的,依法追究刑事责任。

处方的调配人、核对人违反本条例的规定未对麻醉药品和第一类精神药品处方进行核对,造成严重后果的,由原发证部门吊销其执业证书。

84.4 《戒毒条例》(2018年9月18日修订)

第二条 县级以上人民政府应当建立政府统一领导,禁毒委员会组织、协调、指导,有关部门各负其责,社会力量广泛参与的戒毒工作体制。

戒毒工作坚持以人为本、科学戒毒、综合矫治、关怀救助的原则,采取自愿戒毒、社区戒毒、强制隔离戒毒、社区康复等多种措施,建立戒毒治疗、康复指导、救助服务兼备的工作体系。

第四条 县级以上地方人民政府设立的禁毒委员会可以组织公安机关、卫生行政和负责药品监督管理的部门开展吸毒监测、调查,并向社会公开监测、调查结果。

县级以上地方人民政府公安机关负责对涉嫌吸毒人员进行检测,对吸毒人员进行登记并依法实行动态管控,依法责令社区戒毒、决定强制隔离戒毒、责令社区康复,管理公安机关的强制隔离戒毒场所、戒毒康复场所,对社区戒毒、社区康复工作提供指导和支持。

设区的市级以上地方人民政府司法行政部门负责管理司法行政部门的强制隔离戒毒场所、戒毒康复场所，对社区戒毒、社区康复工作提供指导和支持。

县级以上地方人民政府卫生行政部门负责戒毒医疗机构的监督管理，会同公安机关、司法行政等部门制定戒毒医疗机构设置规划，对戒毒医疗服务提供指导和支持。

县级以上地方人民政府民政、人力资源社会保障、教育等部门依据各自的职责，对社区戒毒、社区康复工作提供康复和职业技能培训等指导和支持。

【典型案例】

许某吸食毒品案[①]

1. 基本事实

2023年8月24日，某分局属下某派出所接到线索后到某五金厂门口发现涉嫌吸毒的违法嫌疑人许某，后将许某抓获，并于当天对许某进行询问。许某在询问笔录中陈述其在2023年8月19日15时以及2023年8月21日晚20时先后两次在某五金厂的住处以溜冰的方式吸食毒品冰毒的事实。某分局同时提取许某的毛发以及尿液用于检测，经现场检测，许某的毛发中冰毒检测结果为阳性，尿液中甲基苯丙胺呈阳性，许某在涉毒人员毛发样本检测表、现场检测报告书、尿检图片结果照片上相应位置签名及加盖指模。2023年8月24日，某分局根据《吸毒成瘾认定办法》第8条，对许某作出《吸毒成瘾严重认定书》《行政处罚决定书》，决定对许某吸食毒品冰毒的行为处以行政拘留15日。同

[①] 参见广东省潮州市湘桥区人民法院行政判决书，(2024)粤5102行初12号。

时,作出《强制隔离戒毒决定书》,决定对许某强制隔离戒毒2年,因不服某分局作出的强制隔离戒毒决定,许某提起诉讼。

2. 法院裁判

根据《吸毒成瘾认定办法》第3条第1款,被告某分局有权对原告许某作出吸毒成瘾严重的认定。根据《吸毒成瘾认定办法》第8条第1项,原告许某因吸食毒品冰毒于2013年11月5日被被告某分局处以行政拘留15日并责令社区戒毒3年,2023年8月24日原告许某被被告某分局抓获后,承认其在2023年8月19日15时以及2023年8月21日晚20时先后两次在某五金厂的住处以溜冰的方式吸食毒品冰毒的事实,结合原告许某毛发样本检测结果、尿液样本检测结果,足以证明原告许某经社区戒毒后,再次吸食毒品的事实。据此认定原告许某吸毒成瘾严重,事实清楚,证据充分,本院予以采信。

许某于2023年8月19日15时和2023年8月21日20时先后两次在某五金厂内以"溜冰"的方式吸食毒品冰毒,至2023年8月24日被公安机关查获,事实清楚,证据充分。被告某分局在查明原告许某的违法事实后,依据《中华人民共和国禁毒法》第38条第1款第4项、第47条第1款的规定,决定对原告许某强制隔离戒毒2年,适用法律正确。在本案受理、调查、告知、作出决定、送达等程序上符合法律的规定。

原告许某所称的强制隔离戒毒所无法提供其相应的医疗条件,未能合理保障其生命健康安全的理由,应当系其是否符合经强制隔离戒毒场所主管部门批准申请所外就医的情形,原告许某上述所提意见并不影响公安机关对其作出的认定及决定,故对原告许某所提意见,本院不予采纳。

综上所述,被告某分局对原告许某作出的强制隔离戒毒决定,认定事实清楚,证据充分,适用法律正确,程序合法。原告许某请求撤销上述强制隔离戒毒决定,理由不足,判决如下:驳回原告许某的诉讼请求。

第八十五条 【对引诱、教唆、欺骗或强迫他人吸食、注射毒品行为的处罚】引诱、教唆、欺骗或者强迫他人吸食、注射毒品的,处十日以上十五日以下拘留,并处一千元以上五千元以下罚款。

容留他人吸食、注射毒品或者介绍买卖毒品的,处十日以上十五日以下拘留,可以并处三千元以下罚款;情节较轻的,处五日以下拘留或者一千元以下罚款。

【相关规定索引】

类别	名 称	关联条款
法律	《中华人民共和国禁毒法》	第59、61条

【关联规定】

85.1 《中华人民共和国禁毒法》(2007年12月29日公布)

第五十九条第六项 有下列行为之一,构成犯罪的,依法追究刑事责任;尚不构成犯罪的,依法给予治安管理处罚:

(六)强迫、引诱、教唆、欺骗他人吸食、注射毒品的;

第六十一条 容留他人吸食、注射毒品或者介绍买卖毒品,构成犯罪的,依法追究刑事责任;尚不构成犯罪的,由公安机关处十日以上十五日以下拘留,可以并处三千元以下罚款;情节较轻的,处五日以下拘留或者五百元以下罚款。

第八十六条 【对非法生产、经营、购买、运输制毒原配料行为的处罚】 违反国家规定,非法生产、经营、购买、运输用于制造毒品的原料、配剂的,处十日以上十五日以下拘留;情节较轻的,处五日以上十日以下拘留。

【相关规定索引】

类别	名　称	关联条款
法律	《中华人民共和国禁毒法》	第 21－24、64 条
行政法规	《易制毒化学品管理条例》	第 2、5、7－25 条

【关联规定】

86.1 《中华人民共和国禁毒法》(2007 年 12 月 29 日公布)

第二十一条　国家对麻醉药品和精神药品实行管制,对麻醉药品和精神药品的实验研究、生产、经营、使用、储存、运输实行许可和查验制度。

国家对易制毒化学品的生产、经营、购买、运输实行许可制度。

禁止非法生产、买卖、运输、储存、提供、持有、使用麻醉药品、精神药品和易制毒化学品。

第二十二条　国家对麻醉药品、精神药品和易制毒化学品的进口、出口实行许可制度。国务院有关部门应当按照规定的职责,对进口、出口麻醉药品、精神药品和易制毒化学品依法进行管理。禁止走私麻醉药品、精神药品和易制毒化学品。

第二十三条　发生麻醉药品、精神药品和易制毒化学品被盗、被抢、丢失或者其他流入非法渠道的情形,案发单位应当立即采取必要的控制措施,并立即向公安机关报告,同时依照规定向有关主管部门报告。

公安机关接到报告后,或者有证据证明麻醉药品、精神药品和易制毒化学品可能流入非法渠道的,应当及时开展调查,并可以对相关单位采取必要的控制措施。药品监督管理部门、卫生行政部门以及其他有关部门应当配合公安机关开展工作。

第二十四条 禁止非法传授麻醉药品、精神药品和易制毒化学品的制造方法。公安机关接到举报或者发现非法传授麻醉药品、精神药品和易制毒化学品制造方法的,应当及时依法查处。

第六十四条 在易制毒化学品的生产、经营、购买、运输或者进口、出口活动中,违反国家规定,致使易制毒化学品流入非法渠道,构成犯罪的,依法追究刑事责任;尚不构成犯罪的,依照有关法律、行政法规的规定给予处罚。

86.2 《易制毒化学品管理条例》(2018年9月18日修订)

第二条 国家对易制毒化学品的生产、经营、购买、运输和进口、出口实行分类管理和许可制度。

易制毒化学品分为三类。第一类是可以用于制毒的主要原料,第二类、第三类是可以用于制毒的化学配剂。易制毒化学品的具体分类和品种,由本条例附表列示。

易制毒化学品的分类和品种需要调整的,由国务院公安部门会同国务院药品监督管理部门、安全生产监督管理部门、商务主管部门、卫生主管部门和海关总署提出方案,报国务院批准。

省、自治区、直辖市人民政府认为有必要在本行政区域内调整分类或者增加本条例规定以外的品种的,应当向国务院公安部门提出,由国务院公安部门会同国务院有关行政主管部门提出方案,报国务院批准。

第五条 易制毒化学品的生产、经营、购买、运输和进口、出口,除应当遵守本条例的规定外,属于药品和危险化学品的,还应当遵守法律、其他行政法规对药品和危险化学品的有关规定。

禁止走私或者非法生产、经营、购买、转让、运输易制毒化学品。

禁止使用现金或者实物进行易制毒化学品交易。但是,个人合法购买第一类中的药品类易制毒化学品药品制剂和第三类易制毒化学品的除外。

生产、经营、购买、运输和进口、出口易制毒化学品的单位,应当建立单位内部易制毒化学品管理制度。

第七条 申请生产第一类易制毒化学品,应当具备下列条件,并经本条例第八条规定的行政主管部门审批,取得生产许可证后,方可进行生产:

(一)属依法登记的化工产品生产企业或者药品生产企业;

(二)有符合国家标准的生产设备、仓储设施和污染物处理设施;

(三)有严格的安全生产管理制度和环境突发事件应急预案;

(四)企业法定代表人和技术、管理人员具有安全生产和易制毒化学品的有关知识,无毒品犯罪记录;

(五)法律、法规、规章规定的其他条件。

申请生产第一类中的药品类易制毒化学品,还应当在仓储场所等重点区域设置电视监控设施以及与公安机关联网的报警装置。

第八条 申请生产第一类中的药品类易制毒化学品的,由省、自治区、直辖市人民政府药品监督管理部门审批;申请生产第一类中的非药品类易制毒化学品的,由省、自治区、直辖市人民政府安全生产监督管理部门审批。

前款规定的行政主管部门应当自收到申请之日起60日内,对申请人提交的申请材料进行审查。对符合规定的,发给生产许可证,或者在企业已经取得的有关生产许可证件上标注;不予许可的,应当书面说明理由。

审查第一类易制毒化学品生产许可申请材料时,根据需要,可以进行实地核查和专家评审。

第九条 申请经营第一类易制毒化学品,应当具备下列条件,并经本条例第十条规定的行政主管部门审批,取得经营许可证后,方可进行经营:

(一)属依法登记的化工产品经营企业或者药品经营企业;

(二)有符合国家规定的经营场所,需要储存、保管易制毒化学品的,还应当有符合国家技术标准的仓储设施;

(三)有易制毒化学品的经营管理制度和健全的销售网络;

(四)企业法定代表人和销售、管理人员具有易制毒化学品的有关知识,无毒品犯罪记录;

(五)法律、法规、规章规定的其他条件。

第十条 申请经营第一类中的药品类易制毒化学品的,由省、自治区、直辖市人民政府药品监督管理部门审批;申请经营第一类中的非药品类易制毒化学品的,由省、自治区、直辖市人民政府安全生产监督管理部门审批。

前款规定的行政主管部门应当自收到申请之日起30日内,对申请人提交的申请材料进行审查。对符合规定的,发给经营许可证,或者在企业已经取得的有关经营许可证件上标注;不予许可的,应当书面说明理由。

审查第一类易制毒化学品经营许可申请材料时,根据需要,可以进行实地核查。

第十一条 取得第一类易制毒化学品生产许可或者依照本条例第十三条第一款规定已经履行第二类、第三类易制毒化学品备案手续的生产企业,可以经销自产的易制毒化学品。但是,在厂外设立销售网点经销第一类易制毒化学品的,应当依照本条例的规定取得经营许可。

第一类中的药品类易制毒化学品药品单方制剂,由麻醉药品定点经营企业经销,且不得零售。

第十二条 取得第一类易制毒化学品生产、经营许可的企业,应当凭生产、经营许可证到市场监督管理部门办理经营范围变更登记。未经变更登记,不得进行第一类易制毒化学品的生产、经营。

第一类易制毒化学品生产、经营许可证被依法吊销的,行政主管部门应当自作出吊销决定之日起5日内通知市场监督管理部门;被吊销许可证的企业,应当及时到市场监督管理部门办理经营范围变更或者企业注销登记。

第十三条 生产第二类、第三类易制毒化学品的,应当自生产之日起30日内,将生产的品种、数量等情况,向所在地的设区的市级人民政府安全生产监督管理部门备案。

经营第二类易制毒化学品的,应当自经营之日起30日内,将经营的品种、数量、主要流向等情况,向所在地的设区的市级人民政府安全生产监督管理部门备案;经营第三类易制毒化学品的,应当自经营之日起30日内,将经营的品种、数量、主要流向等情况,向所在地的县级人民政府安全生产监督管理部门备案。

前两款规定的行政主管部门应当于收到备案材料的当日发

给备案证明。

第十四条 申请购买第一类易制毒化学品,应当提交下列证件,经本条例第十五条规定的行政主管部门审批,取得购买许可证:

(一)经营企业提交企业营业执照和合法使用需要证明;

(二)其他组织提交登记证书(成立批准文件)和合法使用需要证明。

第十五条 申请购买第一类中的药品类易制毒化学品的,由所在地的省、自治区、直辖市人民政府药品监督管理部门审批;申请购买第一类中的非药品类易制毒化学品的,由所在地的省、自治区、直辖市人民政府公安机关审批。

前款规定的行政主管部门应当自收到申请之日起10日内,对申请人提交的申请材料和证件进行审查。对符合规定的,发给购买许可证;不予许可的,应当书面说明理由。

审查第一类易制毒化学品购买许可申请材料时,根据需要,可以进行实地核查。

第十六条 持有麻醉药品、第一类精神药品购买印鉴卡的医疗机构购买第一类中的药品类易制毒化学品的,无须申请第一类易制毒化学品购买许可证。

个人不得购买第一类、第二类易制毒化学品。

第十七条 购买第二类、第三类易制毒化学品的,应当在购买前将所需购买的品种、数量,向所在地的县级人民政府公安机关备案。个人自用购买少量高锰酸钾的,无须备案。

第十八条 经营单位销售第一类易制毒化学品时,应当查验购买许可证和经办人的身份证明。对委托代购的,还应当查验购买人持有的委托文书。

经营单位在查验无误、留存上述证明材料的复印件后,方可出售第一类易制毒化学品;发现可疑情况的,应当立即向当地公安机关报告。

第十九条 经营单位应当建立易制毒化学品销售台账,如实记录销售的品种、数量、日期、购买方等情况。销售台账和证明材料复印件应当保存 2 年备查。

第一类易制毒化学品的销售情况,应当自销售之日起 5 日内报当地公安机关备案;第一类易制毒化学品的使用单位,应当建立使用台账,并保存 2 年备查。

第二类、第三类易制毒化学品的销售情况,应当自销售之日起 30 日内报当地公安机关备案。

第二十条 跨设区的市级行政区域(直辖市为跨市界)或者在国务院公安部门确定的禁毒形势严峻的重点地区跨县级行政区域运输第一类易制毒化学品的,由运出地的设区的市级人民政府公安机关审批;运输第二类易制毒化学品的,由运出地的县级人民政府公安机关审批。经审批取得易制毒化学品运输许可证后,方可运输。

运输第三类易制毒化学品的,应当在运输前向运出地的县级人民政府公安机关备案。公安机关应当于收到备案材料的当日发给备案证明。

第二十一条 申请易制毒化学品运输许可,应当提交易制毒化学品的购销合同,货主是企业的,应当提交营业执照;货主是其他组织的,应当提交登记证书(成立批准文件);货主是个人的,应当提交其个人身份证明。经办人还应当提交本人的身份证明。

公安机关应当自收到第一类易制毒化学品运输许可申请之

日起10日内,收到第二类易制毒化学品运输许可申请之日起3日内,对申请人提交的申请材料进行审查。对符合规定的,发给运输许可证;不予许可的,应当书面说明理由。

审查第一类易制毒化学品运输许可申请材料时,根据需要,可以进行实地核查。

第二十二条 对许可运输第一类易制毒化学品的,发给一次有效的运输许可证。

对许可运输第二类易制毒化学品的,发给3个月有效的运输许可证;6个月内运输安全状况良好的,发给12个月有效的运输许可证。

易制毒化学品运输许可证应当载明拟运输的易制毒化学品的品种、数量、运入地、货主及收货人、承运人情况以及运输许可证种类。

第二十三条 运输供教学、科研使用的100克以下的麻黄素样品和供医疗机构制剂配方使用的小包装麻黄素以及医疗机构或者麻醉药品经营企业购买麻黄素片剂6万片以下、注射剂1.5万支以下,货主或者承运人持有依法取得的购买许可证明或者麻醉药品调拨单的,无须申请易制毒化学品运输许可。

第二十四条 接受货主委托运输的,承运人应当查验货主提供的运输许可证或者备案证明,并查验所运货物与运输许可证或者备案证明载明的易制毒化学品品种等情况是否相符;不相符的,不得承运。

运输易制毒化学品,运输人员应当自启运起全程携带运输许可证或者备案证明。公安机关应当在易制毒化学品的运输过程中进行检查。

运输易制毒化学品,应当遵守国家有关货物运输的规定。

第二十五条 因治疗疾病需要,患者、患者近亲属或者患者委托的人凭医疗机构出具的医疗诊断书和本人的身份证明,可以随身携带第一类中的药品类易制毒化学品药品制剂,但是不得超过医用单张处方的最大剂量。

医用单张处方最大剂量,由国务院卫生主管部门规定、公布。

【典型案例】

某公司运输用于制造毒品的原料、配剂案[①]

1. 基本事实

某公司于2018年4月25日至7月2日未经备案擅自三次向××公司以每公斤8元的单价购买了易制毒化学品丙酮溶液共计12160公斤,总货值为97280元。2018年7月18日9时许被公安机关检查发现,当场在某公司仓库查获13桶(每桶160公斤)丙酮溶剂2080公斤。根据《易制毒化学品管理条例》第38条第1款之规定,决定对某公司处以罚款972800元,没收易制毒化学品丙酮2080公斤。2018年9月30日,斗门公安分局向某公司作出并直接送达珠公斗行罚决字行政处罚决定书,查明某公司不服该行政处罚决定,提起本案诉讼。诉讼请求为:(1)判令斗门公安分局撤销行政处罚决定书;(2)由斗门公安分局负担本案诉讼费。

2. 法院裁判

(1)关于认定事实是否清楚的问题。根据斗门公安在庭审中列举的众多某公司员工的询问笔录、检查笔录、采购订单、送货单、入库单、依法查获的丙酮溶液、检验报告和鉴定意见书等证据

[①] 参见广东省珠海市中级人民法院行政判决书,(2019)粤04行终143号。

足以证明某公司实施了违反《易制毒化学品管理条例》第17条规定的行为,事实清楚,证据确实、充分。

案涉丙酮溶液丙酮的占比高达85%左右,且其被用于某公司生产工艺中已呈现出丙酮的物理混溶与化学活性,应属于《易制毒化学品管理条例》中第三类易制毒化学品丙酮。且某公司对其"丙酮占比95%以上的混合物才能被认定为第三类易制毒化学品"的主张没有提交任何证据,故某公司的主张没有事实和法律依据,原审法院不予支持。

(2)关于适用法律是否正确的问题。本案中,斗门公安分局经调查后,查明某公司于2018年4月25日至7月2日未经备案擅自三次向东莞市给力科技有限公司购买了易制毒化学品丙酮溶液共计12160公斤,总货值为97280元。2018年7月18日9时查获13桶(每桶160公斤)丙酮溶剂2080公斤。斗门公安分局根据上述规定对某公司处以罚款972800元,没收易制毒化学品丙酮2080公斤,适用法规正确,处罚适当。处罚机关职权依据充分,作出被诉处罚决定的程序合法,依法予以确认。二审维持原判。

第八十七条 【对服务行业人员通风报信行为的处罚】
旅馆业、饮食服务业、文化娱乐业、出租汽车业等单位的人员,在公安机关查处吸毒、赌博、卖淫、嫖娼活动时,为违法犯罪行为人通风报信的,或者以其他方式为上述活动提供条件的,处十日以上十五日以下拘留;情节较轻的,处五日以下拘留或者一千元以上二千元以下罚款。

【相关规定索引】

类别	名称	关联条款
有关法律问题和重大问题的决定	《全国人民代表大会常务委员会关于严禁卖淫嫖娼的决定》	第1-3、6-8、10条
法律	《中华人民共和国禁毒法》	第15、27、60、65条
	《中华人民共和国妇女权益保障法》	第27条
行政法规	《娱乐场所管理条例》	第13、14、30、31条
	《旅馆业治安管理办法》	第12条

【关联规定】

87.1 《全国人民代表大会常务委员会关于严禁卖淫嫖娼的决定》(2019年12月28日修改)

一、组织他人卖淫的,处十年以上有期徒刑或者无期徒刑,并处一万元以下罚金或者没收财产;情节特别严重的,处死刑,并处没收财产。

协助组织他人卖淫的,处三年以上十年以下有期徒刑,并处一万元以下罚金;情节严重的,处十年以上有期徒刑,并处一万元以下罚金或者没收财产。

二、强迫他人卖淫的,处五年以上十年以下有期徒刑,并处一万元以下罚金;有下列情形之一的,处十年以上有期徒刑或者无期徒刑,并处一万元以下罚金或者没收财产;情节特别严重的,处死刑,并处没收财产:

(一)强迫不满十四岁的幼女卖淫的;

(二)强迫多人卖淫或者多次强迫他人卖淫的;

(三) 强奸后迫使卖淫的;

(四) 造成被强迫卖淫的人重伤、死亡或者其他严重后果的。

三、引诱、容留、介绍他人卖淫的,处五年以下有期徒刑或者拘役,并处五千元以下罚金;情节严重的,处五年以上有期徒刑,并处一万元以下罚金;情节较轻的,依照《中华人民共和国治安管理处罚法》的规定处罚。

引诱不满十四岁的幼女卖淫的,依照本决定第二条关于强迫不满十四岁的幼女卖淫的规定处罚。

六、旅馆业、饮食服务业、文化娱乐业、出租汽车业等单位的人员,利用本单位的条件,组织、强迫、引诱、容留、介绍他人卖淫的,依照本决定第一条、第二条、第三条的规定处罚。

前款所列单位的主要负责人,有前款规定的行为的,从重处罚。

七、旅馆业、饮食服务业、文化娱乐业、出租汽车业等单位,对发生在本单位的卖淫、嫖娼活动,放任不管、不采取措施制止的,由公安机关处一万元以上十万元以下罚款,并可以责令其限期整顿、停业整顿,经整顿仍不改正的,由工商行政主管部门吊销营业执照;对直接负责的主管人员和其他直接责任人员,由本单位或者上级主管部门予以行政处分,由公安机关处一千元以下罚款。

八、旅馆业、饮食服务业、文化娱乐业、出租汽车业等单位的负责人和职工,在公安机关查处卖淫、嫖娼活动时,隐瞒情况或者为违法犯罪分子通风报信的,依照刑法第一百六十二条的规定处罚。

十、组织、强迫、引诱、容留、介绍他人卖淫以及卖淫的非法所得予以没收。

罚没收入一律上缴国库。

87.2《中华人民共和国禁毒法》(2007年12月29日公布)

第十五条 飞机场、火车站、长途汽车站、码头以及旅店、娱乐场所等公共场所的经营者、管理者,负责本场所的禁毒宣传教育,落实禁毒防范措施,预防毒品违法犯罪行为在本场所内发生。

第二十七条 娱乐场所应当建立巡查制度,发现娱乐场所内有毒品违法犯罪活动的,应当立即向公安机关报告。

第六十条第二项 有下列行为之一,构成犯罪的,依法追究刑事责任;尚不构成犯罪的,依法给予治安管理处罚:

(二)在公安机关查处毒品违法犯罪活动时为违法犯罪行为人通风报信的;

第六十五条 娱乐场所及其从业人员实施毒品违法犯罪行为,或者为进入娱乐场所的人员实施毒品违法犯罪行为提供条件,构成犯罪的,依法追究刑事责任;尚不构成犯罪的,依照有关法律、行政法规的规定给予处罚。

娱乐场所经营管理人员明知场所内发生聚众吸食、注射毒品或者贩毒活动,不向公安机关报告的,依照前款的规定给予处罚。

87.3《中华人民共和国妇女权益保障法》(2022年10月30日修订)

第二十七条 禁止卖淫、嫖娼;禁止组织、强迫、引诱、容留、介绍妇女卖淫或者对妇女进行猥亵活动;禁止组织、强迫、引诱、容留、介绍妇女在任何场所或者利用网络进行淫秽表演活动。

87.4《娱乐场所管理条例》(2020年11月29日修订)

第十三条第六、九项 国家倡导弘扬民族优秀文化,禁止娱乐场所内的娱乐活动含有下列内容:

(六)宣扬淫秽、赌博、暴力以及与毒品有关的违法犯罪活动,或者教唆犯罪的;

(九)法律、行政法规禁止的其他内容。

第十四条第一款第一、二、三、五项,第二款 娱乐场所及其从业人员不得实施下列行为,不得为进入娱乐场所的人员实施下列行为提供条件:

(一)贩卖、提供毒品,或者组织、强迫、教唆、引诱、欺骗、容留他人吸食、注射毒品;

(二)组织、强迫、引诱、容留、介绍他人卖淫、嫖娼;

(三)制作、贩卖、传播淫秽物品;

(五)赌博;

娱乐场所的从业人员不得吸食、注射毒品,不得卖淫、嫖娼;娱乐场所及其从业人员不得为进入娱乐场所的人员实施上述行为提供条件。

第三十条 娱乐场所应当在营业场所的大厅、包厢、包间内的显著位置悬挂含有禁毒、禁赌、禁止卖淫嫖娼等内容的警示标志、未成年人禁入或者限入标志。标志应当注明公安部门、文化主管部门的举报电话。

第三十一条 娱乐场所应当建立巡查制度,发现娱乐场所内有违法犯罪活动的,应当立即向所在地县级公安部门、县级人民政府文化主管部门报告。

87.5 《旅馆业治安管理办法》(2022年3月29日修订)

第十二条 旅馆内,严禁卖淫、嫖宿、赌博、吸毒、传播淫秽物品等违法犯罪活动。

【典型案例】

胡某为违法犯罪人通风报信案①

1. 基本事实

原告胡某系某足浴店负责人。2013年10月17日21时50分许,一名男子王某(已另案处理)在该店内与店内女子孙某(已另案处理)谈妥价格,孙某为王某提供有偿性服务。此时,虹口公安分局四川北路派出所民警到店内依法检查,原告叫喊孙某的小名,为孙某通风报信。但是,孙某与王某仍被民警当场抓获。2013年10月18日虹口公安分局作出行政处罚决定,以为卖淫、嫖娼人员通风报信为由,依据2012年《中华人民共和国治安管理处罚法》第74条之规定,决定对原告行政拘留10日。原告不服,申请行政复议。2014年2月24日上海市虹口区人民政府作出行政复议决定维持了被告作出的行政处罚决定,原告遂起诉至法院。

2. 法院裁判

本院认为:根据2012年《中华人民共和国治安管理处罚法》第7条的规定,被告具有对原告作出行政处罚决定之职权。根据原告本人陈述及有关证人证言,可以认定原告实施了为卖淫、嫖娼人员通风报信的违法行为。基于原告的违法事实,被告作出行政处罚决定符合法律规定。而原告认为其在受到刑讯逼供的情况下在笔录上签名的异议,从原告进入拘留所时的身体检查记录中记载的身体状况,难以证明原告受到刑讯逼供的情况。至于原告对被告提供的有关王某、孙某询问笔录的异议,因原告并无相

---

① 参见上海市虹口区人民法院行政判决书,(2014)虹行初字第54号。

关证据予以证明,本院不予支持。此外,被告在作出行政处罚前履行了行政处罚告知义务,属程序合法。综上,被告作出的行政处罚认定事实清楚,程序合法,适用法律正确。据此,依据2012年《中华人民共和国治安管理处罚法》第7条、第74条,最高人民法院《关于执行〈中华人民共和国行政诉讼法〉若干问题的解释》第56条第4项之规定,判决如下:驳回原告胡某某的诉讼请求。

第八十八条 【对生活噪声持续干扰他人行为的处罚】
违反关于社会生活噪声污染防治的法律法规规定,产生社会生活噪声,经基层群众性自治组织、业主委员会、物业服务人、有关部门依法劝阻、调解和处理未能制止,继续干扰他人正常生活、工作和学习的,处五日以下拘留或者一千元以下罚款;情节严重的,处五日以上十日以下拘留,可以并处一千元以下罚款。

【相关规定索引】

类别	名称	关联条款
法律	《中华人民共和国民法典》	第9、286、288、294条
	《中华人民共和国噪声污染防治法》	第2、59-70、87条

【关联规定】

88.1 《中华人民共和国民法典》(2020年5月28日公布)

第九条 民事主体从事民事活动,应当有利于节约资源、保护生态环境。

第二百八十六条 业主应当遵守法律、法规以及管理规约,相关行为应当符合节约资源、保护生态环境的要求。对于物业服务企业或者其他管理人执行政府依法实施的应急处置措施和其他管理措施,业主应当依法予以配合。

业主大会或者业主委员会,对任意弃置垃圾、排放污染物或者噪声、违反规定饲养动物、违章搭建、侵占通道、拒付物业费等损害他人合法权益的行为,有权依照法律、法规以及管理规约,请求行为人停止侵害、排除妨碍、消除危险、恢复原状、赔偿损失。

业主或者其他行为人拒不履行相关义务的,有关当事人可以向有关行政主管部门报告或者投诉,有关行政主管部门应当依法处理。

第二百八十八条 不动产的相邻权利人应当按照有利生产、方便生活、团结互助、公平合理的原则,正确处理相邻关系。

第二百九十四条 不动产权利人不得违反国家规定弃置固体废物,排放大气污染物、水污染物、土壤污染物、噪声、光辐射、电磁辐射等有害物质。

88.2 《中华人民共和国噪声污染防治法》(2021年12月24日公布)

第二条 本法所称噪声,是指在工业生产、建筑施工、交通运输和社会生活中产生的干扰周围生活环境的声音。

本法所称噪声污染,是指超过噪声排放标准或者未依法采取防控措施产生噪声,并干扰他人正常生活、工作和学习的现象。

第五十九条 本法所称社会生活噪声,是指人为活动产生的除工业噪声、建筑施工噪声和交通运输噪声之外的干扰周围生活环境的声音。

第六十条 全社会应当增强噪声污染防治意识,自觉减少社会生活噪声排放,积极开展噪声污染防治活动,形成人人有责、人人参与、人人受益的良好噪声污染防治氛围，共同维护生活环境和谐安宁。

第六十一条 文化娱乐、体育、餐饮等场所的经营管理者应当采取有效措施，防止、减轻噪声污染。

第六十二条 使用空调器、冷却塔、水泵、油烟净化器、风机、发电机、变压器、锅炉、装卸设备等可能产生社会生活噪声污染的设备、设施的企业事业单位和其他经营管理者等，应当采取优化布局、集中排放等措施，防止、减轻噪声污染。

第六十三条 禁止在商业经营活动中使用高音广播喇叭或者采用其他持续反复发出高噪声的方法进行广告宣传。

对商业经营活动中产生的其他噪声，经营者应当采取有效措施，防止噪声污染。

第六十四条 禁止在噪声敏感建筑物集中区域使用高音广播喇叭，但紧急情况以及地方人民政府规定的特殊情形除外。

在街道、广场、公园等公共场所组织或者开展娱乐、健身等活动，应当遵守公共场所管理者有关活动区域、时段、音量等规定，采取有效措施，防止噪声污染；不得违反规定使用音响器材产生过大音量。

公共场所管理者应当合理规定娱乐、健身等活动的区域、时段、音量，可以采取设置噪声自动监测和显示设施等措施加强管理。

第六十五条 家庭及其成员应当培养形成减少噪声产生的良好习惯，乘坐公共交通工具、饲养宠物和其他日常活动尽量避免产生噪声对周围人员造成干扰，互谅互让解决噪声纠纷，共同维护声环境质量。

使用家用电器、乐器或者进行其他家庭场所活动，应当控制音量或者采取其他有效措施,防止噪声污染。

第六十六条 对已竣工交付使用的住宅楼、商铺、办公楼等建筑物进行室内装修活动,应当按照规定限定作业时间,采取有效措施,防止、减轻噪声污染。

第六十七条 新建居民住房的房地产开发经营者应当在销售场所公示住房可能受到噪声影响的情况以及采取或者拟采取的防治措施,并纳入买卖合同。

新建居民住房的房地产开发经营者应当在买卖合同中明确住房的共用设施设备位置和建筑隔声情况。

第六十八条 居民住宅区安装电梯、水泵、变压器等共用设施设备的,建设单位应当合理设置,采取减少振动、降低噪声的措施,符合民用建筑隔声设计相关标准要求。

已建成使用的居民住宅区电梯、水泵、变压器等共用设施设备由专业运营单位负责维护管理,符合民用建筑隔声设计相关标准要求。

第六十九条 基层群众性自治组织指导业主委员会、物业服务人、业主通过制定管理规约或者其他形式,约定本物业管理区域噪声污染防治要求,由业主共同遵守。

第七十条 对噪声敏感建筑物集中区域的社会生活噪声扰民行为,基层群众性自治组织、业主委员会、物业服务人应当及时劝阻、调解;劝阻、调解无效的,可以向负有社会生活噪声污染防治监督管理职责的部门或者地方人民政府指定的部门报告或者投诉,接到报告或者投诉的部门应当依法处理。

第八十七条 违反本法规定,产生社会生活噪声,经劝阻、调解和处理未能制止,持续干扰他人正常生活、工作和学习,或者有其他扰乱公共秩序、妨害社会管理等违反治安管理行为的,由公安机关依法给予治安管理处罚。

违反本法规定,构成犯罪的,依法追究刑事责任。

【典型案例】

广场舞噪声案①

1. 基本事实

华某系居住于本市浦东新区的居民,因认为某公园广场上长期有跳广场舞人群发出噪声影响其生活,华某自2021年12月起即向花木派出所信访,要求花木派出所对该处噪声扰民问题进行处理。因觉效果甚微,华某多次多渠道进行投诉。花木派出所接到华某的报警和信访后,出警对该广场上娱乐的人群进行劝阻,经民警劝阻后,跳舞人群均表示会调低音量,减少噪声对居民的干扰。华某认为花木派出所未能实质解决该地区的噪声扰民问题,于2023年4月向花木派出所递交《请求履行法定职责申请书》,要求花木派出所依法治安管理处罚职责。华某认为花木派出所收到其申请后未履行法定职责,向原审人民法院提起行政诉讼,请求判令花木派出所充分履行法定职责,对违反治安管理的行为给予治安管理处罚。

2. 法院裁判

根据2012年《中华人民共和国治安管理处罚法》第58条、《中华人民共和国噪声污染防治法》《上海市社会生活噪声污染防治办法》的相关规定,公安机关对违反关于社会生活噪声污染防治的法律规定、制造噪声干扰他人正常生活的违法行为,具有依法予以查处、作出行政处罚决定的法定职权。本案中,华某以

---

① 参见上海市第二中级人民法院行政判决书,(2024)沪02行终72号。

多次拨打"110"和书面方式申请花木派出所履行法定职责,要求对某公园门外的广场舞噪声扰民的行为予以查处,该事项属于公安机关的职责权限范围,花木派出所应对华某的申请依法进行调查并作出处理。本案中,花木派出所收到华某的投诉申请和履职申请后,多次到现场予以处置,要求跳广场舞人员将音量调轻,履行了调查处理的职责。在跳广场舞人员听从劝阻,配合将音量调低,承诺减少噪声的情况下,花木派出所不再对跳广场舞人员进行后续处理并无不当。属于公共场所,人员流动性较大,公安机关亦无权阻止群众在公共场地跳广场舞的行为。华某坚持要求花木派出所对在某公园门外广场跳广场舞、外放音乐扰民的行为作出行政处罚,缺乏事实和法律依据,原审法院遂判决驳回华某的诉讼请求。二审维持原判。

第八十九条 【对饲养动物违法行为的处罚】 饲养动物,干扰他人正常生活的,处警告;警告后不改正的,或者放任动物恐吓他人的,处一千元以下罚款。

违反有关法律、法规、规章规定,出售、饲养烈性犬等危险动物的,处警告;警告后不改正的,或者致使动物伤害他人的,处五日以下拘留或者一千元以下罚款;情节较重的,处五日以上十日以下拘留。

未对动物采取安全措施,致使动物伤害他人的,处一千元以下罚款;情节较重的,处五日以上十日以下拘留。

驱使动物伤害他人的,依照本法第五十一条的规定处罚。

【相关规定索引】

类别	名称	关联条款
法律	《中华人民共和国民法典》	第286、1245－1251条
行政法规	《中华人民共和国传染病防治法实施办法》	第29、66条

【关联规定】

89.1 《中华人民共和国民法典》(2020年5月28日公布)

第二百八十六条 业主应当遵守法律、法规以及管理规约,相关行为应当符合节约资源、保护生态环境的要求。对于物业服务企业或者其他管理人执行政府依法实施的应急处置措施和其他管理措施,业主应当依法予以配合。

业主大会或者业主委员会,对任意弃置垃圾、排放污染物或者噪声、违反规定饲养动物、违章搭建、侵占通道、拒付物业费等损害他人合法权益的行为,有权依照法律、法规以及管理规约,请求行为人停止侵害、排除妨碍、消除危险、恢复原状、赔偿损失。

业主或者其他行为人拒不履行相关义务的,有关当事人可以向有关行政主管部门报告或者投诉,有关行政主管部门应当依法处理。

第一千二百四十五条 饲养的动物造成他人损害的,动物饲养人或者管理人应当承担侵权责任;但是,能够证明损害是因被侵权人故意或者重大过失造成的,可以不承担或者减轻责任。

第一千二百四十六条 违反管理规定,未对动物采取安全措施造成他人损害的,动物饲养人或者管理人应当承担侵权责任;但是,能够证明损害是因被侵权人故意造成的,可以减轻责任。

第一千二百四十七条 禁止饲养的烈性犬等危险动物造成

他人损害的,动物饲养人或者管理人应当承担侵权责任。

第一千二百四十八条　动物园的动物造成他人损害的,动物园应当承担侵权责任;但是,能够证明尽到管理职责的,不承担侵权责任。

第一千二百四十九条　遗弃、逃逸的动物在遗弃、逃逸期间造成他人损害的,由动物原饲养人或者管理人承担侵权责任。

第一千二百五十条　因第三人的过错致使动物造成他人损害的,被侵权人可以向动物饲养人或者管理人请求赔偿,也可以向第三人请求赔偿。动物饲养人或者管理人赔偿后,有权向第三人追偿。

第一千二百五十一条　饲养动物应当遵守法律法规,尊重社会公德,不得妨碍他人生活。

89.2　《中华人民共和国传染病防治法实施办法》(1991年12月6日公布)

第二十九条　狂犬病的防治管理工作按照下列规定分工负责:

(一)公安部门负责县以上城市养犬的审批与违章养犬的处理,捕杀狂犬、野犬。

(二)畜牧兽医部门负责兽用狂犬病疫苗的研制、生产和供应;对城乡经批准的养犬进行预防接种、登记和发放"家犬免疫证";对犬类狂犬病的疫情进行监测和负责进出口犬类的检疫、免疫及管理。

(三)乡(镇)政府负责辖区内养犬的管理,捕杀狂犬、野犬。

(四)卫生部门负责人用狂犬病疫苗的供应、接种和病人的诊治。

第六十六条第一款第十二项　有下列行为之一的,由县级以上政府卫生行政部门责令限期改正,可以处五千元以下的罚款;情节较严重的,可以处五千元以上两万元以下的罚款,对主管人员和直接责任人员由其所在单位或者上级机关给予行政处分;

(十二)违章养犬或者拒绝、阻挠捕杀违章犬,造成咬伤他人或者导致人群中发生狂犬病的。

【典型案例】

徐某饲养蜜蜂扰乱他人正常生活案[1]

1. 基本事实

2019年7月12日,龙江县世纪龙鼎小区居民刘某向龙江县公安局通达派出所(以下简称通达派出所)报案称,其左胳膊被小区东门处蜜蜂食杂店家饲养的蜜蜂蜇了。通达派出所对世纪龙鼎小区东门现场进行了勘验,对蜜蜂飞行停留的花坛喷泉现场进行了拍照,对蜜蜂蜇伤人员胳臂和手指部位进行了拍照,对世纪龙鼎小区相关居民进行了调查询问。2019年7月26日,对徐某作出罚款200元行政处罚,处罚决定依法同时送达报案人刘某。徐某不服,提起复议,龙江县人民政府做出维持罚款的复议决定。另查明,龙江县世纪龙鼎小区东门附近只有徐某饲养蜜蜂。徐某曾因饲养蜜蜂干扰小区居民正常生活,被公安机关警告处罚过一次。

2. 法院裁判

本案中,通达派出所是法律授权机关,可以自己的名义作出500元以下罚款处罚决定,是本案适格被告。通达派出所受案登

---

[1] 参见黑龙江省齐齐哈尔市中级人民法院行政判决书,(2020)黑02行终139号。

记后制作了回执,履行了处罚前陈述申辩权利告知义务,在法定期限内办结受理案件,结案后依法向行政相对人和行政相关人送达处理结果。通达派出所在完成以上法定办案工作基础上,针对徐某被警告处罚后又发生蜜蜂蜇伤小区居民的实际,依法对其罚款 200 元符合惩罚和教育相结合的处罚思想要求。通达派出所行政处罚事实清楚,证据确凿,适用法律法规正确,符合法定程序。

龙江县人民政府作为复议机关,及时受理了徐某复议申请,要求派出所在法定期限内对复议申请进行答复,依法审查了全部涉案材料,层报行政首长审批后作出复议决定。龙江县人民政府遵循了合法、公正、公开、及时、便民的复议原则,决定落款日期瑕疵构不上程序违法不影响复议决定实体公正,书面审理复议案件不违背法律规定。龙江县人民政府复议决定符合法律要求,复议决定正确。徐某主张撤销处罚决定和复议决定没有事实根据和法律依据,不予支持。驳回原告徐某的诉讼请求。二审维持原判。

第四章 处罚程序

第一节 调 查

第九十条 【立案调查及处理程序】公安机关对报案、控告、举报或者违反治安管理行为人主动投案,以及其他国家机关移送的违反治安管理案件,应当立即立案并进行调查;认为不属于违反治安管理行为的,应当告知报案人、控告人、举报人、投案人,并说明理由。

【相关规定索引】

类别	名 称	关联条款
法律	《中华人民共和国人民警察法》	第21条
	《中华人民共和国行政处罚法》	第27、39、54、76、82、83条
	《中华人民共和国刑法》	第37条
	《中华人民共和国监察法》	第38条
	《中华人民共和国刑事诉讼法》	第177条
监察法规	《中华人民共和国监察法实施条例》	第35条

【关联规定】

90.1 《中华人民共和国人民警察法》(2012年10月26日修正)

第二十一条　人民警察遇到公民人身、财产安全受到侵犯或者处于其他危难情形,应当立即救助;对公民提出解决纠纷的要求,应当给予帮助;对公民的报警案件,应当及时查处。

人民警察应当积极参加抢险救灾和社会公益工作。

90.2 《中华人民共和国行政处罚法》(2021年1月22日修订)

第二十七条　违法行为涉嫌犯罪的,行政机关应当及时将案件移送司法机关,依法追究刑事责任。对依法不需要追究刑事责任或者免予刑事处罚,但应当给予行政处罚的,司法机关应当及时将案件移送有关行政机关。

行政处罚实施机关与司法机关之间应当加强协调配合,建立健全案件移送制度,加强证据材料移交、接收衔接,完善案件处理信息通报机制。

第三十九条　行政处罚的实施机关、立案依据、实施程序和救济渠道等信息应当公示。

第五十四条　除本法第五十一条规定的可以当场作出的行政处罚外,行政机关发现公民、法人或者其他组织有依法应当给予行政处罚的行为的,必须全面、客观、公正地调查,收集有关证据;必要时,依照法律、法规的规定,可以进行检查。

符合立案标准的,行政机关应当及时立案。

第七十六条　行政机关实施行政处罚,有下列情形之一,由上级行政机关或者有关机关责令改正,对直接负责的主管人员和其他直接责任人员依法给予处分:

(一)没有法定的行政处罚依据的;

（二）擅自改变行政处罚种类、幅度的；

（三）违反法定的行政处罚程序的；

（四）违反本法第二十条关于委托处罚的规定的；

（五）执法人员未取得执法证件的。

行政机关对符合立案标准的案件不及时立案的，依照前款规定予以处理。

第八十二条 行政机关对应当依法移交司法机关追究刑事责任的案件不移交，以行政处罚代替刑事处罚，由上级行政机关或者有关机关责令改正，对直接负责的主管人员和其他直接责任人员依法给予处分；情节严重构成犯罪的，依法追究刑事责任。

第八十三条 行政机关对应当予以制止和处罚的违法行为不予制止、处罚，致使公民、法人或者其他组织的合法权益、公共利益和社会秩序遭受损害的，对直接负责的主管人员和其他直接责任人员依法给予处分；情节严重构成犯罪的，依法追究刑事责任。

90.3 《中华人民共和国刑法》(2023年12月29日修正)

第三十七条 对于犯罪情节轻微不需要判处刑罚的，可以免予刑事处罚，但是可以根据案件的不同情况，予以训诫或者责令具结悔过、赔礼道歉、赔偿损失，或者由主管部门予以行政处罚或者行政处分。

90.4 《中华人民共和国监察法》(2024年12月25日修正)

第三十八条 监察机关对于报案或者举报，应当接受并按照有关规定处理。对于不属于本机关管辖的，应当移送主管机关处理。

90.5 《中华人民共和国刑事诉讼法》(2018年10月26日修正)

第一百七十七条 犯罪嫌疑人没有犯罪事实，或者有本法第十六条规定的情形之一的,人民检察院应当作出不起诉决定。

对于犯罪情节轻微,依照刑法规定不需要判处刑罚或者免除刑罚的,人民检察院可以作出不起诉决定。

人民检察院决定不起诉的案件,应当同时对侦查中查封、扣押、冻结的财物解除查封、扣押、冻结。对被不起诉人需要给予行政处罚、处分或者需要没收其违法所得的,人民检察院应当提出检察意见,移送有关主管机关处理。有关主管机关应当将处理结果及时通知人民检察院。

90.6 《中华人民共和国监察法实施条例》(2025年6月1日修订)

第三十五条 监察机关发现依法由其他机关管辖的违法犯罪线索,应当及时移送有管辖权的机关。

监察机关调查结束后,对于应当给予被调查人或者涉案人员行政处罚等其他处理的,依法移送有关机关。

第九十一条 【严禁非法取证】公安机关及其人民警察对治安案件的调查,应当依法进行。严禁刑讯逼供或者采用威胁、引诱、欺骗等非法手段收集证据。

以非法手段收集的证据不得作为处罚的根据。

【相关规定索引】

类别	名　　称	关联条款
法律	《中华人民共和国行政处罚法》	第38、46、54-62、76条
	《中华人民共和国人民警察法》	第22、45条

续表

类别	名称	关联条款
司法解释	《最高人民法院关于适用〈中华人民共和国行政诉讼法〉的解释》	第43条
	《最高人民法院关于行政诉讼证据若干问题的规定》	第57、58、62条

【关联规定】

91.1 《中华人民共和国行政处罚法》(2021年1月22日修订)

第三十八条 行政处罚没有依据或者实施主体不具有行政主体资格的,行政处罚无效。

违反法定程序构成重大且明显违法的,行政处罚无效。

第四十六条 证据包括:

(一)书证;

(二)物证;

(三)视听资料;

(四)电子数据;

(五)证人证言;

(六)当事人的陈述;

(七)鉴定意见;

(八)勘验笔录、现场笔录。

证据必须经查证属实,方可作为认定案件事实的根据。

以非法手段取得的证据,不得作为认定案件事实的根据。

第五十四条 除本法第五十一条规定的可以当场作出的行政处罚外,行政机关发现公民、法人或者其他组织有依法应当给予行政处罚的行为的,必须全面、客观、公正地调查,收集有关证据；必要时，依照法律、法规的规定，可以进行检查。

符合立案标准的，行政机关应当及时立案。

第五十五条 执法人员在调查或者进行检查时，应当主动向当事人或者有关人员出示执法证件。当事人或者有关人员有权要求执法人员出示执法证件。执法人员不出示执法证件的，当事人或者有关人员有权拒绝接受调查或者检查。

当事人或者有关人员应当如实回答询问，并协助调查或者检查，不得拒绝或者阻挠。询问或者检查应当制作笔录。

第五十六条 行政机关在收集证据时，可以采取抽样取证的方法；在证据可能灭失或者以后难以取得的情况下，经行政机关负责人批准，可以先行登记保存，并应当在七日内及时作出处理决定，在此期间，当事人或者有关人员不得销毁或者转移证据。

第五十七条 调查终结，行政机关负责人应当对调查结果进行审查，根据不同情况，分别作出如下决定：

（一）确有应受行政处罚的违法行为的，根据情节轻重及具体情况，作出行政处罚决定；

（二）违法行为轻微，依法可以不予行政处罚的，不予行政处罚；

（三）违法事实不能成立的，不予行政处罚；

（四）违法行为涉嫌犯罪的，移送司法机关。

对情节复杂或者重大违法行为给予行政处罚，行政机关负责人应当集体讨论决定。

第五十八条 有下列情形之一，在行政机关负责人作出行政处罚的决定之前，应当由从事行政处罚决定法制审核的人员进行法制审核；未经法制审核或者审核未通过的，不得作出决定：

（一）涉及重大公共利益的；

（二）直接关系当事人或者第三人重大权益，经过听证程序的；

（三）案件情况疑难复杂、涉及多个法律关系的；

（四）法律、法规规定应当进行法制审核的其他情形。

行政机关中初次从事行政处罚决定法制审核的人员，应当通过国家统一法律职业资格考试取得法律职业资格。

第五十九条 行政机关依照本法第五十七条的规定给予行政处罚，应当制作行政处罚决定书。行政处罚决定书应当载明下列事项：

（一）当事人的姓名或者名称、地址；

（二）违反法律、法规、规章的事实和证据；

（三）行政处罚的种类和依据；

（四）行政处罚的履行方式和期限；

（五）申请行政复议、提起行政诉讼的途径和期限；

（六）作出行政处罚决定的行政机关名称和作出决定的日期。

行政处罚决定书必须盖有作出行政处罚决定的行政机关的印章。

第六十条 行政机关应当自行政处罚案件立案之日起九十日内作出行政处罚决定。法律、法规、规章另有规定的，从其规定。

第六十一条 行政处罚决定书应当在宣告后当场交付当事人；当事人不在场的，行政机关应当在七日内依照《中华人民共和国民事诉讼法》的有关规定，将行政处罚决定书送达当事人。

当事人同意并签订确认书的，行政机关可以采用传真、电子邮件等方式，将行政处罚决定书等送达当事人。

第六十二条 行政机关及其执法人员在作出行政处罚决定之前,未依照本法第四十四条、第四十五条的规定向当事人告知拟作出的行政处罚内容及事实、理由、依据,或者拒绝听取当事人的陈述、申辩,不得作出行政处罚决定;当事人明确放弃陈述或者申辩权利的除外。

第七十六条 行政机关实施行政处罚,有下列情形之一,由上级行政机关或者有关机关责令改正,对直接负责的主管人员和其他直接责任人员依法给予处分:

(一)没有法定的行政处罚依据的;

(二)擅自改变行政处罚种类、幅度的;

(三)违反法定的行政处罚程序的;

(四)违反本法第二十条关于委托处罚的规定的;

(五)执法人员未取得执法证件的。

行政机关对符合立案标准的案件不及时立案的,依照前款规定予以处理。

91.2 《中华人民共和国人民警察法》(2012年10月26日修正)

第二十二条第四、五项 人民警察不得有下列行为:

(四)刑讯逼供或者体罚、虐待人犯;

(五)非法剥夺、限制他人人身自由,非法搜查他人的身体、物品、住所或者场所;

第四十五条 人民警察在办理治安案件过程中,遇有下列情形之一的,应当回避,当事人或者其法定代理人也有权要求他们回避:

(一)是本案的当事人或者是当事人的近亲属的;

(二)本人或者其近亲属与本案有利害关系的;

(三)与本案当事人有其他关系,可能影响案件公正处理的。

前款规定的回避,由有关的公安机关决定。

人民警察在办理刑事案件过程中的回避,适用刑事诉讼法的规定。

91.3 《最高人民法院关于适用〈中华人民共和国行政诉讼法〉的解释》(2018年2月6日公布)

第四十三条 有下列情形之一的,属于行政诉讼法第四十三条第三款规定的"以非法手段取得的证据":

(一)严重违反法定程序收集的证据材料;

(二)以违反法律强制性规定的手段获取且侵害他人合法权益的证据材料;

(三)以利诱、欺诈、胁迫、暴力等手段获取的证据材料。

91.4 《最高人民法院关于行政诉讼证据若干问题的规定》(2002年7月24日公布)

第五十七条 下列证据材料不能作为定案依据:

(一)严重违反法定程序收集的证据材料;

(二)以偷拍、偷录、窃听等手段获取侵害他人合法权益的证据材料;

(三)以利诱、欺诈、胁迫、暴力等不正当手段获取的证据材料;

(四)当事人无正当事由超出举证期限提供的证据材料;

(五)在中华人民共和国领域以外或者在中华人民共和国香港特别行政区、澳门特别行政区和台湾地区形成的未办理法定证明手续的证据材料;

(六)当事人无正当理由拒不提供原件、原物,又无其他证据印证,且对方当事人不予认可的证据的复制件或者复制品;

（七）被当事人或者他人进行技术处理而无法辨明真伪的证据材料；

（八）不能正确表达意志的证人提供的证言；

（九）不具备合法性和真实性的其他证据材料。

第五十八条 以违反法律禁止性规定或者侵犯他人合法权益的方法取得的证据，不能作为认定案件事实的依据。

第六十二条 对被告在行政程序中采纳的鉴定结论，原告或者第三人提出证据证明有下列情形之一的，人民法院不予采纳：

（一）鉴定人不具备鉴定资格；

（二）鉴定程序严重违法；

（三）鉴定结论错误、不明确或者内容不完整。

第九十二条 【公安机关调查取证权及相关主体证据提供义务】 公安机关办理治安案件，有权向有关单位和个人收集、调取证据。有关单位和个人应当如实提供证据。

公安机关向有关单位和个人收集、调取证据时，应当告知其必须如实提供证据，以及伪造、隐匿、毁灭证据或者提供虚假证言应当承担的法律责任。

【相关规定索引】

类别	名　称	关联条款
法律	《中华人民共和国行政处罚法》	第55、56条
	《中华人民共和国人民警察法》	第34、35条

【关联规定】

92.1 《中华人民共和国行政处罚法》(2021年1月22日修订)

第五十五条 执法人员在调查或者进行检查时,应当主动向当事人或者有关人员出示执法证件。当事人或者有关人员有权要求执法人员出示执法证件。执法人员不出示执法证件的,当事人或者有关人员有权拒绝接受调查或者检查。

当事人或者有关人员应当如实回答询问,并协助调查或者检查,不得拒绝或者阻挠。询问或者检查应当制作笔录。

第五十六条 行政机关在收集证据时,可以采取抽样取证的方法;在证据可能灭失或者以后难以取得的情况下,经行政机关负责人批准,可以先行登记保存,并应当在七日内及时作出处理决定,在此期间,当事人或者有关人员不得销毁或者转移证据。

92.2 《中华人民共和国人民警察法》(2012年10月26日修正)

第三十四条 人民警察依法执行职务,公民和组织应当给予支持和协助。公民和组织协助人民警察依法执行职务的行为受法律保护。对协助人民警察执行职务有显著成绩的,给予表彰和奖励。

公民和组织因协助人民警察执行职务,造成人身伤亡或者财产损失的,应当按照国家有关规定给予抚恤或者补偿。

第三十五条第一款第二项、第二款 拒绝或者阻碍人民警察依法执行职务,有下列行为之一的,给予治安管理处罚:

(二)阻碍人民警察调查取证的;

以暴力、威胁方法实施前款规定的行为,构成犯罪的,依法追究刑事责任。

第九十三条 【移送案件的证据使用】在办理刑事案件过程中以及其他执法办案机关在移送案件前依法收集的物证、书证、视听资料、电子数据等证据材料,可以作为治安案件的证据使用。

【相关规定索引】

类别	名称	关联条款
法律	《中华人民共和国行政处罚法》	第27条
	《中华人民共和国刑事诉讼法》	第54条
监察法规	《中华人民共和国监察法实施条例》	第75、76条

【关联规定】

93.1 《中华人民共和国行政处罚法》(2021年1月22日修订)

第二十七条 违法行为涉嫌犯罪的,行政机关应当及时将案件移送司法机关,依法追究刑事责任。对依法不需要追究刑事责任或者免于刑事处罚,但应当给予行政处罚的,司法机关应当及时将案件移送有关行政机关。

行政处罚实施机关与司法机关之间应当加强协调配合,建立健全案件移送制度,加强证据材料移交、接收衔接,完善案件处理信息通报机制。

93.2 《中华人民共和国刑事诉讼法》(2018年10月26日修正)

第五十四条 人民法院、人民检察院和公安机关有权向有关单位和个人收集、调取证据。有关单位和个人应当如实提供证据。

行政机关在行政执法和查办案件过程中收集的物证、书证、视听资料、电子数据等证据材料,在刑事诉讼中可以作为证据使用。

对涉及国家秘密、商业秘密、个人隐私的证据,应当保密。

凡是伪造证据、隐匿证据或者毁灭证据的,无论属于何方,必须受法律追究。

93.3 《中华人民共和国监察法实施条例》(2025年6月1日修订)

第七十五条 监察机关对行政机关在行政执法和查办案件中收集的物证、书证、视听资料、电子数据、勘验、检查等笔录,以及鉴定意见等证据材料,经审查符合法定要求的,可以作为证据使用。

根据法律、行政法规规定行使国家行政管理职权的组织在行政执法和查办案件中收集的证据材料,视为行政机关收集的证据材料。

第七十六条 监察机关对人民法院、人民检察院、公安机关、国家安全机关等在刑事诉讼中收集的物证、书证、视听资料、电子数据,勘验、检查、辨认、侦查实验等笔录,以及鉴定意见等证据材料,经审查符合法定要求的,可以作为证据使用。

监察机关办理职务违法案件,对于人民法院生效刑事判决、裁定和人民检察院不起诉决定采信的证据材料,可以直接作为证据使用。

第九十四条 【保密义务】公安机关及其人民警察在办理治安案件时,对涉及的国家秘密、商业秘密、个人隐私或者个人信息,应当予以保密。

【相关规定索引】

类别	名 称	关联条款
法律	《中华人民共和国保守国家秘密法》	第2、5、7、13、14、28-31条
	《中华人民共和国人民警察法》	第22条
	《中华人民共和国反不正当竞争法》	第10条
	《中华人民共和国民法典》	第111、123、1032-1036、1038、1039条
	《中华人民共和国个人信息保护法》	第33-37条
	《中华人民共和国行政处罚法》	第50条
	《中华人民共和国国家安全法》	第77条
	《中华人民共和国反间谍法》	第8条
	《中华人民共和国居民身份证法》	第6、19、20条
	《中华人民共和国反恐怖主义法》	第48条
行政法规	《中华人民共和国计算机信息网络国际联网管理暂行规定》	第13条
	《中华人民共和国保守国家秘密法实施条例》	第6条

【关联规定】

94.1 《中华人民共和国保守国家秘密法》(2024年2月27日修订)

第二条 国家秘密是关系国家安全和利益,依照法定程序确定,在一定时间内只限一定范围的人员知悉的事项。

第五条 国家秘密受法律保护。

一切国家机关和武装力量、各政党和各人民团体、企业事业组织和其他社会组织以及公民都有保密的义务。

任何危害国家秘密安全的行为,都必须受到法律追究。

第七条 国家机关和涉及国家秘密的单位(以下简称机关、单位)管理本机关和本单位的保密工作。

中央国家机关在其职权范围内管理或者指导本系统的保密工作。

第十三条 下列涉及国家安全和利益的事项,泄露后可能损害国家在政治、经济、国防、外交等领域的安全和利益的,应当确定为国家秘密:

(一)国家事务重大决策中的秘密事项;

(二)国防建设和武装力量活动中的秘密事项;

(三)外交和外事活动中的秘密事项以及对外承担保密义务的秘密事项;

(四)国民经济和社会发展中的秘密事项;

(五)科学技术中的秘密事项;

(六)维护国家安全活动和追查刑事犯罪中的秘密事项;

(七)经国家保密行政管理部门确定的其他秘密事项。

政党的秘密事项中符合前款规定的,属于国家秘密。

第十四条 国家秘密的密级分为绝密、机密、秘密三级。

绝密级国家秘密是最重要的国家秘密,泄露会使国家安全和利益遭受特别严重的损害;机密级国家秘密是重要的国家秘密,泄露会使国家安全和利益遭受严重的损害;秘密级国家秘密是一般的国家秘密,泄露会使国家安全和利益遭受损害。

第二十八条 机关、单位应当加强对国家秘密载体的管理,任何组织和个人不得有下列行为:

(一)非法获取、持有国家秘密载体;

(二)买卖、转送或者私自销毁国家秘密载体;

(三)通过普通邮政、快递等无保密措施的渠道传递国家秘密载体;

(四)寄递、托运国家秘密载体出境;

(五)未经有关主管部门批准,携带、传递国家秘密载体出境;

(六)其他违反国家秘密载体保密规定的行为。

第二十九条 禁止非法复制、记录、存储国家秘密。

禁止未按照国家保密规定和标准采取有效保密措施,在互联网及其他公共信息网络或者有线和无线通信中传递国家秘密。

禁止在私人交往和通信中涉及国家秘密。

第三十条 存储、处理国家秘密的计算机信息系统(以下简称涉密信息系统)按照涉密程度实行分级保护。

涉密信息系统应当按照国家保密规定和标准规划、建设、运行、维护,并配备保密设施、设备。保密设施、设备应当与涉密信息系统同步规划、同步建设、同步运行。

涉密信息系统应当按照规定,经检查合格后,方可投入使用,并定期开展风险评估。

第三十一条 机关、单位应当加强对信息系统、信息设备的

保密管理,建设保密自监管设施,及时发现并处置安全保密风险隐患。任何组织和个人不得有下列行为:

(一)未按照国家保密规定和标准采取有效保密措施,将涉密信息系统、涉密信息设备接入互联网及其他公共信息网络;

(二)未按照国家保密规定和标准采取有效保密措施,在涉密信息系统、涉密信息设备与互联网及其他公共信息网络之间进行信息交换;

(三)使用非涉密信息系统、非涉密信息设备存储或者处理国家秘密;

(四)擅自卸载、修改涉密信息系统的安全技术程序、管理程序;

(五)将未经安全技术处理的退出使用的涉密信息设备赠送、出售、丢弃或者改作其他用途;

(六)其他违反信息系统、信息设备保密规定的行为。

94.2 《中华人民共和国人民警察法》(2012年10月26日修正)

第二十二条第二项 人民警察不得有下列行为:

(二)泄露国家秘密、警务工作秘密;

94.3 《中华人民共和国反不正当竞争法》(2025年6月27日修订)

第十条 经营者不得实施下列侵犯商业秘密的行为:

(一)以盗窃、贿赂、欺诈、胁迫、电子侵入或者其他不正当手段获取权利人的商业秘密;

(二)披露、使用或者允许他人使用以前项手段获取的权利人的商业秘密;

(三)违反保密义务或者违反权利人有关保守商业秘密的要

求、披露、使用或者允许他人使用其所掌握的商业秘密；

（四）教唆、引诱、帮助他人违反保密义务或者违反权利人有关保守商业秘密的要求，获取、披露、使用或者允许他人使用权利人的商业秘密。

经营者以外的其他自然人、法人和非法人组织实施前款所列违法行为的，视为侵犯商业秘密。

第三人明知或者应知商业秘密权利人的员工、前员工或者其他单位、个人实施本条第一款所列违法行为，仍获取、披露、使用或者允许他人使用该商业秘密的，视为侵犯商业秘密。

本法所称的商业秘密，是指不为公众所知悉、具有商业价值并经权利人采取相应保密措施的技术信息、经营信息等商业信息。

94.4 《中华人民共和国民法典》（2020年5月28日公布）

第一百一十一条 自然人的个人信息受法律保护。任何组织或者个人需要获取他人个人信息的，应当依法取得并确保信息安全，不得非法收集、使用、加工、传输他人个人信息，不得非法买卖、提供或者公开他人个人信息。

第一百二十三条第一款、第二款第五项 民事主体依法享有知识产权。

知识产权是权利人依法就下列客体享有的专有的权利：

（五）商业秘密；

第一千零三十二条 自然人享有隐私权。任何组织或者个人不得以刺探、侵扰、泄露、公开等方式侵害他人的隐私权。

隐私是自然人的私人生活安宁和不愿为他人知晓的私密空间、私密活动、私密信息。

第一千零三十三条 除法律另有规定或者权利人明确同意

外,任何组织或者个人不得实施下列行为:

(一)以电话、短信、即时通讯工具、电子邮件、传单等方式侵扰他人的私人生活安宁;

(二)进入、拍摄、窥视他人的住宅、宾馆房间等私密空间;

(三)拍摄、窥视、窃听、公开他人的私密活动;

(四)拍摄、窥视他人身体的私密部位;

(五)处理他人的私密信息;

(六)以其他方式侵害他人的隐私权。

第一千零三十四条 自然人的个人信息受法律保护。

个人信息是以电子或者其他方式记录的能够单独或者与其他信息结合识别特定自然人的各种信息,包括自然人的姓名、出生日期、身份证件号码、生物识别信息、住址、电话号码、电子邮箱、健康信息、行踪信息等。

个人信息中的私密信息,适用有关隐私权的规定;没有规定的,适用有关个人信息保护的规定。

第一千零三十五条 处理个人信息的,应当遵循合法、正当、必要原则,不得过度处理,并符合下列条件:

(一)征得该自然人或者其监护人同意,但是法律、行政法规另有规定的除外;

(二)公开处理信息的规则;

(三)明示处理信息的目的、方式和范围;

(四)不违反法律、行政法规的规定和双方的约定。

个人信息的处理包括个人信息的收集、存储、使用、加工、传输、提供、公开等。

第一千零三十六条 处理个人信息,有下列情形之一的,行为人不承担民事责任:

（一）在该自然人或者其监护人同意的范围内合理实施的行为；

（二）合理处理该自然人自行公开的或者其他已经合法公开的信息，但是该自然人明确拒绝或者处理该信息侵害其重大利益的除外；

（三）为维护公共利益或者该自然人合法权益，合理实施的其他行为。

第一千零三十八条 信息处理者不得泄露或者篡改其收集、存储的个人信息；未经自然人同意，不得向他人非法提供其个人信息，但是经过加工无法识别特定个人且不能复原的除外。

信息处理者应当采取技术措施和其他必要措施，确保其收集、存储的个人信息安全，防止信息泄露、篡改、丢失；发生或者可能发生个人信息泄露、篡改、丢失的，应当及时采取补救措施，按照规定告知自然人并向有关主管部门报告。

第一千零三十九条 国家机关、承担行政职能的法定机构及其工作人员对于履行职责过程中知悉的自然人的隐私和个人信息，应当予以保密，不得泄露或者向他人非法提供。

94.5 《中华人民共和国个人信息保护法》（2021年8月20日公布）

第三十三条 国家机关处理个人信息的活动，适用本法；本节有特别规定的，适用本节规定。

第三十四条 国家机关为履行法定职责处理个人信息，应当依照法律、行政法规规定的权限、程序进行，不得超出履行法定职责所必需的范围和限度。

第三十五条 国家机关为履行法定职责处理个人信息，应当依照本法规定履行告知义务；有本法第十八条第一款规定的情形,或者告知将妨碍国家机关履行法定职责的除外。

第三十六条　国家机关处理的个人信息应当在中华人民共和国境内存储;确需向境外提供的,应当进行安全评估。安全评估可以要求有关部门提供支持与协助。

第三十七条　法律、法规授权的具有管理公共事务职能的组织为履行法定职责处理个人信息,适用本法关于国家机关处理个人信息的规定。

94.6　《中华人民共和国行政处罚法》(2021年1月22日修订)

第五十条　行政机关及其工作人员对实施行政处罚过程中知悉的国家秘密、商业秘密或者个人隐私,应当依法予以保密。

94.7　《中华人民共和国国家安全法》(2015年7月1日公布)

第七十七条第一款第六项、第二款　公民和组织应当履行下列维护国家安全的义务:

(六)保守所知悉的国家秘密;

任何个人和组织不得有危害国家安全的行为,不得向危害国家安全的个人或者组织提供任何资助或者协助。

94.8　《中华人民共和国反间谍法》(2023年4月26日修订)

第八条　任何公民和组织都应当依法支持、协助反间谍工作,保守所知悉的国家秘密和反间谍工作秘密。

94.9　《中华人民共和国居民身份证法》(2011年10月29日修正)

第六条　居民身份证式样由国务院公安部门制定。居民身份证由公安机关统一制作、发放。

居民身份证具备视读与机读两种功能,视读、机读的内容限于本法第三条第一款规定的项目。

公安机关及其人民警察对因制作、发放、查验、扣押居民身份证而知悉的公民的个人信息,应当予以保密。

第十九条 国家机关或者金融、电信、交通、教育、医疗等单位的工作人员泄露在履行职责或者提供服务过程中获得的居民身份证记载的公民个人信息,构成犯罪的,依法追究刑事责任;尚不构成犯罪的,由公安机关处十日以上十五日以下拘留,并处五千元罚款,有违法所得的,没收违法所得。

单位有前款行为,构成犯罪的,依法追究刑事责任;尚不构成犯罪的,由公安机关对其直接负责的主管人员和其他直接责任人员,处十日以上十五日以下拘留,并处十万元以上五十万元以下罚款,有违法所得的,没收违法所得。

有前两款行为,对他人造成损害的,依法承担民事责任。

第二十条第五项 人民警察有下列行为之一的,根据情节轻重,依法给予行政处分;构成犯罪的,依法追究刑事责任:

(五)泄露因制作、发放、查验、扣押居民身份证而知悉的公民个人信息,侵害公民合法权益的。

94.10 《中华人民共和国反恐怖主义法》(2018年4月27日修正)

第四十八条 反恐怖主义工作领导机构、有关部门和单位、个人应当对履行反恐怖主义工作职责、义务过程中知悉的国家秘密、商业秘密和个人隐私予以保密。

违反规定泄露国家秘密、商业秘密和个人隐私的,依法追究法律责任。

94.11 《中华人民共和国计算机信息网络国际联网管理暂行规定》(2024年3月10日修订)

第十三条 从事国际联网业务的单位和个人,应当遵守国家有关法律、行政法规,严格执行安全保密制度,不得利用国际联网从事危害国家安全、泄露国家秘密等违法犯罪活动,不得制作、查阅、复制和传播妨碍社会治安的信息和淫秽色情等信息。

94.12 《中华人民共和国保守国家秘密法实施条例》(2024年7月10日修订)

第六条 机关、单位实行保密工作责任制,承担本机关、本单位保密工作主体责任。机关、单位主要负责人对本机关、本单位的保密工作负总责,分管保密工作的负责人和分管业务工作的负责人在职责范围内对保密工作负领导责任,工作人员对本岗位的保密工作负直接责任。

机关、单位应当加强保密工作力量建设,中央国家机关应当设立保密工作机构,配备专职保密干部,其他机关、单位应当根据保密工作需要设立保密工作机构或者指定人员专门负责保密工作。

机关、单位及其工作人员履行保密工作责任制情况应当纳入年度考评和考核内容。

第九十五条 【回避】人民警察在办理治安案件过程中,遇有下列情形之一的,应当回避;违反治安管理行为人、被侵害人或者其法定代理人也有权要求他们回避:

(一)是本案当事人或者当事人的近亲属的;

(二)本人或者其近亲属与本案有利害关系的;

(三)与本案当事人有其他关系,可能影响案件公正处理的。

人民警察的回避,由其所属的公安机关决定;公安机关负责人的回避,由上一级公安机关决定。

【相关规定索引】

类别	名　　称	关联条款
法律	《中华人民共和国公务员法》	第76－78条
	《中华人民共和国行政处罚法》	第43条
	《中华人民共和国人民警察法》	第45条
	《中华人民共和国民法典》	第1045条

【关联规定】

95.1　《中华人民共和国公务员法》(2018年12月29日修订)

第七十六条　公务员执行公务时,有下列情形之一的,应当回避:

(一)涉及本人利害关系的;

(二)涉及与本人有本法第七十四条第一款所列亲属关系人员的利害关系的;

(三)其他可能影响公正执行公务的。

第七十七条　公务员有应当回避情形的,本人应当申请回避;利害关系人有权申请公务员回避。其他人员可以向机关提供公务员需要回避的情况。

机关根据公务员本人或者利害关系人的申请,经审查后作出是否回避的决定,也可以不经申请直接作出回避决定。

第七十八条　法律对公务员回避另有规定的,从其规定。

95.2 《中华人民共和国行政处罚法》(2021年1月22日修订)

第四十三条 执法人员与案件有直接利害关系或者有其他关系可能影响公正执法的,应当回避。

当事人认为执法人员与案件有直接利害关系或者有其他关系可能影响公正执法的,有权申请回避。

当事人提出回避申请的,行政机关应当依法审查,由行政机关负责人决定。决定作出之前,不停止调查。

95.3 《中华人民共和国人民警察法》(2012年10月26日修正)

第四十五条 人民警察在办理治安案件过程中,遇有下列情形之一的,应当回避,当事人或者其法定代理人也有权要求他们回避:

(一)是本案的当事人或者是当事人的近亲属的;

(二)本人或者其近亲属与本案有利害关系的;

(三)与本案当事人有其他关系,可能影响案件公正处理的。

前款规定的回避,由有关的公安机关决定。

人民警察在办理刑事案件过程中的回避,适用刑事诉讼法的规定。

95.4 《中华人民共和国民法典》(2020年5月28日公布)

第一千零四十五条 亲属包括配偶、血亲和姻亲。

配偶、父母、子女、兄弟姐妹、祖父母、外祖父母、孙子女、外孙子女为近亲属。

配偶、父母、子女和其他共同生活的近亲属为家庭成员。

第九十六条 【传唤程序及强制传唤】需要传唤违反治安管理行为人接受调查的,经公安机关办案部门负责人批准,使用传唤证传唤。对现场发现的违反治安管理行为人,人民警察经出示人民警察证,可以口头传唤,但应当在询问笔录中注明。

公安机关应当将传唤的原因和依据告知被传唤人。对无正当理由不接受传唤或者逃避传唤的人,经公安机关办案部门负责人批准,可以强制传唤。

【相关规定索引】

类别	名称	关联条款
法律	《中华人民共和国人民警察法》	第7、8条
行政法规	《中华人民共和国人民警察使用警械和武器条例》	第8条
规章	《公安机关人民警察证使用管理规定》	第3、4条

【关联规定】

96.1 《中华人民共和国人民警察法》(2012年10月26日修正)

第七条 公安机关的人民警察对违反治安管理或者其他公安行政管理法律、法规的个人或者组织,依法可以实施行政强制措施、行政处罚。

第八条 公安机关的人民警察对严重危害社会治安秩序或者威胁公共安全的人员,可以强行带离现场、依法予以拘留或者采取法律规定的其他措施。

96.2 《中华人民共和国人民警察使用警械和武器条例》（1996年1月16日公布）

第八条 人民警察依法执行下列任务，遇有违法犯罪分子可能脱逃、行凶、自杀、自伤或者有其他危险行为的，可以使用手铐、脚镣、警绳等约束性警械：

（一）抓获违法犯罪分子或者犯罪重大嫌疑人的；

（二）执行逮捕、拘留、看押、押解、审讯、拘传、强制传唤的；

（三）法律、行政法规规定可以使用警械的其他情形。

人民警察依照前款规定使用警械，不得故意造成人身伤害。

96.3 《公安机关人民警察证使用管理规定》（2014年6月29日修正）

第三条 公安机关人民警察使用统一的人民警察证。

第四条 人民警察证是公安机关人民警察身份和依法执行职务的凭证和标志。

公安机关人民警察在依法执行职务时，除法律、法规另有规定外，应当随身携带人民警察证，主动出示并表明人民警察身份。

第九十七条　【传唤后的询问查证要求】 对违反治安管理行为人，公安机关传唤后应当及时询问查证，询问查证的时间不得超过八小时；涉案人数众多、违反治安管理行为人身份不明的，询问查证的时间不得超过十二小时；情况复杂，依照本法规定可能适用行政拘留处罚的，询问查证的时间不得超过二十四小时。在执法办案场所询问违反治安管理行为人，应当全程同步录音录像。

公安机关应当及时将传唤的原因和处所通知被传唤人家属。

询问查证期间,公安机关应当保证违反治安管理行为人的饮食、必要的休息时间等正当需求。

【相关规定索引】

类别	名 称	关联条款
法律	《中华人民共和国行政处罚法》	第47条
行业标准	《录音录像档案管理规范》	第3.1、3.2、4.2、5.1.3、5.2.1－5.2.6条

【关联规定】

97.1 《中华人民共和国行政处罚法》(2021年1月22日修订)

第四十七条 行政机关应当依法以文字、音像等形式,对行政处罚的启动、调查取证、审核、决定、送达、执行等进行全过程记录,归档保存。

97.2 《录音录像档案管理规范》(2019年12月16日发布)

3.1 录音录像文件 audio and audio－visual document

国家机构、社会组织或个人在履行法定职责过程中采用不同记录载体形成的以声音或影像为主要呈现方式的信息记录。

3.2 录音录像电子文件 audio and audio－visual electronic document 国家机构、社会组织或个人在履行其法定职责过程中,通过计算机、数字化转换等电子设备形成、传输和存储的数字音频和数字音视频文件。录音录像电子文件由内容、结构、背景组成。

注:改写GB/T 18894—2016,定义3.1。

4.2 基本原则

应遵循集中管理、过程管理、便于利用、安全保密的基本原则,从技术与管理两个方面采取措施确保录音录像档案的真实性、完整性、可用性和安全性。

5.1.3 执法部门或司法部门职能活动形成的录音录像文件。

5.2.1 录音录像文件应客观、系统地反映主题内容,画面完整、端正,声音和影像清晰。

5.2.2 经摄录设备直接形成的具有保存价值的录音录像文件应收集、保存,录像电子文件应是音频、视频封装为一体的音视频文件。以摄录设备直接形成的录音录像文件为素材,遵循活动时序与客观事实编辑制作的录音录像文件应收集、保存。

5.2.3 在保证录音录像电子文件真实性、完整性、可用性和安全性基础上,应通过转码、复制等方式将录音录像电子文件采集、转存在计算机存储器中,经过系统整理、著录后再归档:

——宜一并收集相应的数字录像带、一次写光盘等记录载体;

——关于同一工作活动的录音录像电子文件应存储在同一个文件夹中,应按照6.1.3的要求建立并命名文件夹;

——可沿用摄录设备、转码设备自动为录音录像电子文件赋予的计算机文件名;需手工设定命名规则的,宜参照档号构成要素确定录音录像电子文件命名规则;

——采用符合5.2.6要求的计算机文件格式存储录音录像电子文件,不符合要求的应做格式转换;

——以同一工作活动或主题的录音录像电子文件为对象填写《录音录像电子文件采集登记表》(参见附录A)。

5.2.4 应对模拟信号录音录像文件进行数字化转换,形成数字副本,按照6.2明确的要求进行著录,建立目录数据库。模拟信号录音录像文件数字化转换的前处理、信息采集、数字化成果验收等按照DA/T 62—2017的有关要求执行。

5.2.5 有多件录音录像电子文件反映相同场景或主题内容的,应挑选一件影像清晰、人物端正、声音清楚、画面构图平衡的进行收集、归档。

5.2.6 应以通用或开放格式收集、存储并归档录音录像电子文件。录音电子文件归档格式为WAV、MP3、AAC等,音频采样率不低于44.1kHz。录像电子文件归档格式为MPG、MP4、FLV、AVI等,视频比特率不低于8Mbps,珍贵的录像电子文件可收集、归档一套MXF格式文件。

第九十八条 【询问笔录制作及询问未成年人的特别规定】询问笔录应当交被询问人核对;对没有阅读能力的,应当向其宣读。记载有遗漏或者差错的,被询问人可以提出补充或者更正。被询问人确认笔录无误后,应当签名、盖章或者按指印,询问的人民警察也应当在笔录上签名。

被询问人要求就被询问事项自行提供书面材料的,应当准许;必要时,人民警察也可以要求被询问人自行书写。

询问不满十八周岁的违反治安管理行为人,应当通知其父母或者其他监护人到场;其父母或者其他监护人不能到场的,也可以通知其他成年亲属,所在学校、单位、居住地基层组织或者未成年人保护组织的代表等合适成年人到场,并将有关情况记录在案。确实无法通知或者通知后未到场的,应当在笔录中注明。

【相关规定索引】

类别	名　　称	关联条款
法律	《中华人民共和国行政处罚法》	第44、45条
	《中华人民共和国未成年人保护法》	第7、100、101条
	《中华人民共和国民法典》	第27条

【关联规定】

98.1 《中华人民共和国行政处罚法》(2021年1月22日修订)

第四十四条 行政机关在作出行政处罚决定之前,应当告知当事人拟作出的行政处罚内容及事实、理由、依据,并告知当事人依法享有的陈述、申辩、要求听证等权利。

第四十五条 当事人有权进行陈述和申辩。行政机关必须充分听取当事人的意见,对当事人提出的事实、理由和证据,应当进行复核;当事人提出的事实、理由或者证据成立的,行政机关应当采纳。

行政机关不得因当事人陈述、申辩而给予更重的处罚。

98.2 《中华人民共和国未成年人保护法》(2024年4月26日修正)

第七条 未成年人的父母或者其他监护人依法对未成年人承担监护职责。

国家采取措施指导、支持、帮助和监督未成年人的父母或者其他监护人履行监护职责。

第一百条 公安机关、人民检察院、人民法院和司法行政部门应当依法履行职责,保障未成年人合法权益。

第一百零一条 公安机关、人民检察院、人民法院和司法行政部门应当确定专门机构或者指定专门人员,负责办理涉及未成年人案件。办理涉及未成年人案件的人员应当经过专门培训,熟悉未成年人身心特点。专门机构或者专门人员中,应当有女性工作人员。

公安机关、人民检察院、人民法院和司法行政部门应当对上述机构和人员实行与未成年人保护工作相适应的评价考核标准。

98.3 《中华人民共和国民法典》(2020 年 5 月 28 日公布)

第二十七条 父母是未成年子女的监护人。

未成年人的父母已经死亡或者没有监护能力的,由下列有监护能力的人按顺序担任监护人:

(一)祖父母、外祖父母;

(二)兄、姐;

(三)其他愿意担任监护人的个人或者组织,但是须经未成年人住所地的居民委员会、村民委员会或者民政部门同意。

第九十九条 【询问被侵害人及其他证人的程序规则】

人民警察询问被侵害人或者其他证人,可以在现场进行,也可以到其所在单位、住处或其提出的地点进行;必要时,也可以通知其到公安机关提供证言。

人民警察在公安机关以外询问被侵害人或者其他证人,应当出示人民警察证。

询问被侵害人或者其他证人,同时适用本法第九十八条的规定。

【相关规定索引】

类别	名称	关联条款
法律	《中华人民共和国行政处罚法》	第42、55、76条

【关联规定】

99.1 《中华人民共和国行政处罚法》(2021年1月22日修订)

第四十二条 行政处罚应当由具有行政执法资格的执法人员实施。执法人员不得少于两人,法律另有规定的除外。

执法人员应当文明执法,尊重和保护当事人合法权益。

第五十五条 执法人员在调查或者进行检查时,应当主动向当事人或者有关人员出示执法证件。当事人或者有关人员有权要求执法人员出示执法证件。执法人员不出示执法证件的,当事人或者有关人员有权拒绝接受调查或者检查。

当事人或者有关人员应当如实回答询问,并协助调查或者检查,不得拒绝或者阻挠。询问或者检查应当制作笔录。

第七十六条第一款第三、五项,第二款 行政机关实施行政处罚,有下列情形之一,由上级行政机关或者有关机关责令改正,对直接负责的主管人员和其他直接责任人员依法给予处分:

(三)违反法定的行政处罚程序的;

(五)执法人员未取得执法证件的。

行政机关对符合立案标准的案件不及时立案的,依照前款规定予以处理。

第一百条 【委托询问与远程视频询问】 违反治安管理行为人、被侵害人或者其他证人在异地的,公安机关可以委托异地公安机关代为询问,也可以通过公安机关的视频系统

远程询问。

通过远程视频方式询问的,应当向被询问人宣读询问笔录,被询问人确认笔录无误后,询问的人民警察应当在笔录上注明。询问和宣读过程应当全程同步录音录像。

【相关规定索引】

类别	名称	关联条款
法律	《中华人民共和国行政处罚法》	第26条
司法解释	《最高人民法院关于行政诉讼证据若干问题的规定》	第12条

【关联规定】

100.1 《中华人民共和国行政处罚法》(2021年1月22日修订)

第二十六条 行政机关因实施行政处罚的需要,可以向有关机关提出协助请求。协助事项属于被请求机关职权范围内的,应当依法予以协助。

100.2 《最高人民法院关于行政诉讼证据若干问题的规定》(2002年7月24日公布)

第十二条 根据行政诉讼法第三十一条第一款第(三)项的规定,当事人向人民法院提供计算机数据或者录音、录像等视听资料的,应当符合下列要求:

(一)提供有关资料的原始载体。提供原始载体确有困难的,可以提供复制件;

(二)注明制作方法、制作时间、制作人和证明对象等;

(三)声音资料应当附有该声音内容的文字记录。

第一百零一条 【询问的语言帮助】询问聋哑的违反治安管理行为人、被侵害人或者其他证人,应当有通晓手语等交流方式的人提供帮助,并在笔录上注明。

询问不通晓当地通用的语言文字的违反治安管理行为人、被侵害人或者其他证人,应当配备翻译人员,并在笔录上注明。

【相关规定索引】

类别	名称	关联条款
法律	《中华人民共和国宪法》	第4条
	《中华人民共和国残疾人保障法》	第2-4条
	《中华人民共和国民族区域自治法》	第10、21条

【关联规定】

101.1 《中华人民共和国宪法》(2018年3月11日修正)

第四条 中华人民共和国各民族一律平等。国家保障各少数民族的合法的权利和利益,维护和发展各民族的平等团结互助和谐关系。禁止对任何民族的歧视和压迫,禁止破坏民族团结和制造民族分裂的行为。

国家根据各少数民族的特点和需要,帮助各少数民族地区加速经济和文化的发展。

各少数民族聚居的地方实行区域自治,设立自治机关,行使自治权。各民族自治地方都是中华人民共和国不可分离的部分。

各民族都有使用和发展自己的语言文字的自由,都有保持或者改革自己的风俗习惯的自由。

101.2 《中华人民共和国残疾人保障法》(2018年10月26日修正)

第二条 残疾人是指在心理、生理、人体结构上,某种组织、功能丧失或者不正常,全部或者部分丧失以正常方式从事某种活动能力的人。

残疾人包括视力残疾、听力残疾、言语残疾、肢体残疾、智力残疾、精神残疾、多重残疾和其他残疾的人。

残疾标准由国务院规定。

第三条 残疾人在政治、经济、文化、社会和家庭生活等方面享有同其他公民平等的权利。

残疾人的公民权利和人格尊严受法律保护。

禁止基于残疾的歧视。禁止侮辱、侵害残疾人。禁止通过大众传播媒介或者其他方式贬低损害残疾人人格。

第四条 国家采取辅助方法和扶持措施,对残疾人给予特别扶助,减轻或者消除残疾影响和外界障碍,保障残疾人权利的实现。

101.3 《中华人民共和国民族区域自治法》(2001年2月28日修正)

第十条 民族自治地方的自治机关保障本地方各民族都有使用和发展自己的语言文字的自由,都有保持或者改革自己的风俗习惯的自由。

第二十一条 民族自治地方的自治机关在执行职务的时候,依照本民族自治地方自治条例的规定,使用当地通用的一种或者几种语言文字;同时使用几种通用的语言文字执行职务的,可以以实行区域自治的民族的语言文字为主。

第一百零二条 【人身检查及生物样本采集规则】为了查明案件事实,确定违反治安管理行为人、被侵害人的某些特征、伤害情况或者生理状态,需要对其人身进行检查,提取或者采集肖像、指纹信息和血液、尿液等生物样本的,经公安机关办案部门负责人批准后进行。对已经提取、采集的信息或者样本,不得重复提取、采集。提取或者采集被侵害人的信息或者样本,应当征得被侵害人或者其监护人同意。

【相关规定索引】

类别	名称	关联条款
法律	《中华人民共和国道路交通安全法》	第72条
	《中华人民共和国反恐怖主义法》	第50条
	《中华人民共和国禁毒法》	第32条
行政法规	《戒毒条例》	第4条
规章	《吸毒检测程序规定》	第2、3、6-8条

【关联规定】

102.1 《中华人民共和国道路交通安全法》(2021年4月29日修正)

第七十二条 公安机关交通管理部门接到交通事故报警后,应当立即派交通警察赶赴现场,先组织抢救受伤人员,并采取措施,尽快恢复交通。

交通警察应当对交通事故现场进行勘验、检查,收集证据;因收集证据的需要,可以扣留事故车辆,但是应当妥善保管,以备核查。

对当事人的生理、精神状况等专业性较强的检验,公安机关交通管理部门应当委托专门机构进行鉴定。鉴定结论应当由鉴定人签名。

102.2 《中华人民共和国反恐怖主义法》(2018 年 4 月 27 日修正)

第五十条 公安机关调查恐怖活动嫌疑,可以依照有关法律规定对嫌疑人员进行盘问、检查、传唤,可以提取或者采集肖像、指纹、虹膜图像等人体生物识别信息和血液、尿液、脱落细胞等生物样本,并留存其签名。

公安机关调查恐怖活动嫌疑,可以通知了解有关情况的人员到公安机关或者其他地点接受询问。

102.3 《中华人民共和国禁毒法》(2007 年 12 月 29 日公布)

第三十二条 公安机关可以对涉嫌吸毒的人员进行必要的检测,被检测人员应当予以配合;对拒绝接受检测的,经县级以上人民政府公安机关或者其派出机构负责人批准,可以强制检测。

公安机关应当对吸毒人员进行登记。

102.4 《戒毒条例》(2018 年 9 月 18 日修订)

第四条 县级以上地方人民政府设立的禁毒委员会可以组织公安机关、卫生行政和负责药品监督管理的部门开展吸毒监测、调查,并向社会公开监测、调查结果。

县级以上地方人民政府公安机关负责对涉嫌吸毒人员进行检测,对吸毒人员进行登记并依法实行动态管控,依法责令社区戒毒、决定强制隔离戒毒、责令社区康复,管理公安机关的强制隔离戒毒场所、戒毒康复场所,对社区戒毒、社区康复工作提供指导和支持。

设区的市级以上地方人民政府司法行政部门负责管理司法行政部门的强制隔离戒毒场所、戒毒康复场所,对社区戒毒、社区康复工作提供指导和支持。

县级以上地方人民政府卫生行政部门负责戒毒医疗机构的监督管理,会同公安机关、司法行政等部门制定戒毒医疗机构设置规划,对戒毒医疗服务提供指导和支持。

县级以上地方人民政府民政、人力资源社会保障、教育等部门依据各自的职责,对社区戒毒、社区康复工作提供康复和职业技能培训等指导和支持。

102.5 《吸毒检测程序规定》(2016年12月16日修正)

第二条 吸毒检测是运用科学技术手段对涉嫌吸毒的人员进行生物医学检测,为公安机关认定吸毒行为提供科学依据的活动。

吸毒检测的对象,包括涉嫌吸毒的人员,被决定执行强制隔离戒毒的人员,被公安机关责令接受社区戒毒和社区康复的人员,以及戒毒康复场所内的戒毒康复人员。

第三条 吸毒检测分为现场检测、实验室检测、实验室复检。

第六条 检测样本为采集的被检测人员的尿液、血液、唾液或者毛发等生物样本。

第七条 被检测人员拒绝接受检测的,经县级以上公安机关或者其派出机构负责人批准,可以对其进行强制检测。

第八条 公安机关采集、送检、检测样本,应当由两名以上工作人员进行;采集女性被检测人尿液检测样本,应当由女性工作人员进行。

采集的检测样本经现场检测结果为阳性的,应当分别保存在A、B两个样本专用器材中并编号,由采集人和被采集人共同签字封存,采用检材适宜的条件予以保存,保存期不得少于六个月。

第一百零三条 【治安检查的权限与程序规则】公安机关对与违反治安管理行为有关的场所或者违反治安管理行为人的人身、物品可以进行检查。检查时,人民警察不得少于二人,并应当出示人民警察证。

对场所进行检查的,经县级以上人民政府公安机关负责人批准,使用检查证检查;对确有必要立即进行检查的,人民警察经出示人民警察证,可以当场检查,并应当全程同步录音录像。检查公民住所应当出示县级以上人民政府公安机关开具的检查证。

检查妇女的身体,应当由女性工作人员或者医师进行。

【相关规定索引】

类别	名 称	关联条款
法律	《中华人民共和国宪法》	第37-39条
	《中华人民共和国妇女权益保障法》	第18、19条
	《中华人民共和国人民警察法》	第9、35条
	《中华人民共和国民法典》	第109、110、1003条
	《中华人民共和国行政处罚法》	第42、55、76、81条

【关联规定】

103.1 《中华人民共和国宪法》(2018年3月11日修正)

第三十七条 中华人民共和国公民的人身自由不受侵犯。

任何公民,非经人民检察院批准或者决定或者人民法院决定,并由公安机关执行,不受逮捕。

禁止非法拘禁和以其他方法非法剥夺或者限制公民的人身自由，禁止非法搜查公民的身体。

第三十八条 中华人民共和国公民的人格尊严不受侵犯。禁止用任何方法对公民进行侮辱、诽谤和诬告陷害。

第三十九条 中华人民共和国公民的住宅不受侵犯。禁止非法搜查或者非法侵入公民的住宅。

103.2《中华人民共和国妇女权益保障法》（2022年10月30日修订）

第十八条 国家保障妇女享有与男子平等的人身和人格权益。

第十九条 妇女的人身自由不受侵犯。禁止非法拘禁和以其他非法手段剥夺或者限制妇女的人身自由；禁止非法搜查妇女的身体。

103.3《中华人民共和国人民警察法》（2012年10月26日修正）

第九条 为维护社会治安秩序，公安机关的人民警察对有违法犯罪嫌疑的人员，经出示相应证件，可以当场盘问、检查；经盘问、检查，有下列情形之一的，可以将其带至公安机关，经该公安机关批准，对其继续盘问：

（一）被指控有犯罪行为的；

（二）有现场作案嫌疑的；

（三）有作案嫌疑身份不明的；

（四）携带的物品有可能是赃物的。

对被盘问人的留置时间自带至公安机关之时起不超过二十四小时，在特殊情况下，经县级以上公安机关批准，可以延长至四十八小时，并应当留有盘问记录。对于批准继续盘问的，应当立即通知其家属或者其所在单位。对于不批准继续盘问的,应当立即释放被盘问人。

经继续盘问,公安机关认为对被盘问人需要依法采取拘留或者其他强制措施的,应当在前款规定的期间作出决定;在前款规定的期间不能作出上述决定的,应当立即释放被盘问人。

第三十五条第一款第二、三项,第二款 拒绝或者阻碍人民警察依法执行职务,有下列行为之一的,给予治安管理处罚:

(二)阻碍人民警察调查取证的;

(三)拒绝或者阻碍人民警察执行追捕、搜查、救险等任务进入有关住所、场所的;

以暴力、威胁方法实施前款规定的行为,构成犯罪的,依法追究刑事责任。

103.4 《中华人民共和国民法典》(2020年5月28日公布)

第一百零九条 自然人的人身自由、人格尊严受法律保护。

第一百一十条 自然人享有生命权、身体权、健康权、姓名权、肖像权、名誉权、荣誉权、隐私权、婚姻自主权等权利。

法人、非法人组织享有名称权、名誉权和荣誉权。

第一千零三条 自然人享有身体权。自然人的身体完整和行动自由受法律保护。任何组织或者个人不得侵害他人的身体权。

103.5 《中华人民共和国行政处罚法》(2021年1月22日修订)

第四十二条 行政处罚应当由具有行政执法资格的执法人员实施。执法人员不得少于两人,法律另有规定的除外。

执法人员应当文明执法,尊重和保护当事人合法权益。

第五十五条 执法人员在调查或者进行检查时,应当主动向当事人或者有关人员出示执法证件。当事人或者有关人员有权要求执法人员出示执法证件。执法人员不出示执法证件的,当事人或者有关人员有权拒绝接受调查或者检查。

当事人或者有关人员应当如实回答询问,并协助调查或者检查,不得拒绝或者阻挠。询问或者检查应当制作笔录。

第七十六条第一款第三、五项,第二款 行政机关实施行政处罚,有下列情形之一,由上级行政机关或者有关机关责令改正,对直接负责的主管人员和其他直接责任人员依法给予处分:

(三)违反法定的行政处罚程序的;

(五)执法人员未取得执法证件的。

行政机关对符合立案标准的案件不及时立案的,依照前款规定予以处理。

第八十一条 行政机关违法实施检查措施或者执行措施,给公民人身或者财产造成损害、给法人或者其他组织造成损失的,应当依法予以赔偿,对直接负责的主管人员和其他直接责任人员依法给予处分;情节严重构成犯罪的,依法追究刑事责任。

第一百零四条 【检查笔录的制作及签名】 检查的情况应当制作检查笔录,由检查人、被检查人和见证人签名、盖章或者按指印;被检查人不在场或者被检查人、见证人拒绝签名的,人民警察应当在笔录上注明。

【相关规定索引】

类别	名 称	关联条款
法律	《中华人民共和国行政处罚法》	第55、76条

【关联规定】

104.1 《中华人民共和国行政处罚法》(2021年1月22日修订)

第五十五条 执法人员在调查或者进行检查时,应当主动向当事人或者有关人员出示执法证件。当事人或者有关人员有权要求执法人员出示执法证件。执法人员不出示执法证件的,当事人或者有关人员有权拒绝接受调查或者检查。

当事人或者有关人员应当如实回答询问,并协助调查或者检查,不得拒绝或者阻挠。询问或者检查应当制作笔录。

第七十六条第一款第三项、第二款 行政机关实施行政处罚,有下列情形之一,由上级行政机关或者有关机关责令改正,对直接负责的主管人员和其他直接责任人员依法给予处分:

(三)违反法定的行政处罚程序的;

行政机关对符合立案标准的案件不及时立案的,依照前款规定予以处理。

第一百零五条 【扣押的范围、程序及对扣押物品的处置】 公安机关办理治安案件,对与案件有关的需要作为证据的物品,可以扣押;对被侵害人或者善意第三人合法占有的财产,不得扣押,应当予以登记,但是对其中与案件有关的必须鉴定的物品,可以扣押,鉴定后应当立即解除。对与案件无关的物品,不得扣押。

对扣押的物品,应当会同在场见证人和被扣押物品持有人查点清楚,当场开列清单一式二份,由调查人员、见证人和持有人签名或者盖章,一份交给持有人,另一份附卷备查。

实施扣押前应当报经公安机关负责人批准;因情况紧急

或者物品价值不大,当场实施扣押的,人民警察应当及时向其所属公安机关负责人报告,并补办批准手续。公安机关负责人认为不应当扣押的,应当立即解除。当场实施扣押的,应当全程同步录音录像。

对扣押的物品,应当妥善保管,不得挪作他用;对不宜长期保存的物品,按照有关规定处理。经查明与案件无关或者经核实属于被侵害人或者他人合法财产的,应当登记后立即退还;满六个月无人对该财产主张权利或者无法查清权利人的,应当公开拍卖或者按照国家有关规定处理,所得款项上缴国库。

【相关规定索引】

类别	名 称	关联条款
法律	《中华人民共和国行政处罚法》	第80条
	《中华人民共和国行政强制法》	第9、16-18、22-24、26-28条
	《中华人民共和国拍卖法》	第7-9条
行政法规	《行政执法机关移送涉嫌犯罪案件的规定》	第4、15条

【关联规定】

105.1 《中华人民共和国行政处罚法》(2021年1月22日修订)

第八十条 行政机关使用或者损毁查封、扣押的财物,对当事人造成损失的,应当依法予以赔偿,对直接负责的主管人员和其他直接责任人员依法给予处分。

105.2 《中华人民共和国行政强制法》(2011年6月30日公布)

第九条第三项 行政强制措施的种类:

(三)扣押财物;

第十六条 行政机关履行行政管理职责,依照法律、法规的规定,实施行政强制措施。

违法行为情节显著轻微或者没有明显社会危害的,可以不采取行政强制措施。

第十七条 行政强制措施由法律、法规规定的行政机关在法定职权范围内实施。行政强制措施权不得委托。

依据《中华人民共和国行政处罚法》的规定行使相对集中行政处罚权的行政机关,可以实施法律、法规规定的与行政处罚权有关的行政强制措施。

行政强制措施应当由行政机关具备资格的行政执法人员实施,其他人员不得实施。

第十八条 行政机关实施行政强制措施应当遵守下列规定:

(一)实施前须向行政机关负责人报告并经批准;

(二)由两名以上行政执法人员实施;

(三)出示执法身份证件;

(四)通知当事人到场;

(五)当场告知当事人采取行政强制措施的理由、依据以及当事人依法享有的权利、救济途径;

(六)听取当事人的陈述和申辩;

(七)制作现场笔录;

(八)现场笔录由当事人和行政执法人员签名或者盖章,当事人拒绝的,在笔录中予以注明;

（九）当事人不到场的,邀请见证人到场,由见证人和行政执法人员在现场笔录上签名或者盖章;

（十）法律、法规规定的其他程序。

第二十二条 查封、扣押应当由法律、法规规定的行政机关实施,其他任何行政机关或者组织不得实施。

第二十三条 查封、扣押限于涉案的场所、设施或者财物,不得查封、扣押与违法行为无关的场所、设施或者财物;不得查封、扣押公民个人及其所扶养家属的生活必需品。

当事人的场所、设施或者财物已被其他国家机关依法查封的,不得重复查封。

第二十四条 行政机关决定实施查封、扣押的,应当履行本法第十八条规定的程序,制作并当场交付查封、扣押决定书和清单。

查封、扣押决定书应当载明下列事项:

（一）当事人的姓名或者名称、地址;

（二）查封、扣押的理由、依据和期限;

（三）查封、扣押场所、设施或者财物的名称、数量等;

（四）申请行政复议或者提起行政诉讼的途径和期限;

（五）行政机关的名称、印章和日期。

查封、扣押清单一式二份,由当事人和行政机关分别保存。

第二十六条 对查封、扣押的场所、设施或者财物,行政机关应当妥善保管,不得使用或者损毁;造成损失的,应当承担赔偿责任。

对查封的场所、设施或者财物,行政机关可以委托第三人保管,第三人不得损毁或者擅自转移、处置。因第三人的原因造成的损失,行政机关先行赔付后,有权向第三人追偿。

因查封、扣押发生的保管费用由行政机关承担。

第二十七条 行政机关采取查封、扣押措施后,应当及时查清事实,在本法第二十五条规定的期限内作出处理决定。对违法事实清楚,依法应当没收的非法财物予以没收;法律、行政法规规定应当销毁的,依法销毁;应当解除查封、扣押的,作出解除查封、扣押的决定。

第二十八条 有下列情形之一的,行政机关应当及时作出解除查封、扣押决定:

(一)当事人没有违法行为;

(二)查封、扣押的场所、设施或者财物与违法行为无关;

(三)行政机关对违法行为已经作出处理决定,不再需要查封、扣押;

(四)查封、扣押期限已经届满;

(五)其他不再需要采取查封、扣押措施的情形。

解除查封、扣押应当立即退还财物;已将鲜活物品或者其他不易保管的财物拍卖或者变卖的,退还拍卖或者变卖所得款项。变卖价格明显低于市场价格,给当事人造成损失的,应当给予补偿。

105.3 《中华人民共和国拍卖法》(2015年4月24日修正)

第七条 法律、行政法规禁止买卖的物品或者财产权利,不得作为拍卖标的。

第八条 依照法律或者按照国务院规定需经审批才能转让的物品或者财产权利,在拍卖前,应当依法办理审批手续。

委托拍卖的文物,在拍卖前,应当经拍卖人住所地的文物行政管理部门依法鉴定、许可。

第九条 国家行政机关依法没收的物品,充抵税款、罚款的物品和其他物品,按照国务院规定应当委托拍卖的,由财产所在地的省、自治区、直辖市的人民政府和设区的市的人民政府指定的拍卖人进行拍卖。

拍卖由人民法院依法没收的物品、充抵罚金、罚款的物品以及无法返还的追回物品,适用前款规定。

105.4 《行政执法机关移送涉嫌犯罪案件的规定》(2020年8月7日修订)

第四条 行政执法机关在查处违法行为过程中,必须妥善保存所收集的与违法行为有关的证据。

行政执法机关对查获的涉案物品,应当如实填写涉案物品清单,并按照国家有关规定予以处理。对易腐烂、变质等不宜或者不易保管的涉案物品,应当采取必要措施,留取证据;对需要进行检验、鉴定的涉案物品,应当由法定检验、鉴定机构进行检验、鉴定,并出具检验报告或者鉴定结论。

第十五条 行政执法机关违反本规定,隐匿、私分、销毁涉案物品的,由本级或者上级人民政府,或者实行垂直管理的上级行政执法机关,对其正职负责人根据情节轻重,给予降级以上的处分;构成犯罪的,依法追究刑事责任。

对前款所列行为直接负责的主管人员和其他直接责任人员,比照前款的规定给予处分;构成犯罪的,依法追究刑事责任。

第一百零六条 【鉴定】为了查明案情,需要解决案件中有争议的专门性问题的,应当指派或者聘请具有专门知识的人员进行鉴定;鉴定人鉴定后,应当写出鉴定意见,并且签名。

【相关规定索引】

类别	名　称	关联条款
有关法律问题和重大问题的决定	《全国人民代表大会常务委员会关于司法鉴定管理问题的决定》	第1、2、4、5、7、10、12、13、17条
司法解释	《最高人民法院关于行政诉讼证据若干问题的规定》	第62条
规章	《公安机关鉴定人登记管理办法》	第2-4条

【关联规定】

106.1 《全国人民代表大会常务委员会关于司法鉴定管理问题的决定》(2015年4月24日修正)

一、司法鉴定是指在诉讼活动中鉴定人运用科学技术或者专门知识对诉讼涉及的专门性问题进行鉴别和判断并提供鉴定意见的活动。

二、国家对从事下列司法鉴定业务的鉴定人和鉴定机构实行登记管理制度：

(一)法医类鉴定；

(二)物证类鉴定；

(三)声像资料鉴定；

(四)根据诉讼需要由国务院司法行政部门商最高人民法院、最高人民检察院确定的其他应当对鉴定人和鉴定机构实行登记管理的鉴定事项。

法律对前款规定事项的鉴定人和鉴定机构的管理另有规定的,从其规定。

四、具备下列条件之一的人员,可以申请登记从事司法鉴定业务:

(一)具有与所申请从事的司法鉴定业务相关的高级专业技术职称;

(二)具有与所申请从事的司法鉴定业务相关的专业执业资格或者高等院校相关专业本科以上学历,从事相关工作五年以上;

(三)具有与所申请从事的司法鉴定业务相关工作十年以上经历,具有较强的专业技能。

因故意犯罪或者职务过失犯罪受过刑事处罚的,受过开除公职处分的,以及被撤销鉴定人登记的人员,不得从事司法鉴定业务。

五、法人或者其他组织申请从事司法鉴定业务的,应当具备下列条件:

(一)有明确的业务范围;

(二)有在业务范围内进行司法鉴定所必需的仪器、设备;

(三)有在业务范围内进行司法鉴定所必需的依法通过计量认证或者实验室认可的检测实验室;

(四)每项司法鉴定业务有三名以上鉴定人。

七、侦查机关根据侦查工作的需要设立的鉴定机构,不得面向社会接受委托从事司法鉴定业务。

人民法院和司法行政部门不得设立鉴定机构。

十、司法鉴定实行鉴定人负责制度。鉴定人应当独立进行鉴定,对鉴定意见负责并在鉴定书上签名或者盖章。多人参加的鉴定,对鉴定意见有不同意见的,应当注明。

十二、鉴定人和鉴定机构从事司法鉴定业务,应当遵守法律、法规,遵守职业道德和职业纪律,尊重科学,遵守技术操作规范。

十三、鉴定人或者鉴定机构有违反本决定规定行为的,由省级人民政府司法行政部门予以警告,责令改正。

鉴定人或者鉴定机构有下列情形之一的,由省级人民政府司法行政部门给予停止从事司法鉴定业务三个月以上一年以下的处罚;情节严重的,撤销登记:

(一)因严重不负责任给当事人合法权益造成重大损失的;

(二)提供虚假证明文件或者采取其他欺诈手段,骗取登记的;

(三)经人民法院依法通知,拒绝出庭作证的;

(四)法律、行政法规规定的其他情形。

鉴定人故意作虚假鉴定,构成犯罪的,依法追究刑事责任;尚不构成犯罪的,依照前款规定处罚。

十七、本决定下列用语的含义是:

(一)法医类鉴定,包括法医病理鉴定、法医临床鉴定、法医精神病鉴定、法医物证鉴定和法医毒物鉴定。

(二)物证类鉴定,包括文书鉴定、痕迹鉴定和微量鉴定。

(三)声像资料鉴定,包括对录音带、录像带、磁盘、光盘、图片等载体上记录的声音、图像信息的真实性、完整性及其所反映的情况过程进行的鉴定和对记录的声音、图像中的语言、人体、物体作出种类或者同一认定。

106.2 《最高人民法院关于行政诉讼证据若干问题的规定》(2002年7月24日公布)

第六十二条 对被告在行政程序中采纳的鉴定结论,原告或者第三人提出证据证明有下列情形之一的,人民法院不予采纳:

(一)鉴定人不具备鉴定资格;

（二）鉴定程序严重违法；

（三）鉴定结论错误、不明确或者内容不完整。

106.3 《公安机关鉴定人登记管理办法》(2019年11月22日修订)

第二条 本办法所称的公安机关鉴定人(以下简称鉴定人)，是指经公安机关登记管理部门核准登记，取得鉴定人资格证书并从事鉴定工作的专业技术人员。

第三条 本办法所称的鉴定，是指为解决案(事)件调查和诉讼活动中某些专门性问题，公安机关鉴定机构的鉴定人运用自然科学和社会科学的理论成果与技术方法，对人身、尸体、生物检材、痕迹、文件、证件、视听资料、电子数据及其它相关物品、物质等进行检验、鉴别、分析、判断，并出具鉴定意见或者检验结果的科学实证活动。

第四条 鉴定人的登记管理工作应当根据国家有关法律法规和本办法的规定，遵循依法、公正、及时的原则，保证登记管理工作规范、有序、高效。

第一百零七条 【治安案件辨认程序规则】为了查明案情，人民警察可以让违反治安管理行为人、被侵害人和其他证人对与违反治安管理行为有关的场所、物品进行辨认，也可以让被侵害人、其他证人对违反治安管理行为人进行辨认，或者让违反治安管理行为人对其他违反治安管理行为人进行辨认。

辨认应当制作辨认笔录，由人民警察和辨认人签名、盖章或者按指印。

第一百零八条 【公安机关调查取证工作规范】公安机关进行询问、辨认、勘验,实施行政强制措施等调查取证工作时,人民警察不得少于二人。

公安机关在规范设置、严格管理的执法办案场所进行询问、扣押、辨认的,或者进行调解的,可以由一名人民警察进行。

依照前款规定由一名人民警察进行询问、扣押、辨认、调解的,应当全程同步录音录像。未按规定全程同步录音录像或者录音录像资料损毁、丢失的,相关证据不能作为处罚的根据。

【相关规定索引】

类别	名 称	关联条款
法律	《中华人民共和国行政处罚法》	第42、47、76条
	《中华人民共和国未成年人保护法》	第112条
行业标准	《录音录像档案管理规范》	第7.1.3、7.3.1条

【关联规定】

108.1 《中华人民共和国行政处罚法》(2021年1月22日修订)

第四十二条 行政处罚应当由具有行政执法资格的执法人员实施。执法人员不得少于两人,法律另有规定的除外。

执法人员应当文明执法,尊重和保护当事人合法权益。

第四十七条 行政机关应当依法以文字、音像等形式,对行政处罚的启动、调查取证、审核、决定、送达、执行等进行全过程记录,归档保存。

第七十六条第一款第三项、第三款 行政机关实施行政处罚,有下列情形之一,由上级行政机关或者有关机关责令改正,对直接负责的主管人员和其他直接责任人员依法给予处分:

(三)违反法定的行政处罚程序的;

行政机关对符合立案标准的案件不及时立案的,依照前款规定予以处理。

108.2 《中华人民共和国未成年人保护法》(2024年4月26日修正)

第一百一十二条 公安机关、人民检察院、人民法院办理未成年人遭受性侵害或者暴力伤害案件,在询问未成年被害人、证人时,应当采取同步录音录像等措施,尽量一次完成;未成年被害人、证人是女性的,应当由女性工作人员进行。

108.3 《录音录像档案管理规范》(2019年12月16日公布)

7.1.3 归档程序

按照GB/T 18894—2016中8.1给出的电子文件归档程序和要求,实施录音录像文件及其元数据的归档,包括清点、鉴定、登记和填写《录音录像文件归档登记表》(参见附录D)等步骤。采用在线方式归档的,应基于电子档案管理系统完成归档程序;以离线方式归档的,由交接双方借助专用计算机手工完成相关步骤:

——清点、核实录音录像电子文件、原始载体及其记录或存储的录音录像文件、目录数据数量的一致性;清点、核实原始载体编号与标示、原始载体是否完好无损并可正常使用;清点、核实重大活动文字材料、重要实物的数量;

——鉴定、检测录音录像电子文件格式、著录的规范性,录音录像电子文件、原始载体等是否感染计算机病毒;

——以离线方式归档的,完成清点、鉴定工作后,应将录音录像电子文件及目录数据导入电子档案管理系统并挂接,建立录音录像文件与目录数据的一一对应关系;

——由电子档案管理系统为录音录像电子文件赋予唯一标识符,并在管理过程元数据中记录归档登记行为,采集基本结构元数据,生成固化信息;应采集的基本结构元数据应符合 DA/T 63—2017 的规定,基本结构元数据与 DA/T 62—2017 第 9 章所述技术参数对应关系参见表 C.3;

——填《录音录像文件归档登记表》,办理归档手续。

7.3.1 载体存放

应在档案库房配备档案柜等装具,对录音录像档案原始载体、离线备份载体进行集中保管。除参照纸质档案保管要求外,录音录像档案原始载体、离线备份载体的保管还应符合下列要求:

——应作防写处理,避免擦、划、触摸记录涂层;

——应装盒,竖立存放,避免挤压;

——应远离强磁场、强热源,并与有害气体隔离;

——保管环境温度选定范围:光盘 17℃~20℃,磁性载体 15℃~27℃,24h 内温度变化分别不得超过 ±2℃、±3℃;

——相对湿度选定范围:光盘 20%~50%,磁性载体 40%~60%,24h 内相对湿度变化不得超过 ±5%。

第二节 决 定

第一百零九条 【治安管理处罚的决定机关】治安管理处罚由县级以上地方人民政府公安机关决定;其中警告、一千元以下的罚款,可以由公安派出所决定。

【相关规定索引】

类别	名 称	关联条款
法律	《中华人民共和国行政处罚法》	第 17、18、22、23、25 条
	《中华人民共和国行政诉讼法》	第 70 条
	《中华人民共和国人民警察法》	第 43 条

【关联规定】

109.1 《中华人民共和国行政处罚法》(2021 年 1 月 22 日修订)

第十七条 行政处罚由具有行政处罚权的行政机关在法定职权范围内实施。

第十八条 国家在城市管理、市场监管、生态环境、文化市场、交通运输、应急管理、农业等领域推行建立综合行政执法制度,相对集中行政处罚权。

国务院或者省、自治区、直辖市人民政府可以决定一个行政机关行使有关行政机关的行政处罚权。

限制人身自由的行政处罚权只能由公安机关和法律规定的其他机关行使。

第二十二条　行政处罚由违法行为发生地的行政机关管辖。法律、行政法规、部门规章另有规定的,从其规定。

第二十三条　行政处罚由县级以上地方人民政府具有行政处罚权的行政机关管辖。法律、行政法规另有规定的,从其规定。

第二十五条　两个以上行政机关都有管辖权的,由最先立案的行政机关管辖。

对管辖发生争议的,应当协商解决,协商不成的,报请共同的上一级行政机关指定管辖;也可以直接由共同的上一级行政机关指定管辖。

109.2　《中华人民共和国行政诉讼法》(2017年6月27日修正)

第七十条第四项　行政行为有下列情形之一的,人民法院判决撤销或者部分撤销,并可以判决被告重新作出行政行为:

(四)超越职权的;

109.3　《中华人民共和国人民警察法》(2012年10月26日修正)

第四十三条　人民警察的上级机关对下级机关的执法活动进行监督,发现其作出的处理或者决定有错误的,应当予以撤销或者变更。

第一百一十条　【行政拘留的折抵】对决定给予行政拘留处罚的人,在处罚前已经采取强制措施限制人身自由的时间,应当折抵。限制人身自由一日,折抵行政拘留一日。

【相关规定索引】

类别	名　　称	关联条款
法律	《中华人民共和国刑法》	第37条
	《中华人民共和国刑事诉讼法》	第177条
	《中华人民共和国人民警察法》	第8、9条

【关联规定】

110.1 《中华人民共和国刑法》(2023年12月29日修正)

第三十七条　对于犯罪情节轻微不需要判处刑罚的,可以免予刑事处罚,但是可以根据案件的不同情况,予以训诫或者责令具结悔过、赔礼道歉、赔偿损失,或者由主管部门予以行政处罚或者行政处分。

110.2 《中华人民共和国刑事诉讼法》(2018年10月26日修正)

第一百七十七条　犯罪嫌疑人没有犯罪事实,或者有本法第十六条规定的情形之一的,人民检察院应当作出不起诉决定。

对于犯罪情节轻微,依照刑法规定不需要判处刑罚或者免除刑罚的,人民检察院可以作出不起诉决定。

人民检察院决定不起诉的案件,应当同时对侦查中查封、扣押、冻结的财物解除查封、扣押、冻结。对被不起诉人需要给予行政处罚、处分或者需要没收其违法所得的,人民检察院应当提出检察意见,移送有关主管机关处理。有关主管机关应当将处理结果及时通知人民检察院。

110.3 《中华人民共和国人民警察法》(2012年10月26日修正)

第八条　公安机关的人民警察对严重危害社会治安秩序或

者威胁公共安全的人员,可以强行带离现场、依法予以拘留或者采取法律规定的其他措施。

第九条 为维护社会治安秩序,公安机关的人民警察对有违法犯罪嫌疑的人员,经出示相应证件,可以当场盘问、检查;经盘问、检查,有下列情形之一的,可以将其带至公安机关,经该公安机关批准,对其继续盘问:

(一)被指控有犯罪行为的;

(二)有现场作案嫌疑的;

(三)有作案嫌疑身份不明的;

(四)携带的物品有可能是赃物的。

对被盘问人的留置时间自带至公安机关之时起不超过二十四小时,在特殊情况下,经县级以上公安机关批准,可以延长至四十八小时,并应当留有盘问记录。对于批准继续盘问的,应当立即通知其家属或者其所在单位。对于不批准继续盘问的,应当立即释放被盘问人。

经继续盘问,公安机关认为对被盘问人需要依法采取拘留或者其他强制措施的,应当在前款规定的期间作出决定;在前款规定的期间不能作出上述决定的,应当立即释放被盘问人。

第一百一十一条 【本人陈述的证据地位】公安机关查处治安案件,对没有本人陈述,但其他证据能够证明案件事实的,可以作出治安管理处罚决定。但是,只有本人陈述,没有其他证据证明的,不能作出治安管理处罚决定。

【相关规定索引】

类别	名　　称	关联条款
法律	《中华人民共和国行政处罚法》	第40、46条

【关联规定】

111.1 《中华人民共和国行政处罚法》(2021年1月22日修订)

第四十条　公民、法人或者其他组织违反行政管理秩序的行为,依法应当给予行政处罚的,行政机关必须查明事实;违法事实不清、证据不足的,不得给予行政处罚。

第四十六条　证据包括:

(一)书证;

(二)物证;

(三)视听资料;

(四)电子数据;

(五)证人证言;

(六)当事人的陈述;

(七)鉴定意见;

(八)勘验笔录、现场笔录。

证据必须经查证属实,方可作为认定案件事实的根据。

以非法手段取得的证据,不得作为认定案件事实的根据。

第一百一十二条　【治安处罚告知与当事人的陈述、申辩权】公安机关作出治安管理处罚决定前,应当告知违反治安管理行为人拟作出治安管理处罚的内容及事实、理由、依据,并告知违反治安管理行为人依法享有的权利。

违反治安管理行为人有权陈述和申辩。公安机关必须充分听取违反治安管理行为人的意见,对违反治安管理行为人提出的事实、理由和证据,应当进行复核;违反治安管理行为人提出的事实、理由或者证据成立的,公安机关应当采纳。

违反治安管理行为人不满十八周岁的,还应当依照前两款的规定告知未成年人的父母或者其他监护人,充分听取其意见。

公安机关不得因违反治安管理行为人的陈述、申辩而加重其处罚。

【相关规定索引】

类别	名　　称	关联条款
法律	《中华人民共和国行政处罚法》	第7、44、45条
	《中华人民共和国未成年人保护法》	第7、110条

【关联规定】

112.1 《中华人民共和国行政处罚法》(2021年1月22日修订)

第七条　公民、法人或者其他组织对行政机关所给予的行政处罚,享有陈述权、申辩权;对行政处罚不服的,有权依法申请行政复议或者提起行政诉讼。

公民、法人或者其他组织因行政机关违法给予行政处罚受到损害的,有权依法提出赔偿要求。

第四十四条　行政机关在作出行政处罚决定之前,应当告知当事人拟作出的行政处罚内容及事实、理由、依据,并告知当事人依法享有的陈述、申辩、要求听证等权利。

第四十五条 当事人有权进行陈述和申辩。行政机关必须充分听取当事人的意见,对当事人提出的事实、理由和证据,应当进行复核;当事人提出的事实、理由或者证据成立的,行政机关应当采纳。

行政机关不得因当事人陈述、申辩而给予更重的处罚。

112.2 《中华人民共和国未成年人保护法》(2024年4月26日修正)

第七条 未成年人的父母或者其他监护人依法对未成年人承担监护职责。

国家采取措施指导、支持、帮助和监督未成年人的父母或者其他监护人履行监护职责。

第一百一十条 公安机关、人民检察院、人民法院讯问未成年犯罪嫌疑人、被告人,询问未成年被害人、证人,应当依法通知其法定代理人或者其成年亲属、所在学校的代表等合适成年人到场,并采取适当方式,在适当场所进行,保障未成年人的名誉权、隐私权和其他合法权益。

人民法院开庭审理涉及未成年人案件,未成年被害人、证人一般不出庭作证;必须出庭的,应当采取保护其隐私的技术手段和心理干预等保护措施。

第一百一十三条 【治安案件处理规则】治安案件调查结束后,公安机关应当根据不同情况,分别作出以下处理:

(一)确有依法应当给予治安管理处罚的违法行为的,根据情节轻重及具体情况,作出处罚决定;

(二)依法不予处罚的,或者违法事实不能成立的,作出

不予处罚决定;

（三）违法行为已涉嫌犯罪的,移送有关主管机关依法追究刑事责任;

（四）发现违反治安管理行为人有其他违法行为的,在对违反治安管理行为作出处罚决定的同时,通知或者移送有关主管机关处理。

对情节复杂或者重大违法行为给予治安管理处罚,公安机关负责人应当集体讨论决定。

【相关规定索引】

类别	名称	关联条款
法律	《中华人民共和国行政处罚法》	第 27、30－33、36－38、40、57、82 条
行政法规	《行政执法机关移送涉嫌犯罪案件的规定》	第 3、11、13、14、16、19 条

【关联规定】

113.1 《中华人民共和国行政处罚法》(2021 年 1 月 22 日修订)

第二十七条 违法行为涉嫌犯罪的,行政机关应当及时将案件移送司法机关,依法追究刑事责任。对依法不需要追究刑事责任或者免予刑事处罚,但应当给予行政处罚的,司法机关应当及时将案件移送有关行政机关。

行政处罚实施机关与司法机关之间应当加强协调配合,建立健全案件移送制度,加强证据材料移交、接收衔接,完善案件处理信息通报机制。

第三十条　不满十四周岁的未成年人有违法行为的,不予行政处罚,责令监护人加以管教;已满十四周岁不满十八周岁的未成年人有违法行为的,应当从轻或者减轻行政处罚。

第三十一条　精神病人、智力残疾人在不能辨认或者不能控制自己行为时有违法行为的,不予行政处罚,但应当责令其监护人严加看管和治疗。间歇性精神病人在精神正常时有违法行为的,应当给予行政处罚。尚未完全丧失辨认或者控制自己行为能力的精神病人、智力残疾人有违法行为的,可以从轻或者减轻行政处罚。

第三十二条　当事人有下列情形之一,应当从轻或者减轻行政处罚:

(一)主动消除或者减轻违法行为危害后果的;

(二)受他人胁迫或者诱骗实施违法行为的;

(三)主动供述行政机关尚未掌握的违法行为的;

(四)配合行政机关查处违法行为有立功表现的;

(五)法律、法规、规章规定其他应当从轻或者减轻行政处罚的。

第三十三条　违法行为轻微并及时改正,没有造成危害后果的,不予行政处罚。初次违法且危害后果轻微并及时改正的,可以不予行政处罚。

当事人有证据足以证明没有主观过错的,不予行政处罚。法律、行政法规另有规定的,从其规定。

对当事人的违法行为依法不予行政处罚的,行政机关应当对当事人进行教育。

第三十六条　违法行为在二年内未被发现的,不再给予行政处罚;涉及公民生命健康安全、金融安全且有危害后果的,上述期限延长至五年。法律另有规定的除外。

前款规定的期限,从违法行为发生之日起计算;违法行为有连续或者继续状态的,从行为终了之日起计算。

第三十七条 实施行政处罚,适用违法行为发生时的法律、法规、规章的规定。但是,作出行政处罚决定时,法律、法规、规章已被修改或者废止,且新的规定处罚较轻或者不认为是违法的,适用新的规定。

第三十八条 行政处罚没有依据或者实施主体不具有行政主体资格的,行政处罚无效。

违反法定程序构成重大且明显违法的,行政处罚无效。

第四十条 公民、法人或者其他组织违反行政管理秩序的行为,依法应当给予行政处罚的,行政机关必须查明事实;违法事实不清、证据不足的,不得给予行政处罚。

第五十七条 调查终结,行政机关负责人应当对调查结果进行审查,根据不同情况,分别作出如下决定:

(一)确有应受行政处罚的违法行为的,根据情节轻重及具体情况,作出行政处罚决定;

(二)违法行为轻微,依法可以不予行政处罚的,不予行政处罚;

(三)违法事实不能成立的,不予行政处罚;

(四)违法行为涉嫌犯罪的,移送司法机关。

对情节复杂或者重大违法行为给予行政处罚,行政机关负责人应当集体讨论决定。

第八十二条 行政机关对应当依法移交司法机关追究刑事责任的案件不移交,以行政处罚代替刑事处罚,由上级行政机关或者有关机关责令改正,对直接负责的主管人员和其他直接责任人员依法给予处分;情节严重构成犯罪的,依法追究刑事责任。

113.2 《行政执法机关移送涉嫌犯罪案件的规定》(2020年8月7日修订)

第三条 行政执法机关在依法查处违法行为过程中,发现违法事实涉及的金额、违法事实的情节、违法事实造成的后果等,根据刑法关于破坏社会主义市场经济秩序罪、妨害社会管理秩序罪等罪的规定和最高人民法院、最高人民检察院关于破坏社会主义市场经济秩序罪、妨害社会管理秩序罪等罪的司法解释以及最高人民检察院、公安部关于经济犯罪案件的追诉标准等规定,涉嫌构成犯罪,依法需要追究刑事责任的,必须依照本规定向公安机关移送。

知识产权领域的违法案件,行政执法机关根据调查收集的证据和查明的案件事实,认为存在犯罪的合理嫌疑,需要公安机关采取措施进一步获取证据以判断是否达到刑事案件立案追诉标准的,应当向公安机关移送。

第十一条 行政执法机关对应当向公安机关移送的涉嫌犯罪案件,不得以行政处罚代替移送。

行政执法机关向公安机关移送涉嫌犯罪案件前已经作出的警告,责令停产停业,暂扣或者吊销许可证、暂扣或者吊销执照的行政处罚决定,不停止执行。

依照行政处罚法的规定,行政执法机关向公安机关移送涉嫌犯罪案件前,已经依法给予当事人罚款的,人民法院判处罚金时,依法折抵相应罚金。

第十三条 公安机关对发现的违法行为,经审查,没有犯罪事实,或者立案侦查后认为犯罪事实显著轻微,不需要追究刑事责任,但依法应当追究行政责任的,应当及时将案件移送同级行政执法机关,有关行政执法机关应当依法作出处理。

第十四条 行政执法机关移送涉嫌犯罪案件,应当接受人民检察院和监察机关依法实施的监督。

任何单位和个人对行政执法机关违反本规定,应当向公安机关移送涉嫌犯罪案件而不移送的,有权向人民检察院、监察机关或者上级行政执法机关举报。

第十六条 行政执法机关违反本规定,逾期不将案件移送公安机关的,由本级或者上级人民政府,或者实行垂直管理的上级行政执法机关,责令限期移送,并对其正职负责人或者主持工作的负责人根据情节轻重,给予记过以上的处分;构成犯罪的,依法追究刑事责任。

行政执法机关违反本规定,对应当向公安机关移送的案件不移送,或者以行政处罚代替移送的,由本级或者上级人民政府,或者实行垂直管理的上级行政执法机关,责令改正,给予通报;拒不改正的,对其正职负责人或者主持工作的负责人给予记过以上的处分;构成犯罪的,依法追究刑事责任。

对本条第一款、第二款所列行为直接负责的主管人员和其他直接责任人员,分别比照前两款的规定给予处分;构成犯罪的,依法追究刑事责任。

第十九条 行政执法机关在依法查处违法行为过程中,发现公职人员有贪污贿赂、失职渎职或者利用职权侵犯公民人身权利和民主权利等违法行为,涉嫌构成职务犯罪的,应当依照刑法、刑事诉讼法、监察法等法律规定及时将案件线索移送监察机关或者人民检察院处理。

第一百一十四条 【法制审核情形及审核人员资格】有下列情形之一的,在公安机关作出治安管理处罚决定之前,应当由从事治安管理处罚决定法制审核的人员进行法制审核;未经法制审核或者审核未通过的,不得作出决定:

(一)涉及重大公共利益的;

(二)直接关系当事人或者第三人重大权益,经过听证程序的;

(三)案件情况疑难复杂、涉及多个法律关系的。

公安机关中初次从事治安管理处罚决定法制审核的人员,应当通过国家统一法律职业资格考试取得法律职业资格。

【相关规定索引】

类别	名称	关联条款
法律	《中华人民共和国行政处罚法》	第58条

【关联规定】

114.1 《中华人民共和国行政处罚法》(2021年1月22日修订)

第五十八条 有下列情形之一,在行政机关负责人作出行政处罚的决定之前,应当由从事行政处罚决定法制审核的人员进行法制审核;未经法制审核或者审核未通过的,不得作出决定:

(一)涉及重大公共利益的;

(二)直接关系当事人或者第三人重大权益,经过听证程序的;

(三)案件情况疑难复杂、涉及多个法律关系的;

(四)法律、法规规定应当进行法制审核的其他情形。

行政机关中初次从事行政处罚决定法制审核的人员,应当通过国家统一法律职业资格考试取得法律职业资格。

第一百一十五条 【治安处罚决定书的内容】公安机关作出治安管理处罚决定的,应当制作治安管理处罚决定书。决定书应当载明下列内容:

(一)被处罚人的姓名、性别、年龄、身份证件的名称和号码、住址;

(二)违法事实和证据;

(三)处罚的种类和依据;

(四)处罚的执行方式和期限;

(五)对处罚决定不服,申请行政复议、提起行政诉讼的途径和期限;

(六)作出处罚决定的公安机关的名称和作出决定的日期。

决定书应当由作出处罚决定的公安机关加盖印章。

【相关规定索引】

类别	名　称	关联条款
法律	《中华人民共和国行政处罚法》	第59条

【关联规定】

115.1 《中华人民共和国行政处罚法》(2021年1月22日修订)

第五十九条 行政机关依照本法第五十七条的规定给予行

政处罚,应当制作行政处罚决定书。行政处罚决定书应当载明下列事项:

(一)当事人的姓名或者名称、地址;

(二)违反法律、法规、规章的事实和证据;

(三)行政处罚的种类和依据;

(四)行政处罚的履行方式和期限;

(五)申请行政复议、提起行政诉讼的途径和期限;

(六)作出行政处罚决定的行政机关名称和作出决定的日期。

行政处罚决定书必须盖有作出行政处罚决定的行政机关的印章。

第一百一十六条 【治安处罚决定书的宣告、通知与送达】公安机关应当向被处罚人宣告治安管理处罚决定书,并当场交付被处罚人;无法当场向被处罚人宣告的,应当在二日以内送达被处罚人。决定给予行政拘留处罚的,应当及时通知被处罚人的家属。

有被侵害人的,公安机关应当将决定书送达被侵害人。

【相关规定索引】

类别	名称	关联条款
法律	《中华人民共和国行政处罚法》	第61条
	《中华人民共和国民事诉讼法》	第87-95条

【关联规定】

116.1 《中华人民共和国行政处罚法》(2021 年 1 月 22 日修订)

第六十一条 行政处罚决定书应当在宣告后当场交付当事人;当事人不在场的,行政机关应当在七日内依照《中华人民共和国民事诉讼法》的有关规定,将行政处罚决定书送达当事人。

当事人同意并签订确认书的,行政机关可以采用传真、电子邮件等方式,将行政处罚决定书等送达当事人。

116.2 《中华人民共和国民事诉讼法》(2023 年 9 月 1 日修正)

第八十七条 送达诉讼文书必须有送达回证,由受送达人在送达回证上记明收到日期,签名或者盖章。

受送达人在送达回证上的签收日期为送达日期。

第八十八条 送达诉讼文书,应当直接送交受送达人。受送达人是公民的,本人不在交他的同住成年家属签收;受送达人是法人或者其他组织的,应当由法人的法定代表人、其他组织的主要负责人或者该法人、组织负责收件的人签收;受送达人有诉讼代理人的,可以送交其代理人签收;受送达人已向人民法院指定代收人的,送交代收人签收。

受送达人的同住成年家属,法人或者其他组织的负责收件的人,诉讼代理人或者代收人在送达回证上签收的日期为送达日期。

第八十九条 受送达人或者他的同住成年家属拒绝接收诉讼文书的,送达人可以邀请有关基层组织或者所在单位的代表到场,说明情况,在送达回证上记明拒收事由和日期,由送达人、见证人签名或者盖章,把诉讼文书留在受送达人的住所;也可以把诉讼文书留在受送达人的住所,并采用拍照、录像等方式记录送达过程,即视为送达。

第九十条 经受送达人同意,人民法院可以采用能够确认其收悉的电子方式送达诉讼文书。通过电子方式送达的判决书、裁定书、调解书,受送达人提出需要纸质文书的,人民法院应当提供。

采用前款方式送达的,以送达信息到达受送达人特定系统的日期为送达日期。

第九十一条 直接送达诉讼文书有困难的,可以委托其他人民法院代为送达,或者邮寄送达。邮寄送达的,以回执上注明的收件日期为送达日期。

第九十二条 受送达人是军人的,通过其所在部队团以上单位的政治机关转交。

第九十三条 受送达人被监禁的,通过其所在监所转交。

受送达人被采取强制性教育措施的,通过其所在强制性教育机构转交。

第九十四条 代为转交的机关、单位收到诉讼文书后,必须立即交受送达人签收,以在送达回证上的签收日期,为送达日期。

第九十五条 受送达人下落不明,或者用本节规定的其他方式无法送达的,公告送达。自发出公告之日起,经过三十日,即视为送达。

公告送达,应当在案卷中记明原因和经过。

第一百一十七条 【听证的适用情形及程序要求】公安机关作出吊销许可证件、处四千元以上罚款的治安管理处罚决定或者采取责令停业整顿措施前,应当告知违反治安管理行为人有权要求举行听证;违反治安管理行为人要求听证的,公安机关应当及时依法举行听证。

对依照本法第二十三条第二款规定可能执行行政拘留的未成年人,公安机关应当告知未成年人和其监护人有权要求举行听证;未成年人和其监护人要求听证的,公安机关应当及时依法举行听证。对未成年人案件的听证不公开举行。

前两款规定以外的案情复杂或者具有重大社会影响的案件,违反治安管理行为人要求听证,公安机关认为必要的,应当及时依法举行听证。

公安机关不得因违反治安管理行为人要求听证而加重其处罚。

【相关规定索引】

类别	名　　称	关联条款
法律	《中华人民共和国行政处罚法》	第63-65条
	《中华人民共和国未成年人保护法》	第7条

【关联规定】

117.1 《中华人民共和国行政处罚法》(2021年1月22日修订)

第六十三条　行政机关拟作出下列行政处罚决定,应当告知当事人有要求听证的权利,当事人要求听证的,行政机关应当组织听证:

(一)较大数额罚款;

(二)没收较大数额违法所得、没收较大价值非法财物;

(三)降低资质等级、吊销许可证件；

(四)责令停产停业、责令关闭、限制从业；

(五)其他较重的行政处罚；

(六)法律、法规、规章规定的其他情形。

当事人不承担行政机关组织听证的费用。

第六十四条 听证应当依照以下程序组织：

(一)当事人要求听证的，应当在行政机关告知后五日内提出；

(二)行政机关应当在举行听证的七日前，通知当事人及有关人员听证的时间、地点；

(三)除涉及国家秘密、商业秘密或者个人隐私依法予以保密外，听证公开举行；

(四)听证由行政机关指定的非本案调查人员主持；当事人认为主持人与本案有直接利害关系的，有权申请回避；

(五)当事人可以亲自参加听证，也可以委托一至二人代理；

(六)当事人及其代理人无正当理由拒不出席听证或者未经许可中途退出听证的，视为放弃听证权利，行政机关终止听证；

(七)举行听证时，调查人员提出当事人违法的事实、证据和行政处罚建议，当事人进行申辩和质证；

(八)听证应当制作笔录。笔录应当交当事人或者其代理人核对无误后签字或者盖章。当事人或者其代理人拒绝签字或者盖章的，由听证主持人在笔录中注明。

第六十五条 听证结束后，行政机关应当根据听证笔录，依照本法第五十七条的规定，作出决定。

117.2 《中华人民共和国未成年人保护法》(2024年4月26日修正)

第七条 未成年人的父母或者其他监护人依法对未成年人承担监护职责。

国家采取措施指导、支持、帮助和监督未成年人的父母或者其他监护人履行监护职责。

第一百一十八条 【办案期限】公安机关办理治安案件的期限,自立案之日起不得超过三十日;案情重大、复杂的,经上一级公安机关批准,可以延长三十日。期限延长以二次为限。公安派出所办理的案件需要延长期限的,由所属公安机关批准。

为了查明案情进行鉴定的期间、听证的期间,不计入办理治安案件的期限。

【相关规定索引】

类别	名称	关联条款
法律	《中华人民共和国行政处罚法》	第60条

【关联规定】

118.1 《中华人民共和国行政处罚法》(2021年1月22日修订)

第六十条 行政机关应当自行政处罚案件立案之日起九十日内作出行政处罚决定。法律、法规、规章另有规定的,从其规定。

第一百一十九条 【当场处罚的条件】违反治安管理行为事实清楚,证据确凿,处警告或者五百元以下罚款的,可以当场作出治安管理处罚决定。

【相关规定索引】

类别	名　　称	关联条款
法律	《中华人民共和国行政处罚法》	第51条

【关联规定】

119.1 《中华人民共和国行政处罚法》(2021年1月22日修订)

第五十一条　违法事实确凿并有法定依据,对公民处以二百元以下、对法人或者其他组织处以三千元以下罚款或者警告的行政处罚的,可以当场作出行政处罚决定。法律另有规定的,从其规定。

第一百二十条 【当场处罚的程序要求】当场作出治安管理处罚决定的,人民警察应当向违反治安管理行为人出示人民警察证,并填写处罚决定书。处罚决定书应当当场交付被处罚人;有被侵害人的,并应当将决定书送达被侵害人。

前款规定的处罚决定书,应当载明被处罚人的姓名、违法行为、处罚依据、罚款数额、时间、地点以及公安机关名称,并由经办的人民警察签名或者盖章。

适用当场处罚,被处罚人对拟作出治安管理处罚的内容及事实、理由、依据没有异议的,可以由一名人民警察作出治安管理处罚决定,并应当全程同步录音录像。

当场作出治安管理处罚决定的,经办的人民警察应当在二十四小时以内报所属公安机关备案。

【相关规定索引】

类别	名　称	关联条款
法律	《中华人民共和国行政处罚法》	第 42、52、53 条

【关联规定】

120.1 《中华人民共和国行政处罚法》(2021 年 1 月 22 日修订)

第四十二条　行政处罚应当由具有行政执法资格的执法人员实施。执法人员不得少于两人,法律另有规定的除外。

执法人员应当文明执法,尊重和保护当事人合法权益。

第五十二条　执法人员当场作出行政处罚决定的,应当向当事人出示执法证件,填写预定格式、编有号码的行政处罚决定书,并当场交付当事人。当事人拒绝签收的,应当在行政处罚决定书上注明。

前款规定的行政处罚决定书应当载明当事人的违法行为,行政处罚的种类和依据、罚款数额、时间、地点,申请行政复议、提起行政诉讼的途径和期限以及行政机关名称,并由执法人员签名或者盖章。

执法人员当场作出的行政处罚决定,应当报所属行政机关备案。

第五十三条　对当场作出的行政处罚决定,当事人应当依照本法第六十七条至第六十九条的规定履行。

> **第一百二十一条 【不服治安处罚的救济途径】**被处罚人、被侵害人对公安机关依照本法规定作出的治安管理处罚决定,作出的收缴、追缴决定,或者采取的有关限制性、禁止性措施等不服的,可以依法申请行政复议或者提起行政诉讼。

【相关规定索引】

类别	名称	关联条款
法律	《中华人民共和国行政处罚法》	第7条
	《中华人民共和国行政复议法》	第11条
	《中华人民共和国行政诉讼法》	第12条

【关联规定】

121.1 《中华人民共和国行政处罚法》(2021年1月22日修订)

第七条 公民、法人或者其他组织对行政机关所给予的行政处罚,享有陈述权、申辩权;对行政处罚不服的,有权依法申请行政复议或者提起行政诉讼。

公民、法人或者其他组织因行政机关违法给予行政处罚受到损害的,有权依法提出赔偿要求。

121.2 《中华人民共和国行政复议法》(2023年9月1日修订)

第十一条第一、二、十一、十四、十五项 有下列情形之一的,公民、法人或者其他组织可以依照本法申请行政复议:

(一)对行政机关作出的行政处罚决定不服;

(二)对行政机关作出的行政强制措施、行政强制执行决定不服;

(十一)申请行政机关履行保护人身权利、财产权利、受教育权利等合法权益的法定职责,行政机关拒绝履行、未依法履行或者不予答复;

(十四)认为行政机关在政府信息公开工作中侵犯其合法权益;

(十五)认为行政机关的其他行政行为侵犯其合法权益。

121.3 《中华人民共和国行政诉讼法》(2017年6月27日修正)

第十二条第一款第一、二、六、十二项,第二款 人民法院受理公民、法人或者其他组织提起的下列诉讼:

(一)对行政拘留、暂扣或者吊销许可证和执照、责令停产停业、没收违法所得、没收非法财物、罚款、警告等行政处罚不服的;

(二)对限制人身自由或者对财产的查封、扣押、冻结等行政强制措施和行政强制执行不服的;

(六)申请行政机关履行保护人身权、财产权等合法权益的法定职责,行政机关拒绝履行或者不予答复的;

(十二)认为行政机关侵犯其他人身权、财产权等合法权益的。

除前款规定外,人民法院受理法律、法规规定可以提起诉讼的其他行政案件。

第三节 执 行

第一百二十二条 【行政拘留处罚的执行及解除】对被决定给予行政拘留处罚的人,由作出决定的公安机关送拘留所执行;执行期满,拘留所应当按时解除拘留,发给解除拘留证明书。

被决定给予行政拘留处罚的人在异地被抓获或者有其他有必要在异地拘留所执行情形的,经异地拘留所主管公安机关批准,可以在异地执行。

【相关规定索引】

类别	名称	关联条款
法律	《中华人民共和国行政处罚法》	第26条
行政法规	《拘留所条例》	第30条

【关联规定】

122.1 《中华人民共和国行政处罚法》(2021年1月22日修订)

第二十六条 行政机关因实施行政处罚的需要,可以向有关机关提出协助请求。协助事项属于被请求机关职权范围内的,应当依法予以协助。

122.2 《拘留所条例》(2012年2月23日公布)

第三十条 被拘留人拘留期满,拘留所应当按时解除拘留,发给解除拘留证明书,并返还代为保管的财物。

第一百二十三条 【罚款处罚的执行与当场收缴规则】
受到罚款处罚的人应当自收到处罚决定书之日起十五日以内,到指定的银行或者通过电子支付系统缴纳罚款。但是,有下列情形之一的,人民警察可以当场收缴罚款:

(一)被处二百元以下罚款,被处罚人对罚款无异议的;

(二)在边远、水上、交通不便地区,旅客列车上或者口岸,公安机关及其人民警察依照本法的规定作出罚款决定后,被处罚人到指定的银行或者通过电子支付系统缴纳罚款确有困难,经被处罚人提出的;

(三)被处罚人在当地没有固定住所,不当场收缴事后难以执行的。

【相关规定索引】

类别	名 称	关联条款
法律	《中华人民共和国行政处罚法》	第 67-69、78 条

【关联规定】

123.1 《中华人民共和国行政处罚法》(2021 年 1 月 22 日修订)

第六十七条 作出罚款决定的行政机关应当与收缴罚款的机构分离。

除依照本法第六十八条、第六十九条的规定当场收缴的罚款外,作出行政处罚决定的行政机关及其执法人员不得自行收缴罚款。

当事人应当自收到行政处罚决定书之日起十五日内,到指定的银行或者通过电子支付系统缴纳罚款。银行应当收受罚款,并将罚款直接上缴国库。

第六十八条 依照本法第五十一条的规定当场作出行政处罚决定,有下列情形之一,执法人员可以当场收缴罚款:

(一)依法给予一百元以下罚款的;

(二)不当场收缴事后难以执行的。

第六十九条 在边远、水上、交通不便地区,行政机关及其执法人员依照本法第五十一条、第五十七条的规定作出罚款决定后,当事人到指定的银行或者通过电子支付系统缴纳罚款确有困难,经当事人提出,行政机关及其执法人员可以当场收缴罚款。

第七十八条 行政机关违反本法第六十七条的规定自行收缴罚款的,财政部门违反本法第七十四条的规定向行政机关返还罚款、没收的违法所得或者拍卖款项的,由上级行政机关或者有关机关责令改正,对直接负责的主管人员和其他直接责任人员依法给予处分。

第一百二十四条 【当场收缴罚款的交纳期限】 人民警察当场收缴的罚款,应当自收缴罚款之日起二日以内,交至所属的公安机关;在水上、旅客列车上当场收缴的罚款,应当自抵岸或者到站之日起二日以内,交至所属的公安机关;公安机关应当自收到罚款之日起二日以内将罚款缴付指定的银行。

【相关规定索引】

类别	名　称	关联条款
法律	《中华人民共和国行政处罚法》	第71、74条

【关联规定】

124.1 《中华人民共和国行政处罚法》(2021年1月22日修订)

第七十一条 执法人员当场收缴的罚款,应当自收缴罚款之日起二日内,交至行政机关;在水上当场收缴的罚款,应当自抵岸之日起二日内交至行政机关;行政机关应当在二日内将罚款缴付指定的银行。

第七十四条 除依法应当予以销毁的物品外,依法没收的非法财物必须按照国家规定公开拍卖或者按照国家有关规定处理。

罚款、没收的违法所得或者没收非法财物拍卖的款项,必须全部上缴国库,任何行政机关或者个人不得以任何形式截留、私分或者变相私分。

罚款、没收的违法所得或者没收非法财物拍卖的款项,不得同作出行政处罚决定的行政机关及其工作人员的考核、考评直接或者变相挂钩。除依法应当退还、退赔的外,财政部门不得以任何形式向作出行政处罚决定的行政机关返还罚款、没收的违法所得或者没收非法财物拍卖的款项。

第一百二十五条 【当场收缴罚款的票据管理规则】人民警察当场收缴罚款的,应当向被处罚人出具省级以上人民政府财政部门统一制发的专用票据;不出具统一制发的专用票据的,被处罚人有权拒绝缴纳罚款。

【相关规定索引】

类别	名 称	关联条款
法律	《中华人民共和国行政处罚法》	第70、77条

【关联规定】

125.1 《中华人民共和国行政处罚法》(2021年1月22日修订)

第七十条　行政机关及其执法人员当场收缴罚款的,必须向当事人出具国务院财政部门或者省、自治区、直辖市人民政府财政部门统一制发的专用票据;不出具财政部门统一制发的专用票据的,当事人有权拒绝缴纳罚款。

第七十七条　行政机关对当事人进行处罚不使用罚款、没收财物单据或者使用非法定部门制发的罚款、没收财物单据的,当事人有权拒绝,并有权予以检举,由上级行政机关或者有关机关对使用的非法单据予以收缴销毁,对直接负责的主管人员和其他直接责任人员依法给予处分。

第一百二十六条　【行政拘留暂缓执行的条件与程序】被处罚人不服行政拘留处罚决定,申请行政复议、提起行政诉讼的,遇有参加升学考试、子女出生或者近亲属病危、死亡等情形的,可以向公安机关提出暂缓执行行政拘留的申请。公安机关认为暂缓执行行政拘留不致发生社会危险的,由被处罚人或者其近亲属提出符合本法第一百二十七条规定条件的担保人,或者按每日行政拘留二百元的标准交纳保证金,行政拘留的处罚决定暂缓执行。

正在被执行行政拘留处罚的人遇有参加升学考试、子女出生或者近亲属病危、死亡等情形,被拘留人或者其近亲属申请出所的,由公安机关依照前款规定执行。被拘留人出所的时间不计入拘留期限。

【相关规定索引】

类别	名　　称	关联条款
法律	《中华人民共和国行政复议法》	第42条
	《中华人民共和国行政诉讼法》	第56条
行政法规	《拘留所条例》	第27、28条

【关联规定】

126.1 《中华人民共和国行政复议法》(2023年9月1日修订)

第四十二条 行政复议期间行政行为不停止执行;但是有下列情形之一的,应当停止执行:

(一)被申请人认为需要停止执行;

(二)行政复议机关认为需要停止执行;

(三)申请人、第三人申请停止执行,行政复议机关认为其要求合理,决定停止执行;

(四)法律、法规、规章规定停止执行的其他情形。

126.2 《中华人民共和国行政诉讼法》(2017年6月27日修正)

第五十六条 诉讼期间,不停止行政行为的执行。但有下列情形之一的,裁定停止执行:

(一)被告认为需要停止执行的;

(二)原告或者利害关系人申请停止执行,人民法院认为该行政行为的执行会造成难以弥补的损失,并且停止执行不损害国家利益、社会公共利益的;

(三)人民法院认为该行政行为的执行会给国家利益、社会公共利益造成重大损害的;

(四)法律、法规规定停止执行的。

当事人对停止执行或者不停止执行的裁定不服的,可以申请复议一次。

126.3 《拘留所条例》(2012 年 2 月 23 日公布)

第二十七条 被拘留人遇有参加升学考试、子女出生或者近亲属病危、死亡等情形的,被拘留人或者其近亲属可以提出请假出所的申请。

请假出所的申请由拘留所提出审核意见,报拘留决定机关决定是否批准。拘留决定机关应当在被拘留人或者其近亲属提出申请的 12 小时内作出是否准予请假出所的决定。

被拘留人请假出所的时间不计入拘留期限。

第二十八条 被拘留人或者其近亲属提出请假出所申请的,应当向拘留决定机关提出担保人或者交纳保证金。有关担保人和保证金的管理按照《中华人民共和国治安管理处罚法》的有关规定执行。

被拘留人请假出所不归的,由拘留决定机关负责带回拘留所执行拘留。

第一百二十七条 【暂缓执行行政拘留的担保人条件】

担保人应当符合下列条件:

(一)与本案无牵连;

(二)享有政治权利,人身自由未受到限制;

(三)在当地有常住户口和固定住所;

(四)有能力履行担保义务。

【相关规定索引】

类别	名　称	关联条款
法律	《中华人民共和国宪法》	第34、35、37条
行政法规	《中华人民共和国户口登记条例》	第6条

【关联规定】

127.1 《中华人民共和国宪法》(2018年3月11日修正)

第三十四条　中华人民共和国年满十八周岁的公民，不分民族、种族、性别、职业、家庭出身、宗教信仰、教育程度、财产状况、居住期限，都有选举权和被选举权；但是依照法律被剥夺政治权利的人除外。

第三十五条　中华人民共和国公民有言论、出版、集会、结社、游行、示威的自由。

第三十七条　中华人民共和国公民的人身自由不受侵犯。

任何公民，非经人民检察院批准或者决定或者人民法院决定，并由公安机关执行，不受逮捕。

禁止非法拘禁和以其他方法非法剥夺或者限制公民的人身自由，禁止非法搜查公民的身体。

127.2 《中华人民共和国户口登记条例》(1958年1月9日公布)

第六条　公民应当在经常居住的地方登记为常住人口，一个公民只能在一个地方登记为常住人口。

第一百二十八条　【暂缓执行行政拘留的担保人的义务】担保人应当保证被担保人不逃避行政拘留处罚的执行。

担保人不履行担保义务,致使被担保人逃避行政拘留处罚的执行的,处三千元以下罚款。

第一百二十九条 【没收保证金】被决定给予行政拘留处罚的人交纳保证金,暂缓行政拘留或者出所后,逃避行政拘留处罚的执行的,保证金予以没收并上缴国库,已经作出的行政拘留决定仍应执行。

【相关规定索引】

类别	名称	关联条款
行政法规	《拘留所条例》	第28条

【关联规定】

129.1 《拘留所条例》(2012年2月23日公布)

第二十八条 被拘留人或者其近亲属提出请假出所申请的,应当向拘留决定机关提出担保人或者交纳保证金。有关担保人和保证金的管理按照《中华人民共和国治安管理处罚法》的有关规定执行。

被拘留人请假出所不归的,由拘留决定机关负责带回拘留所执行拘留。

第一百三十条 【退还保证金】行政拘留的处罚决定被撤销,行政拘留处罚开始执行,或者出所后继续执行的,公安机关收取的保证金应当及时退还交纳人。

【相关规定索引】

类别	名　称	关联条款
法律	《中华人民共和国行政复议法》	第64条
	《中华人民共和国行政诉讼法》	第70条
	《中华人民共和国人民警察法》	第43条

【关联规定】

130.1 《中华人民共和国行政复议法》(2023年9月1日修订)

第六十四条　行政行为有下列情形之一的,行政复议机关决定撤销或者部分撤销该行政行为,并可以责令被申请人在一定期限内重新作出行政行为:

(一)主要事实不清、证据不足;

(二)违反法定程序;

(三)适用的依据不合法;

(四)超越职权或者滥用职权。

行政复议机关责令被申请人重新作出行政行为的,被申请人不得以同一事实和理由作出与被申请行政复议的行政行为相同或者基本相同的行政行为,但是行政复议机关以违反法定程序为由决定撤销或者部分撤销的除外。

130.2 《中华人民共和国行政诉讼法》(2017年6月27日修正)

第七十条　行政行为有下列情形之一的,人民法院判决撤销或者部分撤销,并可以判决被告重新作出行政行为:

(一)主要证据不足的;

(二)适用法律、法规错误的;

(三)违反法定程序的;

（四）超越职权的；

（五）滥用职权的；

（六）明显不当的。

130.3 《中华人民共和国人民警察法》(2012 年 10 月 26 日修正)

第四十三条　人民警察的上级机关对下级机关的执法活动进行监督,发现其作出的处理或者决定有错误的,应当予以撤销或者变更。

第五章 执法监督

第一百三十一条 【规范执法】公安机关及其人民警察应当依法、公正、严格、高效办理治安案件,文明执法,不得徇私舞弊、玩忽职守、滥用职权。

【相关规定索引】

类别	名 称	关联条款
法律	《中华人民共和国公务员法》	第14条
	《中华人民共和国人民警察法》	第4、20、22、45－47条

【关联规定】

131.1 《中华人民共和国公务员法》(2018年12月29日修订)

第十四条 公务员应当履行下列义务:

(一)忠于宪法,模范遵守、自觉维护宪法和法律,自觉接受中国共产党领导;

(二)忠于国家,维护国家的安全、荣誉和利益;

(三)忠于人民,全心全意为人民服务,接受人民监督;

(四)忠于职守,勤勉尽责,服从和执行上级依法作出的决定

和命令,按照规定的权限和程序履行职责,努力提高工作质量和效率;

(五)保守国家秘密和工作秘密;

(六)带头践行社会主义核心价值观,坚守法治,遵守纪律,恪守职业道德,模范遵守社会公德、家庭美德;

(七)清正廉洁,公道正派;

(八)法律规定的其他义务。

131.2《中华人民共和国人民警察法》(2012年10月26日修正)

第四条 人民警察必须以宪法和法律为活动准则,忠于职守,清正廉洁,纪律严明,服从命令,严格执法。

第二十条 人民警察必须做到:

(一)秉公执法,办事公道;

(二)模范遵守社会公德;

(三)礼貌待人,文明执勤;

(四)尊重人民群众的风俗习惯。

第二十二条 人民警察不得有下列行为:

(一)散布有损国家声誉的言论,参加非法组织,参加旨在反对国家的集会、游行、示威等活动,参加罢工;

(二)泄露国家秘密、警务工作秘密;

(三)弄虚作假,隐瞒案情,包庇、纵容违法犯罪活动;

(四)刑讯逼供或者体罚、虐待人犯;

(五)非法剥夺、限制他人人身自由,非法搜查他人的身体、物品、住所或者场所;

(六)敲诈勒索或者索取、收受贿赂;

(七)殴打他人或者唆使他人打人;

(八)违法实施处罚或者收取费用;

(九)接受当事人及其代理人的请客送礼;

(十)从事营利性的经营活动或者受雇于任何个人或者组织;

(十一)玩忽职守,不履行法定义务;

(十二)其他违法乱纪的行为。

第四十五条 人民警察在办理治安案件过程中,遇有下列情形之一的,应当回避,当事人或者其法定代理人也有权要求他们回避:

(一)是本案的当事人或者是当事人的近亲属的;

(二)本人或者其近亲属与本案有利害关系的;

(三)与本案当事人有其他关系,可能影响案件公正处理的。

前款规定的回避,由有关的公安机关决定。

人民警察在办理刑事案件过程中的回避,适用刑事诉讼法的规定。

第四十六条 公民或者组织对人民警察的违法、违纪行为,有权向人民警察机关或者人民检察院、行政监察机关检举、控告。受理检举、控告的机关应当及时查处,并将查处结果告知检举人、控告人。

对依法检举、控告的公民或者组织,任何人不得压制和打击报复。

第四十七条 公安机关建立督察制度,对公安机关的人民警察执行法律、法规、遵守纪律的情况进行监督。

第一百三十二条 【禁止行为】公安机关及其人民警察办理治安案件,禁止对违反治安管理行为人打骂、虐待或者侮辱。

【相关规定索引】

类别	名　　称	关联条款
法律	《中华人民共和国民法典》	第 1002－1004、1024 条
	《中华人民共和国人民警察法》	第 22 条

【关联规定】

132.1　《中华人民共和国民法典》(2020 年 5 月 28 日公布)

第一千零二条　自然人享有生命权。自然人的生命安全和生命尊严受法律保护。任何组织或者个人不得侵害他人的生命权。

第一千零三条　自然人享有身体权。自然人的身体完整和行动自由受法律保护。任何组织或者个人不得侵害他人的身体权。

第一千零四条　自然人享有健康权。自然人的身心健康受法律保护。任何组织或者个人不得侵害他人的健康权。

第一千零二十四条　民事主体享有名誉权。任何组织或者个人不得以侮辱、诽谤等方式侵害他人的名誉权。

名誉是对民事主体的品德、声望、才能、信用等的社会评价。

132.2　《中华人民共和国人民警察法》(2012 年 10 月 26 日修正)

第二十二条第四、五、七项　人民警察不得有下列行为：

(四)刑讯逼供或者体罚、虐待人犯；

(五)非法剥夺、限制他人人身自由，非法搜查他人的身体、物品、住所或者场所；

(七)殴打他人或者唆使他人打人；

第一百三十三条 【执法监督与检举控告权】公安机关及其人民警察办理治安案件,应当自觉接受社会和公民的监督。

公安机关及其人民警察办理治安案件,不严格执法或者有违法违纪行为的,任何单位和个人都有权向公安机关或者人民检察院、监察机关检举、控告;收到检举、控告的机关,应当依据职责及时处理。

【相关规定索引】

类别	名称	关联条款
法律	《中华人民共和国宪法》	第41、134条
	《中华人民共和国人民警察法》	第3、42-44、46、47条
	《中华人民共和国监察法》	第3条
行政法规	《公安机关督察条例》	第2、4、5、7-11条

【关联规定】

133.1 《中华人民共和国宪法》(2018年3月11日修正)

第四十一条 中华人民共和国公民对于任何国家机关和国家工作人员,有提出批评和建议的权利;对于任何国家机关和国家工作人员的违法失职行为,有向有关国家机关提出申诉、控告或者检举的权利,但是不得捏造或者歪曲事实进行诬告陷害。

对于公民的申诉、控告或者检举,有关国家机关必须查清事实,负责处理。任何人不得压制和打击报复。

由于国家机关和国家工作人员侵犯公民权利而受到损失的人,有依照法律规定取得赔偿的权利。

第一百三十四条　中华人民共和国人民检察院是国家的法律监督机关。

133.2　《中华人民共和国人民警察法》(2012年10月26日修正)

第三条　人民警察必须依靠人民的支持,保持同人民的密切联系,倾听人民的意见和建议,接受人民的监督,维护人民的利益,全心全意为人民服务。

第四十二条　人民警察执行职务,依法接受人民检察院和行政监察机关的监督。

第四十三条　人民警察的上级机关对下级机关的执法活动进行监督,发现其作出的处理或者决定有错误的,应当予以撤销或者变更。

第四十四条　人民警察执行职务,必须自觉地接受社会和公民的监督。人民警察机关作出的与公众利益直接有关的规定,应当向公众公布。

第四十六条　公民或者组织对人民警察的违法、违纪行为,有权向人民警察机关或者人民检察院、行政监察机关检举、控告。受理检举、控告的机关应当及时查处,并将查处结果告知检举人、控告人。

对依法检举、控告的公民或者组织,任何人不得压制和打击报复。

第四十七条　公安机关建立督察制度,对公安机关的人民警察执行法律、法规、遵守纪律的情况进行监督。

133.3　《中华人民共和国监察法》(2024年12月25日修正)

第三条　各级监察委员会是行使国家监察职能的专责机关,

依照本法对所有行使公权力的公职人员(以下称公职人员)进行监察,调查职务违法和职务犯罪,开展廉政建设和反腐败工作,维护宪法和法律的尊严。

133.4 《公安机关督察条例》(2011年8月31日修订)

第二条 公安部督察委员会领导全国公安机关的督察工作,负责对公安部所属单位和下级公安机关及其人民警察依法履行职责、行使职权和遵守纪律的情况进行监督,对公安部部长负责。公安部督察机构承担公安部督察委员会办事机构职能。

县级以上地方各级人民政府公安机关督察机构,负责对本级公安机关所属单位和下级公安机关及其人民警察依法履行职责、行使职权和遵守纪律的情况进行监督,对上一级公安机关督察机构和本级公安机关行政首长负责。

县级以上地方各级人民政府公安机关的督察机构为执法勤务机构,由专职人员组成,实行队建制。

第四条 督察机构对公安机关及其人民警察依法履行职责、行使职权和遵守纪律的下列事项,进行现场督察:

(一)重要的警务部署、措施、活动的组织实施情况;

(二)重大社会活动的秩序维护和重点地区、场所治安管理的组织实施情况;

(三)治安突发事件的处置情况;

(四)刑事案件、治安案件的受理、立案、侦查、调查、处罚和强制措施的实施情况;

(五)治安、交通、户政、出入境、边防、消防、警卫等公安行政管理法律、法规的执行情况;

(六)使用武器、警械以及警用车辆、警用标志的情况;

(七)处置公民报警、请求救助和控告申诉的情况;

（八）文明执勤、文明执法和遵守警容风纪规定的情况；

（九）组织管理和警务保障的情况；

（十）公安机关及其人民警察依法履行职责、行使职权和遵守纪律的其他情况。

第五条 督察机构可以向本级公安机关所属单位和下级公安机关派出督察人员进行督察，也可以指令下级公安机关督察机构对专门事项进行督察。

第七条 督察机构可以派出督察人员参加本级公安机关或者下级公安机关的警务工作会议和重大警务活动的部署。

第八条 督察机构应当开展警务评议活动，听取国家机关、社会团体、企业事业组织和人民群众对公安机关及其人民警察的意见。

第九条 督察机构对群众投诉的正在发生的公安机关及其人民警察违法违纪行为，应当及时出警，按照规定给予现场处置，并将处理结果及时反馈投诉人。

投诉人的投诉事项已经进入信访、行政复议或者行政诉讼程序的，督察机构应当将投诉材料移交有关部门。

第十条 督察机构对本级公安机关所属单位和下级公安机关拒不执行法律、法规和上级决定、命令的，可以责令执行；对本级公安机关所属单位或者下级公安机关作出的错误决定、命令，可以决定撤销或者变更，报本级公安机关行政首长批准后执行。

第十一条 督察人员在现场督察中发现公安机关人民警察违法违纪的，可以采取下列措施，当场处置：

（一）对违反警容风纪规定的，可以当场予以纠正；

（二）对违反规定使用武器、警械以及警用车辆、警用标志的，可以扣留其武器、警械、警用车辆、警用标志；

（三）对违法违纪情节严重、影响恶劣的，以及拒绝、阻碍督察人员执行现场督察工作任务的，必要时，可以带离现场。

第一百三十四条　【治安处罚与政务处分衔接】公安机关作出治安管理处罚决定，发现被处罚人是公职人员，依照《中华人民共和国公职人员政务处分法》的规定需要给予政务处分的，应当依照有关规定及时通报监察机关等有关单位。

【相关规定索引】

类别	名称	关联条款
法律	《中华人民共和国监察法》	第15条
法律	《中华人民共和国公职人员政务处分法》	第2、41条
监察法规	《中华人民共和国监察法实施条例》	第27条

【关联规定】

134.1　《中华人民共和国监察法》(2024年12月25日修正)

第十五条　监察机关对下列公职人员和有关人员进行监察：

（一）中国共产党机关、人民代表大会及其常务委员会机关、人民政府、监察委员会、人民法院、人民检察院、中国人民政治协商会议各级委员会机关、民主党派机关和工商业联合会机关的公务员，以及参照《中华人民共和国公务员法》管理的人员；

（二）法律、法规授权或者受国家机关依法委托管理公共事务的组织中从事公务的人员；

（三）国有企业管理人员；

（四）公办的教育、科研、文化、医疗卫生、体育等单位中从事管理的人员；

(五)基层群众性自治组织中从事管理的人员；

(六)其他依法履行公职的人员。

134.2 《中华人民共和国公职人员政务处分法》(2020年6月20日公布)

第二条 本法适用于监察机关对违法的公职人员给予政务处分的活动。

本法第二章、第三章适用于公职人员任免机关、单位对违法的公职人员给予处分。处分的程序、申诉等适用其他法律、行政法规、国务院部门规章和国家有关规定。

本法所称公职人员，是指《中华人民共和国监察法》第十五条规定的人员。

第四十一条 公职人员有其他违法行为，影响公职人员形象，损害国家和人民利益的，可以根据情节轻重给予相应政务处分。

134.3 《中华人民共和国监察法实施条例》(2025年6月1日修订)

第二十七条 监察机关发现公职人员存在其他违法行为，具有下列情形之一的，可以依法进行调查、处置：

(一)超过行政违法追究时效，或者超过犯罪追诉时效、未追究刑事责任，但需要依法给予政务处分的；

(二)被追究行政法律责任，需要依法给予政务处分的；

(三)监察机关调查职务违法或者职务犯罪时，对被调查人实施的事实简单、清楚，需要依法给予政务处分的其他违法行为一并查核的。

监察机关发现公职人员成为监察对象前有前款规定的违法行为的，依照前款规定办理。

第一百三十五条 【罚款决定与收缴分离】公安机关依法实施罚款处罚,应当依照有关法律、行政法规的规定,实行罚款决定与罚款收缴分离;收缴的罚款应当全部上缴国库,不得返还、变相返还,不得与经费保障挂钩。

【相关规定索引】

类别	名　称	关联条款
法律	《中华人民共和国行政处罚法》	第67、78、79条
行政法规	《罚款决定与罚款收缴分离实施办法》	第3、4条

【关联规定】

135.1 《中华人民共和国行政处罚法》(2021年1月22日修订)

第六十七条　作出罚款决定的行政机关应当与收缴罚款的机构分离。

除依照本法第六十八条、第六十九条的规定当场收缴的罚款外,作出行政处罚决定的行政机关及其执法人员不得自行收缴罚款。

当事人应当自收到行政处罚决定书之日起十五日内,到指定的银行或者通过电子支付系统缴纳罚款。银行应当收受罚款,并将罚款直接上缴国库。

第七十八条　行政机关违反本法第六十七条的规定自行收缴罚款的,财政部门违反本法第七十四条的规定向行政机关返还罚款、没收的违法所得或者拍卖款项的,由上级行政机关或者有关机关责令改正,对直接负责的主管人员和其他直接责任人员依法给予处分。

第七十九条 行政机关截留、私分或者变相私分罚款、没收的违法所得或者财物的,由财政部门或者有关机关予以追缴,对直接负责的主管人员和其他直接责任人员依法给予处分;情节严重构成犯罪的,依法追究刑事责任。

执法人员利用职务上的便利,索取或者收受他人财物、将收缴罚款据为己有,构成犯罪的,依法追究刑事责任;情节轻微不构成犯罪的,依法给予处分。

135.2 《**罚款决定与罚款收缴分离实施办法**》(1997年11月17日发布)

第三条 作出罚款决定的行政机关应当与收缴罚款的机构分离;但是,依照行政处罚法的规定可以当场收缴罚款的除外。

第四条 罚款必须全部上缴国库,任何行政机关、组织或者个人不得以任何形式截留、私分或者变相私分。

行政机关执法所需经费的拨付,按照国家有关规定执行。

第一百三十六条 【治安违法记录封存与查询规定】 违反治安管理的记录应当予以封存,不得向任何单位和个人提供或者公开,但有关国家机关为办案需要或者有关单位根据国家规定进行查询的除外。依法进行查询的单位,应当对被封存的违法记录的情况予以保密。

【相关规定索引】

类别	名称	关联条款
法律	《中华人民共和国刑事诉讼法》	第54条

续表

类别	名 称	关联条款
	《中华人民共和国反恐怖主义法》	第51条
	《中华人民共和国行政处罚法》	第55条
	《中华人民共和国监察法》	第18条

【关联规定】

136.1 《中华人民共和国刑事诉讼法》(2018年10月26日修正)

第五十四条 人民法院、人民检察院和公安机关有权向有关单位和个人收集、调取证据。有关单位和个人应当如实提供证据。

行政机关在行政执法和查办案件过程中收集的物证、书证、视听资料、电子数据等证据材料,在刑事诉讼中可以作为证据使用。

对涉及国家秘密、商业秘密、个人隐私的证据,应当保密。

凡是伪造证据、隐匿证据或者毁灭证据的,无论属于何方,必须受法律追究。

136.2 《中华人民共和国反恐怖主义法》(2018年4月27日修正)

第五十一条 公安机关调查恐怖活动嫌疑,有权向有关单位和个人收集、调取相关信息和材料。有关单位和个人应当如实提供。

136.3 《中华人民共和国行政处罚法》(2021年1月22日修订)

第五十五条 执法人员在调查或者进行检查时,应当主动向当事人或者有关人员出示执法证件。当事人或者有关人员有权要求执法人员出示执法证件。执法人员不出示执法证件的,当事人或者有关人员有权拒绝接受调查或者检查。

当事人或者有关人员应当如实回答询问,并协助调查或者检查,不得拒绝或者阻挠。询问或者检查应当制作笔录。

136.4 《中华人民共和国监察法》(2024年12月25日修正)

第十八条 监察机关行使监督、调查职权,有权依法向有关单位和个人了解情况,收集、调取证据。有关单位和个人应当如实提供。

监察机关及其工作人员对监督、调查过程中知悉的国家秘密、工作秘密、商业秘密、个人隐私和个人信息,应当保密。

任何单位和个人不得伪造、隐匿或者毁灭证据。

第一百三十七条 【同步录音录像设备运行保障义务】

公安机关应当履行同步录音录像运行安全管理职责,完善技术措施,定期维护设施设备,保障录音录像设备运行连续、稳定、安全。

【相关规定索引】

类别	名称	关联条款
行业标准	《录音录像档案管理规范》	第4.2条

【关联规定】

137.1 《录音录像档案管理规范》(2019年12月16日公布)

4.2 基本原则

应遵循集中管理、过程管理、便于利用、安全保密的基本原则,从技术与管理两个方面采取措施确保录音录像档案的真实性、完整性、可用性和安全性。

> **第一百三十八条 【个人信息保护与使用限制规则】**公安机关及其人民警察不得将在办理治安案件过程中获得的个人信息,依法提取、采集的相关信息、样本用于与治安管理、查处犯罪无关的用途,不得出售、提供给其他单位或者个人。

【相关规定索引】

类别	名 称	关联条款
法律	《中华人民共和国民法典》	第111条
	《中华人民共和国个人信息保护法》	第9、10、68条
	《中华人民共和国居民身份证法》	第19、20条

【关联规定】

138.1 《中华人民共和国民法典》(2020年5月28日公布)

第一百一十一条 自然人的个人信息受法律保护。任何组织或者个人需要获取他人个人信息的,应当依法取得并确保信息安全,不得非法收集、使用、加工、传输他人个人信息,不得非法买卖、提供或者公开他人个人信息。

138.2 《中华人民共和国个人信息保护法》(2021年8月20日公布)

第九条 个人信息处理者应当对其个人信息处理活动负责,并采取必要措施保障所处理的个人信息的安全。

第十条 任何组织、个人不得非法收集、使用、加工、传输他人个人信息,不得非法买卖、提供或者公开他人个人信息;不得从事危害国家安全、公共利益的个人信息处理活动。

第六十八条 国家机关不履行本法规定的个人信息保护义务的,由其上级机关或者履行个人信息保护职责的部门责令改正;对直接负责的主管人员和其他直接责任人员依法给予处分。

履行个人信息保护职责的部门的工作人员玩忽职守、滥用职权、徇私舞弊,尚不构成犯罪的,依法给予处分。

138.3 《中华人民共和国居民身份证法》(2011年10月29日修正)

第十九条 国家机关或者金融、电信、交通、教育、医疗等单位的工作人员泄露在履行职责或者提供服务过程中获得的居民身份证记载的公民个人信息,构成犯罪的,依法追究刑事责任;尚不构成犯罪的,由公安机关处十日以上十五日以下拘留,并处五千元罚款,有违法所得的,没收违法所得。

单位有前款行为,构成犯罪的,依法追究刑事责任;尚不构成犯罪的,由公安机关对其直接负责的主管人员和其他直接责任人员,处十日以上十五日以下拘留,并处十万元以上五十万元以下罚款,有违法所得的,没收违法所得。

有前两款行为,对他人造成损害的,依法承担民事责任。

第二十条第五项 人民警察有下列行为之一的,根据情节轻重,依法给予行政处分;构成犯罪的,依法追究刑事责任:

(五)泄露因制作、发放、查验、扣押居民身份证而知悉的公民个人信息,侵害公民合法权益的。

第一百三十九条 【人民警察办理治安案件的违法情形与责任追究】人民警察办理治安案件,有下列行为之一

的,依法给予处分;构成犯罪的,依法追究刑事责任:

（一）刑讯逼供、体罚、打骂、虐待、侮辱他人的;

（二）超过询问查证的时间限制人身自由的;

（三）不执行罚款决定与罚款收缴分离制度或者不按规定将罚没的财物上缴国库或者依法处理的;

（四）私分、侵占、挪用、故意损毁所收缴、追缴、扣押的财物的;

（五）违反规定使用或者不及时返还被侵害人财物的;

（六）违反规定不及时退还保证金的;

（七）利用职务上的便利收受他人财物或者谋取其他利益的;

（八）当场收缴罚款不出具专用票据或者不如实填写罚款数额的;

（九）接到要求制止违反治安管理行为的报警后,不及时出警的;

（十）在查处违反治安管理活动时,为违法犯罪行为人通风报信的;

（十一）泄露办理治安案件过程中的工作秘密或者其他依法应当保密的信息的;

（十二）将在办理治安案件过程中获得的个人信息,依法提取、采集的相关信息、样本用于与治安管理、查处犯罪无关的用途,或者出售、提供给其他单位或者个人的;

（十三）剪接、删改、损毁、丢失办理治安案件的同步录音录像资料的;

（十四）有徇私舞弊、玩忽职守、滥用职权,不依法履行法定职责的其他情形的。

办理治安案件的公安机关有前款所列行为的,对负有责任的领导人员和直接责任人员,依法给予处分。

【相关规定索引】

类别	名 称	关联条款
法律	《中华人民共和国人民警察法》	第4、20、22、32、33、48条
	《中华人民共和国行政处罚法》	第67、78、79条
	《中华人民共和国刑法》	第238、247、248、382、384 - 387、396 - 398、417条
行政法规	《违反行政事业性收费和罚没收入收支两条线管理规定行政处分暂行规定》	第2、4、10、11、14、16条

【关联规定】

139.1 《中华人民共和国人民警察法》(2012年10月26日修正)

第四条 人民警察必须以宪法和法律为活动准则,忠于职守,清正廉洁,纪律严明,服从命令,严格执法。

第二十条 人民警察必须做到:

(一)秉公执法,办事公道;

(二)模范遵守社会公德;

(三)礼貌待人,文明执勤;

(四)尊重人民群众的风俗习惯。

第二十二条 人民警察不得有下列行为:

(一)散布有损国家声誉的言论,参加非法组织,参加旨在反

对国家的集会、游行、示威等活动,参加罢工;

(二)泄露国家秘密、警务工作秘密;

(三)弄虚作假,隐瞒案情,包庇、纵容违法犯罪活动;

(四)刑讯逼供或者体罚、虐待人犯;

(五)非法剥夺、限制他人人身自由,非法搜查他人的身体、物品、住所或者场所;

(六)敲诈勒索或者索取、收受贿赂;

(七)殴打他人或者唆使他人打人;

(八)违法实施处罚或者收取费用;

(九)接受当事人及其代理人的请客送礼;

(十)从事营利性的经营活动或者受雇于任何个人或者组织;

(十一)玩忽职守,不履行法定义务;

(十二)其他违法乱纪的行为。

第三十二条 人民警察必须执行上级的决定和命令。

人民警察认为决定和命令有错误的,可以按照规定提出意见,但不得中止或者改变决定和命令的执行;提出的意见不被采纳时,必须服从决定和命令;执行决定和命令的后果由作出决定和命令的上级负责。

第三十三条 人民警察对超越法律、法规规定的人民警察职责范围的指令,有权拒绝执行,并同时向上级机关报告。

第四十八条 人民警察有本法第二十二条所列行为之一的,应当给予行政处分;构成犯罪的,依法追究刑事责任。

行政处分分为:警告、记过、记大过、降级、撤职、开除。对受行政处分的人民警察,按照国家有关规定,可以降低警衔、取消警衔。

对违反纪律的人民警察,必要时可以对其采取停止执行职务、禁闭的措施。

139.2 《中华人民共和国行政处罚法》(2021年1月22日修订)

第六十七条　作出罚款决定的行政机关应当与收缴罚款的机构分离。

除依照本法第六十八条、第六十九条的规定当场收缴的罚款外,作出行政处罚决定的行政机关及其执法人员不得自行收缴罚款。

当事人应当自收到行政处罚决定书之日起十五日内,到指定的银行或者通过电子支付系统缴纳罚款。银行应当收受罚款,并将罚款直接上缴国库。

第七十八条　行政机关违反本法第六十七条的规定自行收缴罚款的,财政部门违反本法第七十四条的规定向行政机关返还罚款、没收的违法所得或者拍卖款项的,由上级行政机关或者有关机关责令改正,对直接负责的主管人员和其他直接责任人员依法给予处分。

第七十九条　行政机关截留、私分或者变相私分罚款、没收的违法所得或者财物的,由财政部门或者有关机关予以追缴,对直接负责的主管人员和其他直接责任人员依法给予处分;情节严重构成犯罪的,依法追究刑事责任。

执法人员利用职务上的便利,索取或者收受他人财物、将收缴罚款据为己有,构成犯罪的,依法追究刑事责任;情节轻微不构成犯罪的,依法给予处分。

139.3 《中华人民共和国刑法》(2023年12月29日修正)

第二百三十八条　非法拘禁他人或者以其他方法非法剥夺

他人人身自由的,处三年以下有期徒刑、拘役、管制或者剥夺政治权利。具有殴打、侮辱情节的,从重处罚。

犯前款罪,致人重伤的,处三年以上十年以下有期徒刑;致人死亡的,处十年以上有期徒刑。使用暴力致人伤残、死亡的,依照本法第二百三十四条、第二百三十二条的规定定罪处罚。

为索取债务非法扣押、拘禁他人的,依照前两款的规定处罚。

国家机关工作人员利用职权犯前三款罪的,依照前三款的规定从重处罚。

第二百四十七条 司法工作人员对犯罪嫌疑人、被告人实行刑讯逼供或者使用暴力逼取证人证言的,处三年以下有期徒刑或者拘役。致人伤残、死亡的,依照本法第二百三十四条、第二百三十二条的规定定罪从重处罚。

第二百四十八条 监狱、拘留所、看守所等监管机构的监管人员对被监管人进行殴打或者体罚虐待,情节严重的,处三年以下有期徒刑或者拘役;情节特别严重的,处三年以上十年以下有期徒刑。致人伤残、死亡的,依照本法第二百三十四条、第二百三十二条的规定定罪从重处罚。

监管人员指使被监管人殴打或者体罚虐待其他被监管人的,依照前款的规定处罚。

第三百八十二条 国家工作人员利用职务上的便利,侵吞、窃取、骗取或者以其他手段非法占有公共财物的,是贪污罪。

受国家机关、国有公司、企业、事业单位、人民团体委托管理、经营国有财产的人员,利用职务上的便利,侵吞、窃取、骗取或者以其他手段非法占有国有财物的,以贪污论。

与前两款所列人员勾结,伙同贪污的,以共犯论处。

第三百八十四条 国家工作人员利用职务上的便利,挪用公款归个人使用,进行非法活动的,或者挪用公款数额较大、进行营利活动的,或者挪用公款数额较大、超过三个月未还的,是挪用公款罪,处五年以下有期徒刑或者拘役;情节严重的,处五年以上有期徒刑。挪用公款数额巨大不退还的,处十年以上有期徒刑或者无期徒刑。

挪用用于救灾、抢险、防汛、优抚、扶贫、移民、救济款物归个人使用的,从重处罚。

第三百八十五条 国家工作人员利用职务上的便利,索取他人财物的,或者非法收受他人财物,为他人谋取利益的,是受贿罪。

国家工作人员在经济往来中,违反国家规定,收受各种名义的回扣、手续费,归个人所有的,以受贿论处。

第三百八十六条 对犯受贿罪的,根据受贿所得数额及情节,依照本法第三百八十三条的规定处罚。索贿的从重处罚。

第三百八十七条 国家机关、国有公司、企业、事业单位、人民团体,索取、非法收受他人财物,为他人谋取利益,情节严重的,对单位判处罚金,并对其直接负责的主管人员和其他直接责任人员,处三年以下有期徒刑或者拘役;情节特别严重的,处三年以上十年以下有期徒刑。

前款所列单位,在经济往来中,在帐外暗中收受各种名义的回扣、手续费的,以受贿论,依照前款的规定处罚。

第三百九十六条 国家机关、国有公司、企业、事业单位、人民团体,违反国家规定,以单位名义将国有资产集体私分给个人,数额较大的,对其直接负责的主管人员和其他直接责任人员,处三年以下有期徒刑或者拘役,并处或者单处罚金;数额巨大的,处三年以上七年以下有期徒刑,并处罚金。

司法机关、行政执法机关违反国家规定,将应当上缴国家的罚没财物,以单位名义集体私分给个人的,依照前款的规定处罚。

第三百九十七条 国家机关工作人员滥用职权或者玩忽职守,致使公共财产、国家和人民利益遭受重大损失的,处三年以下有期徒刑或者拘役;情节特别严重的,处三年以上七年以下有期徒刑。本法另有规定的,依照规定。

国家机关工作人员徇私舞弊,犯前款罪的,处五年以下有期徒刑或者拘役;情节特别严重的,处五年以上十年以下有期徒刑。本法另有规定的,依照规定。

第三百九十八条 国家机关工作人员违反保守国家秘密法的规定,故意或者过失泄露国家秘密,情节严重的,处三年以下有期徒刑或者拘役;情节特别严重的,处三年以上七年以下有期徒刑。

非国家机关工作人员犯前款罪的,依照前款的规定酌情处罚。

第四百一十七条 有查禁犯罪活动职责的国家机关工作人员,向犯罪分子通风报信、提供便利,帮助犯罪分子逃避处罚的,处三年以下有期徒刑或者拘役;情节严重的,处三年以上十年以下有期徒刑。

139.4 《违反行政事业性收费和罚没收入收支两条线管理规定行政处分暂行规定》(2000年2月12日公布)

第二条 国家公务员和法律、行政法规授权行使行政事业性收费或者罚没职能的事业单位的工作人员有违反"收支两条线"管理规定行为的,依照本规定给予行政处分。

第四条 本规定所称"罚没收入",是指法律、行政法规授权的执行处罚的部门依法实施处罚取得的罚没款和没收物品的折价收入。

第十条 违反财政票据管理规定实施行政事业性收费、罚没的,对直接负责的主管人员和其他直接责任人员给予降级或者撤职处分;以实施行政事业性收费、罚没的名义收取钱物,不出具任何票据的,给予开除处分。

第十一条 违反罚款决定与罚款收缴分离的规定收缴罚款的,对直接负责的主管人员和其他直接责任人员给予记大过或者降级处分。

第十四条 不按照规定将行政事业性收费缴入国库或者预算外资金财政专户的,对直接负责的主管人员和其他直接责任人员给予记大过处分;情节严重的,给予降级或者撤职处分。

不按照规定将罚没收入上缴国库的,依照前款规定给予处分。

第十六条 截留、挪用、坐收坐支行政事业性收费、罚没收入的,对直接负责的主管人员和其他直接责任人员给予降级处分;情节严重的,给予撤职或者开除处分。

> **第一百四十条** 【执法侵权赔偿】公安机关及其人民警察违法行使职权,侵犯公民、法人和其他组织合法权益的,应当赔礼道歉;造成损害的,应当依法承担赔偿责任。

【相关规定索引】

类别	名称	关联条款
法律	《中华人民共和国人民警察法》	第50条
	《中华人民共和国国家赔偿法》	第2-4条
	《中华人民共和国行政处罚法》	第7、80、81条

【关联规定】

140.1 《中华人民共和国人民警察法》(2012年10月26日修正)

第五十条 人民警察在执行职务中,侵犯公民或者组织的合法权益造成损害的,应当依照《中华人民共和国国家赔偿法》和其他有关法律、法规的规定给予赔偿。

140.2 《中华人民共和国国家赔偿法》(2012年10月26日修正)

第二条 国家机关和国家机关工作人员行使职权,有本法规定的侵犯公民、法人和其他组织合法权益的情形,造成损害的,受害人有依照本法取得国家赔偿的权利。

本法规定的赔偿义务机关,应当依照本法及时履行赔偿义务。

第三条 行政机关及其工作人员在行使行政职权时有下列侵犯人身权情形之一的,受害人有取得赔偿的权利:

(一)违法拘留或者违法采取限制公民人身自由的行政强制措施的;

(二)非法拘禁或者以其他方法非法剥夺公民人身自由的;

(三)以殴打、虐待等行为或者唆使、放纵他人以殴打、虐待等行为造成公民身体伤害或者死亡的;

(四)违法使用武器、警械造成公民身体伤害或者死亡的;

(五)造成公民身体伤害或者死亡的其他违法行为。

第四条 行政机关及其工作人员在行使行政职权时有下列侵犯财产权情形之一的,受害人有取得赔偿的权利:

(一)违法实施罚款、吊销许可证和执照、责令停产停业、没收财物等行政处罚的;

(二)违法对财产采取查封、扣押、冻结等行政强制措施的;

(三)违法征收、征用财产的;

(四)造成财产损害的其他违法行为。

140.3 《中华人民共和国行政处罚法》(2021年1月22日修订)

第七条 公民、法人或者其他组织对行政机关所给予的行政处罚,享有陈述权、申辩权;对行政处罚不服的,有权依法申请行政复议或者提起行政诉讼。

公民、法人或者其他组织因行政机关违法给予行政处罚受到损害的,有权依法提出赔偿要求。

第八十条 行政机关使用或者损毁查封、扣押的财物,对当事人造成损失的,应当依法予以赔偿,对直接负责的主管人员和其他直接责任人员依法给予处分。

第八十一条 行政机关违法实施检查措施或者执行措施,给公民人身或者财产造成损害、给法人或者其他组织造成损失的,应当依法予以赔偿,对直接负责的主管人员和其他直接责任人员依法给予处分;情节严重构成犯罪的,依法追究刑事责任。

第六章 附 则

第一百四十一条 【其他法律授权处罚的执行衔接】其他法律中规定由公安机关给予行政拘留处罚的,其处罚程序适用本法规定。

公安机关依照《中华人民共和国枪支管理法》、《民用爆炸物品安全管理条例》等直接关系公共安全和社会治安秩序的法律、行政法规实施处罚的,其处罚程序适用本法规定。

本法第三十二条、第三十四条、第四十六条、第五十六条规定给予行政拘留处罚,其他法律、行政法规同时规定给予罚款、没收违法所得、没收非法财物等其他行政处罚的行为,由相关主管部门依照相应规定处罚;需要给予行政拘留处罚的,由公安机关依照本法规定处理。

【相关规定索引】

类别	名 称	关联条款
法律	《中华人民共和国行政处罚法》	第10、18条
	《中华人民共和国枪支管理法》	第3、4条

续表

类别	名称	关联条款
行政法规	《民用爆炸物品安全管理条例》	第3、4条

【关联规定】

141.1 《中华人民共和国行政处罚法》(2021年1月22日修订)

第十条 法律可以设定各种行政处罚。

限制人身自由的行政处罚,只能由法律设定。

第十八条 国家在城市管理、市场监管、生态环境、文化市场、交通运输、应急管理、农业等领域推行建立综合行政执法制度,相对集中行政处罚权。

国务院或者省、自治区、直辖市人民政府可以决定一个行政机关行使有关行政机关的行政处罚权。

限制人身自由的行政处罚权只能由公安机关和法律规定的其他机关行使。

141.2 《中华人民共和国枪支管理法》(2015年4月24日修正)

第三条 国家严格管制枪支。禁止任何单位或者个人违反法律规定持有、制造(包括变造、装配)、买卖、运输、出租、出借枪支。

国家严厉惩处违反枪支管理的违法犯罪行为。任何单位和个人对违反枪支管理的行为有检举的义务。国家对检举人给予保护,对检举违反枪支管理犯罪活动有功的人员,给予奖励。

第四条 国务院公安部门主管全国的枪支管理工作。县级以上地方各级人民政府公安机关主管本行政区域内的枪支管理工作。上级人民政府公安机关监督下级人民政府公安机关的枪支管理工作。

141.3 《民用爆炸物品安全管理条例》(2014年7月29日修订)

第三条 国家对民用爆炸物品的生产、销售、购买、运输和爆破作业实行许可证制度。

未经许可,任何单位或者个人不得生产、销售、购买、运输民用爆炸物品,不得从事爆破作业。

严禁转让、出借、转借、抵押、赠送、私藏或者非法持有民用爆炸物品。

第四条 民用爆炸物品行业主管部门负责民用爆炸物品生产、销售的安全监督管理。

公安机关负责民用爆炸物品公共安全管理和民用爆炸物品购买、运输、爆破作业的安全监督管理,监控民用爆炸物品流向。

安全生产监督、铁路、交通、民用航空主管部门依照法律、行政法规的规定,负责做好民用爆炸物品的有关安全监督管理工作。

民用爆炸物品行业主管部门、公安机关、工商行政管理部门按照职责分工,负责组织查处非法生产、销售、购买、储存、运输、邮寄、使用民用爆炸物品的行为。

第一百四十二条 【海警机构的职权】海警机构履行海上治安管理职责,行使本法规定的公安机关的职权,但是法律另有规定的除外。

【相关规定索引】

类别	名　称	关联条款
法律	《中华人民共和国海警法》	第2、3、5、12、23、37条

【关联规定】

142.1 《中华人民共和国海警法》(2021年1月22日公布)

第二条 人民武装警察部队海警部队即海警机构,统一履行海上维权执法职责。

海警机构包括中国海警局及其海区分局和直属局、省级海警局、市级海警局、海警工作站。

第三条 海警机构在中华人民共和国管辖海域(以下简称我国管辖海域)及其上空开展海上维权执法活动,适用本法。

第五条 海上维权执法工作的基本任务是开展海上安全保卫,维护海上治安秩序,打击海上走私、偷渡,在职责范围内对海洋资源开发利用、海洋生态环境保护、海洋渔业生产作业等活动进行监督检查,预防、制止和惩治海上违法犯罪活动。

第十二条第一款第三项、第二款 海警机构依法履行下列职责:

(三)实施海上治安管理,查处海上违反治安管理、入境出境管理的行为,防范和处置海上恐怖活动,维护海上治安秩序;

海警机构与公安、自然资源、生态环境、交通运输、渔业渔政、海关等主管部门的职责分工,按照国家有关规定执行。

第二十三条 海警机构对违反海上治安、海关、海洋资源开发利用、海洋生态环境保护、海洋渔业管理等法律、法规、规章的组织和个人,依法实施包括限制人身自由在内的行政处罚、行政强制或者法律、法规规定的其他措施。

海警机构依照海洋资源开发利用、海洋生态环境保护、海洋渔业管理等法律、法规的规定,对海上生产作业现场进行监督检查。

海警机构因调查海上违法行为的需要,有权向有关组织和个人收集、调取证据。有关组织和个人应当如实提供证据。

海警机构为维护海上治安秩序,对有违法犯罪嫌疑的人员进行当场盘问、检查或者继续盘问的,依照《中华人民共和国人民警察法》的规定执行。

第三十七条　海警机构开展海上行政执法的程序,本法未作规定的,适用《中华人民共和国行政处罚法》《中华人民共和国行政强制法》《中华人民共和国治安管理处罚法》等有关法律的规定。

第一百四十三条　【"以上、以下、以内"的含义】本法所称以上、以下、以内,包括本数。

第一百四十四条　【施行日期】本法自2026年1月1日起施行。

【相关规定索引】

类别	名　　称	关联条款
法律	《中华人民共和国立法法》	第61、103、104条

【关联规定】

144.1　《中华人民共和国立法法》(2023年3月13日修正)

第六十一条　法律应当明确规定施行日期。

第一百零三条 同一机关制定的法律、行政法规、地方性法规、自治条例和单行条例、规章,特别规定与一般规定不一致的,适用特别规定;新的规定与旧的规定不一致的,适用新的规定。

第一百零四条 法律、行政法规、地方性法规、自治条例和单行条例、规章不溯及既往,但为了更好地保护公民、法人和其他组织的权利和利益而作的特别规定除外。

附录 《中华人民共和国治安管理处罚法》新旧条文对照表

（请扫描二维码下载使用）